Hubert Lobnig | Ralph Grossmann

Organisationsentwicklung im Krankenhaus

 Medizinisch Wissenschaftliche Verlagsgesellschaft

Die Schriftenreihe *Health Care Management*
Herausgeber: Heinz Naegler

Die Anforderungen an die unternehmerischen Fähigkeiten des Gesundheitsmanagement sind hoch. Krankenhäuser und andere Unternehmen der Gesundheitswirtschaft sind permanent mit neuen Herausforderungen – technologischen oder organisatorischen – konfrontiert. Zudem ändern sich die finanziellen oder auch demografischen Rahmenbedingungen kontinuierlich. Die Bedingungen für die Leitungsarbeit in Gesundheitsunternehmen wie Krankenhäusern, Rehabilitationskliniken oder Einrichtungen der stationären und ambulanten Pflege unterscheiden sich allerdings deutlich von denen in Unternehmen anderer Wirtschaftszweige:

- Zusammenspiel von staatlicher Planung und öffentlichem Regelungsinteresse mit der Entwicklung unternehmerischer Perspektiven
- Gemeinnützigkeit im Wettbewerb mit privaten und öffentlichen Zielsetzungen
- zunehmende Ablösung der Bedarfsdeckung und Bedarfsplanung durch wettbewerbliche Mechanismen
- berufsständisch geprägte Aufbauorganisation

Auf diese Besonderheiten sind die Instrumente und Methoden zum Führen, Gestalten und Entscheiden im Gesundheitswesen auszurichten.

In der Schriftenreihe *Health Care Management* vermitteln Praktiker und anerkannte Wissenschaftler ihr Wissen verständlich, praxisorientiert und mit Blick auf die genannten Besonderheiten.

Health Care Management richtet sich an Führungskräfte und an den Führungsnachwuchs in der gesamten Gesundheitswirtschaft, in der spezifische Anliegen von Patienten und Mitarbeitern zu berücksichtigen sind.

Health Care Management deckt systematisch die Managementfelder der Gesundheitswirtschaft ab – angefangen von den Rahmenbedingungen für die Unternehmensführung über verhaltenswissenschaftliche Aspekte und strategische Perspektiven bis hin zu den Funktionen und Instrumenten der Unternehmensführung.

Health Care Management

Hubert Lobnig | Ralph Grossmann

Organisationsentwicklung im Krankenhaus

mit Beiträgen von

M. Ernst | M. Garbsch | A. Greulich | R. Grossmann | H. Lobnig
C. Neugebauer | K. Prammer | K. Scala | D. Untermarzoner | J.A. Wolf

 Medizinisch Wissenschaftliche Verlagsgesellschaft

Priv.-Doz. Mag. Dr. Hubert Lobnig
Lemon Consulting
Starkenburggasse 6/2
1160 Wien
Österreich

Univ. Prof. Dr. Ralph Grossmann
Institut für Organisationsentwicklung und Gruppendynamik
Fakultät für Interdisziplinäre Forschung und Fortbildung
der Alpen-Adria Universität Klagenfurt
Schottenfeldgasse 29/Stiege 1
1070 Wien
Österreich

MWV Medizinisch Wissenschaftliche Verlagsgesellschaft mbH & Co. KG
Zimmerstr. 11
10969 Berlin
www.mwv-berlin.de

ISBN 978-3-95466-002-5

Bibliografische Information der Deutschen Nationalbibliothek
Die Deutsche Nationalbibliothek verzeichnet diese Publikation in der Deutschen Nationalbibliografie;
detaillierte bibliografische Informationen sind im Internet über http://dnb.d-nb.de abrufbar.

© MWV Medizinisch Wissenschaftliche Verlagsgesellschaft Berlin, 2013

Dieses Werk ist einschließlich aller seiner Teile urheberrechtlich geschützt. Die dadurch begründeten Rechte, insbesondere die der Übersetzung, des Nachdrucks, des Vortrags, der Entnahme von Abbildungen und Tabellen, der Funksendung, der Mikroverfilmung oder der Vervielfältigung auf anderen Wegen und der Speicherung in Datenverarbeitungsanlagen, bleiben, auch bei nur auszugsweiser Verwertung, vorbehalten.

Die Wiedergabe von Gebrauchsnamen, Handelsnamen, Warenbezeichnungen usw. in diesem Werk berechtigt auch ohne besondere Kennzeichnung nicht zu der Annahme, dass solche Namen im Sinne der Warenzeichen- und Markenschutz-Gesetzgebung als frei zu betrachten wären und daher von jedermann benutzt werden dürften.

Die Verfasser haben große Mühe darauf verwandt, die fachlichen Inhalte auf den Stand der Wissenschaft bei Drucklegung zu bringen. Dennoch sind Irrtümer oder Druckfehler nie auszuschließen. Daher kann der Verlag für Angaben zum diagnostischen oder therapeutischen Vorgehen (zum Beispiel Dosierungsanweisungen oder Applikationsformen) keine Gewähr übernehmen. Derartige Angaben müssen vom Leser im Einzelfall anhand der Produktinformation der jeweiligen Hersteller und anderer Literaturstellen auf ihre Richtigkeit überprüft werden. Eventuelle Errata zum Download finden Sie jederzeit aktuell auf der Verlags-Website.

Produkt-/Projektmanagement: Monika Laut-Zimmermann, Berlin
Lektorat: Monika Laut-Zimmermann, Berlin
Layout & Satz: eScriptum GmbH & Co KG – Publishing Services, Berlin
Druck: printed in Germany

Zuschriften und Kritik an:
MWV Medizinisch Wissenschaftliche Verlagsgesellschaft mbH & Co. KG, Zimmerstr. 11, 10969 Berlin, lektorat@mwv-berlin.de

Vorwort

Das Krankenhaus ist eine der komplexesten Organisationen, die moderne Gesellschaften hervorgebracht haben. Sie ist kontinuierlich mit Veränderung konfrontiert. Innovationen in der Medizin und technologische Entwicklungen, sich wandelnde gesellschaftliche und gesundheitspolitische Rahmenbedingungen, veränderte Anspruchshaltungen von Patienten und Patientinnen, Mangel an Fachkräften und ein permanenter Kostendruck stellen die Organisation auf eine harte Probe. Das Krankenhaus ist daher gefordert, sich nicht nur fachlich immer wieder neu auszurichten, sondern auch als Organisation zu entwickeln.

Die Arbeit in der Medizin und Pflege ist auf das Engste mit der Organisation verknüpft. Die Organisation stellt nicht nur die äußeren Rahmenbedingungen zur Verfügung, sie beeinflusst unmittelbar die Qualität und das Ergebnis der Arbeit. Die Prozesse patienten- und mitarbeitergerecht auszurichten, ist eine anspruchsvolle, die Grenzen von Berufsgruppen und Organisationseinheiten transzendierende Aufgabe der Organisationsentwicklung. Die Einrichtung von neuen Behandlungsschwerpunkten und die strategische Ausrichtung der Organisation und ihrer Ressourcen auf solche Leistungsfelder erfordert die Entwicklung von neuen Organisationsstrukturen. Die Implementierung von neuen Technologien und Behandlungsverfahren ist immer auch mit Organisationsveränderung verbunden, mit neuen Rollen, Arbeitsabläufen, Kooperationsbeziehungen und Standards. Die Abstimmung des Krankenhauses mit anderen Leistungserbringern im Netzwerk der Gesundheitsversorgung erfordert den organisatorischen Aufbau von Kooperationsstrukturen, die immer auch auf die internen Verhältnisse der beteiligten Einrichtungen zurückwirken. Zusammenlegungen von medizinischen Bereichen, Fusionierungen von Krankenhäusern, der Aufbau von Konzernstrukturen für mehrere Spitäler und andere Gesundheitseinrichtungen sind mit der Veränderung der Organisations- und Führungsstrukturen verbunden.

Die Entscheidungsträger und Führungskräfte auf den unterschiedlichen Ebenen sind die verantwortlichen Promotoren[1] dieser Veränderungsprozesse. Die Fähigkeit, Organisation zu gestalten, Veränderungsbedarf zu diagnostizieren, Veränderungsprojekte aufzusetzen, zu beauftragen und zu steuern, ist eine Schlüsselkompetenz für Führungskräfte geworden, aber auch für die Experten ohne Leitungsfunktionen. Das gilt nicht nur für einschneidende Organisationsveränderungen, das gilt auch für das alltägliche Management der medizinisch-pflegerischen und der wirtschaftlich-administrativen Arbeit. Führen und Managen heißt immer auch Organisation gestalten. Sachgerechte Organisationslösungen, die sich an der Qualität der Arbeit, an einem verantwortungsbewussten Einsatz der finanziellen Ressourcen und an gesundheitsförderlichen Arbeitsbedingungen für die Mitarbeitenden orientieren, sind von den Experten und Expertinnen im Krankenhaus selbst zu entwickeln.

Das Krankenhaus braucht Organisations- und Veränderungskonzepte, die zu seiner Aufgabe und seinem Charakter als Expertenbetrieb passen. Die Organisationsentwicklung als angewandte Wissenschaft und Praxis stellt ein Konzept und Instrumen-

---

[1] Aus Gründen der verbesserten Lesbarkeit verwenden wir an jenen Stellen, an denen eine geschlechtsneutrale Darstellung sprachlich allzu umständlich erscheint, die männliche Schreibweise. Es sind dabei jedoch immer sowohl weibliche als auch männliche Personen gleichermaßen gemeint.

te der Veränderung zur Verfügung, die den spezifischen Aufgaben und kulturellen Bedingungen des Krankenhauses adäquat sind. Organisationsentwicklung verbindet führungsgeleitete Veränderung mit der erforderlichen Beteiligung der Mitarbeitenden. Organisationsentwicklung ist darauf ausgerichtet, unterschiedliche Stakeholderperspektiven, wie zum Beispiel verschiedene Berufsgruppen oder unterschiedliche Organisationseinheiten einzubeziehen. Organisationsentwicklung ist der Förderung der Strukturen und der Personen gleichermaßen verpflichtet. In der Organisationsentwicklung werden Lösungen mit einem System und innerhalb des Systems gesucht und nicht fertige Lösungen von außen übergestülpt. Organisationsentwicklung hat eine humanistische Wurzel, die mit der professionellen Ethik der Gesundheitsberufe kompatibel ist. Organisationsentwicklung bewährt sich bei kleinteiligen Veränderungsprozessen in Stationsteams und Abteilungen ebenso wie in größeren Projekten der Krankenhausreform, wenn es darum geht, neue Organisations- und Führungsstrukturen zu schaffen, Leistungsprozesse neu aufzusetzen oder organisationsübergreifende Kooperationen aufzubauen.

Krankenhäuser und Krankenhausträger können sich der Organisationsentwicklung bedienen, um Konzepte der Führungsentwicklung zu implementieren, internes Know-how für Organisationsgestaltung aufzubauen und Lernen mit Organisationsveränderung zu verbinden.

Das vorliegende Buch ist Teil der Schriftenreihe „Health Care Management", herausgegeben von Professor Heinz Naegler. Es ist als Einführung in Grundlagen, Ansätze und Instrumente der Organisationsentwicklung im Krankenhaus konzipiert und richtet sich an Führungskräfte und den Führungsnachwuchs, an Mitarbeitende in internen Stabsfunktionen und Experten der Gesundheitswirtschaft, an Lehrende und Studierende von MBA-Lehrgängen und anderen Ausbildungen im Gesundheitsmanagement.

Zum Aufbau des Buches

Im ersten Teil werden organisationstheoretische und praktische Grundlagen der Organisationsentwicklung im Krankenhaus vorgestellt. Die Spezifika der Expertenorganisation Krankenhaus werden herausgearbeitet, aktuelle und zukünftige Gestaltungsfelder der Organisationsentwicklung werden skizziert, in die Geschichte und Tradition der Organisationsentwicklung wird eingeführt. Ausgehend von den Prämissen eines systemtheoretischen Verständnisses von Organisation werden Interventionsebenen und Instrumente der Organisationsentwicklung vorgestellt.

Im zweiten Teil werden in Beiträgen, zu deren Mitgestaltung wir mehrere Autoren eingeladen haben, konkrete Anwendungsfelder und praktische Fragestellungen der Organisationsentwicklung unter Nutzung von Fallbeispielen durchgearbeitet.

Ralph Grossmann und Andreas Greulich: Führung und Organisationsentwicklung im Krankenhaus

Führungskräfte haben eine Schlüsselrolle in der Entwicklung der Organisation. Führung ist eine Dienstleistung im Interesse der Leistungsfähigkeit einer Organisationseinheit. Führung hat weniger mit persönlichen Eigenschaften der Führungspersonen als mit der Wahrnehmung von Funktionen für ein System zu tun.

Karl Prammer: Organisationsentwicklung und Leistungsprozessmanagement – konzeptionelle Grundlagen

Die Gestaltung abteilungs-, bereichs- oder auch organisationsübergreifender Leistungsprozesse entscheidet über die Qualität der Arbeit und die Erfüllung der Patientenbedürfnisse. Sie bestimmt aber auch die Qualität der Kooperation zwischen Berufsgruppen, Organisationseinheiten und externen Partnern in der Leistungserbringung.

Hubert Lobnig und Margit Ernst: Organisationsentwicklung und Qualitätsmanagement

Qualitätsmanagement und Organisationsentwicklung sind fachlich eng verknüpft. Das Qualitätsmanagement leistet wichtige Beiträge zur Organisationsentwicklung und Organisationsentwicklung ist eine wesentliche Voraussetzung für die nachhaltige Realisierung von Qualitätsmanagement. Fachkräfte des Qualitätsmanagements brauchen daher Kompetenzen der Organisationsentwicklung.

Marlies Garbsch, Ralph Grossmann und Klaus Scala: Lernen von Organisationen und Lernen von Personen verbinden – Theorie und Praxis am Beispiel einer Führungsentwicklung im Allgemeinen Krankenhaus Linz

Organisationsentwicklung braucht die gleichrangige Berücksichtigung der Personen und Strukturen, die Entwicklung von Führungskräften wird dann nachhaltig sein, wenn sie mit konkreten Veränderungsvorhaben der Organisation verknüpft wird. Auf diese Weise konzipierte Programme zielen darauf ab, das Lernen von Personen organisationswirksam zu machen.

Ralph Grossmann, Karl Prammer und Christian Neugebauer: Beiträge der Organisationsentwicklung beim Aufbau interorganisationaler Kooperationen in der Gesundheitsversorgung

Die Fähigkeit zur Kooperation wird für Personen und Organisationen ein immer wichtigerer Erfolgsfaktor. Die Leistungen der Gesundheitsversorgung werden von ganz unterschiedlichen Organisationen angeboten. Aus Sicht der Patienten, aber auch aus der Sicht eines verantwortlichen Ressourceneinsatzes, gewinnt die Abstimmung zwischen den Leistungserbringern eine immer größere Bedeutung. Kooperation zwischen Organisationen ist gefragt.

Dagmar Untermarzoner: Rollen und Aufgaben interner Organisationsentwicklung im Krankenhaus

Krankenhäuser werden in Zukunft besonders gefordert sein, ihre Entwicklungsfähigkeit zu stärken und eine lernende Organisation zu schaffen. Das erfordert den Aufbau von Organisationsentwicklungs-Kompetenz in der Organisation, nicht nur bei den Führungskräften, sondern auch in spezialisierten Dienstleistungen, Strukturen und Rollen, die dem Top-Management, den Leitungspersonen in Funktionseinheiten und den Mitarbeitenden in Veränderungen fachkundig zur Seite stehen.

*Jason A. Wolf: Organisationsentwicklung und Patientenerfahrung verbinden –
eine innovative Perspektive für Gesundheitsorganisationen*

Die Krankenhäuser sind Dienstleistungsbetriebe. Ihre zentralen Adressaten sind die Patienten. Der Outcome misst sich letztlich an der Erfüllung von Patientenbedürfnissen. Aber wie kann deren Perspektive für die Entwicklung der Organisation genutzt werden – eine besondere Herausforderung für einen Expertenbetrieb.

Wir möchten uns an dieser Stelle bei Herrn Prof. Dr. Heinz Naegler bedanken. Erstens weil er es uns ermöglichte, unsere Erfahrungen aus Forschung und Praxis im vorliegenden Buch zusammenfassen zu können und zweitens auch ganz besonders für seine hervorragende und geduldige Unterstützung in der Entwicklung dieses Projektes. Frau Monika Laut-Zimmermann danken wir für die fachkundige und effiziente Betreuung als Lektorin. Ferner bedanken wir uns bei den Führungskräften und Mitarbeitenden der Krankenhäuser, in denen wir in den letzten Jahren praktisch und forscherisch tätig sein durften, sowie bei den Studierenden der Masterprogramme und Lehrgänge für Organisationsentwicklung der Abteilung „Organisationsentwicklung und Gruppendynamik" der IFF-Fakultät der Alpen-Adria Universität Klagenfurt. Ganz besonders danken möchten wir auch unseren Mit-Autoren, erfahrene Experten der Organisationsentwicklung im Krankenhaus, mit denen wir seit Jahren fachlich inspirierende, kollegiale Beziehungen pflegen.

Wien im März 2013

Hubert Lobnig

Ralph Grossmann

Die Autoren

Priv.-Doz. Mag. Dr. Hubert Lobnig
Lemon Consulting
Starkenburggasse 6/2
1160 Wien
Österreich

Univ. Prof. Dr. Ralph Grossmann
Institut für Organisationsentwicklung und
Gruppendynamik
Fakultät für Interdisziplinäre Forschung und
Fortbildung der Alpen-Adria Universität Klagenfurt
Schottenfeldgasse 29/Stiege 1
1070 Wien
Österreich

Margit Ernst
Wiener Krankenanstaltenverbund Generaldirektion
Stabsstelle Organisations- und Projektmanagement
Thomas-Klestil-Platz 7/1
1030 Wien
Österreich

Mag. Dr. Marlies Garbsch
Breitenseerstr. 20–22/11
1140 Wien
Österreich

Dipl. Betriebswirt Andreas Greulich, M.Sc.
Universitätsspital Zürich
Gloriastrasse 11
8091 Zürich
Schweiz

Mag. Dr. Christian Neugebauer
Institut für Organisationsentwicklung und
Gruppendynamik
Fakultät für Interdisziplinäre Forschung und
Fortbildung der Alpen-Adria Universität Klagenfurt
Schottenfeldgasse 29/Stiege 1
1070 Wien
Österreich

Priv.-Doz. DI Dr. Karl Prammer
C/O/N/E/C/T/A
Kärntner Straße 28
1010 Wien
Österreich

Univ. Prof. Mag. Dr. Klaus Scala
Am Silberberg 20
8074 Raaba
Österreich

Mag. Dagmar Untermarzoner
Lemon Consulting
Starkenburggasse 6/2
A-1160 Wien
Österreich

Jason A. Wolf, Ph.D.
The Beryl Institute
611 Pennsylvania Ave, SE, Suite 424
USA-Washington, DC 20003

Inhalt

I Organisationsentwicklung im Krankenhaus –
   Grundlagen und Interventionskonzepte 1
   Ralph Grossmann und Hubert Lobnig

   1 Die Fähigkeit zur Veränderung der Organisation als Erfolgsvoraussetzung 3
   2 Charakteristika der Organisation des Krankenhauses 7
   3 Aktuelle und zukünftige Veränderungsthemen in der Organisation Krankenhaus .. 15
   4 Organisationsentwicklung als Praxisfeld und wissenschaftliche Disziplin 25
   5 Einige Grundannahmen über Organisationen und ihre praktischen Konsequenzen
      für Organisationsentwicklung im Krankenhaus 41
   6 Ebenen der Intervention in der Organisationsentwicklung 49
   7 Settings und Designs gestalten, Workshops, Klausuren und Veranstaltungen ... 69
   8 Organisationsentwicklung und Projektmanagement 77

II Organisationsentwicklung in der Praxis:
   spezielle Ansatzpunkte und Erfahrungsberichte 95
   *Margit Ernst, Marlies Garbsch, Andreas Greulich, Ralph Grossmann, Hubert Lobnig,
   Christian Neugebauer, Karl Prammer, Klaus Scala, Dagmar Untermarzoner
   und Jason A. Wolf*

   1 Führung und Organisationsentwicklung im Krankenhaus 97
      Ralph Grossmann und Andreas Greulich

   2 Organisationsentwicklung und Leistungsprozessmanagement –
      konzeptionelle Grundlagen 117
      Karl Prammer

   3 Organisationsentwicklung und Qualitätsmanagement 141
      Hubert Lobnig und Margit Ernst

   4 Lernen von Organisationen und Lernen von Personen verbinden –
      Theorie und Praxis am Beispiel einer Führungsentwicklung
      im Allgemeinen Krankenhaus Linz 169
      Marlies Garbsch, Ralph Grossmann und Klaus Scala

   5 Beiträge der Organisationsentwicklung beim Aufbau
      interorganisationaler Kooperationen in der Gesundheitsversorgung 191
      Ralph Grossmann, Karl Prammer und Christian Neugebauer

   6 Rollen und Aufgaben interner Organisationsentwicklung im Krankenhaus 219
      Dagmar Untermarzoner

   7 Organisationsentwicklung und Patientenerfahrung verbinden –
      eine innovative Perspektive für Gesundheitsorganisationen 247
      Jason A. Wolf

Inhalt

Sachwortverzeichnis _____ 264

Die Autoren _____ 268

Interviewpartner und Autoren von Fallbeispielen _____ 272

Der Herausgeber der Schriftenreihe *Health Care Management* ___ 273

Organisationsentwicklung im Krankenhaus – Grundlagen und Interventionskonzepte

Ralph Grossmann und Hubert Lobnig

1 Die Fähigkeit zur Veränderung der Organisation als Erfolgsvoraussetzung

Das Krankenhaus zählt zu den komplexesten Organisationen, die moderne Gesellschaften hervorgebracht haben. Im Krankenhaus müssen tagtäglich große Organisationsleistungen erbracht werden, um den Routinebetrieb zu bewältigen und die Funktionsfähigkeit der Organisation aufrecht zu erhalten. Gleichzeitig ist die Organisation Krankenhaus, wie die meisten Organisationen, einem großen Veränderungsdruck ausgesetzt. Dieser Veränderungsdruck ergibt sich aus der raschen Entwicklung der Aufgaben und Tätigkeiten und der ihnen zugrunde liegenden fachlichen und technischen Möglichkeiten, aus dem sich verändernden Bedarf und der Erwartungshaltung seitens der Klienten und den gesellschaftlichen Rahmenbedingungen im Kontext einer internationalisierten ökonomischen und politischen Entwicklung. Dazu kommt noch der zu erwartende Mangel an Personal und das Älterwerden der Mitarbeiterschaft. Organisationsveränderung ist zur Alltagsarbeit geworden. Diese Gleichzeitigkeit von Umweltanforderungen schafft für die Krankenhäuser derzeit eine außerordentlich hohe Anforderung, was die Veränderungsfähigkeit der Organisation betrifft. Wie in anderen Branchen auch, gilt es dabei nicht nur einzelne Veränderungen zu bewältigen, sondern die Organisation insgesamt auf Veränderungsfähigkeit auszurichten, auf kontinuierliche Gewährleistung von Effektivität und nachhaltige Entwicklung. Das ist eine systemische Leistung, die sich in geeigneten Strukturen und Prozessen ebenso ausdrückt wie in Fähigkeiten und Haltungen der Personen (Lawler; Worley 2006). Am überlebensfähigsten werden jene Organisationen sein, denen es gelingt, diese „organizational capability" aufzubauen, im Sinne einer raschen und vorausschauenden Antwort auf Umweltanforderungen und der Fähigkeit zur Anpassung der Organisation.

Die steigende Lebenserwartung in der Gesamtbevölkerung und die Entwicklung der persönlichen Lebensweisen in Richtung auf Individualisierung machen fachliche und organisatorische Antworten notwendig. Die Verschiebung des Krankheitsspektrums zu den chronisch degenerativen Erkrankungen erfordern eine neue Kombination von medizinischen und pflegerischen Leistungen und eine Veränderung der Patientenrolle in Richtung auf eine stärkere Aktivierung und Einbeziehung der Patienten und ihrer Bezugspersonen in den Heilungsprozess. Gleichzeitig zieht die steigende Lebenserwartung vermehrt technikintensive Akutinterventionen im letzten Lebensabschnitt nach sich. Die medizinisch pflegerische Bedarfslage der Patienten in Kombination mit der veränderten Lebensweise fordert die Organisation vor allem in ihrer Kooperationsfähigkeit mit den anderen Leistungserbringern heraus. Einerseits schreitet die Spezialisierung der einzelnen Anbieter voran und gleichzeitig wird damit auch der Bedarf an Koordination und Kooperation größer. Fachlich angemessene und finanzierbare Versorgungs- und Unterstützungsleistungen sind nur in Kooperation zwischen verschiedenen Organisationen mit abgestimmten Leistungsprozessen realisierbar. Wie in vielen Produktions- und Dienstleistungsorganisationen zu beobachten, ist der Erfolg in wachsendem Maße in der Balance von Spezialisierung und Konkurrenz mit der gleichzeitigen Fähigkeit zur Kooperation zu suchen. Beide Anforderungen, neue interne Kombinationen von medizinisch-pflegerischen Leistungen zu finden und in Kooperation mit externen Partnern durchgängige und fachlich abgestimmte Angebote zu kreieren, zwingen dazu, die Leistungsprozesse der Organisation Krankenhaus radikal zu bearbeiten, im Sinne von Optimierung und Lernfähigkeit. Dieser kontinuierliche organisatorische Fokus auf Gestaltung der Leistungsprozesse – intern und extern – schafft auch eine permanente Herausforderung für die organisatorische Anlage der Gesamtorganisation und ihrer Leitungsstrukturen.

Die Krankenhäuser erbringen – unabhängig von ihrer Trägerschaft – sehr kostenintensive öffentliche Leistungen (Public Goods) und stoßen seit langem an budgetäre Legitimationsgrenzen. Die aktuellen krisenhaften Entwicklungen in der Wirtschaft, vor allem in der Finanzwirtschaft haben den Budgetdruck drastisch erhöht. Die staatlichen Budgets für klassische öffentliche Leistungen, wie Bildung und Gesundheit sind von starken Restriktionen und Legitimationskonflikten betroffen. Nicht nur die Krankenhäuser in staatlicher Trägerschaft sondern auch die frei gemeinnützigen Krankenhäuser und private Krankenhäuser haben Budgetprobleme. Das hat zu einem organisatorischen Umbau des Krankenhaussektors geführt. Eine Entwicklung, die seit fast zwei Jahrzehnten auf der politischen Agenda steht, hat durch die ökonomische Entwicklung eine Beschleunigung erfahren.

Für Deutschland zeigt sich etwa, dass die Zahl der Krankenhäuser in Deutschland insgesamt geringer wird, zum Teil durch Schließungen zum Teil aber auch dadurch, dass ehemals selbstständige Krankenhäuser zusammengefasst werden. So wurden in Berlin vor etwa 12 Jahren neun selbstständige Krankenhäuser zu einem Krankenhausbetrieb zusammengefasst. Es findet darüber hinaus eine Umschichtung von öffentlichen und freigemeinnützigen zu privaten Krankenhäusern statt – als Privatisierung bezeichnet. Die Mitarbeiter der von privaten Krankenhausträgern übernommenen Krankenhäuser werden mit gravierenden Änderungen der Unternehmenskultur konfrontiert.

Krankenhäuser werden aus der öffentlichen Verwaltung oder einer vergleichbaren Trägerstruktur ausgegliedert und zu eigenverantwortlichen Organisationen gemacht. Dies kann auch mit einer Umwandlung der Rechtsform vor allem öffentlicher

1 Die Fähigkeit zur Veränderung der Organisation als Erfolgsvoraussetzung

Krankenhäuser von einer öffentlich-rechtlichen in eine Rechtsform privaten Rechts – zum Beispiel in eine Gesellschaft mit beschränkter Haftung (GmbH) einhergehen. Auch in diesem Fall muss aufgrund der geänderten Rechtslage mit erheblichen strukturellen und kulturellen Veränderungen gerechnet werden. Die Krankenhäuser werden in die wirtschaftliche Verantwortung für die Kostenentwicklung genommen und sollen in die Lage versetzt werden, die dazu notwendigen Entscheidungen zu treffen und die innere Entwicklung weitgehend selbst zu gestalten. Dazu sollen sowohl in den Trägerstrukturen als auch in den einzelnen Krankenhäusern leistungsfähige Managementstrukturen aufgebaut werden. Die Krankenhäuser werden zu systematischen Prozessen der Qualitätssicherung angehalten. Und die Krankenhäuser sollen dazu gebracht werden, im Leistungsangebot Schwerpunkte zu setzen, bezogen auf einen ökonomisch rationalen Mitteleinsatz und bezogen auf die Patientenbedürfnisse. Sie sollen ihre Leistungen mit anderen Organisationen im Sinne einer bedarfsgerechten und effizienten Versorgungskette abstimmen.

Dieser Prozess ist ökonomisch getrieben oder wird mit Effizienz und Kostendeckung argumentiert, aber in gleichem Maße geht es um die Suche nach einer passenden Steuerung der im wesentlich öffentlich finanzierten Organisationen und ihre Selbststeuerungsfähigkeit.

Die Privatisierung der öffentlichen Leistung Gesundheitsversorgung, der Verkauf oder die Übergabe an private Unternehmen bzw. an Investoren beinhaltet immer auch ein Risiko im Sinne eines offenen und fairen Zugangs zu den Leistungen für die Gesamtbevölkerung. Sie kann so wie in anderen Branchen auch zu selektiver Bewirtschaftung und Versorgungslücken führen. Aus organisatorischer Sicht ist daher bedeutsam, die Rückbindung an den öffentlichen Versorgungsauftrag und gesundheitspolitische Ziele zu gewährleisten. Aus organisationsentwicklerischer Sicht besonders bedeutsam ist, wie die Autonomie der einzelnen Organisationen und ihre Steuerbarkeit in einem Versorgungskontext zum Beispiel einer Region, einer Gebietskörperschaft, gestaltet werden. Zweifellos braucht es inhaltlich strategische und finanzielle Rahmensetzungen, zum Beispiel seitens der Unternehmensleitung eines Krankenhausträgers, der für die Versorgung einer Region insgesamt (meist in Konkurrenz mit anderen Anbietern) zuständig ist. Und es braucht Autonomie, um die Selbstorganisation eines Krankenhauses zu ermöglichen und zu fördern. Autonomie setzt Entscheidungskompetenz und Handlungsspielraum der einzelnen Organisationen voraus. Die Ausbildung entsprechender Strukturen, Routinen und Kompetenzen ist an die Möglichkeit, sie eigenverantwortlich zu nutzen, gebunden.

Organisationsgestaltung ist zu einer Kernaufgabe geworden. Dabei ist zu berücksichtigen, dass Organisationen nicht nur eine äußere Rahmenbedingung für eine fachliche Tätigkeit darstellen, sondern ganz unmittelbare Wirkung für die fachliche Qualität der Arbeit haben. Organisation hat inhaltskonstitutive Bedeutung. Wie in einer Organisation Entscheidungen getroffen werden, wie Normen und Spielregen gebildet und durchgesetzt werden, wie die Kooperation zwischen Berufsgruppen und Organisationseinheiten gestaltet wird, bestimmt auch den Inhalt der Arbeit und die Kultur der Organisation. Das rückt die Frage nach der Auswahl eines Konzepts für die Gestaltung von Veränderung der Organisation in den Vordergrund. Jede Organisation sucht dazu das für sie passende Veränderungskonzept. Es ist davon auszugehen, dass Organisationsentwicklung mit ihren handlungsleitenden theoretischen Grundannahmen, mit ihren historisch gewachsenen Werten und dem aktuellen

Stand an praktischer Erfahrung und wissenschaftlicher Fundierung für die Expertenorganisation Krankenhaus ein Konzept der Wahl darstellt.

Im Folgenden wird ein theoriegeleiteter und aus der praktischen Beratungsarbeit informierten Blick auf die Charakteristika der Organisation Krankenhaus geworfen, einen Überblick über zukünftige Trends in der Entwicklung der Organisation Krankenhaus gegeben, Organisationsentwicklung als Praxis- und wissenschaftliches Konzept werden eingeführt und einige Handlungsfelder der Organisationsentwicklung beleuchtet, vor allem solche, die nicht durch eigene Praxisbeispiele in den folgenden Kapiteln ausführlich behandelt werden.

2 Charakteristika der Organisation des Krankenhauses

Eine wissenschaftlich fundierte Organisationsentwicklung erfordert eine angemessene Theorie der Organisation, die es zu verändern gilt. Diese vermittelt Anknüpfungspunkte für Gestaltungsfragen und für die Planung spezifischer Interventionen. Das Krankenhaus ist eine sehr komplexe Organisation, denn es hat mehrere Funktionen gleichzeitig zu bedienen. Es ist Zentrum der Gesundheitsversorgung, Aufenthaltsort für Patienten, Dienstgeber für sehr viele Beschäftigte, Einrichtung der Aus- und Weiterbildung, Institution in der öffentliche und private Forschung betrieben wird, und es muss in seiner Leistungserbringung die Interessen sehr unterschiedlicher Stakeholder-Gruppen berücksichtigen wie Patienten, Politik, Verwaltung, andere Institutionen der Gesundheitsversorgung, Gesetzeslagen, Wissenschaftliche Communities, Fachgesellschaften etc. Im folgenden Kapitel werden einige zentrale und für die Organisationsentwicklung bedeutsame Charakteristika des Krankenhauses als Organisation aufgegriffen.

2.1 Expertenlogik und Organisation verknüpfen

Ein Angelpunkt der Organisationsentwicklung und des Managements im Krankenhaus ist die produktive Verbindung von Expertensystem und Organisation. Die Medizin und in wachsendem Maße auch die Pflege stellen ein ausdifferenziertes Expertensystem dar, mit einer eigenständigen Wissensbasis, spezifischen Fachsprachen, professionellen Communities (im Sinne von Fachgesellschaften und Netzwerken), Interessenvertretungen, Publikationsorganen. Und das Krankenhaus ist die höchstentwickelte Organisationsform, diese Fachexpertise praktisch anzuwenden. Organisation und Expertensystem sind eigenständige Systeme, aber aufeinander angewiesen.

Wie in anderen Expertenbetrieben, auch, zum Beispiel in den Universitäten, sind die Fachleute oft mehr ihrer Professionalität, also den Inhalten der Arbeit und den darauf bezogenen fachlichen Standards, Werten, Erfolgskriterien, Karrieremustern verpflichtet, als der Organisation (Mintzberg 1993). Die Organisation hat aus ihrer Sicht die Rahmenbedingungen für eine inhaltlich erfolgreiche Arbeit bereitzustellen. Die Befassung damit wird so zur Zusatzarbeit, zur eigentlichen professionellen Arbeit. Autonomie gegenüber den Auftraggebern war historisch betrachtet ein wichtiges Merkmal von Profession und professioneller Identitätsbildung (Grossmann 1995, S. 65). Sie hat auch heute große Bedeutung, wenn es um Fragen der Qualität oder der ethischen Entscheidungen geht, gerade auch wenn wirtschaftliche Interessen der Organisation mit den medizinischen oder pflegerischen Standards in Konflikt geraten.

Andererseits ist, wie schon angesprochen, die inhaltliche Dimension untrennbar mit der organisatorischen verbunden, ist die fachliche Arbeit eben auch adäquat zu organisieren. Autonomie ist unter den heutigen Bedingungen von Krankenhausarbeit nur durch aktive Mitgestaltung der Organisation zu gewinnen. Die Trennung von Fachsystem und Organisation wird von den Auftraggebern oft noch bekräftigt, wenn die Übernahme von Leitungsfunktionen nicht entsprechend entlohnt wird oder die notwendigen Qualifikationen dafür bei der Auswahl der Führungskräfte wesentlich weniger Beachtung finden als fachmedizinische.

Die Expertenarbeit hat aber auch Bedeutung für die Steuerung und Kontrolle der Arbeitsleistung und die Motivation der Mitarbeiter (Janes 2010). Die Leistungsfähigkeit des Betriebes ist davon abhängig, dass die Mitarbeiter ihre Arbeit eigenständig und eigenverantwortlich in professioneller Weise erbringen. Die Arbeit ist technologisch nicht steuerbar und kontrollierbar. Die Arbeit kann in gewissem Umfang mit rechtlichen oder organisatorisch disziplinären Maßnahmen geregelt werden, aber im Kern ist die Leistung an die Person gebunden, von deren Motivation und Kompetenz abhängig. Das schafft – wie in der Wissensarbeit generell – besondere Voraussetzungen für die Führung der Organisation. Nach unseren Erfahrungen in der Beratung von Expertenorganisationen sind die Möglichkeiten der Einflussnahme auf die Bedingungen der Arbeit und der Handlungsspielraum in der Arbeit wesentliche Dimensionen der Sinnstiftung und Grundlagen der Motivation. Viele Ärzte und Pflegekräfte erleben schmerzlich den Widerspruch zwischen der Notwendigkeit, eigenverantwortlich und selbstständig in der Leistungserbringung tätig zu sein, und der Erfahrung eines hierarchischen Systems, das wenig Mitsprache und Einflusschancen zulässt. An diesem Punkt wird auch der Doppelcharakter der Expertenarbeit deutlich. Wie viel Information, Transparenz und Einflussmöglichkeit in der täglichen Arbeit gegeben wird, ist keine medizinisch oder pflegerische Fachfrage, sondern eine organisationsbezogene. Beide Dimensionen der Arbeit sind letztlich Fachfragen (der Medizin, der Pflegewissenschaft, der Organisationsentwicklung) und es gilt beide Ebenen professionell zu bearbeiten; das verlangt insbesondere von den Leitungskräften eine doppelte Professionalisierung.

Die dazu notwendigen Qualifikationen können vermittelt werden. Aber es braucht auch Entlastung durch andere Rollenträger. Es braucht eine breitere Verankerung der notwendigen fachlichen Ressourcen. Die Qualifizierung von „internen" Beratern für Organisationsentwicklung ist dafür ein Weg. Es kommen dafür Personen infrage, die in mittleren Führungspositionen tätig sind, wie stationsleitende Pflegekräfte oder stationsführende Oberärzte bzw. Ärzte mit großer Organisationserfahrung und sozialer Akzeptanz, aber auch Personen aus den administrativ-kaufmännischen oder technischen Berufsgruppen. (vgl. den Beitrag von Untermarzoner 2013, s. Kap. II.6.2.6).

Eine entscheidende Voraussetzung für die erfolgreiche Arbeit in einer solchen Rolle ist die Unterstützung der Top-Führungskräfte und eine fachliche Anerkennung über die Grenzen der Berufsgruppen hinweg.

2.2 Den Widerspruch zwischen Organisationseinheit und Leistungsprozessen managen

Ein zweiter Angelpunkt der Organisationsentwicklung im Krankenhaus ist die Integration der stark segmentierten Organisation, horizontal und vertikal. Die Dynamik der Spezialisierung und der professionellen Entwicklung findet ihren Ausdruck in der organisatorischen Gliederung des Krankenhauses in Form von sehr autonomen medizinischen Fachbereichen. Diese Einheiten (Abteilungen, Institute, Kliniken) sind um die medizinischen Fachrichtungen und professionellen Interessen gebaut. Sie sind die Motoren der fachlichen Entwicklung. Das Krankenhaus stellt sich organisatorisch als Netzwerk autonomer Abteilungen dar. Ihre Eigendynamik und Autonomie schaffen nicht nur ein Integrationsproblem für die Gesamtorganisation, sie sind auch für das fachliche Profil und die Reputation der Organisation entscheidend. In den medizinischen Abteilungen überschneidet sich professionelles System und Organisation. Hier muss die Verknüpfung von fachlich-professioneller Entwicklung und anderen organisationsbezogenen Dimensionen wie Personalentwicklung oder Schwerpunktbildungen des Krankenhauses geleistet werden. Die Fachbereiche sind die wesentliche Gestaltungsebene für die Arbeitsorganisation und die Arbeitsbedingungen, hier wird die Arbeitskultur wesentlich geprägt und erfahrbar. Hier ist auch die Zusammenarbeit zwischen den Berufsgruppen unmittelbar praktisch wirksam und gestaltbar. In den Abteilungen ist die medizinisch-pflegerische Arbeitslogik mit der administrativen zu verknüpfen, ist die Schnittstelle zu zentralen Dienstleistungen wie Versorgung mit Essen, Krankentransport, Reinigung, administrative Erfassung der Patienten zu managen und die Schnittstelle zu anderen medizinischen Fachbereichen. Hier sind auch die Kommunikation mit Patienten und Angehörigen zu bewältigen und die fachliche Auseinandersetzung mit externen Einrichtungen.

Die spezialisierten Fachabteilungen sind als Orte der fachlichen Entwicklung und der Organisationsentwicklung unverzichtbar. Daraus ergibt sich eine notwendige Doppelbewegung in der Organisationsentwicklung der Krankenhäuser, die spezialisierten Organisationseinheiten in ihrer Entwicklung zu fördern und gleichzeitig die übergreifenden Leistungsprozesse, innerhalb und zwischen den Fachabteilungen. Der Versuch, durch den Zuschnitt der medizinischen Einheiten (zum Beispiel zu Zentrumsstrukturen nach medizinischen Fachbereichen oder auch nach organbezogenen Gesichtspunkten) möglichst die Prozesse in den einzelnen Organisationseinheiten zu integrieren, kann hier unterstützend wirken, hebt aber die Notwendigkeit dieser zweifachen Entwicklungsbewegung nicht auf.

Neben der Dominanz der medizinischen Abteilungen wird die Organisationsdynamik von den parallelen Hierarchien der Berufsgruppen geprägt, dem Neben- und Miteinander von unterschiedlichen professionellen Traditionen und Kulturen. Die Leistungsfähigkeit der Organisation im Interesse des Patienten entscheidet sich allerdings in den Berufsgruppen und abteilungsübergreifenden Prozessen. Hier sind die Berufsgruppen und Organisationseinheiten auch wechselseitig in Kunden- und Lieferantenbeziehungen eingebunden. An diesem Widerspruch zu arbeiten, ist eine kontinuierliche Herausforderung für die Organisationsentwicklung. Mit wachsenden Ansprüchen der Patienten in Richtung Serviceorientierung, mit steigendem Qualitäts- und Effizienzdruck, gewinnt die Gestaltung der übergreifenden Prozesse immer mehr an Bedeutung (vgl. den Beitrag von Wolf 2013, Kap. II.7).

Der zentrale Konfliktpunkt, der mit diesem organisatorischen Widerspruch verbunden ist, liegt im Zusammentreffen von zwei unterschiedlichen organisatorischen Beziehungen: einer horizontal kooperativen und einer vertikal hierarchischen (vgl. den Beitrag von Prammer 2013, Kap. II.2). Die Mitarbeiter müssen sich in einer doppelten Verbindlichkeit und Loyalität bewegen und brauchen dafür auch Handlungsspielraum und Akzeptanz. Je besser die Leistungsprozesse organisatorisch verankert und ausgestattet werden, zum Beispiel durch Prozessverantwortliche für die Koordination der Leistungsprozesse, desto konfliktanfälliger wird das Verhältnis zu den Linienvorgesetzten in den Fachabteilungen. Die Erfahrung aus stark prozessorientierten Organisationen zeigt, dass es vor allem dieser Leitungskonflikt ist, der den Organisationen bei der konsequenten Ausrichtung auf kundenbezogene Prozesse Schwierigkeiten macht.

Den Linienführungskräften der funktional gegliederten Abteilungen kommt hier in mehrfacher Hinsicht eine wichtige Rolle zu. Es gilt, den Strukturkonflikt zu sehen und zu akzeptieren. Es ist den Mitarbeitern für die Kooperation in den Leistungsprozessen Spielraum und Rückendeckung zu geben. Die bereichsübergreifende Kooperation ist durch persönliche Kooperation mit den Führungskräften der anderen Berufsgruppen und Organisationseinheiten zu fördern. Die Entwicklung und Formung von Koordinationsrollen auf der Ebene der horizontalen Prozesse ist zu unterstützen.

Grenzüberschreitendes Arbeiten wird zu einem zentralen Entwicklungsthema der Organisation. Es gilt die unterschiedlichen Fachperspektiven, vor allem von Medizin und Pflege, zu nutzen und zu verknüpfen ohne sich in Autoritäts- und Hierarchiekonflikten zu verheddern. Eine Verbesserung der Zusammenarbeit zwischen den Berufsgruppen ist letztlich nur mit einer Enthierarchisierung zu erreichen. Die traditionellen Status- und Einkommensunterschiede und die professionelle Dominanz der Mediziner machen eine Aufhebung der „defensiven Routinen" im Umgang der Berufsgruppen unwahrscheinlich, wenn diese Asymmetrie nicht durch bewusst gestaltete und glaubwürdig teamorientierte Arbeit ergänzt wird.

Diese Zusammenarbeit ist für den fachlichen Erfolg entscheidend und ebenso für die Entwicklungsfähigkeit der Organisation. Dabei sind die Kooperationsbeziehungen in den ausführenden Tätigkeiten maßgebend und die Kooperationsbeziehungen der Führungskräfte.

> Dem Miteinander der Führungskräfte kommt besondere kulturbildende Kraft zu. Die Zusammenarbeit der Führungskräfte setzt Beispiel und Rahmen für die Zusammenarbeit der Berufsgruppen. Die Entwicklung und Arbeitsfähigkeit der berufsgruppenübergreifenden Führungsteams sind ein sehr relevantes Thema der Organisationsentwicklung.

2.3 Soziale und fachliche Integration durch Teams fördern

Die Krankenhausarbeit ist von hoher Arbeitsteiligkeit geprägt. Es wird die Arbeit von einzelnen Spezialisten zu Prozessen verknüpft. Die Tätigkeit und die Arbeitsorganisation lassen wenig echte Teamarbeit zu, also eine gemeinschaftliche Aufgabenerfüllung durch eine Gruppe von Spezialisten. Die gegenseitige Abhängigkeit in der Gewährleistung der Prozesse sowohl bei den patientenbezogenen als auch bei den Supportprozessen erfordert eine starke Teamorientierung. Das gilt auch für die fachliche und organisatorische Weiterentwicklung der Arbeit. Da Teamarbeit nicht im täglichen Prozess stattfindet, ist sie durch besondere Vorkehrungen wie Teamsitzungen, Klausuren zur gemeinsamen Planung und Auswertung der Arbeit, zur gemeinsamen Fortbildung oder durch Projekte zur fachlichen und organisatorischen Entwicklung der Arbeit zu fördern. Die Teamarbeit in diesem Sinne hat mehrere zentrale Funktionen zu erfüllen:

> „Erstens die unterschiedlichen Fachkompetenzen und Erfahrungen für die Patientenversorgung zu nutzen, also die negativen Folgen der hochgradigen Spezialisierung und Fragmentierung der Arbeit aufzufangen; zweitens soziale Unterstützung, Partizipation und Identifikation zu ermöglichen; drittens die Arbeitsorganisation gemeinsam zu entwickeln; und viertens die strategische Ausrichtung der Arbeit zu gewährleisten" (Grossmann 1995, S. 72).

Berater und Coaches haben in den Krankenhäusern häufig folgende Situation angetroffen:

- Nur in wenigen Abteilungen, Stationen oder Instituten sind interprofessionelle Teambesprechungen unter Einbeziehung aller Berufs- und Funktionsgruppen etabliert. Mit „Team" wird meist eine Besprechung der Pflegekräfte bezeichnet, in denen Fragen des alltäglichen Arbeitsablaufes, manchmal auch die Arbeitsbeziehungen im Pflegeteam oder Interessen der Pflegegruppe gegenüber den Ärzten in der Gestaltung der Arbeitsorganisation der Station besprochen werden. Zu diesen Besprechungen kommen manchmal auch Pflegekräfte, die gerade nicht Dienst haben.
- Das Team der diensthabenden Ärzte trifft sich in kurzen, sachbezogenen, auf die Bewältigung der unmittelbaren Anforderungen ausgerichteten Besprechungen, zum Beispiel in „Morgenbesprechungen", Besprechungen zur Planung des Operationsprogramms, dann bei den Chefvisiten oder den Visiten des stationsführenden Oberarztes, an denen auch einzelne Pflegekräfte teilnehmen. In manchen Abteilungen gibt es gut etablierte Traditionen von Fallkonferenzen, in denen einzelne, besonders interessante oder schwierige Patientengeschichten durchgesprochen werden, oft auch in Verbindung mit Aus- und Weiterbildungsfunktionen.
- In den berufsübergreifend zusammengesetzten Besprechungen dominiert die medizinische Sichtweise und Sprache. Diese Besprechungen werden von den Ärzten nicht nur „geleitet", sondern auch weitgehend alleine bestritten. Die Pflegekräfte, aber auch statusmäßig nieder-positionierte Mediziner erleben es als sehr schwierig, sich in das Gespräch mit Chance auf Resonanz einzubringen. Eine stark hierarchisch orientierte Gesprächsanordnung mit sternförmiger Kommunikation ist vorherrschend.
- Charakteristisch für die Besprechungssituation ist fast immer, dass Fragen der Kooperation innerhalb und zwischen den Berufsgruppen, Fragen der Arbeits-

organisation und Besprechungspunkte, die der Auswertung, Reflexion und Planung der Arbeit über den unmittelbaren Fall hinaus dienen, zu kurz kommen. Sehr viele Dinge werden zwischen Tür und Angel anlassbezogen besprochen und „geregelt".

Die Zugehörigkeit zu einem Team, die Verankerung in einem Sicherheit gebenden sozialen Kontext und die Unterstützung, die man dort erfährt, sind wesentliche Voraussetzungen zum Erhalt der persönlichen Gesundheit und der Motivation. Die Befunde der Stressforschung haben – soziologische, arbeitspsychologische und sozialmedizinische Ansätze integrierend – die Bedeutung von sozialer Unterstützung und Partizipation für die Bewältigung schwieriger Arbeitssituationen und eine gesundheitsförderliche Verarbeitung von Arbeitsbelastungen aufgezeigt. Die wichtigsten äußeren und betrieblich relevanten Ressourcen sind:

- **Soziale Unterstützung**: das umfasst direkte Hilfe in der Arbeit, Akzeptanz und emotionale Unterstützung, wenn Probleme anstehen, die Verankerung in einem Sicherheit gebenden Netz sozialer Beziehungen am Arbeitsplatz;
- **Handlungsspielraum**: Die Möglichkeit zu selbstständiger Arbeitsgestaltung;
- **Einflussmöglichkeiten** auf die Arbeitsbedingungen, die Mitsprache in der Arbeitsorganisation.

Es geht also um Zugehörigkeit, Unterstützung und Partizipationschancen. Zweifellos kann das Team der Pflegekräfte oder die Gruppe der Ärzte auf allen drei Ebenen Funktionen wahrnehmen. Aber es spricht viel dafür, dass die interprofessionelle Mitarbeitergruppe einer Organisationseinheit genauso wichtig ist, wenn nicht bedeutsamer. Die Arbeitsprozesse sind interprofessionell, die Bestätigung aus der Arbeit ist daher letztlich nur aus positiven Erfahrungen der interprofessionellen Zusammenarbeit zu gewinnen. Die Einflussmöglichkeiten sind weitgehend durch die jeweils andere Berufsgruppe mitbestimmt, ebenso die Anerkennung, die der einzelne erfährt. Und für die Identifikation und Sinnerfahrung ist die Zugehörigkeit zu einer anerkannten Leistungseinheit sehr wesentlich.

Teams sind aber auch die entscheidenden sozialen Systeme, in denen die Prozesse und Strukturen etabliert und in konkrete Leistungsbündel übersetzt werden. Die dabei zu erarbeitenden Handlungskonzepte und Regelungen für die fachliche Arbeit und die Kooperation orientieren die Alltagspraxis. Wichtige Ebenen sind dabei:

- **Die Erarbeitung einer gemeinsamen Orientierung („Philosophie") hinsichtlich der Betreuung von Patienten in der jeweiligen Organisationseinheit**: Was ist uns wichtig im Umgang mit den Patienten? Worauf kommt es besonders an? Was wollen wir auf alle Fälle vermeiden? Woran werden wir ablesen können, dass wir dieses Ziel erreicht haben?
- **Die Festlegung von Verantwortlichkeits- und Zuständigkeitsregeln**: Wer ist zuständig für …? Wer ist im Zweifelsfall für welche Entscheidungen anwesend? Und dass differenzierte Beschreiben von Erwartungen, die sich an eine bestimmte Rolle und Aufgabenerfüllung knüpfen formuliert werden: Ich erwarte mir von der Stationsschwester, dass sie … Wir erwarten vom stationsführenden Oberarzt, dass er … Besonders wichtig ist uns …, etc.
- **Die Definition von Kooperationsregeln**: Für diese Aufgabe sind gemeinsam zuständig: … Im Falle der Verhinderung von … ist zuständig: … Bei Schwierigkeiten ist als Unterstützung ansprechbar: …

- **Die Erarbeitung von Ablaufstrukturen:** Im Fall X ist zu tun: 1. ... 2. ... 3. ...! Sie werden da vor allem unterstützt von ...! Bei Unklarheiten ist zu konsultieren ...!
- **Das Aufstellen von Konfliktregeln:** Im Falle eines Konflikts wollen wir so vorgehen ...! Ist uns besonders wichtig ...!

2.4 Hierarchie und Partizipation verbinden

Teamorientierung findet immer auf zwei Dimensionen statt, auf der horizontalen Ebene der Zusammenarbeit der unterschiedlichen Berufsgruppen und auf der vertikalen Ebene der Zusammenarbeit von Führungskräften und Mitarbeitern bzw. unterschiedlichen Statusgruppen von Personen mit unterschiedlicher Erfahrung. Die Aufgabe des Krankenhauses als Expertenbetrieb ist – wie ausgeführt – ohne die eigenverantwortliche, fachlich kompetente und engagierte Mitarbeit aller Fachkräfte nicht zu bewältigen. Das Krankenhaus als Organisation ist auf diese Expertise an der Basis angewiesen, auf das fallbezogene und erfahrungsbezogene Wissen von denjenigen, die den Patienten rund um die Uhr beobachten und betreuen. Das gilt in engerem Sinne für die fachliche Arbeit der Medizin und Pflege, das gilt wahrscheinlich noch mehr für Fragen der Arbeitsorganisation. Der kontinuierliche und vielschichte Arbeitsprozess macht in hohem Maße die Selbststeuerung durch die gerade Diensthabenden notwendig.

Wird dieses Wissen nicht genutzt und die Selbstständigkeit nicht gefördert und abgestützt, gehen der Organisation wesentliche Ressourcen verloren, und es entstehen Risiken für die Patienten. Anleiten, unterstützen, professionelle Selbstreflexion und Supervision, gemeinsam erarbeitete Verbindlichkeiten sind hier die Steuerungsinstrumente für die Qualitäts- und Organisationsentwicklung und nicht die hierarchische Anordnung oder die Pflege von Abhängigkeitsverhältnissen. Andererseits verlangt die Tätigkeit im Krankenhaus in bestimmten Situationen klare hierarchische Anweisungen und die Engführung von Verantwortung auf wenige Entscheidungsträger. Beides ist notwendig. Diese Gleichzeitigkeit von Hierarchie und Partizipation und der damit verbundene Wechsel im Kommunikationsstil zählen zu den besonders anspruchsvollen Seiten der Leitungsarbeit im Krankenhaus (vgl. den Beitrag von Grossmann; Greulich 2013, Kap. II.1).

2.5 Organisationsprobleme werden auf dem Rücken von Personen ausgetragen

Die Organisationsleistungen des durchschnittlichen Krankenhauses sind, gemessen an der Komplexität der Organisation, beeindruckend. Gleichzeitig wirken die Krankenhäuser als Organisation häufig chaotisch und schwerfällig in ihrer Entwicklung und gehen mit einer permanenten Überforderung vieler Beschäftigter einher. Das Krankenhaus ist eine Organisation ohne Auszeit, ohne „Quality Time", die ständig mit der Bearbeitung aktueller Probleme, mit dem alltäglichen operativen Geschäft befasst ist. Die Arbeit im Krankenhaus steht ständig unter Zeitdruck. Das ist einerseits der Aufgabenlogik zuzurechnen, wenn viele Patienten mit knapper werdendem Personal versorgt und der Betrieb rund um die Uhr aufrechterhalten werden muss.

Dieses ständige operative Eingebundensein führt andererseits dazu, dass wenig in die Strukturen investiert wird, die der Entwicklung der Organisation dienen und nicht nur der Bearbeitung der unmittelbaren fachlichen Aufgabe.

Die Organisationen laufen hier in ein Ressourcenparadoxon. Der wachsende Zeit- und Erledigungsdruck lässt nur wenig Raum für Entwicklung, und der Mangel an funktional durchdachten, gemeinsam getragenen Organisationslösungen produziert auch Druck und unnötigen Aufwand. In dieser Dynamik tendieren die Organisationen zu informellen personenbezogenen Lösungen. Es erfolgt eine Problemverlagerung von der Organisations- auf die Personenebene. „Die Krankenhäuser vollbringen Ihre Organisationsleistungen überproportional zu Lasten der handelnden Personen, häufig noch mit ungleicher Belastungsverteilung zwischen den Berufs- und Statusgruppen. Es muss viel auf dieser personenbezogenen, informellen Ebene gemanagt und aufgefangen werden, wofür die formellen Arbeitsstrukturen nicht existieren, nicht genügend funktional durchdacht oder nicht genügend operativ etabliert sind" (Grossmann 1995, S. 64). Dem ist nur durch bewusst geplante und im Routinebetrieb verankerte Arbeit an der Entwicklung der Organisation zu begegnen. Einerseits durch kontinuierliche Optimierung im Alltag und durch gezielt eingerichtete Projekte der Organisationsentwicklung.

3 Aktuelle und zukünftige Veränderungsthemen in der Organisation Krankenhaus

Organisationsbezogene Veränderungsprozesse im Krankenhaus passieren als Reaktion auf äußere Bedingungen und Veränderungen ebenso wie als Reaktion auf Entwicklungen im Innenbereich. Wissenschaftliche Entwicklungen in der Medizin und in der Technik ermöglichen und erfordern neue Ansätze in der Behandlung und Betreuung, IT-Systeme verändern das Management von Prozessen, Veränderungen im professionellen Selbstverständnis und in den Berufsbildern der Gesundheitsberufe erzeugen neue Zuständigkeiten, Abstimmungs- und Kooperationsformen. Veränderungen in den Finanzierungsgrundlagen und den gesundheitspolitischen Rahmenbedingungen haben Einfluss auf die Angebotsgestaltung und die Struktur der Organisation Krankenhäuser sind gefordert, sich an diese internen und externen Dynamiken anzupassen und in entsprechende Organisationsentwicklungsprozesse zu übersetzen. Aus unserer Sicht empfiehlt es sich, dabei acht Themenfeldern besondere Beachtung zu widmen.

3.1 Strategische Kompetenzen entwickeln und Freiräume nutzen

Der erste Aspekt betrifft die Strategieebene und damit verbunden die Fragen:
- Wohin entwickelt sich die Organisation oder wohin soll sie sich entwickeln?
- Was sind daher ihre grundlegenden Aufgaben?

Strategiearbeit im Krankenhaus unterscheidet sich von stärker marktwirtschaftlich ausgerichteten Organisationen, dass sie sehr abhängig von gesundheitspolitischen Vorgaben und gesetzlichen Rahmenbedingungen ist. Die Führungsebenen der Krankenhäuser sind gefordert, die Spielräume, die dieser strategische Rahmen bietet, gut auszunutzen oder bei Gelegenheit in Verhandlungen zu erweitern.

Das Land Oberösterreich und die oberösterreichische Gesundheits- und Spitals-AG (GESPAG) haben 2010 einen Strukturplan für die gesamte Krankenhauslandschaft in diesem Bundesland erstellt. Dieser sieht Zusammenlegungen von Spitälern oder einzelnen Einheiten vor, Spezialisierungen von Angebotsleistungen, Ausbauten von Standorten in Regionen mit bestimmten Unterversorgungen, aber auch Schließungen einzelner Einheiten. Nach dem „Schnüren" dieses Paketes wurde ein umfassender Veränderungsprozess in Gang gesetzt, der die gesamte Krankenhauslandschaft in diesem Bundesland betrifft. Die oberösterreichische Spitalsreform hat gravierende Auswirkungen, ist von grundlegender strategischer Bedeutung für alle Krankenhäuser in diesem Bundesland.

Folgt man einem Strategieverständnis, das Strategie als einen Prozess der Auswahl unterschiedlicher Möglichkeiten für die Zukunft betrachtet, dann wird deutlich, dass strategische Fragen im Krankenhaus nicht allein die oberen Entscheidungsebenen betreffen. In dynamischen Umwelten, denen sich zunehmend auch Krankenhäuser gegenüber sehen, braucht es Entscheidungen über zukünftige Schwerpunkte und Prioritätensetzungen auch auf der Ebene der Leistungseinheiten.

Im oben genannten Beispiel der GESPAG werden auf der Ebene der Krankenhäuser und in den Leistungseinheiten weitere Strategieprozesse gestartet, in dem sich die Beteiligten fragen:

- Was heißt das jetzt jeweils für uns, unsere Schwerpunkte, unsere Prioritäten?
- Wie wollen/können wir das jetzt tun? Auf welche Stärken können wir zurückgreifen?
- Wovon müssen wir uns verabschieden?

Eine daran anknüpfende Frage für die Organisationsentwicklung besteht darin, wie sehr diese Prozesse auf der Ebene der leistungserbringenden Organisationseinheiten den Ansatz der Organisationsentwicklung für die Gestaltung der strategischen Umsetzungsprozesse nutzen.

Strategische Fragen gewinnen aber auch an Bedeutung, weil neben dem gesetzlichen Versorgungsauftrag und den damit verbundenen Steuerungswirkungen zunehmend auch Marktprinzipien in die Krankenhauslandschaft einfließen. Betrachtet man den Markt für Krankenhäuser nicht nur unter finanziellen Gesichtspunkten im Sinne der Krankenhausfinanzierung, sondern erweitert die Brille der „Nachfrage" auf die Anspruchsgruppen, die mit dem Krankenhaus in Beziehung stehen, gelangt man zu einer umfassenderen Sicht auf Strategie und organisationsbezogene Planungsprozesse im Krankenhaus (Naegler 2013). So verstanden werden die Interessen und Bedürfnisse definierter Stakeholder (= Anspruchsgruppen) wie Patienten, Gesundheitsdienste in der Region, Mitarbeiter und andere relevante Gruppen in strategischen Analysen und Entscheidungsprozessen berücksichtigt und damit Grundlagen für die Differenzierung spezieller Angebote, Schwerpunktprogramme, Kooperationsstrategien und Investitionen erarbeitet.

Der Aufbau von strategischem Know-how wird für Krankenhäuser bedeutender und eine Verbindung (krankenhaus-)betriebswirtschaftlicher Planungskonzepte mit organisationsentwicklerischen Ansätzen ist hilfreich, um informiert Entscheidungen zu treffen, die Organisation entlang der Strategie zu orientieren und Akzeptanz und Commitment für Umsetzungsprozesse zu sichern.

3.2 Strukturen zukunftsorientiert weiterentwickeln

Der nächste Aspekt betrifft die Ebene der Strukturen, die Strukturen der Führungs- und Entscheidungsprozesse und die Verknüpfung der Organisationseinheiten und Berufsgruppen. Die Rahmenbedingungen für die Organisationsstruktur der Krankenhäuser werden durch Gesetze vorgegeben. An der Spitze der Organisation und ihrer Subeinheiten setzt sich in Deutschland und der Schweiz das CEO-Modell immer stärker durch. Also ein Führungsmodell, in dem ein Geschäftsführer – meist mit kaufmännischer Funktion – die Gesamtverantwortung wahrnimmt und einer funktional gegliederten Krankenhausleitung (Medizin, Pflege, Technik, Verwaltung) vorgesetzt ist. Zumeist sind die Krankenhäuser oder Krankenhausträger unternehmensrechtlich als GmbH (oder AG) verfasst. In Österreich werden noch viele Spitäler von einer Kollegialen Führung von gleichrangigen Direktoren in den Bereichen Medizin, Technik und Wirtschaft geleitet. Die Krankenhausträger sind an der Spitze meist nach dem CEO-Modell organisiert. Die medizinischen Subeinheiten werden in Deutschland und der Schweiz von einem Mediziner geleitet (größere Departemente von einem Gremium mit einem Vorsitzenden, in Österreich häufig von einer Doppelspitze gebildet aus medizinischem Leiter und Pflegedienstleitung.) Die Organisationen insgesamt sind aber sehr stark von funktionalen Gliederungen mit parallelen Hierarchien der Berufsgruppen geprägt. Diese Struktur wird im Organisationsalltag heute immer dysfunktionaler, weil das Krankenhaus in der Leistungserbringung zunehmend auch organisatorisch auf Leistungsprozesse umstellt und damit auf gelingende Kooperationen zwischen unterschiedlichen Berufsgruppen und Organisationseinheiten angewiesen ist. Dazu müssen neue Formen von Strukturen erfunden werden, die flexibler, dynamischer und mehr an Prozessmodellen ausgerichtet sind, was allerdings notwendigerweise zu Reibungsflächen oder Konflikten mit der bestehenden Organisationsform führt. Die Widersprüche zwischen einer Prozessorientierung und einer Hierarchieorientierung werden im Alltag häufig erlebt, wenn es beispielsweise um die Einhaltung von Regeln oder Abläufen geht. Hier gilt es, realistische Vorgangsweisen zu etablieren, die es ermöglichen, Hierarchie und Prozesslogik auszubalancieren. Zwar experimentieren Krankenhäuser und suchen nach neuen Formen der Strukturierung, doch tun sie sich mit organisatorischen Innovationen schwer, weil die funktionale Strukturierung und die dahinter liegende Verantwortungsfestlegung aufgrund ihrer gesetzlichen Verankerung nicht einfach außer Kraft gesetzt werden kann.

Krankenhäuser sind in den letzten Jahren aber auch tiefgehenden Restrukturierungen ausgesetzt. Aus Sicht der Organisationsentwicklung stellt sich dabei die Frage, wie diese Restrukturierungsprozesse gestaltet sind:

- Bis zu welchem Grad und in welcher Form sind die Betroffenen – Führungskräfte oder Mitarbeiter – beim Finden und Festlegen der neuen Strukturen (Schließen, Zusammenlegen, neue Schwerpunktbildung, Verlagern von Einheiten, etc.) mit eingebunden?
- Wo und in welcher Form sind sie in der Umsetzung mit eingebunden?
- Sind sie nur „Betroffene" einer Restrukturierung oder bekommen sie auch die Chance – in bestimmten Rahmen – zu Akteuren zu werden?

Praxisbeispiel: Die Schließung des Kaiserin Elisabeth Spitals in Wien
wurde als ein Prozess mit mehreren Schritten gestaltet. Zwar wurde die Entscheidung zur Schließung auf Trägerebene getroffen, die konkrete Umsetzung wurde allerdings als Organisationsentwicklungs-Prozess angelegt. Unter Einbindung der Betroffenen wurde in mehreren Workshops diskutiert, was diese Schließung und Verlagerung konkret für die Mitarbeiter und die Teams bedeutet, wie die neuen Strukturen aussehen werden, wer welchen Platz dort einnehmen wird und wie die Schritte zur neuen Organisation ablaufen werden. Auf diese Weise gelang es, die Mitarbeiter in eine neue Struktur so überzuführen, dass sie in ihren Teams oder auch alleine reflektiert Entscheidungen treffen konnten, in welche andere Krankenhäuser oder Stationen sie gehen wollten oder welche andere Lösungen sie bevorzugen würden. Die Verantwortlichen in der Personalabteilung und der Organisationsentwicklung entwickelten dazu Konzepte und diskutierten diese in mehreren Workshops mit den Mitarbeitern des zu schließenden Hauses. Der Weg der Mitarbeiter des Kaiserin Elisabeth Spitals in die neuen Krankenhäuser, in denen sie in Zukunft arbeiten werden, wird organisationsentwicklerisch durch Integrationsworkshops begleitet.

Eine weitere Thematik in der Strukturentwicklung betrifft die (Neu-)Gestaltung von professionellen Rollen. Es wird immer stärker die Tendenz beobachtet, dass Personen zu ihrem Hauptgeschäft weitere Aufgaben dazubekommen, indem sie etwa für das Qualitätsmanagement an der Station verantwortlich sind, die Einführung neuer Mitarbeiter koordinieren, den Vorlesungsbetrieb managen, die internen Schulungen konzipieren oder Veränderungsprojekte leiten. Um diese unterschiedlichen Rollen mit Erfolg umsetzen zu können, braucht es Regeln, Organisationsstrukturen und Kommunikationsformen, die „im kleinen" vereinbart werden können und große organisationale Wirkung haben. Personen, die diese Rollen übernehmen, benötigen allerdings mehr als fachliches Know-how, denn sie handeln als Führungskräfte im Sinne von „Distributed Leadership", einem prozessorientierten Modell, das Führung nicht nur auf die formale Funktion, sondern auf die Handlung und Beiträge von einzelnen auf die Entwicklung des Systems bezieht (Bolden; Hawkins; Goslin 2011, S. 35–36). Dazu bedarf es allerdings auch entsprechender verteilter („distributed") Kompetenzen und Einstellungen bei jenen, die diese Rollen übernehmen.

Die Etablierung solcher Rollen ist beispielsweise in der Organisation der Qualitätsarbeit zu sehen. So ist etwa häufig eine Organisationsform zu finden, die Qualitätsmanagementstrukturen auf der Ebene der Träger etabliert, auf Krankenhausebene und auf der Ebene der Leistungseinheiten. Je näher an der Leistungserbringung angesiedelt, umso häufiger werden nicht eigene Stellen dafür definiert, sondern diese Aufgaben werden als zusätzliche Funktionen den Mitarbeitern in der Patientenversorgung übertragen.

Die Gestaltung von Jobprofilen für solche Rollen und deren Absicherung in der Alltagsorganisation kann die Effektivität und Effizienz der Organisation Krankenhaus und insbesondere der durchgeführten Veränderungsprozesse steigern.

3.3 Leistungsprozesse professionell managen

Betrachtet man das Krankenhaus als Organisation, sieht man zum einen eine Strukturierung der Entscheidungen und Abläufe entlang von Professionen, zum anderen aber auch entlang von bestimmten Prozessen. Das Management der medizinischen Leistungsprozesse (was, wann, wo und in welcher Form geschehen kann) und der damit verbundenen Standards und Protokolle wird immer stärker handlungsorientierend. So wird etwa bei der Planung von Krankenhausneubauten verstärkt auf die Berücksichtigung von Leistungsprozessen gesetzt, oder es werden bei kontinuierlichen Verbesserungen in der Patientenbehandlung Prozesse neu gedacht oder überarbeitet. Neben den medizinischen Leistungsprozessen sind aber auch organisatorische Prozesse eine Herausforderung für Krankenhäuser, insbesondere wenn es darum geht, neue Prozesse aufzubauen, wie beispielsweise die Organisation eines Operationssaal-Betriebs. Wie gelingt es hier einerseits effizient zu sein, also die ökonomische Orientierung einzubauen, andererseits auch für die passende Patientenbetreuung zu sorgen und drittens detailliert zu berücksichtigen, wie das zu den unterschiedlichen medizinischen Spezialitäten passt?

Zum Beispiel lautete eine zentrale Frage bei einer gemeinsamen Operationssaal-Organisation in einem Krankenhaus in den Alpen: Ist es die Orthopädie oder ist es die Chirurgie, die den größeren Bedarf an OP-Kapazität hat? Dabei zeigte sich nicht ganz überraschend, dass es große Unterschiede zwischen Sommer und Winter gibt. Im Winter haben die Orthopäden mehr OP-Zeiten, im Sommer die Chirurgen, weil hier besser geplant oder auch geschoben werden kann. Entscheidend ist bei organisatorischen Prozessen wie dem OP-Management, dass die beteiligten Abteilungen miteinander aushandeln, wie sie mit ihren Kapazitäten umgehen und die Ressourcen optimal im Sinne des Gesamten nutzen.

Ein weiterer wichtiger Punkt, der bei Prozessen eine große Rolle spielt, ist die Informationstechnologie, da IT-Systeme – wenn sie einmal etabliert sind – Prozesse vorgeben oder zumindest vorstrukturieren. Wie der Beitrag von Prammer (2013, s. Kap. II.2) zeigt, ist die Landschaft der Prozesse im Krankenhaus höchst komplex. Die Organisationsentwicklung mit ihrem partizipativen, kommunikationsorientierten und auf Teamarbeit abstellendem Vorgehen ermöglicht eine neue Professionalisierung im Prozessmanagement.

3.4 Kooperationen organisieren, kooperativ arbeiten

Kooperation im Krankhaus ist eine spezielle Herausforderung. Einerseits geht es darum, intern verstärkt zu kooperieren, weil vielfach bereits bewusst ist, dass die organisatorische und berufsgruppenbezogene Differenzierung im Krankenhaus in Zukunft immer weniger funktional wird, selbst innerhalb von Abteilungen. Fest steht: eine konsequente Fokussierung auf den Leistungsprozess zeigt, dass eine gelingende Kooperation zwischen Einheiten erforderlich ist. Wie allerdings laterale Koordinationsprozesse im Einzelnen dann funktionieren sollen, ist in vielen Bereichen noch nicht wirklich klar, und aus Patientensicht sind immer wieder Schnittstellenprobleme und Zuständigkeitslücken zu beobachten. Forschungsergebnisse und Erfahrungen aus der Organisationsentwicklung (Grossmann; Lobnig; Scala 2007; Hansen 2009) zeigen, erfolgreiche Kooperationen brauchen gemeinsame und bindende Zielvorstellungen, Systeme für Entscheidung und Reflexion, attraktive und positive organisationsübergreifende Arbeitserfahrungen und Personen mit kooperativer Einstellung.

Das zweite Kooperationsthema, das noch einmal um eine Stufe komplexer ist, betrifft die organisationsübergreifendende Kooperation:
- Woher kommt der Patient, wohin entlassen wir ihn?
- Und wie können wir die Organisationen, die außerhalb mitspielen, in ein gemeinsames Entwickeln, Umsetzen und Absichern von patientenorientierten Prozessen einbinden?
- Wer hat welche Ressourcen, welche professionellen Rollen braucht es, wo liegt die Organisation der Kooperation, gibt es Case-Manager, gibt es niedergelassene Ärzte, die das machen möchten, welche Rolle haben die Krankenhäuser, welche kommt den Patienten und Angehörigen zu, was ist ihnen zumutbar?
- Gibt es so etwas wie Strukturen der Kooperation in bestimmten Regionen, die so eine Drehscheibe bilden, wie werden diese Kooperationsprozesse aufgesetzt, reflektiert und ausgewertet?

Das alles sind spannende Fragen für viele Gesundheitssysteme. Inzwischen gibt es hier schon einige Projekte und erste ermutigende Erfahrungen (vgl. den Beitrag von Grossmann, Prammer, Neugebauer 2013, s. Kap. II.5).

Der dritte Kooperationsbereich umfasst schließlich die Ebene der Gesellschaft im Sinne einer Public Health Perspektive:
- Wie kann es gelingen, nicht nur mit den Dienstleistern der medizinischen Versorgung außerhalb des Krankenhauses zu kooperieren, sondern mit Institutionen, die für die Prävention wichtig sind?
- Welche Rolle spielen Krankenhäuser als Experten für die Gesundheit in der Gesundheitsförderung und Prävention?
- Wie kann das Wissen des Krankenhauses im Sinne einer sozialen Innovation in die Gesellschaft diffundieren?

3.5 Führungsstrukturen und -systeme erweitern

Das Führungssystem der Krankenhäuser braucht einen Zuschnitt, der es in die Lage versetzt, Prozesse und Aufgabenstellungen quer über die Organisation und die Berufsgruppen hinweg zu koordinieren und zu steuern. Eine solche gesamthafte Sicht auf die Organisation bedarf nicht einer besseren Führung, sondern erweiterter Führungsmodelle. Dabei stellen sich folgende Fragen:
- Welche Führungssysteme können das Modell einer kollegialen Führung ergänzen?
- Wie gelingt es, die stark kulturprägende Berufsgruppenorientierung mit dem Erfordernis gelingender Kooperation zu verbinden?

Gerade für gelingende Prozesse der Organisationsentwicklung und das Management von Veränderungen stellt sich die Frage, wie das Prinzip der Organisation als Ganzes gegenüber dem Prinzip der Berufsgruppe und ihrer Teilverantwortung gestärkt werden kann? Und welche Ansätze sind geeignet, damit Führung in der Expertenorganisation Krankenhaus wirkungsvoll gelingen kann?

Eine weitere Herausforderung liegt in der Erweiterung von Führungssystemen. Wenn man bedenkt, dass in einem allgemeinen Krankenhaus mit ca. 600 Mitarbeitern letztlich 3 bis 4 Führungskräfte an der Spitze ein ganzes Haus leiten sollen, dann ist das eine beträchtliche Hierarchisierung an der Führungsspitze, denn die weiteren Führungskräfte sind primär in die Führung der Abteilungen und Leistungsbereiche eingebunden und kommen meist nur in berufsgruppenspezifischen Gremien zusammen. Welche erweiterten Führungssysteme sind denkbar? Wie können die Begrenzungen des berufsgruppenbezogenen Führungssystems etwa durch die Etablierung erweiterter Führungskreise überwunden werden ohne dass ersteres grundsätzlich infrage gestellt wird? Und wie können viele Mitarbeiter – auch an der Basis – zur situativen Übernahme von Führungsrollen in Projekten, Arbeitsgruppen, in der Übernahmen von managementbezogenen Teilaufgaben etc. motiviert werden (vgl. den Beitrag von Grossmann; Greulich 2013, s. Kap. II.1)?

Eine dritte Themenstellung in Bezug auf Führung bezieht sich schließlich auf die Rolle von Management-Unterstützungssystemen wie Qualitätsmanagement, Organisations- und Personalentwicklung, aber auch IT oder Controlling. Im Vordergrund steht dabei die Frage, welches Potenzial diese – meist in Stabsstellen organisierten Experten – in die Führung und die Organisationsentwicklung einbringen. Wenn es gelingt, dass sie nicht nur als interne Dienstleister auftreten, sondern als eigenständige Akteure Verantwortung für Planungs- und Umsetzungsprozesse übernehmen, dann können sie wesentliche Beiträge zur Steuerung der Organisation leisten (vgl. den Beitrag von Untermarzoner 2013, s. Kap. II.6). Die Frage, die sich daran knüpft ist, ob diese Funktionen ein Verständnis von Organisationsentwicklung haben und über Rahmenbedingungen verfügen, um Team- und Projektarbeit durchführen zu können.

3.6 Qualität managen und durch Organisationsentwicklung verankern

Das Qualitätsmanagement verfügt über eine Form der gesetzlichen Verankerung im Krankenanstaltengesetz, während es für die Organisationsentwicklung keine gesetzliche Verankerung gibt. Dementsprechend ist das Qualitätsmanagement in Krankenhäusern bereits sehr weitreichend und vielfach gut etabliert. Probleme des Qualitätsmanagements werden allerdings schnell zu Fragen, die über die alleinige Zuständigkeit von Fachdisziplinen hinausgehen und die in den meist berufsgruppenbezogenen Qualitätszirkeln allein nicht ausreichend bearbeitet werden können. Qualitätsarbeit stößt rasch an ihre Grenzen, wenn sie nicht mit einem Konzept von Organisationsentwicklung verbunden wird. Was nützt zum Beispiel die beste neue Leitlinie, wenn sich keiner daran hält, da sie nicht kooperativ erarbeitet, breit kommuniziert und als Prozess eingeführt wird? Qualitätsmanagement und Organisationsentwicklung verschränken sich daher bereits in vielen Bereichen. Eine Möglichkeit ist, dass im Qualitätsmanagement selbst Organisationsentwicklungsmethoden eingeführt werden (vgl. den Beitrag von Lobnig; Ernst 2013, s. Kap. II.3). So können etwa Patientenbefragungen in multiprofessionellen Teams interpretiert und entsprechende Veränderungen initiiert und umgesetzt werden. Auf diesem Weg mutieren Projekte, die vom Qualitätsmanagement-Team begonnen werden, oft zu umfassenden Themen der Organisationsentwicklung und es stellt sich die Frage, ob die Qualifizierung der verantwortlichen Experten, das Verständnis und die Werthaltungen der Führungskräfte und die Organisationskultur der betreffenden Einheiten mit dieser Erweiterung Schritt halten können und wollen.

3.7 Neuen Bedürfnissen von Mitarbeitern gerecht werden

Befragt man Experten, was in den nächsten Jahren das zentrale Organisations- und Veränderungsthema in Krankenhäusern sein wird, lautet eine der häufigsten Antworten: Bei steigendem Bedarf an Mitarbeitern im Vergleich zu allen Branchen des Arbeitsmarkts droht dem Krankenhaussektor ein Mitarbeiterengpass. Vor allem außerhalb der Großstädte und der Ballungsgebiete zeichnet sich angesichts demografischer Änderungen ein Mangel an Fachkräften – in erster Linie von Ärzten und Krankenpflegekräften – ab. Pflegedienstleitungen in Deutschland fliegen mittlerweile nach Thailand und rekrutieren dort Pflegekräfte, weil es im eigenen Land zu wenig Nachwuchs gibt. Ein Krankenhaus in einer ländlichen Region in Oberösterreich rekrutiert Ärzte aus dem benachbarten Tschechien. Die Internationalisierung spielt in vielen Krankenhäusern schon lange eine große Rolle. Die Krankenhäuser sind gefordert, auf diese Internationalisierung der Mitarbeitergruppen und die eventuell damit einhergehenden Kommunikationsprobleme in den Teams, aber auch in der Betreuung der Patienten zu antworten.

Gleichzeitig werden die Belegschaften älter und die Zahl der stationär zu behandelnden Patienten nimmt zu. Beides muss dazu führen, dass Strukturen sowie Behandlungs- und Supportprozesse geändert werden, um mit weniger und im Durchschnitt älteren Mitarbeitern mehr Leistungen erbringen zu können.

Der Engpass an Mitarbeitern hängt aber zum Teil mit den Arbeitsbedingungen und hier insbesondere den Arbeitszeiten zusammen, die derzeit viele Frauen in der Mitte des Berufslebens aus dem Beruf hinausdrängen. Wie lange können sich die Krankenhäuser – und wir als Gesellschaft – diesen Abfluss und Verlust an Personal noch leisten?

Die Attraktivität des Arbeitsplatzes Krankenhaus leidet aber auch unter einem häufig noch etablierten traditionellen Führungsverständnis, denn die Generation der jüngeren Mitarbeiter lässt sich nicht mehr so einfach durch Hierarchie einschüchtern. Sie sind es gewohnt, mehr selbstständig zu entscheiden und nicht mehr automatisch bereit, sich in ihrem Arbeitsfeld einer bestimmten Hierarchie zu unterwerfen. Zudem haben sie andere Ansprüche, somit auch ein anderes „Organisations-Commitment", nach dem Motto:

> *„Ob ich in diesem Krankenhaus arbeite oder in einem anderen, ist mir nicht so wichtig. Das ‚Package' muss für mich stimmen, und wenn die Organisationskultur nicht meinen Vorstellungen entspricht, wird das Krankenhaus nicht auf Dauer in der Lage sein, mich zu halten."*

3.8 An der Erfahrung der Patienten orientieren

Die Rolle von Patienten ist in Veränderung begriffen, es bilden sich unterschiedliche Segmente von Anspruchslagen heraus. Eine immer größer werdende Gruppe von Menschen ist relativ gut über Gesundheitsthemen informiert, anspruchsvoll in der Einschätzung von Leistungen und gibt sich mit dem Image eines Leistungsempfängers, der primär dankbar zu sein hat, nicht mehr zufrieden. Ein anderes Segment wiederum verfügt über vergleichsweise geringe Gesundheitskompetenzen, das heißt, die Fähigkeit, Gesundheitsinformationen zu finden, zu verstehen und in verantwortliches Handeln zu übersetzen. Die Patientenorientierung ist damit gefordert auf unterschiedliche Ausgangslagen und Ansprüche von Personen zu antworten. (siehe Naegler; Bustamante 2011, S. 57ff.)

Gleichzeitig beginnt die Einschätzung der Patienten, wie sie als „Kunden" die Krankenhausleistung beurteilen, zu zählen (vgl. den Beitrag von Wolf 2013, s. Kap. II.7). In Patientenbefragungen werden systematisch Beurteilungen der erlebten Qualität der Behandlung und des Services von Krankenhäusern erhoben. In vielen Ländern sind solche Erhebungen bereits gesetzlich vorgeschrieben oder sie werden vom Gesetz empfohlen. Während damit gesetzliche Grundlagen für eine „Kundenorientierung" geschaffen wurden, ist das noch nicht ausreichend, dass diese auch tatsächlich zu Verbesserungsprozessen führen. Erst wenn es gelingt, erfreuliche und kritische Ergebnisse lern- und entwicklungsorientiert unter Beteiligung der Mitarbeiter aufzuarbeiten, können interessante Hinweise auf Verbesserungspotenziale in der Organisation entdeckt werden. Die Patientenperspektive wird nur dann zu Verbesserungen führen, wenn es gelingt, Patientenbefragungen nicht als „bürokratische Evaluierungen" zu betrachten sondern als integrierten Bestandteil organisationaler Veränderungsprozesse.

Die Patientenorientierung ist aber auch in der Organisationsentwicklung selbst ausbaubar: Während in vielen Organisationsentwicklungsprojekten Mitarbeiter in die Planung und Umsetzung eingebunden sind, fällt auf, das die Patienten selbst eine vergleichsweise geringe Rolle spielen. Noch – das sei selbstkritisch angemerkt – sind sie auch im Instrumentarium der Organisationsentwicklung nicht ausreichend verankert. Die hier interessante Frage lautet also: Wo und wie kommt derzeit – wenn überhaupt – in Entwicklungsprojekten in Krankenhäusern die Patientenperspektive vor?

4 Organisationsentwicklung als Praxisfeld und wissenschaftliche Disziplin

Die Organisationsentwicklung hat sich seit ihren Ursprüngen mit aktuellen Fragen der Gestaltung von Organisationen gewidmet, ist in ihren wissenschaftlichen Bezügen immer stark im Feld der Anwendung verblieben und hat sich fortlaufend mit der Ausbildung von Führungskräften und Experten für Organisationsveränderungen beschäftigt. Diese Interaktion von Praxis, Theorie und Ausbildung ist über die Jahre konstitutives Merkmal geblieben, die leitenden Konzepte haben sich über die Zeit aber weiterentwickelt. In diesem Kapitel werden zunächst einige Grundkonzepte der Organisationsentwicklung aus einer historischen Perspektive erläutert und in weiterer Folge aktuelle Grundlagen der Organisationsentwicklung als Wissenschaft und Praxisfeld dargestellt.

4.1 Die Entwicklung der Organisationsentwicklung – zwischen Humanisierung und sozialer Technologie

Die Wurzeln der Organisationsentwicklung sind in der angloamerikanischen Wissenschafts-, Management- und Beratungstradition zu finden. Wichtige Meilensteine sind dabei die Gruppendynamik, die Aktionsforschung, der sozio-technische Systemansatz und die Prozessberatung.

Die frühe Entwicklung von Gruppendynamik und Organisationsentwicklung ist aufs engste mit den Forschungsanstrengungen von Kurt Lewin verbunden. Die Greuel und Erschütterungen des Nationalsozialismus, des Holocaust und des zweiten Weltkriegs motivierten ihn und seine Mitarbeiter nach den Bedingungen dafür zu forschen, um die Einstellungen und Verhaltensweisen von Menschen in Gruppen und Organisationen besser verstehen und beeinflussen zu können. Die Ursprünge der Organisationsentwicklung liegen in einem politischen, wertebasierten Ansatz, der darauf abzielt, menschenverachtende Praktiken in der Gesellschaft, in Organisationen und Teams frühzeitig zur erkennen und gegensteuern zu können. Die Gruppe um Kurt Lewin begann mit diesem Forschungsprogramm in den 1940ern am Research Center for Group Dynamics am Massachusetts Institut of Technology in Boston (MIT).

Die fachliche Entwicklung zu dieser Zeit wurde auch geprägt von Kurt Lewins Konzept der Aktionsforschung, einer methodischen Innovation in den Sozialwissenschaften, die bis heute eine zentrale Grundlage der Forschung in der Organisationsentwicklung darstellt. In dieser Forschungsrichtung wird die scharfe Trennung von Forschern und Beforschten, wie sie für das Selbstverständnis der empirischen Sozialforschung konstitutiv ist, aufgegeben. Lewin ging es darum, praxisnahe Hypothesen aufzustellen und entsprechend dieser Hypothesen sinnvoll erscheinende Veränderungen in der sozialen Situation selbst durchzuführen und deren Auswirkungen wiederum zu beobachten. Damit wird eine neue gesellschaftliche Funktionsbestimmung von Wissenschaft eingeführt. Im Sinne einer Steigerung ihrer Praxisrelevanz käme sozialwissenschaftlicher Forschung vor allem die Aufgabe zu, dem Untersuchungsgegenstand bei der Produktion eines angemessenen Wissens über sich selbst behilflich zu sein, um auf diesem Wege die Problemlösungskapazität des erforschten Systems zu erhöhen. Im Aktionsforschungskonzept wird deshalb der jeweilige Forschungsgegenstand von den Forschern in einen gezielt gesteuerten Prozess der Selbsterforschung transformiert; dies mit dem Ziel, dass dadurch eine Veränderung auslösende Aufklärung über sich selbst zustande kommt. Dieser veränderten Forschungsmethodologie liegt die Annahme zugrunde, dass ein von außen gestützter, systematischer Selbsterforschungsprozess die Problemlösungskapazität des ganzen involvierten Systems erhöht. Auf diese Weise werden im Forschungsprozess die Forschenden selbst nicht zu Beobachtern, sondern zu Beobachtern und Moderatoren eines Prozesses der Wissensgenerierung und der Umsetzung in Handlungen. (vgl. auch Grossmann; Scala; Lobnig 2007; Schein 1987)

$V = F(P, U)$

Das Verhalten ist eine Funktion von Person und Umwelt

Was beeinflusst das Verhalten von Personen in sozialen Situationen? Kurt Lewin prägte die sozialwissenschaftliche Feldtheorie und vertrat in dieser Frage einen interaktionsbezogenen Standpunkt. Es sind sowohl Elemente der Person (Wissen, Persönlichkeit, Motivation) als auch der Umwelt (soziale, gesellschaftliche Situationen, Erwartungen), die in einem je spezifischen Zusammenwirken ein konkretes Verhalten determinieren.

Eine wichtige Konsequenz aus dieser Sicht ist, dass durch eine Veränderung von Beziehungen, Interaktionen, Machtstrukturen etc. das Verhalten von Personen verändert werden kann. Wird in Veränderungsprozessen primär auf Einsicht, Lernen, Motivation, Begeisterung etc. gesetzt, sind die Erfolgsaussichten begrenzt. Die Integrationsthese der Organisationsentwicklung, die auf eine intentionale Verbindung von Lernen der Person und Veränderung der Organisation abzielt, hat hier ihren Ursprung.

Durch die praktischen Erfahrungen in der eigenen Forschungsarbeit entdeckten die MIT-Forscher Lernchancen, die entstehen, wenn eine Gruppe sich gezielt selbst zum Gegenstand der Bearbeitung macht. Das Geschehen in der Gruppe wird dabei nicht durch autorisierte Forscher oder Vortragende „gesteuert", sondern durch den Arbeits-

und Reflexionsprozess der in der Gruppe stattfindet. Diese Erfahrungen stimulierten die Entwicklung einer neuen Lernform, der gruppendynamischen Trainingsgruppe (T-Gruppe).

Die Bemühungen der Pioniere der Gruppendynamik waren von Beginn an darauf gerichtet, geeignete Theorien und Instrumente für den Wandel sozialer Systeme zu entwickeln, um Veränderungen in Organisationen bewusst zu steuern. Ende der 1940er-Jahre schlossen sie sich zum Zwecke der Weiterentwicklung des gruppendynamischen Lernansatzes zu einer wissenschaftlichen Vereinigung zusammen, dem „National Training Laboratory in Group Development (NTL)", dessen Sitz in Bethel (Maine) etabliert wurde. Zum Selbstverständnis des NTL in der Aufbauphase schreibt L.P. Bradford et al.:

> „It was an educational or re-educational or re-socializational program directed first toward adult leaders with the goal of helping them to become better group leaders and members, sensitive to the dynamic forces in groups and in themselves, and more competent agents of change in their roles and organizations" (Bradford et al. 1972, S. 5).

Die positiven und „lebensverändernden" Lernerfahrungen, von denen Manager berichteten, die Trainingsgruppen am NTL besuchten, und die guten Beziehungen der Professoren des MIT zu großen Industriebetrieben, führten bald dazu, dass solche T-Gruppen zunächst in großen Ölfirmen wie Exxon oder ESSO durchgeführt wurden (Kleiner 2008, S. 39). Gruppendynamik und Aktionsforschung bildeten die Basis dieser innerbetrieblichen Trainingsprogramme, die eine Mischung aus thematisch fokussierten Trainings und der beraterischen Unterstützung von Teams direkt im Betrieb darstellten. Das Lernen von Personen in Gruppen blieb in dieser Phase weiterhin zentrales Interventionsinstrument. Es bedurfte aber weiterer Voraussetzungen zur Etablierung einer Organisationsentwicklung im betrieblichen Kontext: Das Lernen von Personen und Gruppen musste mit der Dimension der Organisation in Bezug gebracht werden.

Neben den Gruppendynamikern im engeren Sinne waren in diesem professionellen Kreis auch Forscher engagiert, die der damaligen Organisations- und Industriepsychologie entstammten. So etwa Rensis Likert, der in der Sozialpsychologie durch die Likert-Skala bekannt geworden ist, in der Emotionen, Einstellungen, Meinungen etc. graduell nach der jeweiligen Zustimmung zur Aussage erfragt werden. Im Sinne einer angewandten empirischen Sozialforschung wurde die Survey-feedback-Methode auch in betrieblichen Fragestellungen eingeführt. Likert hat aber auch Forschung in betrieblichen Settings durchgeführt und danach gefragt, welche Organisationsformen gute Arbeitsbeziehungen und eine hohe Produktivität gleichermaßen erzeugen. Er fand dabei heraus, dass hoch effektive Arbeitsgruppen, mit einem positiven internem Arbeitsklima und passenden strukturellen Überlappungen und Schnittstellen mit anderen Arbeitsgruppen die besten Lösungen sind. Es kommt also nicht darauf an, einzelne Personen zu führen, sondern Teams zu entwickeln – eine neue Aufgabe für Führungskräfte. Sein Survey Research Center wurde übrigens nach dem frühen Tod von Kurt Lewin im Jahr 1947 mit dessen Institut für Gruppendynamik an der University of Michigan, Ann Arbor zusammengeführt.

Ebenfalls an der Schnittstelle zwischen Aktionsforschung, Fragebogenentwicklung und NTL-Trainingsgruppenarbeit angesiedelt waren Robert Blake und Jane Mouton (siehe Bradford 1974). Sie haben im Rahmen eines innerbetrieblichen Projektes bei den

Bayway Raffinerien erstmals den Begriff „organization development" eingeführt (Kleiner 2008, S. 42-45). Robert Blake, Professor in Austin, Texas, und NTL-Gruppendynamiker wurde von Bayway engagiert, um dem Betrieb bei „realen Konflikten" zwischen Management und Gewerkschaften zu helfen. Während er tagsüber Gespräche mit den beteiligten Gruppen und Personen führte, analysierte er das Material mit Jane Mouton, Mathematikerin und Gruppendyamikerin, um Interventionen vorzubereiten. Dieses Vorgehen führte schließlich zur Entwicklung des „Managerial Grid-Modell", das Führungsverhalten als eine Kombination der Orientierung an Sachaufgaben einerseits und Mitarbeiterorientierung andererseits aufteilt. In breit ausgerollten Führungsseminaren wurden entsprechende Standortbestimmungen vorgenommen und Feedback-Situationen eingerichtet. Das Grid-Konzept war sehr erfolgreich: Management und Gewerkschaften konnten unterschiedliche Sichtweisen und Konflikte bearbeiten und Lösungen für betriebliche Probleme in Prozessen und Strukturen entwickeln.

Kernthemen dieser frühen Arbeit in der Organisationsentwicklungs-Beratung waren Teamentwicklungs- und Intergruppenprojekte. Ausgangspunkt aller dieser Veränderungsbemühungen sind die Einstellungen, die Denk- und Verhaltensmuster der Organisationsmitglieder. Die konkrete Arbeit in der Organisationsentwicklung zielte darauf ab, Lernsituationen zu schaffen, in denen die Teilnehmer einen erlebnishaften, ebenso wie reflektierenden Zugang zu den Zuständen der eigenen Organisation sowie zu ihren verhaltensprägenden Auswirkungen erhalten.

> „Aus diesen Einsichten und der daraus gewonnen kritischen Distanz zum bisherigen Status-Quo der Organisation können nun neue Verhaltensweisen erprobt werden, die eine Weiterentwicklung der Organisation erlauben. Diese Einsicht erfordert die Entwicklung von Partizipationsstrategien, die alle von den Veränderungsvorhaben betroffenen Personen gezielt in den Prozess der Veränderung involvieren und bewusst in die erforderlichen Lernprozesse einbinden" (Chin; Benne 1975 zitiert nach Wimmer 2004, S. 226).

Die trainingsorientierte Tradition der Organisationsentwicklung setzt vor allem auf die System verändernde Kraft von Teams, bestehenden Arbeitsteams oder neu gegründeten Veränderungsteams. Der Zugang zur Veränderung grenzt sich stark ab von einem auf technische und ökonomische Effizienz ausgerichteten betriebswirtschaftlichen Organisationsverständnis und setzt in die Förderung spezifischer menschlicher und zwischenmenschlicher Werte in einer Organisation. Mit einer Orientierung an den Entwicklungsmöglichkeiten der Personen sollen Leistungsblockaden und Hemmnisse beseitigt werden, die die Effektivität begrenzen. Und drittens fokussiert diese Tradition auf eine Kritik eines hierarchisch autokratischen Organisationsverständnis, in dem die Mitglieder einer Organisation zum bloßen Mittel von vordefinierten Zwecken gemacht werden, am eindrücklichsten herausgearbeitet von Douglas McGregor (1960) mit seiner Gegenüberstellung von Theorie „X" und Theorie „Y".

Theorie X oder Theorie Y? (Douglas McGregor 1960)

Theorie X besagt: Arbeit ist etwas, das man primär nicht wirklich freiwillig macht; damit Leistungen erbracht werden, sind Kontrollen und Sanktionen erforderlich; Menschen haben Angst vor Verantwortung; Ehrgeiz ist nicht die Regel; Menschen streben nach Sicherheit;

Theorie Y besagt: Arbeit ist Quelle von Zufriedenheit; Menschen möchten Verantwortung übernehmen und tun dies auch; Menschen haben Freude an Leistung und Kreativität; Menschen haben Eigeninitiative und sind interessiert an Selbstkontrolle.

> Je nachdem welchen der beiden „Menschenbilder" Verantwortliche in Organisationen anhängen, werden unterschiedliche Vorgehensweisen in Management und Organisationsentwicklung naheliegen: Theorie Y favorisiert Lernen, Involvierung und Motivation, während Theorie X auf starke Führung und Direktiven setzt, wenig in Lernen investiert und kaum auf Einbeziehung in Entscheidungsprozesse. In der Umsetzung bestätigen sich beide Theorien selbst: So erzeugt zum Beispiel die Nicht-Einbindung in Entscheidungsprozesse selbst Widerstand und Skepsis bei den Betroffenen, die zur Einschätzung führen, dass die betreffenden Personen nicht in der Lage sind, in Entscheidungsprozesse eingebunden zu werden. Die jeweiligen Modelle sind aber nicht nur Ausdruck von „Menschenbildern" der Führung, sondern finden Eingang in die Gestaltung von Entscheidungs- und Kommunikationsprozessen, in Strukturen und in die Organisationskultur. Douglas McGregor selbst entwickelte diese Unterscheidung auch als Interventionsform in das Management-Know-how seiner Zeit und favorisierte den Zugang der Theorie Y.

Eine weitere besonders herauszuhebende Entwicklung ist eng mit dem Namen von Edgar H. Schein verbunden. Als junger Forscher in der Sozialpsychologie am MIT in Boston wurde Edgar H. Schein von seinem Lehrer Douglas McGregor an das NTL gesandt, um dort die Realität von Teamarbeit kennenzulernen. Rensis Likert, ebenfalls einer seiner Lehrer, forderte, dass alle diese Erfahrungen in der Praxis nur begrenzt von Nutzen sind, wenn man sie nicht in schriftlichen Zusammenfassungen reflektiert. Diese Berichte dienten dem persönlichen Lernen gleichermaßen wie der Entwicklung des Gegenstandes selbst. Edgar H. Schein hat in der Folge die Fallstudie in der Form eines „klinischen Ansatzes" eingeführt, in der der Berater durch die konkrete Arbeit im Feld, orientiert an den Problemstellungen des Klienten und in einer helfenden Rolle, relevantes Wissen über Organisationen und für die Organisationsentwicklung erzeugt (Schein 1987). In jahrzehntelanger enger beraterischer Zusammenarbeit mit Kundensystemen wie Dell Computers oder Ciba Geigy entstanden wegweisende Konzepte, wie jenes der Organisationskultur (Schein 1985), der Prozessberatung (Schein 1969, 1999) oder der Karriereanker (Schein 1990).

Der Ansatz der Prozessberatung hat eine neue Perspektive für das Interventionsverständnis der sich entwickelnden Beratungsbranche eröffnet. Im Mittelpunkt steht dabei das Verständnis von Beratung als einem sozialen Prozess der Lösung organisationaler Probleme, in dem Klienten und Berater eine spezielle Beziehung aufnehmen („client-consultant-relationship"). Die Prozessberatung unterscheidet sich vom Modell einer Expertenberatung dadurch, dass sie davon ausgeht, dass Klientensysteme selbst Lösungen für ihre Probleme erarbeiten können und der Berater sie in diesem Prozess der Selbsterkenntnis und Lösungsfindung unterstützt. Die Verantwortung für Lösungen bleibt dabei immer beim Klienten, der sich aktiv in der Diagnose und Lösungsfindung einbringt, und die Beratung wird zum Katalysator für Entwicklungsprozesse im Kundensystem, der Berater er ist Helfender in der Problemlösung aber nicht Löser des Problems. Die Interventionen des Beraters bleiben nicht auf Gruppen- und Teamebene beschränkt, sondern definieren die Interventionssettings dem jeweiligen Problem entsprechend, in Meetings mit dem Management, gemischten Gruppen, Einzelgesprächen, Großgruppen etc. Edgar H. Schein hat die Theorie der Prozessberatung in zehn Prinzipien zusammengefasst (s. Tab. 1), die als zentrale Interventionsgrundlage für die Beratung in der Organisationsentwicklung Bestand haben. Diese Prinzipien sind allerdings nicht als praktische Handlungsanweisung gedacht, sondern als Reflexionsgrundlage für Berater in unklaren, komplexen Situationen im Prozess (Schein 1999, S. 245).

Das Modell der Prozessberatung ist als Theorie der Organisationsentwicklung und als Methode in der Intervention von ungebrochener Aktualität und ist international eines der zentralen Konzepte in der Qualifizierung in Organisationsentwicklung, insbesondere auch in universitären Ausbildungen.

Ein dritter bedeutender Entwicklungsstrang der Organisationsentwicklung nahm seinen Ausgangspunkt in einem anderen historischen und professionellen Kontext. Ende der 1940er wurde von einer interdisziplinären Forschergruppe (Psychologen, Techniker, Mediziner, Wirtschaftswissenschaftler) das „Tavistock-Institute of Human Relations" gegründet. Es widmete sich Fragen des sozialen Wandels in Gesell-

Tab. 1   10 Prinzipien der Prozessberatung nach Edgar H. Schein (1999)

Versuche immer hilfreich zu sein	Beratung bedeutet, einem Klienten zu helfen. Jede Intervention, jeder Kontakt sollte als hilfreich wahrgenommen werden.
Verliere nie den Bezug zu der aktuellen Realität	Der Berater kann nur helfen, wenn er sich ein Bild über die Realität verschafft und dieses beständig überprüft. Jeder Kontakt, jede Intervention liefert weitere Informationen, die zur Planung der nächsten Interventionen relevant sind.
Greife auf dein Nichtwissen zu	Berater sind gefordert zu unterscheiden zwischen dem was sie wissen, was sie vermuten und dem was sie nicht wissen. Die Arbeit des Beraters ist dann am erfolgreichsten, wenn er sich bewusst dem Bereich des Nichtwissens stellt. Denn das ist das Feld des Lernens.
Alles, was du tust, ist eine Intervention	Alle Handlungen des Beraters – die geplanten und die ungeplanten, die spontanen und die vorbereiteten, die formellen und die informellen – sind eine Intervention und haben Wirkung. Es lohnt sich daher alle Handlungen in ihren intendierten und nichtintendierten Konsequenzen zu reflektieren.
Das Problem und die Lösung gehören dem Klienten	Der Berater ist für die Beziehung und den Prozess der Lösungsfindung zuständig. Darin kann der Klient die Lösungen für sein Problem finden und die Verantwortung dafür übernehmen. Der Klient muss damit leben, nicht der Berater.
Gehe mit den Ereignissen	Der Berater, der mit dem Fluss des Klientensystems geht („flow"), kann herausfinden, was den Klienten motiviert und wo dessen Veränderungspotenzial liegt. Auch wenn es manchmal seltsam und auf den ersten Blick kontraproduktiv erscheint.
Der Zeitpunkt ist entscheidend	Nicht die Intervention als isolierte Handlung bringt entscheidende Verbesserungen, sondern eine Intervention braucht einen optimalen Zeitpunkt. Wenn dieser verpasst wurde oder noch nicht da ist, kann eine Intervention nicht anschlussfähig sein.
Nutze günstige Gelegenheiten für angemessene Konfrontation	Im Prozess tun sich immer wieder offene Momente auf, in denen risikoreichere Interventionen wie Konfrontation oder Kritik möglich sind. Dies sollten konstruktiv genutzt werden.
Jede Handlung generiert Daten; Fehler sind die wichtigste Quelle neuer Erkenntnisse	Handlungen des Klienten und des Beraters liefern neue Daten, auch vermeintliche „Fehler" in der Beratung: diese sind besonders wichtige Quellen der Erkenntnis für den Beratungsprozess.
Teile im Zweifelsfall das Problem mit dem Klienten.	Der Berater kann bei Unsicherheit und Zweifeln auch den Klienten bei Entscheidungen im Hinblick auf die nächsten Schritte einbinden.

schaft und Institutionen. Die bahnbrechenden Feldforschungen dieser Gruppe rund um den britischen Psychologen Eric Trist im Kohlebergbau in Großbritannien revolutionierten das Verständnis für den Zusammenhang von Technologie und Arbeitsorganisation. In der Forschung war man lange Zeit davon ausgegangen, dass die Technologie und die daraus resultierenden Arbeitsprozesse der bestimmende Faktor sei und die Formen der Zusammenarbeit sich diesem unterzuordnen hätten. Die Forschungsergebnisse der Gruppe rund um Trist führten zu anderen Schlussfolgerungen, nämlich, dass bei gleicher Technologie sowohl die Aufbauorganisation als auch die Arbeitsabläufe ganz unterschiedlich gestaltet werden können. Aber nicht beliebig, sondern das „technische System" und das „soziale System" sind sorgfältig aufeinander zu beziehen, im Sinne einer gemeinsamen Optimierung von sozio-struktureller, ökonomischer und technischer Rationalität. Der sozio-technische Systemansatz (Emery; Trist 1965) betont dabei die Bedeutung der Gruppe für die produktive Strukturierung der Arbeitsabläufe und eine konsequente Aufgabenorientierung und möglichst große Selbstregulation der Arbeit von Gruppen. Also nicht die motivierende Kraft von guten emotionalen Beziehungen steht im Zentrum der Organisationsentwicklung, sondern die Aufgabenorientierung und die Betrachtung des Gesamtsystems Person-Technologie-Organisation.

Das Zusammenwirken dieser Faktoren kann allerdings nicht als linearer, kausaler Prozess konzipiert werden, zu komplex und im Detail auch unvorhersehbar oder auch nicht-linear sind dabei die Beziehungen der Elemente untereinander. Und zweitens bedarf es integrierten, abgestimmten Vorgehens in der Gestaltung oder Veränderung von Organisationen, denn isolierte Strategien führen zwar zu Optimierungen in einzelnen Bereichen, aber insgesamt zu Brüchen und Effektivitätsverlusten. Im Hinblick auf die Frage, wie eine Optimierung der Systeme durchgeführt werden sollte, kritisieren die Forscher des Tavistock Instituts die Arbeitsteilung von Management als den Planern und Gestaltern und den Arbeitern als Objekte von Veränderungen. Um der Komplexität des sozialen-technisches Zusammenhangs gerecht zu werden bedarf es einer „Joint Optimization": Die Mitarbeiter sind eine wesentliche Ressource in diesen Fragen und müssen in die Gestaltung der Arbeitsplätze aktiv miteinbezogen werden.

Es ist ein Verdienst dieser Forschungstradition, erstmals einen integrierten Blick auf die Organisation als soziales und technisches System zu lenken. Gleichermaßen interessant wie anspruchsvoll, sind aber Impulse aus dieser Richtung für die Praxis und Forschung in der Organisationsentwicklung längere Zeit, zumindest im deutschen Sprachraum nicht allzu bedeutend gewesen. International hat sich der sozio-technische Ansatz stärker zu Forschungsinstituten im Bereich des Industrial Engineering bewegt (Eijnatten et al. 2008) oder er wurde wie zum Beispiel in den Ländern Skandinaviens zur Entwicklung von Konzepten der Demokratisierung der Arbeitswelt genutzt (Thorsrud; Emery 1976).

Aktuelle Entwicklung in der Wirtschaft und in Organisationen führte in den letzten Jahren international und beginnend auch im deutschen Sprachraum zu einer Renaissance dieses Ansatzes. In der Tradition des sozio-technischen Ansatzes stehend, liefert das Konzept des „Organization Design" (Miles; Snow 1978; Galbraith 2002) interessante Anhaltspunkte für die Gestaltung der komplexen Phänomene, denen sich Organisationen heute gegenübersehen.

4.2 Zur Entwicklung der Organisationsentwicklung im deutschen Sprachraum

Die Entwicklung im deutschsprachigen Raum ist zunächst davon bestimmt, dass die sozialwissenschaftliche und sozialpsychologische Tradition durch den Holocaust und die erzwungene Emigration nahezu vollständig ausgelöscht wurde. Die Sozialwissenschaften mussten nach dem zweiten Weltkrieg völlig neu aufgebaut und akademisch etabliert werden. In den Managementwissenschaften hat sich die klassische Betriebswirtschaftslehre und die Volkswirtschaftslehre zügig etablieren können, ihr Verständnis von Organisation bleibt aber mechanistisch und instrumentell. Eine breitere akademische Verankerung von „applied behavioral science" ist nicht entstanden. Andererseits hat seit den 1970er Jahren, von der angloamerikanischen Tradition inspiriert, vor allem durch die Rezeption der Gruppendynamik, der Prozessberatung und dem Konzept der „Lernenden Organisation" doch eine sehr intensive fachliche Entwicklung stattgefunden. Diese wurde in erster Linie von praktischen Fragestellungen des Managements in Betrieben der Wirtschaft und der öffentlichen Hand vorangetrieben und fand nur am Rande Eingang in die wissenschaftlichen Diskurse.

Vor allem der Traditionsstrang der Gruppendynamik hat im deutschsprachigen Raum großen Einfluss genommen und war auch für die Gründer der Österreichischen Gesellschaft für Gruppendynamik und Organisationsberatung (ÖGGO) ein inhaltliches Leitmotiv. Die Betonung des anti-hierarchischen und anti-bürokratischen Elements hat sicher auch mit den prägenden Erfahrungen in und gegenüber großen lebensbegleitenden und hierarchisch verfassten Organisationen in Schule, Betrieb, Verwaltung und großen Unternehmen zu tun.

In weiterer Folge wurden die Konzepte der Prozessberatung und der Lernenden Organisation rezipiert. Beide Ansätze lieferten brauchbare Modelle für die Praxis in Organisationen, die für die Professionalisierung der Organisationsentwicklung und den Erfolg von Organisationsberatung als Beruf ab den 80er Jahren ausschlaggebend waren. Ausgehend von der Rezeption des psychoanalytisch geprägten Tavistock-Modells fanden auch sozialpsychologisch-psychodynamische orientierte Ansätze Verbreitung.

Eigenständige Entwicklungen wurden sehr stark von wissenschaftlich-reflektierenden Praktikern aus Beratungsfirmen und Instituten und von Professionsgemeinschaften wie der bereits erwähnten Österreichischen Gesellschaft für Gruppendynamik und Organisationsberatung (ÖGGO) oder dem Institut TRIAS in Zusammenarbeit mit Universitätsinstituten und außeruniversitären Wissenschaftseinrichtungen vorangetrieben, die sich explizit der Organisationsentwicklung zuordnen. Dazu zählen unter anderem die Institute für Systemforschung in Heidelberg, das Managementzentrum in Witten, das Institut für Organisationsentwicklung und Gruppendynamik an der Universität Klagenfurt, das Fachgebiet Organisationsberatung, Supervision und Coaching der Universität Kassel oder der Lehrstuhl für Wirtschaftswissenschaft mit sozialwissenschaftlicher Ausrichtung, Organisationsentwicklung, an der Bergischen Universität Wuppertal.

Aus diesen Arbeitszusammenhängen wurden in den letzten 20 Jahren eigenständige Entwicklungen hervorgebracht, die unter dem Begriff systemische Organisationsentwicklung zusammengefasst werden. Die Stärke und das Markenzeichen dieser Ansätze liegen in der Verknüpfung der skizzierten Tradition der Organisationsentwicklung mit den Erkenntnissen der soziologischen Systemtheorie, insbesondere den Arbeiten von Niklas Luhmann (1984, 2000) und von Helmut Willke (1994). Diese Integration hat dem Person- und Gruppenfokus der Gruppendynamik und der amerikanischen Organisationsentwicklungstradition eine ausdifferenzierte Organisationsperspektive an die Seite gestellt (vgl. Wimmer 1993, 2004). Der Eigenwert und die Eigendynamik des sozialen Systems Organisation, angesiedelt zwischen Personen, Gruppen und der Gesellschaft wurde damit in den Blick gerückt.

Die theoriearchitektonische Weichenstellung, dass Organisationen nicht aus Personen und deren Interaktionen bestehen, sondern aus Kommunikation, hat auch den Interventionen in der Organisationsentwicklung und des Managements eine zusätzliche Ausrichtung gegeben (Grossmann; Krainz; Oswald 1995; Königswieser; Exner 1998; Simon; Conecta 1992). Die Erkenntnis, dass das Lernen von Personen zwar eine unverzichtbare, aber keine hinreichende Bedingung für die Entwicklung von Organisationen darstellt, stellte für viele Berater und Trainer, sozialisiert in einer aufklärerischen Tradition, fokussiert auf Personen und Gruppen, auch einen Einschnitt in ihrer Interventionspraxis dar. Die konzeptionelle Trennung von Person und Organisation ermöglichte gleichzeitig die Entwicklung beider bewusst aufeinander zu beziehen, Maßnahmen der Entwicklung von Strukturen mit den Schritten der Personalentwicklung zu verknüpfen.

Die Radikalität, mit der das Konzept der Autopoiesis, aus der biologischen Forschung übernommen, Selbstbezüglichkeit und Selbstreproduktion von sozialen Systemen herausgearbeitet hat, war sehr produktiv um das Thema Stabilität und Wandel nicht nur als Thema des Widerstands von Personen zu verstehen. Wie überhaupt die intensive Auseinandersetzung der soziologischen Systemtheorie mit der System-Umwelt-Beziehung den Blick dafür geschärft hat, dass Systeme mit ihren relevanten Umwelten eine Überlebenseinheit darstellen, wenn sie langfristig überleben wollen; ein wichtiger Grundgedanke für nachhaltige Entwicklung von Organisation (Fatzer 1993).

Bei aller Wertschätzung ihres Beitrags zu einer praktischen Theorie der Organisation (Wimmer; Meissner; Wolf 2009) wäre es allerdings unangemessen, die fachliche Substanz der Organisationsentwicklung im deutschen Sprachraum rein auf die „systemische Organisationsentwicklung" zu beschränken, zumal in den letzten Jahren zunehmend die Tendenz zum Branding einschlägiger Konzepte auf dem Beratungs- Qualifizierungsmarkt beobachtbar ist. Kann man es sich heute noch leisten, kein „systemischer Organisationsentwickler" zu sein? Organisationsentwicklung lässt sich aus unserer Sicht nicht als ein geschlossenes Konzept beschreiben, und in der Praxis der Veränderung von Organisationen werden je nach Bedarfslage, situativer Möglichkeit und Präferenzen der Intervenierenden die jeweils passenden Modelle ausgewählt. Der Fundus der Organisationsentwicklung hält dazu ausreichend vielfältige „Mini-Theorien" und „Mini-Modelle" (Burke 2008, 15) bereit. Mini-Theorien bezieht sich dabei auf den Umstand, dass jeweils abgegrenzte Aspekte beschrieben werden, wie etwa die Veränderung von Werten, die Kontraktgestaltung in einem Projekt, die Planung eines Workshops, die Entwicklung eines Teams, die Definition neuer Rollen etc., nicht jedoch die Organisationsentwicklung als Gesamt-Phänomen.

Im Vergleich zu den USA ist die Organisationsentwicklung in der deutschsprachigen akademischen Landschaft immer noch relativ gering verbreitet, doch finden organisationsentwicklerische Forschung und Lehre verstärkt Eingang in die klassischen Fächer universitärer Ausbildung, die sich mit personaler oder organisationaler Veränderung beschäftigen, insbesondere der Psychologie und den Wirtschaftswissenschaften. An dieser Stelle seien für die Fächer der Arbeits- und Organisationspsychologie nur einige Institute exemplarisch erwähnt:

- die Professur für Arbeits- und Organisationspsychologie der Universität der Bundeswehr in München,
- das Institut für Arbeits-, Organisations- und Wirtschaftspsychologie der Ruhr-Universität Bochum,
- das Labor für Organisationsentwicklung der Universität Duisburg-Essen oder
- die Zürcher Hochschule für Angewandte Wissenschaften – Angewandte Psychologie.

An wirtschaftswissenschaftlichen Universitäten oder Fakultäten wurden vereinzelt Schwerpunkte für Organisationsentwicklung an Instituten für Arbeit, Personal und Organisation wirtschaftswissenschaftlicher Universitäten oder Fakultäten gesetzt (wie etwa der Freien Universität Berlin, der Universität Paderborn, der Leuphana Universität Lüneburg, der Johannes Kepler Universität Linz, der Wirtschaftsuniversität Wien oder der FH St. Gallen). Damit wird die Forschungstätigkeit in diesem Feld insgesamt befördert und die Ausbildung in diesen Fächern um die Organisationsentwicklung erweitert.

Was die Entwicklung des fachlichen Diskurses betrifft, konnten sich mittlerweile einige einschlägige interessante Medien etablieren. Eigene Zeitschriften und Verlage, wie die Zeitschrift für Organisationsentwicklung, die Zeitschrift für Gruppendynamik und Organisationsberatung, die Zeitschrift Profile und Verlage wie der Carl-Auer Verlag, der Verlag EHP und die Schriftenreihe für Gruppen- und Organisationsdynamik des Verlags für Sozialwissenschaften und der Gabler Verlag haben mittlerweile Plattformen für die fachliche Auseinandersetzung geschaffen, die die Publikationstätigkeit und den wissenschaftlichen Diskurs in deutschen Sprachraum befördern. Allerdings ist zu konstatieren, dass die internationale Vernetzung der deutschsprachigen Szene der Organisationsentwicklung erst in den letzten zehn bis fünfzehn Jahren in Schwung gekommen ist. Die vergleichsweise geringe Publikationstätigkeit in englischsprachigen Journalen und Verlagen hat die internationale Rezeption der deutschsprachigen Entwicklungen bislang erschwert.

Auf der Ebene der Qualifizierung zur Organisationsentwicklung wird im gesamten deutschen Sprachraum nach wie vor eine anhaltend wachsende Tendenz von Angeboten beobachtet. Neben akademischen Programmen an Universitäten und Fachhochschulen bieten zahlreiche private Anbieter Lehrgänge an. In dieser zur Unübersichtlichkeit neigenden Situation wird es für potenziell Interessierte immer schwieriger die Qualität der Angebote zu beurteilen und vor allem diese mit dem eigenen Qualifizierungsbedarf abzustimmen.

Zusammenfassend kann für den deutschen Sprachraum festgehalten werden:
- Es gibt eine verbreitete praktische Anwendung der Organisationsentwicklung in Betrieben und öffentlichen Organisationen.
- Das Konzept der systemischen Organisationsentwicklung ist eines der führenden Leitkonzepte, wird aber pragmatisch mit anderen Organisationsentwicklungs-Ansätzen verbunden.

- Eine wissenschaftlich-fachliche Auseinandersetzung findet im deutschen Sprachraum kaum statt, existierende fachliche Communities haben in den letzten Jahren ihr Wirken reduziert oder sind überhaupt eingestellt worden.
- Die Ausbildung zur Organisationsentwicklung ist weit verbreitet, die Qualität der akademischen und privaten Angebote ist im Detail allerdings schwer zu beurteilen, eine fachliche Auseinandersetzung darüber wird derzeit (noch) nicht geführt.

4.3 Die neuen Themen der Organisationsentwicklung

Etwa zur Mitte des vorigen Jahrzehnts setzt Hand in Hand mit Veränderungen in der Ökonomie und Organisationslandschaft eine intensive Diskussion in Wissenschaft und Beratung über die Neuausrichtung der Organisationsentwicklung ein. Thomas Cummings (2005) gibt aus US-amerikanischer Sicht einen komprimierten Überblick von wo nach wohin sich die Organisationentwicklung bewegt oder bewegen muss, um als Organisationswissenschaft und Beratungspraxis produktiv zu bleiben (s. Tab. 2.).

Tab. 2   Der Entwicklungsbedarf der Organisationsentwicklung (modifiziert nach Tom Cummings 2005)

	From	Toward
Economy	Domestic	Global
	Static/Predictable	Dynamic/Uncertain
Workforce	Homogeneous	Diverse
	Experienced	Educated
	Permanent	Contingent
Technology	Energy	Information
	Routine	Complex
	Mechanical	Knowledge-Based
	Mass Production	Customization
Organizations	Bureaucratic	Organic
	Efficiency	Innovation
	Control	Learning
	Autocratic Management	Strategic Leadership
Key Change Targets	Individuals & Groups	Strategy & Structure
	Social Processes	Work Processes
		Human Resource Practices
Key Stakeholders	Management	Management, Employees, Customers, Suppliers
Values	Humanistic	Humanistic & Organization Effectiveness
Change Process	Problem Driven	Learning Driven
	Episodic Change	Continuous Change
	Expert Managed	Leader/Member Managed
Key Change Issue	Overcome resistance to change	Set positive vision for organization

Die Organisationsentwicklung ist demnach gefordert, sich mit einer globalisierten, hochdynamischen Ökonomie auseinanderzusetzen, die unter wachsender Unsicherheit und Unvorhersehbarkeit operiert. Die Belegschaft der Organisationen ist von hoher Diversität gekennzeichnet, immer besser ausgebildet und einem raschen Wechsel unterworfen. Informationstechnologie, wissensbasierte Tätigkeiten und maßgeschneiderte Lösungen sind für die Dimension der Technologie charakteristisch. Bürokratische Organisationen, auf Effizienz und Kontrolle orientiert, von einem autokratischen Management geführt, verlieren gegenüber innovativen, lernorientierten, organisch aufgebauten Organisationen, die durch Ausrichtung und Bindung an strategische Perspektiven geführt werden.

Diese Veränderungen verschieben auch die Ziele und leitenden Orientierungen in der Praxis der Organisationsentwicklung. Es findet ein Wechsel in von der dominanten Ausrichtung auf Personen und Gruppen hin zu Strategien, Strukturen, Leistungsprozessen, Rollen und Verfahren statt. Die Stakeholder-Perspektiven differenzieren sich weiter aus. Manager, Mitarbeiter, Kunden, strategische Partner entlang der Leistungskette über Betriebe hinausgehend (gesamte Wertschöpfungskette) werden zu den wesentlichen Stakeholdern. Dabei geht es zunehmend auch um die Bearbeitung einer Balance von Konkurrenz und Kooperation.

Die humanistische Wertebasis mit der Person im Fokus erweitert sich zu einer Konzeption von effektiven Organisationen und nachhaltiger Entwicklung. (Lawler; Worley 2006; Yaeger; Sorensen 2009; Mohrman; Shani 2011; Lawler; Worley 2011) Viele Unternehmen werden zu wichtigen Playern für nachhaltige Entwicklung in Auseinandersetzung mit Politik und zivilgesellschaftlichen Akteuren. In den Veränderungsprozessen wird versucht, einer defizit- oder problemorientierten Sicht ein lern- und lösungsfokussiertes Arbeiten gegenüber zu stellen. Die Arbeit an Organisationsveränderungen ist als Daueraufgabe von Management und Mitarbeitern zu organisieren, nicht als Ausnahmeereignis. Zukunftsfähige, attraktive Visionen und positive Anreizsysteme sollen die Orientierung am Widerstand der Beteiligten ersetzen.

Was Tom Cummings auf einer allgemeineren Ebene beschreibt, lässt sich auch in unserer Praxis der Organisationsentwicklung im deutschsprachigen Raum beobachten. Auf einige dieser Phänomene wird wir im Folgenden besonders hingewiesen.

Sowohl im Profit- als auch im Non Profit-Bereich stehen die Organisationen vor der Aufgabe, ihre Binnenstrukturen von Grund auf neu zu konzipieren und ihre organisatorische Verfassung immer wieder auf ihre Funktionalität hin zu überprüfen und mit dem Blick auf veränderte Produktionsvoraussetzungen umzugestalten. Einige Stichworte dazu:

- die Einrichtung von ergebnisverantwortlichen Leistungseinheiten oder Geschäftsfeldern;
- das Schaffen von „Unternehmen in Unternehmen";
- die Ausgliederung von öffentlichen Leistungen aus der staatlichen Verwaltung;
- neue Formen der Kooperation und der Steuerungsbeziehung zwischen Verwaltung, selbstständigen Dienstleistungsorganisationen und Einrichtungen der Zivilgesellschaft und
- neue Muster der Kooperation und Konkurrenz zwischen Unternehmen, strategische Kooperationen und Netzwerke, Fusionen.

Organisationen finden ihre Grundstrukturen nicht mehr stabil oder gar naturwüchsig vor, sondern müssen die Verknüpfung von Subeinheiten und Stellen mit Blick auf die Herausforderungen aus der Umwelt immer wieder neu bestimmen. Das hat eine Reihe von Konsequenzen, auf die sich Organisationsentwicklung einzustellen hat.

Erstens ist Organisationsentwicklung zur Daueraufgabe des Managements geworden. Mit den veränderten Organisationskonstellationen stehen auch immer die Führungsstrukturen zur Disposition. Für das Management bedeutet Veränderung daher nicht Change Management von anderen in der Organisation, sondern immer auch Selbständerung.

Zweitens brauchen veränderte Organisationsstrukturen neue und tragfähige Kommunikations- und Koordinationsformen zwischen den (autonomen) Subeinheiten und zwischen den Führungskräften, die für sie Verantwortung tragen. Führungskräfte und Mitarbeiter müssen ein Bewusstsein davon entwickeln, dass die Organisation und ihre Identität nicht aus den aktuell bestehenden Strukturen heraus gewonnen werden können, sondern sie müssen sich vermehrt aus der Zukunft heraus denken. Die Kompetenz, die dabei gefordert ist, ist die Fähigkeit zum kontinuierlichen strukturellen Wandel.

Drittens werden die Arbeitsprozesse immer wissensintensiver, komplexer und damit auch störungsanfälliger. Organisationen werden auf diese Weise davon abhängig, dass die Beschäftigten auf allen Ebenen ihr Wissen, ihre Erfahrung eigenverantwortlich in die Gestaltung des Arbeitsgeschehens einbringen und bei unerwarteten Ereignissen die organisatorischen Antworten finden. In diesem Sinne ist an vielen Stellen Führungsarbeit zu leisten, nicht nur in den definierten Führungsetagen. Die höchstpersönliche Kompetenz und Verantwortungsübernahme jedes einzelnen ist zur unverzichtbaren organisationalen Ressource geworden (Wimmer 2004).

Viertens bekommt Kommunikation selbst einen ganz neuen Stellenwert. Musste sie früher gegenüber tayloristischer Arbeitsorganisation und hierarchischer Steuerung dem Management abgerungen werden, ist sie jetzt zu einer unverzichtbaren Aufgabe des Managements geworden. Das Mittel der hierarchischen Durchsetzung von Alternativen ist nicht mehr ausreichend, um jene Leistungsfähigkeit zu erzeugen, die von den professionsgetriebenen Organisationen erwartet wird. Es brauchte eine gelingende Auseinandersetzung über Ziele und Wege, über den Sinn von Veränderungen und gemeinsame Besprechungen auf dem Weg dorthin. Und es bedarf durch Kommunikationsprozesse und explizite Vereinbarungen verankerte Aufteilungen von Verantwortlichkeiten in der Entwicklung von Organisationen.

4.4 Der Beitrag der Organisationsentwicklung zu tiefgreifenden Fragen der Organisationsgestaltung

Die Organisationsentwicklung verfügt über ein brauchbares Theoriegerüst und Instrumentarium für solche organisationale Veränderungen. Lange Zeit wurde der Organisationsentwicklung kritisch entgegengehalten, dass sie nur für Schönwetterprojekte zur Verfügung stehe. Wenn es aber um die harten Einschnitte geht, wenig anzubieten habe; also bei umfassenden Restrukturierungen, bei Strategieentwicklung für das Gesamtunternehmen oder die Gestaltung von Akquisitionen und Fusionen. In solchen Veränderungsprozessen kommen l, wenn externe Beratung in Anspruch genommen wird, primär die großen Fachberatungsfirmen wie McKinsey zum Einsatz. Dafür gibt es eine Reihe von Gründen, hier mit Blick auf den deutschsprachigen Raum argumentiert.

Auf der Beratungsebene braucht es für tiefgreifende Organisationsreformen umfangreiche Beratungsressourcen, quantitativ und was den Mix von Kompetenzen betrifft. Die meisten Firmen, die mit ihrem Ansatz der Organisationsentwicklung zugeordnet werden können, haben nicht die notwendige Größe und Zusammensetzung. Durch die geringe akademische Verankerung der Organisationsentwicklung gibt es auch vergleichsweise wenige interne Stabskräfte der Organisationsentwicklung oder interne Organisationsentwicklungsberater, die solche Veränderungen intern organisieren können. Das Top-Management geht davon aus, dass weitreichende Veränderungen der Organisation nur top-down und mit weitgehend fertigen Konzepten „von außen" durchgesetzt werden können. Dabei tun sich Widersprüche auf. Je tiefer die Veränderungen in die Routinen der Mitarbeiter eingreifen, je mehr kulturelle Vielfalt zu managen ist, desto notwendiger ist unter den heutigen Produktionsbedingungen die inhaltliche Beteiligung und Akzeptanz der unterschiedlichen Führungsebenen und Mitarbeitergruppen, um nachhaltige Lösungen zu erreichen. Das Top-down geführte Change-Management erscheint zwar schneller und widerstandsfreier, im Zuge der Implementierung der neuen Lösungen in die Alltagsprozesse wird diese Zeit oft wieder verloren oder die fachlichen Lösungen erweisen sich als wenig praktikabel und werden nicht akzeptiert. Eine gute Balance von führungsgetriebener Veränderung und Beteiligung der wichtigen Stakeholder, wie sie für eine Organisationsentwicklungsprojekt charakteristisch ist, erscheint unter den spezifischen Bedingungen der Expertenarbeit und generell der wissensbasierten Arbeit angemessen. Aber die Organisationsentwicklung muss sich der fachlichen Auseinandersetzung mit den einschneidenden Veränderungen auch stellen, den betriebswirtschaftlichen Implikationen, dem notwendigen Tempo von Veränderung, den Interessenskonflikten, die mit dem Umbau einhergehen.

Die Relevanz von Organisationsentwicklung sollte sich erhöhen, wenn es dieser gelingt, Themen der Betriebswirtschaft, der fachlichen Grundlagen der Leistungen der Organisation und der Steuerungslogik des Top-Managements in ihren Ansatz zu integrieren.

Für das Arbeitsfeld Krankenhaus würde dies bedeuten, die Organisationsentwicklung an den bestehenden aktuellen Veränderungsthemen zu orientieren und deren Logik in den Organisationsentwicklungsprozess zu integrieren. Dazu ist spezifisches Organisationswissen ebenso erforderlich wie eine gute Anschlussfähigkeit an die Logik der medizinisch-pflegerischen Kernprozesse sowie einer Kenntnis des gesundheitspolitischen Umfeldes. Im Einzelnen bedeutet das, sich folgenden „harten" Themen und Fragen zuzuwenden:

- **Restrukturierung**: Auf welchen gesundheitsökonomischen, gesundheitspolitischen und fachlichen Prämissen beruhen Restrukturierungen? Wie können tragfähige Optionen erarbeitet werden?
- **Kosten und Qualität**: Welche Modelle und Zugänge (zum Beispiel Balanced Score Card, BSC u.a.) können eingesetzt werden, um Krankenhäuser zu steuern? Wie können diese Modelle implementiert werden?

- **Strategische Grundfragen:** Welche Versorgungspolitische Schwerpunkte sind zu setzen? – Welche Konsequenzen ergeben sich für die Aufbauorganisation und die Leistungsprozesse der Krankenhäuser?
- **Informationstechnologie-unterstützte Prozesse:** Welche Veränderungen werden durch IT-Systeme erzeugt? Wie können diese Veränderungen durch organisationsentwicklungsorientierte Interventionen begleitet werden?

Ein Blick in die Organisationen der öffentlichen Dienstleistungsunternehmen zeigt, dass überall dort, wo intern breit qualifizierte Organisationsentwickler am Werk sind, dieser Ansatz auch für die tiefergehenden Veränderungsprozesse nutzbar gemacht wird. Einige Beispiele dafür liefern etwa die Projekte der Absolventen und Absolventinnen des IFF-OE-Masterprogramms (Grossmann; Mayer 2011; Grossmann; Mayer; Prammer 2013). Die Projekte bearbeiten durchwegs einen „Musterwechsel" in den Organisationen, zum Beispiel die Einführung von Prozessmanagement und Serviceorientierung in einer Universität, die Einführung der kaufmännischen Buchführung in der bislang auf dem Prinzip der Kameralistik agierenden Verwaltung oder die Einführung einer modernen Führungskultur in einem bisher verwaltungsförmig gesteuerten Verwaltungsbetrieb. Auch massive Veränderungen in der Zuordnung der Mitarbeiter oder die Schließung von Organisationen werden mit Hilfe von Organisationsentwicklung bearbeitet. Die weiteren Beiträge in diesem Band zeigen den Ansatz der Organisationsentwicklung in Auseinandersetzung mit zentralen Organisationsthemen des Krankenhauses.

5 Einige Grundannahmen über Organisationen und ihre praktischen Konsequenzen für Organisationsentwicklung im Krankenhaus

5.1 Organisationen sind nicht wie Maschinen lenkbar

Organisationsentwicklung als ein theoriegeleitetes Verfahren, gezielten organisatorischen Wandel zu realisieren, ist ihrem Grundverständnis nach darauf gerichtet, die Fähigkeit eines sozialen Systems und auch seiner Mitglieder – aber eben nicht nur dieser – zur Bewältigung aktueller und zukünftiger Problemlagen zu erweitern und das Selbstentwicklungspotenzial einer Organisation oder ihrer Subeinheit zu stärken. Dieses an der Systemtheorie orientierte Verständnis liegt quer zum vorherrschenden Verständnis von Veränderung. In der Praxis vieler Unternehmungen, aber eben auch in Gesundheitseinrichtungen, ist häufig zu beobachten, dass mit einem ausgesprochen instrumentellen Organisationsverständnis an Veränderungsvorhaben herangegangen wird. Das naturwissenschaftlich-technische Paradigma der in Gesundheitsorganisationen dominierenden Profession Medizin ist dafür ein guter Nährboden und Verstärker. Dieses instrumentell-technische Organisationsverständnis impliziert unserer Beobachtung nach drei Grundannahmen (vgl. auch Wimmer 1999):

- Organisationen sind ein Instrument in den Händen derjenigen, die über den Zweck derselben verfügen können (die Eigentümer, die Organisationsspitze, das Topmanagement …). Sie nutzen Organisationen in ihrem Sinne als Mittel und wenn das nicht gelingt, ist das Instrument dementsprechend zu verändern. Die Eigenlogik und Eigendynamik komplexer Organisationen wird krass unterschätzt.
- Man behebt die Organisationsmängel, in dem man die Organisation in Richtung auf einen vorwegdefinierten Sollzustand umbaut. Veränderung wird so zu einem ingenieurmäßigen Problem, wobei diejenigen, die den Umbau betreiben, sich selbst nicht als Teil des zu lösenden Problems betrachten.

- Es wird eine deutliche Trennung zwischen denen, die verändern, und den zu Verändernden eingeführt. Wenn die angepeilte Lösung klar ist, dann gilt es in der Folge das Ziel gegenüber dem Widerstand der betroffenen Organisationsmitglieder durchzusetzen und den Widerstand geschickt zu behandeln, zu umgehen, zu unterlaufen, zu brechen, etc.

In konkreten Veränderungssituationen drückt sich dieses Organisationsverständnis auch in dem Wunsch nach schnellen und fertigen Lösungen aus, die es nur zu implementieren gilt. Diese Haltung wird weniger als hierarchische Attitüde erlebt – obwohl es natürlich dem klassischen Verhältnis der Hierarchie zur Organisation gleicht –, sondern als ein tiefsitzendes, durch die Professionalisierungsgeschichte gefördertes Grundverständnis von Organisation: das übrigens auch seine Stärken hat. Es drückt sich auch in einem pragmatischen zupackenden lösungsorientierten Herangehen an Probleme aus, die für Veränderungsarbeit durchaus nützlich ist. Aber was wird dabei übersehen und unterschätzt?

In einer Organisation oder Organisationseinheit müssen beständig eine Reihe von Leistungen erbracht werden, um ihre Funktionsfähigkeit zu gewährleisten, damit sie bleiben kann, wie sie ist. In der Entstehungsgeschichte und Ausdifferenzierung der Organisation werden eigensinnige soziale Muster ausgeprägt, Entscheidungsroutinen, die das Verhältnis innen oder nach außen steuern. Das was alltäglich in Organisationen geschieht, erfolgt nicht voraussetzungslos, sondern folgt dem in der Organisationsgeschichte aufgebauten Struktur- und Prozessmustern. Die Hauptenergie einer Organisation ist auf die Aufrechterhaltung dieser Routinen und meist impliziten Regelwerke gerichtet, die sich für den Erfolg der Organisation bisher bewährt haben. Zusätzliche Stabilität gewinnen sie, wenn sie auch für die Interessen der Mitglieder in ihrem spezifischen Verhältnis zur Organisation zu befriedigenden Lösungen geführt haben.

In Bezug auf Veränderung ist noch mitzudenken, dass die Organisationen in der Konzentration auf die Kontinuität der eingespielten Strukturen keineswegs starr und unbeweglich an diesen festhalten. Organisationen ändern sich ohnehin laufend entlang der praktischen Erfordernisse. Gerade Spitäler und andere Einrichtungen der Gesundheitsversorgung müssen kontinuierlich Veränderung bewältigen. Neue medizinische Verfahren, neue Technologien, ständig wechselnde Patienten, sich verändernde Patientenbedürfnisse, neue Finanzierungsformen etc. Bei der Fortführung der Routinegeschäfte von Organisationen werden stets kleine vielfach unbemerkte Änderungen vollzogen. Das heißt die Kontinuität ist nur mit Hilfe einer lebendigen Weiterentwicklung derselben zu gewinnen. Es ist eine dynamische Stabilität, auf deren Aufrechterhaltung Organisationen ihre Kräfte konzentrieren.

Ohne Rücksichtnahme auf die Möglichkeiten und Grenzen dieses historisch aufgebauten Eigensinns von Organisationen scheitern Veränderungsimpulse am Immunsystem derselben oder sie zerstören ihre Überlebensfähigkeit.

Veränderung von Organisationen ist zu realisieren als ein schrittweiser Transformationsprozess, in dem die aktuelle Funktionsfähigkeit gewährleistet werden muss und gleichzeitig Sicherheit und Stabilität in neuen Strukturen zu erarbeiten sind. Nimmt man das ernst, so gilt für die Herangehensweise an Organisationsentwicklung: Komplexe soziale Systeme können nicht in eine bestimmte inhaltliche Richtung gezwungen werden.

5 Einige Grundannahmen über Organisationen und ihre praktischen Konsequenzen für Organisationsentwicklung im Krankenhaus

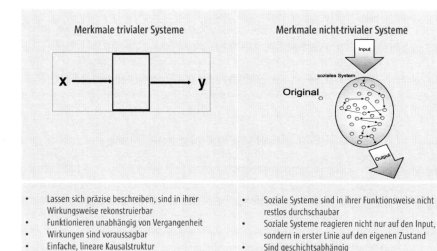

Abb. 1   Charakteristika trivialer und nicht-trivialer Systeme (nach Foerster 1993)

Ein Input in das System lässt nicht linear einen vorhersehbaren Output erwarten. Heinz von Förster bezeichnet sie als „nicht-triviale Systeme" und stellt sie den Maschinen als „triviale" Systeme gegenüber (von Foerster 1993). Nicht-triviale Systeme haben eine Geschichte und beziehen sich auch auf diese Geschichte. Sie sind nicht vollends erforschbar und verstehbar. Sie reagieren in erster Linie auf sich selbst, verarbeiten einen Input von außen nach ihren internen Bedingungen (s. Abb. 1). Neue organisatorische Lösungen brauchen Akzeptanz und die ist wahrscheinlicher, wenn die Lösungen von den relevanten Teilen des Systems mitentwickelt wurden.

Der in der systemischen Organisationsentwicklung verwendete Interventionsbegriff und das davon abgeleitete Interventionsrepertoire trägt diesem Umstand Rechnung. Unter Intervention wird die gezielte Einflussnahme auf ein System verstanden, unter der Maßgabe, dass die Reaktionen des angesprochenen Systems respektiert und ins Kalkül des Intervenierenden aufgenommen werden (Willke 1994). Damit wird die Ausgestaltung des Verhältnisses von externer und interner Expertise, von inhaltlichen Vorgaben und partizipativer Erarbeitung zu einem Schlüsselprozess der Organisationsentwicklung. Das bedeutet natürlich nicht Verzicht auf externe Expertise, aber es erfordert einen Einsatz, zum Beispiel der Expertise eines Beraters, der intern Akzeptanz findet und die Verantwortung für die gefundenen Lösungen im System belässt und eher die internen Ressourcen – ganz im Sinne der Prinzipien der Prozessberatung – für die Lösungsfindung stärkt.

> In der IFF-OE Studie „Auf den Nutzen kommt es an" (Grossmann 2004) wurden Führungskräfte öffentlicher Betriebe und Experten der Organisationsentwicklung befragt, welche Erwartungen sie an Organisationsberatung haben. Die befragten Führungskräfte und Mitarbeiter for-

mulierten sehr deutliche Erwartungen: Berater sollten helfen, die internen Wissensressourcen zu mobilisieren, Expertise einbringen, wo sie im System nicht ausreichend vorhanden ist, und eher Lösungsoptionen vorschlagen als fertige Lösungen liefern. Neben dieser speziellen Erwartung, externe Sichten anschlussfähig an internes Wissen einzubringen, wird deutlich Kompetenz für die Gestaltung eines Prozesses erwartet, in dem die internen Führungskräfte und Mitarbeiter tragfähige Lösungen selbst erarbeiten können.

5.2 Führungsgetriebe Veränderung und Partizipation

Überall dort, wo Organisationen mit einschneidenden Umbauprozessen konfrontiert werden, wird die Arbeit von Führungskräften zur zentralen Ressource und erfolgskritischem Faktor, oft aber auch zum potenziellen Engpass in der Veränderungsarbeit. Nicht nur weil ihnen in solchen Phasen besonders viel in ihren Funktionen abverlangt wird:

- Sie sind aufgerufen den Veränderungsbedarf zu diagnostizieren. Die kontinuierliche Beobachtung von Funktionalität und Dysfunktionalität der Organisationsabläufe gehört ja zum Kerngeschäft von Führungskräften.
- Sie sind diejenigen, die meist die Initiative zur Veränderung ergreifen werden.
- Ihre Aufgabe ist es, Projekte zu definieren und zu beauftragen, Ziele und Erfolgskriterien auszuhandeln.
- Sie sind gefordert, Ressourcen bereitzustellen und Rahmenbedingungen zu definieren.
- Führungskräfte sind in Veränderungsprozessen vor allem als Entscheider gefragt: Organisationen entwickeln sich wesentlich entlang von Entscheidungen. Durch Entscheidungen werden Optionen ausgewählt, zukünftige Vorgangsweisen festgelegt und andere außer Kraft gesetzt, werden Ressourcen zugeordnet. Und Entscheidungen ziehen weitere Entscheidungen nach sich. Veränderungsprojekte sind auch eine gute Gelegenheit, mit neuen Formen der Entscheidungsfindung zu experimentieren und damit die Organisationskultur zu prägen.
- Führungskräften wird kontinuierliche Präsenz im Verlauf einer Reorganisation abgefordert, vor allem an den wichtigen Knotenpunkten.
- Führungskräfte müssen das Controlling der Implementierung konsequent verfolgen.

Die entscheidende Herausforderung besteht zunehmend darin, dass die Veränderungen der letzten Jahre immer auch die Führungsstrukturen und die Arbeit der Führungskräfte selbst zur Disposition gestellt haben. Die Führungskräfte können sich nicht länger als außerhalb der Veränderung stehend definieren. Die Reorganisationsphasen des letzten Jahrzehnts in der Wirtschaft waren immer mit einer Neustrukturierung der Leitungsstruktur verbunden. Diese Entwicklung haben die Gesundheitsorganisationen vor sich. Die meisten Organisationsentwicklungsprojekte im Gesundheitswesen sind in den letzten Jahren innerhalb der bestehenden Leitungsstrukturen durchgeführt worden und haben häufig ihre Grenzen in eben diesen tradierten Strukturen gefunden. Die einschneidenden Reorganisationsprozesse, die die Gesundheitsorganisationen vor sich haben, werden vor allem auch die Leitungsarbeit zum Gegenstand haben.

5 Einige Grundannahmen über Organisationen und ihre praktischen Konsequenzen für Organisationsentwicklung im Krankenhaus

In der Führung von Veränderungsprozessen haben die Führungskräfte vor allem immer zu entscheiden, was an Zielen und Rahmensetzung für die Veränderung vorgegeben wird und was durch Führungskräfte und Mitarbeiter gemeinsamen zu entscheiden ist. Das impliziert die Entscheidung über die Reichweite der Beteiligung. Wer ist aktiv in den Entwicklungsprozess einzubeziehen und wer kann „straffrei", also ohne Risiko für das Gelingen der Veränderung außerhalb bleiben. Der Abstimmung zwischen den Führungsebenen, dem Aufbau tragfähiger Führungskoalitionen kommt dabei besondere Bedeutung zu.

Die Beteiligung unterschiedlicher Stakeholder, die Einbeziehung ihrer Expertise und Interessen ist für die inhaltliche Ebene gleichermaßen wichtig, wie für die Akzeptanz der neuen Organisationslösungen. Erfolg ist im Organisationsentwicklungsprozess eine Funktion von inhaltlicher Qualität und Akzeptanz (E = F[Q, A]). Daher stellt sich in der organisatorischen Anlage einer Veränderung immer die Frage, wessen Expertise muss jedenfalls einbezogen werden, um inhaltlich gute Ergebnisse zu erzielen, und andererseits, welche Stakeholder müssen an Bord geholt werden, wer sind wichtige Multiplikatoren für die soziale Akzeptanz der erarbeiteten Lösungen. Im Management von Organisationsentwicklungsprozessen sind daher immer zwei Ebenen aktiv zu „bewirtschaften". Die Ebene der inhaltlichen Konzeption – was sind die passenden Inhalte, die funktionalen Lösungen – und die Ebene der sozialen Integration – wie sieht das passende Vorgehen aus, was ist ein tragfähiger Prozess der Lösungsfindung (Prammer 2010, 121ff.). Für eine Verbreiterung der sozialen Akzeptanz durch Involvierung haben sich in den letzten Jahren vor allem auch Ansätze der Arbeit mit Großgruppen (s. Kap. I.6.5) bewährt.

5.3 Die Reichweite der Veränderung macht einen Unterschied

Organisationen müssen sich kontinuierlich verändern, um ihre Stabilität, Leistungsfähigkeit und Identität zu sichern. Der sogenannte Status-Quo ist – wie gesagt – ein dynamischer Zustand. Eingespielte Routinen der Problembearbeitung helfen, die Balance zwischen Bewahren und Verändern zu halten. Eingriffe in diese Routinen können als Veränderungsmanagement bezeichnet werden. Diese Eingriffe können unterschiedliche Reichweite haben und unterschiedliche Ziele verfolgen. Es werden mindestens zwei Arten der Veränderung unterschieden, die Optimierung und den Musterwechsel.

- **Optimierung**: Sie zielt auf die Entwicklung der bisherigen Erfolgspotenziale. Es geht darum, Hindernisse zu beseitigen, die einer solchen Weiterentwicklung bisher im Wege standen. Mit Bateson (1983) sprechen wir hier vom Wandel erster Ordnung. Das grundlegende Muster, wie die Organisation gesteuert wird, ihre Leistung erbringt und sich gegenüber den relevanten Umwelten verhält, kann und soll beibehalten werden.
- **Musterwechsel**: Er greift in tragende Aspekte der Organisationsidentität ein, berührt die „governing values and procedures". Die Organisation setzt sich grundsätzlich mit dem Wie ihres Arbeitens auseinander. In konstruktivistisch-kybernetischer Perspektive ist ein Wandel zweiter Ordnung zu vollziehen. Wenn Organisationen ihre Kernprozesse grundlegend neu ausrichten und organisieren oder unternehmerische Verantwortung konsequent dezentralisieren, wenn das

Kerngeschäft in Kooperation mit anderen Betrieben organisiert werden soll, dann – um nur einige Beispiele zu nennen – ist Musterwechsel angesagt (Cummings; Worley 1997; Janes; Prammer; Schulte-Derne 2001; Wimmer 1999). Veränderungen dieser Reichweite sind häufig mit harten Einschnitten verbunden.

Der Musterwechsel braucht eine tiefergehende Auseinandersetzung mit der bisherigen Funktionsweise der Organisation und auch eine tiefergehende Arbeit an neuen Lösungen. Das bedingt meist auch eine breitere Beteiligung von Stakeholdergruppen. Einschneidende Veränderungen dieser Art sind auch mit mehr Verunsicherung und Emotionalisierung verbunden. Eine bewusste Auseinandersetzung mit diesen Emotionen und eine stabile Rahmung für das emotionale Geschehen sind notwendig.

In Gesundheitsorganisationen ist eine starke Tendenz zu beobachten, solche Veränderungen in Angriff zu nehmen, die dabei helfen, dieses Gleichgewicht des Status-Quo zu erhalten, also auf eine Optimierung des Bestehenden hinzuarbeiten. Die pragmatisch lösungsorientierte Haltung drängt danach, die gravierendsten Probleme aus der Welt zu schaffen, um halbwegs störungsfrei weiterarbeiten zu können, der kontinuierliche Patientenstrom lässt wenig Zeit, sich auf mehr einzulassen, die Vorstellungen von der Möglichkeit der Umgestaltung der Organisation sind begrenzt. Meist haben die durchsetzungsfähigen Gruppen eine interessenmäßige Beziehung zur Organisation gefunden, die für sie passt. Die meisten Organisationsentwicklungsprojekte in Gesundheitsorganisationen waren bisher dieser Optimierung des Status-Quo gewidmet. Diese Sicherung der Funktionsfähigkeit einer so komplexen Organisation ist eine große Leistung, aber auf dieser Ebene weisen die Spitäler aber auch Pflege- und Rehabilitationseinrichtungen ein erhebliches Rationalisierungspotenzial auf. Denn traditionell erledigen diese Einrichtungen ihre zweifellos großen Organisationsleistungen zu Lasten des Personals, vor allem der Pflege und der jungen. Das System exportiert seine Probleme an die Personen, an Mitarbeiter, Patienten und Angehörige. Hier sind daher tatsächlich viele Verbesserungen möglich, die im Interesse der Patienten sind, die Mitarbeiter entlasten und Ressourcen effizienter einsetzen.

Wenn aber die Organisationen – wie aktuell vermehrt auch im Gesundheitswesen zu beobachten – zu einer grundlegenden Umstrukturierung herausgefordert sind, ist mit dieser Optimierungsstrategie nicht das Auslangen zu finden. Und auch im Alltagsbetrieb können die kurzatmigen Veränderungsversuche mehr zur langfristigen Erhaltung des Problems beitragen, denn zu seiner Bearbeitung. Wenn die Bearbeitungsformen nicht zum Komplexitätsgrad des zu lösenden Problems passen, führt das zu Überforderung, zumindest aber zu Verwirrung im System.

Das zusätzliche Risiko zu kurz greifender Veränderungsprozesse ist, dass damit auch die Immunisierung des Systems gegen Veränderung perfektioniert wird, Veränderungsenergie und Motivation aufgebraucht werden, gerade auch von veränderungsbereiten Mitarbeitern, die dann enttäuscht sind, wenn sie merken, dass sich trotz großer Anstrengung im Grunde nichts geändert hat. Ohne spürbare Erfolge lässt sich Veränderungsenergie nicht leicht wiederholt mobilisieren.

Es ist Aufgabe der Führungskräfte, eventuell unterstützt von Beratern, die Differenz von Funktionalität und Dysfunktionalität zu bearbeiten und zu entscheiden, ob Optimierung oder Musterwechsel angesagt ist. Eine vorausschauende Zukunftssicherung ist eine kontinuierliche Aufgabe der Organisationsentwicklung, die ihrerseits

Rückwirkungen hat auf die Fähigkeit, einschneidende Veränderungen zu realisieren und Optimierung routiniert zu bewerkstelligen.

5.4 Lernen von Personen und Entwicklung von Strukturen

Die systemtheoretische Gegenüberstellung von Person und System fußt auch auf der Erkenntnis, dass Personen und soziale Systeme einem unterschiedlichen Modus des Lernens, der Entwicklung folgen. Personen lernen über Bewusstsein, über Denken und Gefühle; soziale Systeme entwickeln sich über Kommunikation und Handlungen. Ein zentraler Erfolgsfaktor von systemischer Organisationsentwicklung ist eine gleichgewichtige Berücksichtigung von Personen und Strukturen im Veränderungsprozess. Die Ideen, das Wissen, die Motivation der Personen werden in Organisationen in dem Maße wirksam, als sie Eingang in relevante Kommunikationen finden, vor allem in Entscheidungsprozesse, in Prozesse der Leistungserbringung, in Spielregeln und Rollen. Oft ist zu beobachten, dass es leichter fällt, Kommunikationsstrukturen zu verändern als Personen, oder genauer: Dass veränderte Strukturen, zum Beispiel die Einrichtung von verlässlichen Strukturen für Teambesprechungen, neue Verhaltensweisen und Einstellungen der Mitarbeiter hervorbringen. Qualifizierung der Personen, ohne an den Strukturen etwas zu ändern, führt hingegen leicht zu enttäuschten Erwartungen und Ambitionen.

Prozesse der Veränderung bieten auch selbst gute Gelegenheiten für persönliche Lernprozesse; durch Selbsterfahrung im Projekt, durch Beobachtung und Auswertung des Erlebten, aber auch durch maßgeschneiderte zusätzliche Qualifikationsangebote mit unmittelbaren Anwendungschancen im laufenden Prozess.

Die Motivation zum persönlichen Lernen ist vor allem bei den involvierten Mitarbeitern zumeist sehr hoch. Es ist eine sehr wirkungsvolle Form der Qualifizierung, wenn Veränderungsprojekte der Organisation gezielt mit Lernprojekten ausgewählter Personen verbunden werden: in Form von maßgeschneiderten Trainings, begleitenden Workshops, Supervision und Coachingangeboten. Vor allem Coaching ist eine wirkungsvolle Form der Unterstützung von persönlicher Entwicklung in Leitungsrollen.

Eine weitere Dimension des Lernens für Organisationsveränderung bezieht sich auf die Entwicklung der Lernfähigkeit von Organisationen als Systeme. Ralph Grossmann und Klaus Scala (2002a) sprechen in diesem Zusammenhang von der Steigerung der Intelligenz der Organisationen. Unabhängig von aktuellen Krisensituationen wird versucht, auf die bislang eingespielten Muster der Selbstentwicklung Einfluss zu nehmen, die Organisation mit genügend Irritationsquellen zu versorgen, um Lernimpulse zu bekommen und die internen Verarbeitungsmöglichkeiten dafür zu steigern: zum Beispiel durch Benchmarking, durch gemeinsame Lernprozesse mit Kunden (Patienten) und Konkurrenten, vor allem auch auf der Ebene der Prozesse und nicht nur auf der Ebene der Ergebnisse; durch anderen Formen institutionalisierter Selbstbeobachtung, die das Material für interne Lernprozesse liefern; durch Beteiligung an Organisationsnetzwerken; durch systematische Qualifizierung im Kontext von Veränderungsprozessen.

Diese Form der Entwicklung von Organisationen gewinnt große Bedeutung, wenn es darum geht, die Organisation insgesamt auf Veränderung auszurichten.

6 Ebenen der Intervention in der Organisationsentwicklung

6.1 Organisationale Veränderungsprozesse finden auf unterschiedlichen Ebenen statt

Die folgenden Kapitel beschäftigen sich mit der Frage, wie organisationale Veränderung konkret wirksam wird und worauf aus einer Perspektive der Intervention dabei zu achten ist. Mit Intervention meinen wir eine geplante Handlung mit dem Ziel, die Entwicklung einer Organisation durch die bewusste Gestaltung von Kommunikationsformen (Gespräche, Meetings, Klausuren, Konferenzen) in eine bestimmte Richtung voranzubringen. Ausgehend von dem beschriebenen systemtheoretisch und gruppendynamisch fundierten Verständnis von Organisationsentwicklung, werden wir dabei auf unterschiedliche Ebenen von Interventionen eingehen.

Eine gelingende Veränderungsarbeit in Organisationen steht vor der Herausforderung, auf unterschiedlichen Ebenen anzusetzen, wenn es gelingen, soll nicht nur Konzepte zu entwerfen, sondern diese auch konkret im Alltag umzusetzen oder in diesen zu integrieren. Mit Ebenen der Veränderung ist hier jene „Einheit" gemeint, in der die Veränderung oder Entwicklung geschehen soll. Das Spektrum reicht von der einzelnen Person bis zur transorganisationalen Ebene (s. Tab. 3). Das Interventionsrepertoire der Organisationsentwicklung kann sich unterschiedlicher Interventionsformen und Instrumente bedienen, die geeignet sind, Entwicklungsprozesse auf der jeweiligen Ebene in Gang zu setzen. Jede dieser Ebenen hat spezielle Voraussetzungen für Entwicklungs- und Veränderungsprozesse und es bedarf eines breiten Interventionsrepertoires um jeweils auf der Ebene der Person, der Gruppe oder der Gesamtorganisation anzusetzen.

Tab. 3 Intervention in der Organisationsentwicklung: Ebenen und Formen

Ebene der Intervention	Instrumente und Interventionsformen
Person	Coaching und Supervision, Lernen, Job Design
Dyaden, Triaden	Zielvereinbarungen, Rollenklärung, Aufgabenumsetzung, Potenzialentwicklung
Gruppen und Teams	Teamentwicklung, Rollenklärung in Teams, Projektmanagement-Arbeit,
Gesamtorganisation	Whole-System-Ansätze, Großgruppenansätze
Organisationsübergreifendes System	Nahtstellenmanagement, Organisationsübergreifende Lern- und Entwicklungsprozesse, Benchmarking

6.2 Personale Ebene: Neue Aufgaben erfordern die Entwicklung von Kompetenzen und Haltungen

Die Einstellung von Führungskräften gegenüber der Veränderung und ihre Haltung in Veränderungsprozessen werden von den Mitgliedern einer Organisation sehr genau beobachtet. Ambivalenzen gegenüber den Zielen, Widersprüche zwischen bekundeten Werten und gelebter Praxis oder Unklarheiten in der Richtungsvorgabe stellen die Glaubwürdigkeit von Prozessen infrage und führen zu Akzeptanzproblemen. Diese Situation ist aber gerade deshalb nicht auf einfache Weise zu lösen, da solche Unsicherheiten für Führungskräfte geradezu konstitutiv für Prozesse der Organisationsentwicklung sind, gerade wenn es um substanziellere Veränderungen geht. Wenn Veränderungen nicht nur „andere" betreffen, sondern auch den eigenen Arbeits- und Handlungskontext der Führungskraft, also rückbezüglich werden, dann beginnen Organisationsentwicklungsprozesse sehr herausfordernd zu werden. In solchen Situationen empfiehlt es sich, Coachings in die Organisationsentwicklung einzubauen um die Situation zu reflektieren und die Handlungsfähigkeit im Veränderungsprozess zu stärken.

Coachings oder Supervisionen – beide Begriffe werden hier synonym verwendet – sind professionelle Beratungen von Einzelpersonen, manchmal auch von Teams, für bestimmte berufliche Problemstellungen. Im Zentrum stehen dabei die Personen, die Problemstellungen einbringen und die erarbeiteten Lösungen dann aus dem Coaching „mitnehmen". Die Coaches fungieren als Berater der Person und unterstützen diese in ihren Aufgabenstellungen.

Coaching als gezielte Maßnahme der Organisationsentwicklung dient zum Erlangen der Orientierungsfähigkeit, zur Entwicklung von Rollenklarheit und zur Reflexion von Interventionen und Vorhaben. Führungskräfte, Projektleiter aber auch interne (und externe) Berater können durch Coachings Handlungsfähigkeit gewinnen und damit die Qualität ihrer Arbeit in Veränderungsprozessen entscheidend verbessern (siehe auch Scala; Grossmann 2002).

6 Ebenen der Intervention in der Organisationsentwicklung

Praxisbeispiel: Ein neuer ärztlicher Leiter übernimmt die Leitung einer Gruppe von Reha-Kliniken mit vier Standorten.

In einer österreichischen Unternehmensgruppe, die vier Reha-Kliniken betreibt, wurde ein neuer Leiter bestellt. Der Vorgänger, der diese Gruppe seit der Gründung mehr als 20 Jahre lange geführt hatte, ist in den Ruhestand getreten. Ein halbes Jahr nach der Bestellung in diese Funktion wurde dem neuen Leiter deutlich, wie sehr die Kultur vom Gründungs-Leiter bestimmt ist und wie schwer es ihm fällt, seine Ideen von Führung, Mitbestimmung und Verantwortungsteilung zu realisieren, obwohl ihn die Eigentümer damit beauftragt haben und auch der Vorgänger seine Bestellung unterstützte. In dieser Phase wendet er sich an einen Berater, um zu reflektieren, wie er seine Ideen mit mehr Wirkung in die Organisation einbringen könne.

Zunächst fanden drei Beratungsgespräche in Einzelsitzungen statt. In diesen wurden mit dem ärztlichen Leiter die Umstände der Neubesetzung und seine Beziehung zum Vorgänger reflektiert, den er immer noch gelegentlich im Privaten trifft. In diesen Gesprächen wird deutlich, dass der neue Leiter andere Vorstellungen eines Managements von Krankenhäusern hat und eine andere Führungskultur anstrebt als sein Vorgänger, den er aber wegen seiner Verdienste für das Haus durchaus schätzen kann. Im traditionellen Führungsmodell gab es keine gemeinsamen Leitungssitzungen. Meetings der Klinikleitungen fanden nur statt, wenn es etwas „Dringendes" zu besprechen oder vielmehr zu verkünden gab. Jeder Klinikleiter kümmerte sich ausschließlich um seinen Verantwortungsbereich, Abstimmungsprozesse zwischen der Klinikleitung und den Bereichen fanden nur in Einzelgesprächen statt. Es gab keine gemeinsamen Besprechungen im Hinblick auf die Zukunft und auf Schwerpunktsetzungen, und auch die Budgets wurden sternförmig zugeteilt.

Der neue Leiter möchte mehr Verantwortung mit den Klinikleitungen und den Primarärzten und leitenden Pflegepersonen in den Kliniken teilen, ihr Wissen besser für fachliche und organisatorische Innovationen nutzen und Schwerpunktsetzungen differenziert mit dem Leitungskreis besprechen und entscheiden. Am Ende der drei Beratungsgespräche mit dem Direktor wurde ein Prozess für die weiteren Schritte in der Organisationsentwicklung definiert, in die auch der Berater miteingebunden war. Bevor damit begonnen wurde, diese Schritte umzusetzen, informierte der neue ärztliche Leiter seinen Vorgänger in einem privaten Gespräch darüber, der diese Ideen interessant fand, aber kritisch anmerkte, dass er darauf achten sollte, dass „der Schwanz nicht mit dem Hund wedelt". Dieses Gespräch stärkte den neuen Leiter in seinem Vorgehen, er sah es als Bestätigung seines Konzeptes.

Als erster Schritt wurde, unterstützt vom Qualitätsmanagement und in gemeinsamer Arbeit des neuen Leiters mit zwei Primarärzten und einer Leiterin des Pflegedienstes, ein Arbeitspapier entworfen, das die fachlichen Grundsätze der Arbeit in der gesamten Organisation, Grundsätze zum Thema Führung und eine umfassende Schwerpunktsetzung Richtung Patientenorientierung enthielt. Dieses Statement wurde in der Folge in zwei Klausuren und in mehreren Subteam-Meetings, dazwischen mit dem gesamten Leitungsteam (fünfzehn Primarärzte und Pflegedienstleitungen), weiterbearbeitet und schließlich als Leitbild verabschiedet. Es liefert u.a. die Grundlagen dafür, dass die Primarärzte der Kliniken in Zukunft nicht nur Führungskräfte ihrer Organisation sind, sondern sich jeder um einen Aufgabenbereich kümmert, der die ganze Gruppe betrifft (zum Beispiel Außendarstellung, Qualität, Innovation, Forschungskooperation).

Das Statement führte weiter zu Organisationsentwicklungsprozessen in den Reha-Kliniken selbst, in erster Linie in Richtung einer Stärkung des Qualitätsmanagements unter Einbeziehung von Patientenerfahrungen und einer darauf basierenden strategischeren Ausrichtung der Fortbildung im gesamten Team.

Wenn Coachings im Rahmen von oder begleitend zu Organisationsentwicklungsprozessen stattfinden, ist besonderes Augenmerk auf eine gute Abstimmung zwischen Coaching und Organisationsentwicklung zu achten, denn es besteht das Risiko sich auseinander entwickelnder Parallelprozesse, insbesondere wenn die Berater oder Coaches unabgestimmt eingesetzt werden oder mit unterschiedlichen professionellen Selbstverständnisses tätig sind.

Da organisationale Veränderungsprozesse – wenn sie einen gewissen Tiefgang bekommen – zwangsläufig mit Unsicherheiten und Irritationen einhergehen, sollten diese im Prozess selbst thematisiert und wenn möglich aufgearbeitet werden. Eigene Unsicherheiten bei jenen, die Prozesse steuern und voranbringen wollen, sind nicht unbedingt Hinweis auf persönliche Lernfelder, sondern Symptome tiefgreifender Veränderungen des Systems selbst. Die Person steht dann als Instrument für den Wandel im Sinne des Konzeptes „the self als instrument" (Cheung-Judge 2001; S. 11). Die erlebten Unsicherheiten, Emotionen und Irritationen sind eine wichtige Grundlage zur Diagnostik und weisen auf kritische Punkte im Prozess der Organisationsentwicklung hin.

Es gibt verschiedene Möglichkeiten, Coachings und Organisationsentwicklung gut aufeinander abzustimmen und das Risiko von Parallelprozessen, die möglicherweise in unterschiedliche Richtungen wirken zu verringern:

- Orientierungsgespräche zwischen den Verantwortlichen im Prozess mit den Coaches und der Person, die ein Coaching in Anspruch nimmt; in diesen können Erwartungen und Erfolgskriterien für ein Coaching einfließen und dessen Entwicklung reflektiert werden.
- Coaching-Elemente in den Prozess der Organisationsentwicklung selbst integrieren: So können etwa in Meetings zwischen Berater in der Organisationsentwicklung und Verantwortlichen die personenbezogenen Implikationen für die anstehenden Veränderungen reflektiert werden.
- Gruppensupervisionen von Führungskräften, Projektleitern oder internen Beratern, in denen mit Beratern an Problemstellungen unterschiedlicher Projekte gearbeitet und gemeinsam gelernt wird.

Die Integration der Entwicklung von Organisationsstrukturen und -prozessen mit dem Lernen von Personen erhöht die Wirksamkeit der Organisationsentwicklung. Für die Gestaltung von Lernprozessen lassen sich im Prinzip drei Dimensionen unterscheiden:

1. Erstens birgt der Prozess der Organisationsentwicklung selbst eine Reihe von Lernmöglichkeiten und Lernchancen. Die Sicherung des Lernertrages kann durch begleitende schriftliche Reflexionen in Form eines „Lerntagebuches" oder durch lernorientierte Evaluationssettings (Zepke 2005) gefördert werden. Die Stärke solcher mitlaufender Lernprozesse liegt in der Absicherung erreichter Veränderungen, aber auch in einer reflektierten Weiterentwicklung des gesamten Systems im Sinne der systemischen Schleife (s. Abb. 2 Kap. I.8.4.3).
2. Eine zweite Möglichkeit Lernprozesse zu gestalten liegt in der Befähigung für den Prozess der Organisationsentwicklung durch die Teilnahme an entsprechenden Fortbildungsprogrammen für Führungskräfte, Experten und Projektleiter in Veränderungsprozessen. Auf diese Weise kann das Lernen von Personen und die Veränderungsfähigkeit der Organisation kombiniert werden –

wenn es gelingt diese Kompetenzen in konkrete Projektarbeit einfließen zu lassen und die Fortbildung mit der Organisationsrealität zu verknüpfen (vgl. Grossmann; Scala; Maier 2012; Garbsch; Grossmann; Scala 2013; Wagner 1999).

3. Eine dritte davon zu unterscheidende Lernstrategie bezieht sich auf die Entwicklung von fachlichen und/oder organisatorischen Kompetenzen, die durch die angestrebten Veränderungen des Organisationsentwicklungsprozesses sichtbar werden. Neue Aufgaben und Rollen erfordern neue Kompetenzen und Selbstverständnisse, die in der gegenwärtigen Situation (noch) nicht vorhanden sind. Entsprechende Qualifizierungsmaßnahmen durch Schulungen oder „on the Job" Aktivitäten können die Lücken zwischen den zukünftigen Anforderungen und den gegenwärtigen Fähigkeiten schließen. Die Herausforderung in der Bestimmung dieser Lücke liegt darin, ein sehr praktisches Bild über das zukünftige Aufgabenfeld zu entwerfen und zu sehen, welche Leistungen zu erbringen sein werden, aber auch welche Haltungen erforderlich sind, um die neuen Rollen wahrzunehmen. Eine auf diese Weise vorausschauende Qualifizierungsstrategie braucht eine enge Abstimmung zwischen der Linienarbeit und der Personalentwicklung.

Ein anderer Ansatz zur Integration organisatorischer Anforderungen mit dem Handeln von Personen besteht in der Gestaltung oder Veränderung der beruflichen Rolle selbst. Ein interessantes Modell für den Versuch, die Lücke zwischen neuen zukünftigen Anforderungen und den aktuellen Aufgaben zu schließen, wird mit dem Konzept des Job Designs vorgeschlagen. In Job Designs werden Aufgaben und Verantwortlichkeiten im Kontext der Organisationseinheit integriert betrachtet, wobei davon ausgegangen wird, dass diese immer ein Stück flexibel und dynamisch bleiben. Das unterscheidet die Vorgangsweise vom Konzept der Stellenbeschreibung, das stärker an längerfristigen, routinemäßigen Festlegungen orientiert ist. Die Arbeit an den Job Designs für die neuen Aufgaben sollte ein Bestandteil der Organisationsentwicklungsarbeit selbst sein und in den betroffenen Teams – am besten mit den Personen, die diese Aufgaben später dann auch wahrnehmen sollten – durchgeführt werden. Nach der Implementierung empfiehlt sich eine laufende Reflexion und Weiterentwicklung der neuen oder adaptierten Job Designs um diese laufend an die konkreten Anforderungen anzupassen und einen bestmöglichen „fit" zwischen der Person und der Organisation herzustellen. In der Praxis zeigt sich, dass diese Reflexionen brauchbare Hinweise für weitere Organisationsentwicklungsmaßnahmen liefern können.

6.3 Die Beziehung der Führungskraft und Mitarbeiter in der Organisationsentwicklung: Führungsarbeit, Feedbacks und Umgang mit kritischen Situationen

In der Beziehung zwischen Führungskräften unterschiedlicher Ebenen oder zwischen Führung und Mitarbeitern haben Führungskräfte eine wichtige Implementierungsfunktion wahrzunehmen. Dabei geht es zum einen um die Definition oder Übertragung neuer Aufgaben, um darauf bezogene Zielgespräche und um mitarbeiterbezogene Entwicklungsmaßnahmen. Es geht aber auch um die konstruktive Bearbeitung von Interessenskonflikten, Schwierigkeiten oder kritischen Feedbacks, was von den involvierten Führungskräften einiges abverlangt.

In ihren langjährigen Arbeiten zu Innovation, Kreativität und Commitment in Organisationen haben Theresa Amabile und Steven Kramer (2011) sechs Faktoren in der Gestaltung der Beziehung und Kommunikation zwischen Führungskräften und Mitarbeitern zusammengefasst, die zu einer erhöhten Leistungsfähigkeit und Motivation auch in schwierigen Situationen führen. Diese Faktoren liefern brauchbare Hinweise für die Gestaltung der Führungsbeziehung in Veränderungsprozessen:

- **Zielorientierung**: Ziele vorgeben und ein Verständnis dafür erarbeiten, was das für den jeweiligen Verantwortungsbereich bedeutet, mit den Betroffenen besprechen und vereinbaren.
- **Fortschritte**: Regelmäßige Kontrolle von Fortschritten und Rückschritten, auswerten der Hindernisse und Feedbackschleifen zu den Zielen; kritisches Feedback bei Fortschrittslücken, Unterstützung bei der Bearbeitung von Hindernissen.
- **Handlungsspielraum**: Verantwortungsbereiche und damit verbundene Entscheidungsbefugnisse übertragen, aber auch Unterstützung geben bei der Wahrnehmung dieser Verantwortungen; Verantwortungsübernahme aber auch einfordern und Ergebnisse kritisch reflektieren.
- **Offenheit für Ideen**: Ideen der Mitarbeiter aufgreifen, Schaffung eines ideenfreundlichen Kommunikationsklimas in Besprechungen.
- **Würdigung**: Explizite Würdigung von Leistungen einzelner konkreter Personen bei der Erreichung von Zielen und bei Erfolgen in der Innovations- bzw. Veränderungsarbeit.
- **Befähigung**: Explizite Betonung, dass Lernen für Veränderungen wichtig ist, Investition in Lernprozesse on-the-Job oder in zusätzlichen Programmen.

Unter den spezifischen Bedingungen der Führungsarbeit im Krankenhaus (vgl. Grossmann; Greulich 2013 in diesem Band) verlangt die Mitarbeiterorientierung in der Veränderungsarbeit besondere Aufmerksamkeit und eine explizite Allokation von Ressourcen, denn es ist ja nicht damit getan, Wünsche und Vorstellungen zu artikulieren, sondern diese auch in konkrete Handlungen umzuformen. Die Gestaltung der Beziehung zwischen den einzelnen Mitarbeitern und der Führungskraft ist Träger der Veränderung im Kleinen.

6.4 Gruppen und Teams als Zielgruppen von und Medien für organisationale Veränderung

Im Kontext der Organisation betrachtet, stellen Gruppen als soziale Systeme einen Mikrokosmos dar, in dem sich verschiedene Aspekte der Organisation zeigen. Gruppen und Teams sind daher für die Organisationsentwicklung von zweifacher Bedeutung: als Adressat und Zielgruppe von Veränderung, aber auch als Interventionsform selbst. Beide Aspekte werden im Folgenden beleuchtet.

6.4.1 In die Arbeitsfähigkeit und Entwicklung von Teams investieren

Umfangreichere Organisationsentwicklungsansätze haben Konsequenzen für bestehende Arbeitsteams. Aufgaben sind neu zu ordnen, neue Rollen sind zu implementieren oder Mitarbeiter zu integrieren. Eventuell bedarf es eines grundlegenden

Neuverständnisses der Ausrichtung und der Ziele des Teams. Die Einbettung dieser Veränderungen in die Organisation braucht Teamarbeit „an vorderster Front", in denen die Leiter dieser Einheiten gefordert sind, die Organisationsentwicklung im eigenen Arbeitsbereich zu konkretisieren. Das Management in den Leistungsprozessen ist für die Entwicklung der Organisation von großer Bedeutung, und an ihnen entscheidet sich oft, ob Veränderungen Konzept bleiben oder Realität werden.

Für eine nachhaltige Implementierung organisationaler Veränderungen ist daher die Organisationsentwicklung auf der Arbeitsebene, in den Teams, in denen die Leistungsprozesse realisiert werden, von großer Bedeutung. In diesem Zusammenhang kommt den Linienvorgesetzten besondere Bedeutung zu. Sie haben die Aufgabe, die konkrete Veränderungsarbeit bei laufendem Betrieb in ihren Organisationseinheiten durchzuführen. Voraussetzung ist eine Investition in die Entwicklung von Teams.

Was brauchen die Teams für die Entwicklung und Sicherung der Arbeitsfähigkeit?

- **Zeit und Gelegenheit, ihre Kooperationsbeziehungen aufzubauen:** In einem Betrieb, in dem der Zeitdruck regelmäßiger Bestandteil der Alltagsarbeit ist, wird systematische Teamentwicklung nur stattfinden, wenn die entsprechenden Sitzungen langfristig, regelmäßig und mit entsprechendem Nachdruck seitens der Leitungen eingeplant und durchgeführt werden (vgl. Grossmann, Greulich 2013 in diesem Band). Berater erleben oft, dass es im Krankenhaus zunächst hoffnungslos erscheint, einen Termin für eine gemeinsame Teamarbeit zu finden, zum Beispiel für eine Supervisions- und Beratungssitzung. Aber wenn das Anliegen mit entsprechender Hartnäckigkeit und einem attraktiven Konzept verfolgt wird, so hat noch jedes Team seinen Termin gefunden. Das ist eine Frage der Wertigkeit, und die muss zu allererst von den Leitungskräften entsprechend verankert werden.
- **Ein Wechsel der Kommunikationsebenen und der Sprache:** Die Entwicklung von und die Arbeit mit Gruppen macht es notwendig, unterschiedliche Kommunikationsebenen zu beachten und benutzen zu können und den Zeitrhythmus umstellen zu können:
    - Gespräche, in denen die Kommunikation sehr zielgerichtet auf die Bearbeitung der sachlichen Aufgabe ausgerichtet ist, und Situationen, in denen man sich Zeit nimmt, gemeinsam über die Arbeit zu reflektieren: „Was ist gut gelaufen, was weniger, womit sind wir zufrieden, womit nicht, wo müssen wir Veränderungen ansetzen, wie haben sich die Kooperationsbeziehungen entwickelt etc.?"
    - Zwischen Sach- und Beziehungsebene, Rationalität und Emotionalität. Die Beziehungen werden in der Krankenhausarbeit, vor allem auch durch die ständige Konfrontation mit Leiden und Tod und die damit notwendigerweise verbundene Erfahrung des Scheiterns und der Verzweiflung (leider meist verdrängt und nicht besprochen), aber auch durch die Komplexität der Tätigkeit sehr belastet. Ein Wechsel von der rational fachlich dominierten Kommunikation auf die Ebene der Beziehungen und der Gefühle unterstützt die Entwicklung der Beziehungen und der Teams, also zum Beispiel Kooperationsprobleme rechtzeitig anzusprechen, aber auch gute Erfahrungen in der Zusammenarbeit festzuhalten.
    - Zwischen Hierarchie oder besser leitungsorientierter autoritativer Kommunikation und offeneren, inhaltlich gleichrangigeren Gesprächsformen, wie sie für eine Teamarbeit auch notwendig sind; wenn zum Beispiel alle Ideen

und Erfahrungen für die Bearbeitung des Problems genutzt werden sollen oder wenn die Gruppe über sich selbst spricht. Dieser notwendige Wechsel ist in der Organisation Krankenhaus besonders prekär. Die medizinische Arbeit braucht in vielen Fällen rasche Entscheidungen und direktive Leitungsarbeit, eben während einer Operation oder bei medizinischen Entscheidungen im Notfall. Aber sie braucht sowohl im Interesse der fachlichen Qualität als auch der Arbeitszufriedenheit auch eine gruppenorientierte Kommunikation. Dieser Wechsel stellt an die Personen mit leitenden Funktionen spezielle Anforderungen. Die Erwartungen und Verhaltensweisen der anderen Mitarbeiter richten sich auch rasch an den autoritativen Situationen aus. Die Hierarchieerfahrung in der medizinischen Arbeit und auf Seite der Pflegekräfte ist sehr verhaltensprägend. Man gewöhnt sich schnell daran, Anweisungen widerspruchslos geben zu können oder daran, dass man offiziell ohnehin nicht gefragt ist und daher besser den Mund hält.

- **Eine Stärkung der formellen Kommunikation:** Im Krankenhaus wird besonders viel informell besprochen. Auch persönliche Beziehungen oder Fachfragen, die das ganze Team betreffen, werden in Einzelgesprächen oft engagiert aber im unverbindlichen Rahmen der „Teeküche" oder „ad hoc" beredet. Das ist dann nicht ausreichend, wenn es sich um Angelegenheiten handelt, die für die gesamte Gruppe bedeutsam sind. Das Team als soziales System entwickelt sich, so wie größere Systeme auch, über ihre formelle Kommunikation. Nur das, was in die formell anerkannte Arbeitskommunikation Eingang findet, erfährt Anerkennung und Verbindlichkeit für die weitere Arbeit. Es gilt daher, diese Unterscheidung bewusst zu machen und die formelle Kommunikation aufzuwerten, zum Beispiel in Teambesprechungen.

- **Eine funktionale Entscheidung, was in welcher Zusammensetzung am besten zu besprechen ist:** Die Krankenhausarbeit braucht in besonderer Weise eine effiziente Besprechungskultur. Damit ist die Entscheidung, was sinnvoll in einer Gruppe und was besser in Einzelgesprächen zu klären ist, gemeint. Aber auch eine Entscheidung über die Frage, wie die Zusammensetzung des Teams zu wählen ist. Auf medizinischer Seite gibt es in der Abteilungs- oder Institutsebene und vielfach nicht einmal in der Leitung der Gesamtorganisation, Fachkräfte, die ausschließlich mit Leitungsaufgaben befasst sind. Auch für die Mitarbeiter ohne Leitungsfunktion sind zu häufige und ineffiziente Sitzungen mehr Be- als Entlastung. Teamarbeit kann daran scheitern, dass entweder zu viel oder zu wenig besprochen wird. Viele Entscheidungen im Alltag der medizinischen Arbeit sind sinnvollerweise Einzelentscheidungen oder es sind Maßnahmen, die von den Leitungskräften zu veranlassen und zu verantworten sind. Viele auftauchende Probleme oder Absprachen sind tatsächlich in raschen Einzel- oder Untergruppengesprächen sinnvoller zu regeln. Andere Fragen gehören ins Team: Die regelmäßige Auswertung der Arbeit zum Beispiel oder Informationen und Auseinandersetzungen über das grundlegende Behandlungskonzept oder Planungen, die die gesamte Einheit betreffen, Konflikte, die das gesamte Team betreffen etc. – Aber wer ist das Team? Die Grenzen sind sorgfältig, aber nicht leicht zu bestimmen. Eine Abteilung mit 70 Pflegekräften und 15 Ärzten kann nur ganz selten und dann mehr aus emotional-symbolischen Gründen oder zur Vermittlung spezieller Informationen als Abteilungsversammlung tagen, aber nicht in dieser Konstellation arbeiten. Oft ist ein Stationsteam als solches schon zu groß. Aber da meist nicht alle Beschäftigen anwesend sein können, ist die Station in den meisten Häusern eine geeignete soziale Einheit. Aber auch hier können nicht alle team-relevanten Punkte in der Gesamtgruppe erarbeitet werden, im Rahmen einer Zeitgestaltung, die zu den Anforderungen der Arbeitssituation passt. Die Vorbereitung durch ein Leitungsteam oder problembezogene Untergruppen ist hier das Instrument der Wahl. Diese Grenzziehung und eine entsprechende Einladungspolitik ist eine wichtige Funktion der Leitungskräfte.

Praxisbeispiel: Besprechungskultur –
Einführung interprofessioneller Besprechungen in Krankenhausteams

In der Krankenanstalt Rudolfstiftung der Stadt Wien wurden im Rahmen eines Modellprojektes zu „Gesundheit am Arbeitsplatz" berufsgruppenübergreifende Teambesprechungen auf einzelnen Pilotstationen eingeführt. Das Projekt hatte zum Ziel, die aufgabenbezogenen Kommunikation zwischen den Berufsgruppen zu verbessern und die Kompetenzen der Mitarbeiter effektiver zu nutzen (Qualitätssicherung) aber auch durch gezielte Information und Mitsprache bei konkreten Themen einen Beitrag zum psychischen Wohlbefinden am Arbeitsplatz zu leisten (Gesundheitsförderung).

Im Rahmen einer Ausschreibung meldeten sich fünf Einheiten zur Teilnahme an diesem Programm, von denen zwei Stationen (Chirurgie, Intensivstation) und ein Institut (Physikalische Medizin) anhand der Ausschreibungskriterien vom Leitungsgremium (Projektausschuss) für den Pilotversuch ausgewählt wurden.

Die externe Unterstützung der Teams an den Stationen bzw. Instituten sah vor:
- ein Kick-off-Meeting mit dem Projektausschuss, den Mitarbeitern aller teilnehmenden Einheiten und den Beratern um die offenen Fragen für die Durchführung des Modells durchzudiskutieren und die Beauftragung formell zu bekräftigen;
- ein Vorbereitungstreffen der von den teilnehmenden Einheiten beauftragten Leitungskräfte für die Stationsbesprechungen mit den Beratern;
- eine zweitägige Einschulung von Oberärzten, Stationsschwestern und deren Vertretungen; Entwicklung einer Diagnose der Besprechungssituation auf der Station bzw. am Institut, Konzeptualisierung eines passenden Modells der Stationsbesprechung: a) *inhaltlich:* Kriterien für die Themenauswahl, erste Themen; b) *Rahmenbedingungen:* Häufigkeit, Dauer, Raum; c) *Moderation:* Rolle der Moderatoren, Arbeitsteilung im Moderationsteam, Zieldefinition der Sitzung, Erstellung der Tagesordnung, Aufbereitung der Themen, Dokumentation (zum Beispiel Flip), Protokoll;
- eine begleitende gemeinsame Supervision der beauftragten Leitungsteams in 14-tägigen dreistündigen Sitzungen, alternierend zu den berufsübergreifenden Besprechungen in denen auftretende Probleme reflektiert und Lösungsschritte erarbeitet wurden;
- nach einem halben Jahr: Reflexion der gewonnen Erfahrungen und der Veränderungen im Arbeitsalltag.

Aufgrund des Erfolges der ersten Durchführung meldeten sich immer wieder neue Stationen für eine Teilnahme an diesem Programm an, weshalb in weiterer Folge zwei weitere Stationen dieses Programm durchliefen. Die Ergebnisse zeigten, dass die Einführungen in vier von insgesamt fünf Einheiten erfolgreich waren. Die neuen Stationsbesprechungen wurden von den Teams gut aufgenommen und führten nach Angaben von über 60% der Belegschaft der beteiligten Einheiten zu Verbesserungen in der Kooperation zwischen den Berufsgruppen, in der Besprechungskultur und dem Stationsklima an den Stationen und Einheiten und zur Verbesserung der zeitlichen Abstimmung von Arbeitsabläufen im Stationsalltag. Über 90% der Befragten empfehlen auch anderen Einheiten, dieses Programm zu implementieren. Die Hauptschwierigkeiten lagen in der Termingestaltung. Die bestehenden Diensteinteilungen bringen es mit sich, dass die Sitzungen für einen Teil der Mitarbeiter stets außerhalb ihrer Arbeitszeiten stattfinden. Zudem wirkt sich die Abrufbereitschaft für Dienste am Patienten auf das Besprechungsklima störend aus. Die Ergebnisse zeigten, dass es kein Standardmodell geben kann, das für alle Einheiten im Krankenhaus passt. Die Integration berufsgruppenübergreifender Besprechungen in den Arbeitsalltag des Krankenhauses braucht maßgeschneiderte Lösungen und kann nur gelingen, wenn die beteiligten Einheiten die Besprechungen entsprechend ihrer Aufgaben und Strukturen in organisatorischer, inhaltlicher und didaktischer Sicht selbst gestalten.

(Basierend auf: Grossmann 1996, 189ff.; WHO-Modellprojekt „Gesundheit und Krankenhaus" 1995)

Ein anderer Ansatz, die Leistungsfähigkeit von Teams zu stärken, liegt in der Durchführung von Workshops und Klausuren, die außerhalb des Regelbetriebs stattfinden, also eine Aus-Zeit vom Krankenhausalltag darstellen. Solche Workshops dienen nicht nur der Bearbeitung von anstehenden Fragen, sondern stellen auch Investitionen in die Teamentwicklung dar. In einer oder mehreren Klausuren werden dabei Fragen zur Standortbestimmung, zu Veränderungen und zur Reflexion laufender Prozesse oder Veränderungen bearbeitet. Teamentwicklungen bieten aber auch die Möglichkeit zur Klärung von Erwartungen und Verantwortlichkeiten, zur Besprechung von speziellen Problemen und Konflikten (s. Tab. 4). Im Krankenhaus ermöglichen Teamklausuren

Tab. 4   Themen und Fragestellungen in einer Teamentwicklung

1. Unsere Aufgabe	Was sind unsere Aufgaben, was leisten wir für andere?
	Was sind unsere Ziele?
	Was sind die Erfolgskriterien und deren Indikatoren?
2. Unsere Arbeitsprozesse	Nach welchen Standards wollen wir arbeiten?
	Wie wollen wir diese verankern?
	Wie gelingt es uns, diese weiterzuentwickeln?
	Wo gibt es Schwierigkeiten im Alltag, wo „hängen" wir?
3. Das Verhältnis von Person und Gruppe	Was erwarten wir voneinander – im Kern der Arbeit, aber auch allgemein?
	Wo brauchen wir Gemeinsamkeiten?
	Wo können wir Unterschiede gut gebrauchen?
4. Führung	Was verstehen wir unter Leitung?
	Welche Leitungsfunktionen brauchen wir?
	Wie sollen Leitungsaufgaben im Team verteilt werden?
	Wie sollen Leitungsaufgaben und Aufgaben in der Kernleistung integriert werden?
5. Verhältnis zu anderen Teams, Organisationseinheiten	Wer sind unsere „Kunden"?
	Was sagen die über uns?
	Was sind die Anforderungen anderer externer Partner in der Leistungserbringung?
	Wie können wir uns organisieren, dass wir besser kooperieren können?

die Bearbeitung von neuen Schwerpunktsetzungen, anstehender strukturelle Veränderungen, oder die Implementierung einer neuer Leitung. Die Herausforderung in diesem Setting liegt darin, passende Aus-Zeiten von mindestens einem Tag zu organisieren, um die anstehenden Fragen in Klausuren auch wirklich in der erforderlichen Tiefe mit der passenden Beteiligung der Betroffenen bearbeiten zu können.

6.4.2 Gruppen für die Veränderungsarbeit nutzen

Auf einer anderen Ebene der Betrachtung stellt Gruppen- und Teamarbeit ein zentrales Interventions-Medium in der Organisationsentwicklung dar. Dabei sind die Teams nicht die Zielgruppe der Veränderung, sondern sie fungieren als soziale Träger des Entwicklungsprozesses. Die Arbeit in Gruppen bietet einige Vorteile für die Organisationsentwicklungsarbeit (Königswieser; Exner 1998, S. 149–157). Erstens steht die Person im Zentrum, es kann ein persönlichen Verständnis der jeweiligen Inhalte erarbeitet werden und dieses kann dann in der Gruppe verdichtet und reflektiert werden. Persönliche Dinge (Emotionen, Anliegen, spezielle Situationen) haben mehr Platz und es ist relativ rasch so etwas wie ein Heimatgefühl herstellbar. Damit verbunden kommt es rasch zu einer kreativitätsfördernden Intimität, die die Angst reduziert und mehr Offenheit ermöglicht. Wenn es gelingt, diese Gruppenvorteile in der Organisationsarbeit zu realisieren und eine produktive Arbeitskultur herzustellen, dann können in Gruppen auch Widersprüche bearbeitet und Konflikte ausgetragen werden, die als soziales Beigemenge der Organisationsarbeit oftmals unvermeidlich sind.

Die Anwendung von Gruppenprinzipien in der Steuerung von Prozessen, aber auch in Projektteams, Teams im Qualitätsmanagement, Arbeitsgruppen, Fokusgruppen, Feedbackgruppen, Kleingruppen in Workshops etc. erfordert Interventionsmethoden, die bewusst auf die Erfordernisse der Gruppe als Sozialkörper abstellen. Interdisziplinäre Arbeit in Projekt- und Arbeitsgruppen ist heute aus dem Klinikalltag nicht mehr wegzudenken. Viele Sitzungen und Besprechungen werden jedoch weder ausreichend vorbereitet noch professionell moderiert und oft auch zu wenig strukturiert. Moderation und Projektmanagement sind Arbeitstechniken, die heute in jeder Branche und Hierarchieebene benötigt werden. Jede Führungskraft und jeder Gruppenleiter sollte ein Minimum davon beherrschen.

Für die Interventionsgestaltung in der Arbeit mit Gruppen empfiehlt es sich dabei auf folgende Aspekte zu achten:

- **Die Grenzen der Gruppe klären**: Wer gehört dazu, wer nicht? Wie gehen wir mit Abwesenheiten um?
- **Autonomie und Abhängigkeit**: Wie ist unser Verhältnis zur Außenwelt: zu Auftraggebern, anderen Gruppen, den Zielgruppen der Veränderung, Interessierten und solchen, die in speziellen Rollen gebraucht werden? Wer braucht welche Ergebnisse von uns?
- Respekt vor dem Individuum und gleichzeitig alle Teilnehmer gleichermaßen im Blick haben, Raum für persönliches Ankommen, zum Beispiel mittels sogenannter Check-In Runden zu Beginn; Blitzlichter zur Situationsbeobachtung oder zum Abschluss von Meetings.
- **Den Gruppenprozess im Auge behalten**: Differenzen wahrnehmen und ansprechen, die Gruppe als gesamten Sozialkörper betrachten.

- **Moderationstechnik:** Alle Aufgaben im Blick haben, Zeitmanagement der Sitzung, Verschriftlichung der Ergebnisse.
- **Arbeitsformen differenzieren:** Was ist jeweils ein Informationspunkt, wie geht man mit Problemanalysen um? Welche Methoden eignen sich zum Entwerfen neuer Aspekte? Welche Moderationstechniken helfen sin in kritischen Situationen oder bei der Bearbeitung von Konflikte nützlich?

In der Praxis der Organisationsentwicklung im Krankenhaus beobachten wir immer wieder, dass zwar vielfach auf Gruppenarbeit abgestellt wird, dass aber viele Sitzungen und Besprechungen weder ausreichend vorbereitet noch professionell moderiert und oft auch zu wenig strukturiert werden. Führungskräfte und Projektleiter sollten daher über ein Set an Arbeitstechniken zur Workshopgestaltung und Moderation verfügen (Lipp; Will 2008; für die Moderationsarbeit im Krankenhaus: Haeske-Seeberg 2010).

6.5 Die Organisation als Adressat der Intervention – die Großgruppe als Interventionsform in der Organisationsentwicklung

Die Adressierung der Gesamtorganisation als Interventionsebene kann durch ein differenziertes System an Interventionen erreicht werden, die miteinander in guter Abstimmung wirksam werden. Dafür eignen sich Arbeitsstrukturen und Vorgangsweisen wie sie der Ansatz des Projektmanagements bereithält, auf den in Kapitel I.8 detailliert eingegangen wird.

Wir wollen an dieser Stelle primär auf den Ansatz der Großgruppenarbeit aufmerksam machen, der in den letzten Jahren auch in Krankenhäusern an Bedeutung gewinnt. Wir schildern zunächst ein einschlägiges Projekt und leiten daraus Gestaltungsmerkmale für Interventionssettings der Großgruppe ab.

> **Praxisbeispiel: Die Großgruppe als Intervention im Rahmen eines Strategieprozesses am Landeskrankenhaus Universitätsklinikum Graz**
>
> Im Universitätsklinikum Graz, das gleichzeitig ein Landeskrankenhaus ist, findet ein Strategieprozess statt mit dem Ziel, die Patientenversorgung neu auszurichten. Ziel des Projektes war es, möglichst alle Leitungspersonen der primären Leistungsbereiche (Medizin, Pflege und therapeutische Dienste) in den Prozess der Entwicklung entsprechender Ziele einzubinden. In einer ersten Phase wurden Visionsworkshops (mit der Klinikleitung), Meetings mit dem Think-Tank (weitere Klinikleiter und interne Experten aus dem Klinikum und aus der Gesundheitsverwaltung) und eine schriftliche Befragung aller Führungskräfte im Klinikum durchgeführt. Aus diesen Daten wurden von einer Projektgruppe sechs priorisierte Themenfelder ausgearbeitet:
> - **Vernetzung prästationär:** Filterfunktion Gruppenpraxis (Ärztehaus-Modell)
> - **Vernetzung poststationär:** Kooperation mit nachbetreuende Einrichtungen, Disease Management, Telemedizin
> - **Marketing:** Leitidee, PR-Abteilung
> - **Privatpatienten:** Sanatorium, Tagesklinik, Patientenhotel, Servicestelle überregionale Patienten
> - **Strukturentwicklung:** Organisatorische Zentren, Organisation Basisversorgung (vs. Spitzenmedizin), Klinische Pfade (Standardisierung)
> - **Spitzenmedizin:** Schwerpunktentwicklung, Interdisziplinäre Kompetenzzentren, Vernetzung zu Forschung & Lehre

Nachdem für diese Themenfelder jeweils strategische Konzepte ausgearbeitet wurden, sollten alle Führungskräfte des Klinikums, insgesamt etwa 110 Personen, in einer Großgruppenveranstaltung vom Stand der Arbeiten informiert werden, und es sollte Gelegenheit zu Reflexion und Feedback ermöglicht werden. Die Durchführung einer eintägigen Großgruppenveranstaltung war ein Novum an dieser Klinik. Die Klinikleitung und das Projektteam befürchteten, dass die Entwürfe kritisiert und durch unglückliche Dynamiken in Plenardiskussionen „gekillt" würden. Andererseits erschien ihnen die Durchführung einer Großgruppe zu diesem Zeitpunkt auch eine gute Gelegenheit, die angestrebte Beteiligung aller nicht nur am Ende des Prozesses, sondern bereits in der Phase der Entwicklung der Strategie zu realisieren.

In mehreren Sitzungen mit der Klinikleitung, dem Projektteam und dem Team der Fachberater für die Strategie wurde unter externer Beratung ein Design entwickelt, in dem das Potenzial der Großgruppe „Whole System in the Room" für eine fachliche Diskussion der strategischen Inhalte genutzt wurde. Es galt eine Arbeitsform zu finden, die es ermöglichte, Veränderungen vorauszudenken, die erhebliche Konsequenzen für die Beteiligten haben würden. Es sollte eine Kommunikationskultur und ein Klima der „Sicherheit" geschaffen werden, die es möglich machen, auch heikle Themen anzusprechen. Das Design der Großgruppe ist ausführlich in Tabelle 5 dargestellt. Es zeigt beispielhaft, welche Entscheidungen und Festlegungen im Planungsprozess vorab getroffen werden müssen und auf welche Aspekte bei der Kombination von inhaltlichen Themen und Aufarbeitungsprozessen in geeigneten Kommunikationsformen zu achten ist.

Das Projekt wurde beraten von Heinz Ebner, Johannes Hohenauer; Großgruppenmoderation von Dagmar Untermarzoner

Tab. 5   Die Strategie-Klausur: Neupositionierung und Neuorganisation der Krankenversorgung im LKH-Universitätsklinikum, Design der Großgruppenklausur, 9.00–17.00

Inhalte/Ziele	Wer?	Zeit
1. **Begrüßung und motivierender Einstieg (Projektleitung)** *Ziel:* Bewusstsein schaffen, wofür das Projekt und die Veranstaltung gut sind und was der einzelne Teilnehmer bzw. die Gruppe zum Erfolg beitragen kann **Impulsreferat:** Hintergrund/Herausforderungen der nächsten Jahre Zielvorstellung für den Visions-Workshop Motto für die Arbeit im Visions-Workshop	Klinikleitung Projektleitung	09.15
2. **Vorstellung Programm und motivierender Einstieg** *Ziel:* Sicherheit über den Ablauf vermitteln, gute Arbeitsatmosphäre schaffen Anknüpfung an Vorarbeiten im Projekt Operationalisiertes Ziel für den Visions-Workshop Tagesprogramm Spielregeln (Rahmenbedingungen) **Unterlagen:** Flipchart oder PowerPoint-Grafik (Beamer) oder Overheadfolie	Beraterteam	09.35
3. **Vorstellungsrunde (Aufstellung im Raum)** *Ziel:* Sichtbarmachen der Teilnehmerzusammensetzung nach unterschiedlichen Kriterien **Aufstellung im Raum (Beispiele):** Nach Berufsgruppe Nach Hierarchie-Ebene Nach Geschlecht Nach Beschäftigungsdauer im LKH-Uniklinikum Nach Motivationsgrad in Bezug auf das Projekt Nach primärer Zuordnung zu Krankenversorgung bzw. Forschung & Lehre	Organisationsberater (Moderation)	09.45

Inhalte/Ziele	Wer?	Zeit
4. **Präsentation Visionäre Ansätze (Resümee)** *Ziel: Stand der inhaltlichen Auseinandersetzung vermitteln (Entwicklungsprozess und inhaltliches Ergebnis)* **Referat zu den 6 Themengruppen:** Vernetzung prästationär Vernetzung poststationär Marketing Privatpatienten/-innen Strukturentwicklung Spitzenmedizin **Unterlagen:** PowerPoint-Präsentation (Beamer)	Fachberater (Strategie)	10.00
Pause		10.30
5. **Externer Kommentar** *Ziel: Kritische Würdigung des bisher geleisteten, Feedback aus externem Blickwinkel* **Referat:** Allgemeine Einschätzung der Herausforderungen Einordnung des Projektes Hinweise zu Chancen und Risiken der einzelnen Themen, Hinweise zur weiteren Arbeit **Unterlagen:** PowerPoint-Präsentation (Beamer)	Externer Experte	11.00
6. **Gruppenbildung** *Ziel: Bildung arbeitsfähiger Gruppen für die nachfolgenden Aufgaben* **Moderation der Gruppenbildung:** je 2 Arbeitsgruppen (AG) zu den 6 Themen (insgesamt 12) die Teilnehmer finden sich selbstständig zusammen pro Gruppe mindestens 8, maximal 10 Teilnehmer pro Gruppe 1 Mitglied des Projektteams bzw. Think Tanks ansonsten möglichst gute Durchmischung nach Berufsgruppen, Hierarchie, etc.. je 1 Moderator und Sprecher der AG **Unterlagen:** Flipchart oder PowerPoint-Grafik (Beamer) oder Overheadfolie	Berater Moderation	11.20
7. **Arbeitsgruppen tagen** *Ziel: Differenzierte, vertiefte Auseinandersetzung mit einem der 6 Themen, Verdichtung und schriftliche Ergebnisdarstellung der jeweils 2–3 wichtigsten Erkenntnisse (auf Flipchart)* **Gruppenarbeit:** Unsere Meinung zum vorliegenden Entwurf … Problemstellung (Zielsetzung), die dem Thema zugrunde liegt Chancen, Risiken der visionären Ansätze Neue Ideen, ergänzende Anregungen Voraussetzungen/Rahmenbedingungen für die Realisierung (fördernde/hemmende Faktoren) **Unterlagen:** Handout das Resümee pro Thema	Arbeitsgruppen I	11.35
Mittagspause		12.35
Arbeitsgruppen Fortsetzung	Arbeitsgruppen II	13.20
8. **Präsentieren/Diskutieren der AG-Ergebnisse** *Ziel: Aufarbeitung der Erkenntnisse aus den AGs, inhaltliche Grundlage für die Themengewichtungsrunde schaffen* **Open Space (Plenum):** Galerie der Ergebnisflipcharts pro AG (plus jenem der externen Experten) Herumwandern aller Teilnehmer mit der Möglichkeit zur Diskussion mit dem	Berater Moderation	13.50

Inhalte/Ziele	Wer?	Zeit
jeweiligen AG-Sprecher, der bei „seinem" Ergebnisflipchart bleibt Schriftliche Kommentierung der Ergebnisflipcharts durch die Teilnehmer **Unterlagen:** Ergebnisflipcharts der AGs		
Pause		15.05
9. **Themengewichtung** **Ziel:** *Entscheidungshilfe, welche Themen im weiteren Projektverlauf bearbeitet werden sollen (Datenunterlegung, Differenzierte Diskussion, Spezifizierung, Feasibility)* **Gewichtung:** Jeder Teilnehmer verteilt 10 Punkte auf die Themen (nach dem o.a. Kriterium), Diskussion des Ergebnisses (Entscheidung bleibt bei Projektleitung) **Unterlagen:** Ergebnisflipcharts, Klebepunkte	Berater Moderation und Fachberater	15.35
10. **Präsentation Weiteres Vorgehen (Projektplan)** **Ziel:** *Sicherheit zum weiteren Vorgehen vermitteln, zur Mitarbeit im weiteren Prozess motivieren* **Referat:** Weiterer Projektablauf Auftrag Strategiegruppen Zusammensetzung Strategiegruppen Rollenbeschreibung (zum Beispiel Strategiegruppensprecher) **Unterlagen:** Powerpoint-Präsentation (Beamer)	Fachberater	15.55
11. **Zuordnung zu Strategiegruppen** **Ziel:** *Interessenten für weitere Mitarbeit identifizieren* **Schriftliche Bekundung:** Listen zum Selbst-Eintragen der interessierten Teilnehmer bzw. zum Vorschlagen nicht anwesender Personen (zu allen 6 Themen) **Unterlagen:** Flipchartlisten	Alle Berater gemeinsam	16.05
12. **Resümee Klinikleitung und Projektleiter** **Ziel:** *Motivation der Teilnehmer* **Statement:** Lob und Dank für die Teilnahme Kritische optimistische Würdigung der Arbeit im Workshop und Einschätzung der weiteren Arbeit **Unterlagen:** keine	Klinikleitung, Projektleitung	16.20
13. **Abschlussreflexion** **Ziel:** *Transparenz der Einschätzungen, Stimmungsbild* **Kleingruppe:** Reflexion in 3er- und 4er-Gruppen Dann Abfrage einzelner Reflexionsbeiträge im Plenum **Unterlagen:** keine	Moderation	16.30
14. **Verabschiedung und Schlusswort**	Klinikleitung	16.55

Mit dem Ansatz der Großgruppen gelingt es, in relativ kurzer Zeit sehr viele Personen direkt zu erreichen und in Veränderungsprozesse zu involvieren. Die oftmals langwierige, kaskadenhafte Kommunikation oder die sternförmige Bearbeitung von Themen kann damit abgekürzt werden. Die gleichzeitige Anwesenheit vieler Personen wirkt kulturprägend, insbesondere wenn die Inhalte von hoher Relevanz für die Teilnehmer sind und das Design herausfordernde Diskussionen ermöglicht. Unter besonderer Beobachtung stehen dabei die Führungskräfte: ihre Handlungen oder Nicht-Handlungen in der Veranstaltung, ihre Inputs und Diskussionsbeiträge und die Art, wie sie auf vorgebrachte Probleme oder Einwände reagieren, werden von den Organisationsmitgliedern sehr bewusst wahrgenommen und sind prägend auch für das eigene Verhalten.

Bei Großgruppen sollte daher in der Planung und Vorbereitung besonders sorgfältig vorgegangen werden. Gerade weil in diesem Interventionssetting die Führungskräfte stark gefordert sind, sollten sie die Vorbereitung nicht an Stabsstellen abtreten. Für die Gestaltung von Großgruppen-Settings im Krankenhaus empfiehlt sich die Berücksichtigung folgender Prinzipien:

- Gute Abstimmung zwischen inhaltlicher Aufgabenstellung und Prozessgestaltung: Großgruppenveranstaltungen brauchen ein in der Planung abgestimmtes und zwischen Auftraggebern und Organisationsentwicklern gemeinsam (face to face) entwickeltes Gesamtbild;
- Vorbereitungsteam (Führungskräfte des Krankenhauses, interne Experten, Organisationsberater) entwickeln in Planungssitzungen das Konzept und die Designs der Arbeitseinheiten;
- Kommunikation der Klausur-Motive und Zielsetzungen durch das Top-Management und das Vorbereitungsteam (seitens des Hauses) in der Veranstaltung;
- Die Großgruppe wird bewusst in Kleingruppen aufgeteilt: Sitzordnung im Plenum (Kriterium: maximaler Mix der Teilnehmer, in Ausnahmefällen nach Ähnlichkeit); Wechsel der Gruppenzusammensetzungen verhindert Silo-Bildung und trägt zur Entwicklung einer „Gesamtkultur" bei;
- Inputs (Durch Führungskräfte, Vertreter von Projektteams, interne Experten) werden in schlüssigen Kleingruppensettings verarbeitet; Stichwort: jede spricht!;
- Sorgfältig gestaltete Aufgabenstellungen in den Kleingruppen, die deutlichen Bezug zur Organisationsrealität haben; die Teilnehmer sollten in der Diskussion gefordert sein;
- Präsentationsphasen im Plenum (alle) wechseln mit Resonanzphasen (in Kleingruppen) ab;
- Balance von strukturierter Arbeit in der Großgruppe und Eingehen auf den inhaltlichen dynamischen und sozial-emotionalen Prozess im Design selbst, zum Beispiel Zeit für Selbstorganisation, offene Foren, „Marktplätze" etc.

Für Organisationsentwickler – seien es externe oder interne Berater oder auch Führungskräfte, die Organisationsentwicklung als ihre Aufgabe sehen – erfordert die Erarbeitung von Konzepten und Designs der Großgruppenarbeit ein besondere professionelle Qualifikation. Mittlerweile liegen dazu über sechzig erprobte Methoden vor (Holman; Devane; Cady 2007).

6.6 Das Krankenhaus als Teil des Gesundheitssystems – Transorganisationale Ebene der Intervention

Die Gesundheit oder der Prozess des Gesundwerdens, Gesunderhaltens oder nicht-kränker-Werdens ist, aus konsequenter Kundenorientierung betrachtet, nicht als Leistung einer Organisation zu beschreiben. Organisationsentwicklung im Krankenhaus ist jedoch meist an der internen Entwicklung der Organisation orientiert. Sie verbleibt im Modell der hierarchischen Organisationssteuerung und ihrer Erweiterung um beteiligungsorientierte Prozesse wie Abstimmungen zwischen Auftraggeber und Projektteams, Gruppenarbeiten in einem bestimmten definierten Rahmen oder die partizipativ angelegte Steuerung einer Teamsitzung durch einen Vorgesetzten.

Organisationsübergreifende Entwicklungsprozesse ergänzen die Verbindung von Top-down- und Bottom-up-Prozessen um die Dimension der horizontalen oder lateralen Vernetzung: Hierarchische Abstimmungsprozesse versagen dabei, und anstelle von Vorgaben oder Direktiven treten Aushandlungsprozesse und Vereinbarungen zwischen im Prinzip unabhängigen Partnern. Vor dem Hintergrund akzeptierter Zielsetzungen und Absichtserklärungen zur Kooperation müssen unterschiedliche organisationsbezogene Logiken überbrückt werden und es braucht die Bereitschaft, die „Eigenheiten" der anderen zu respektieren aber auch an gemeinsamen Veränderungen zu arbeiten und in diese zu investieren (Grossmann; Lobnig; Scala 2007). Im Beitrag über „interorganisationale Kooperationen" (Grossmann; Prammer; Neugebauer 2013, s. Kap.II.5) werden anhand eines Fallbeispiels Interventionsmöglichkeiten und Erfolgskriterien für transorganisationale Entwicklungsprozesse in der regionalen Gesundheitsversorgung dargestellt.

6.7 Organisationsentwicklung wird wirksam – die Interventionsebenen integriert bearbeiten

Die Herausforderung für die Interventionsgestaltung in der Organisationsentwicklung liegt darin, möglichst auf mehreren Ebenen integriert anzusetzen und nicht darin, einzelnen Ebenen sehr spezialisiert zu bearbeiten. Ein Prozess ist erforderlich, der es ermöglicht, dass die Veränderungen in der Organisation implementiert werden, die Arbeit in den Leistungsprozessen und Teams danach ausgerichtet wird, und dass die beteiligten Personen über Ressourcen, Kompetenzen und Haltungen verfügen, die die intendierten Veränderungen unterstützen. Ein Praxisbeispiel, geschildert aus der Innensicht der Projektleiterin eines Innovationsprojektes soll diesen Zusammenhang deutlich machen.

> **Praxisbeispiel: Ein innovatives Pflegekonzept für Patienten mit Morbus Parkinson – die Integration von personalem Lernen, Kleingruppenarbeit und Organisationsveränderung**
>
> Die KLINIK BETHESDA TSCHUGG im Kanton Bern, CH ist ein anerkanntes Behandlungszentrum für Neurorehabilitation, Parkinson und Epilepsie. Im Rahmen eines Organisationsentwicklungsprozess wurde ein Pflegekonzept für Parkinsonpatienten entwickelt. Es handelte sich dabei um eine Konzeptarbeit aus der Praxis für die Praxis, inhaltlich erarbeitet vom Pflegeteam. Ziel war, nicht nur eine Innovation zu implementieren sondern den Prozess der Entwicklung als einen gemeinsamen Lernprozess der Betroffenen zu gestalten und damit selbst das Produkt zu „erfinden".
>
> Beim Parkinsonkonzept geht es um die Erarbeitung der Rehabilitationsprozesse mit den spezifischen pflegerischen Schwerpunkten und dem Anspruch auf einen integrierten interdisziplinären Ansatz. Dies bedeutet den Einbezug aller im Behandlungsprozess relevanten Berufsgruppen. Es geht darum, Grundsatzdiskussionen über Leistungen und Prozesse zu

führen und neben den rehabilitativen Inhalten auch die Frage der Know-how-Sicherung und der erforderlichen Ressourcen zu stellen. Um die dafür notwendigen Veränderungen zu bewirken, wurde Wert darauf gelegt werden, dass die beteiligten und betroffenen Berufsgruppen die Bereitschaft hatten, eingeschliffene Gewohnheiten kritisch zu hinterfragen und die aktuelle Situation aus verschiedenen Brillen zu betrachten. Der Fokus des „Kunden" als Empfänger der Dienstleistung konnte dabei wichtige erfolgsrelevante Hinweise geben.

Neben dem Fachwissen der verschiedenen involvierten Berufsgruppen war der Einbezug des rehabilitativen Kontextes von zentraler Bedeutung. Verschiedene Themen wie der Rehabilitationsprozess, der pflegerische Prozess vom Eintritt bis zum Austritt, die Nachbetreuung, die Beratung von Patienten und Angehörigen, mussten ernst genommen und kritisch hinterfragt werden. Der Einbezug aller relevanter Umwelten, der Patienten und ihrer Angehörigen, der zuweisenden Ärzte, der vorgelagerten wie nachfolgenden Institutionen, d.h. Krankenhäuser oder Alterseinrichtungen, sowie der ambulanten Pflege zu Hause haben dazu wichtige Hinweise geben. In gemeinsamen Fallbesprechungen wurden die Anforderungen aus der Praxis reflektiert.

Aufbauend auf diesen Prinzipien hat die Projektgruppe ein Konzept für die Betriebsorganisation und die neuen Arbeitsprozesse entwickelt, das auch die neuen Aufgabenstellungen für die Pflegenden beinhaltet. Diese neuen Job-Charakteristika sollten auch gleich eingelernt werden.

Der Prozess der Innovation setzte auf die Integration der Entwicklung von Strukturen, Prozessen und persönlichem Lernen. Wissen ist eine nutzlose Sache, wenn niemand weiß, dass man etwas weiß. Lernen bedeutet, Neues auszuprobieren, Neugier zeigen und Routinen verlassen. Lernen bedeutet den Erwerb einer relativ überdauernden Verhaltensänderung oder des Potenzials dazu. Die persönlichen Fähigkeiten, die die Mitarbeitenden in diesem Projekt gewinnen konnten, gingen über den fachlichen Bereich hinaus und adressierten auch organisationsbezogene Kompetenzen. In diesem Vorhaben waren die Mitarbeiter nicht nur Erfinder, sondern auch Umsetzende. Für die Implementierung und die Sicherung der Nachhaltigkeit wurden Lernschleifen in die die Tagesroutine eingebaut. Rückmeldungen von Patienten und den Mitarbeitenden wurden gezielt erfasst und in einen Verbesserungskreislauf aufgenommen.

Organisationales Lernen findet nur statt, wenn individuelle Lernprozesse in einen integrierten Prozess des Teamlernens einfließen und sich in organisatorischen Lösungen manifestieren. Gerade in Umsetzungsphasen ist es dann wichtig, jedem Mitarbeitenden den Bezug zwischen dem neuen Gesamtprozess und der eigenen täglichen Praxis und den konkreten Fragen, die sich stellen, aufzuzeigen.

Einige Prinzipien und Vorgangsweisen, die diesem Prozess seine Qualität gegeben haben:
- **Arbeit in Kleingruppen:** Das Projekt ermöglichte Freiräume um Ideen und Anregungen zu entwickeln, verbunden mit der Verantwortung, diese auch aktiv in die Organisation einzubauen. Der aktive Mitgestaltungsprozess war ein wichtiger Beitrag für eine ernsthafte Motivation bei den Pflegenden im Projekt. Gearbeitet wurde in der Kleingruppe, Ideen konnten fließen und wurden in Brainstorming-Prozessen aufgenommen.
- **Brainstorming als Methode:** Die klassische Technik des Brainstormings gab die Möglichkeit, in kurzen Workshopsequenzen möglichst viele Ideen zu entwickeln. Die Phantasie wurde angeregt, besonders der Erarbeitung der Soll-Prozesse. Diese Ideen wurden festgehalten, wie sie ausgesprochen wurden. Der Vorteil davon war, dass alle Ideen im

Brainstorming oder auch danach gemeinsam weitergedacht, kombiniert, ergänzt oder präzisiert werden konnten.

- **Die Lernreise:** Gezielt vorbereitet und mit einem Fragekatalog ausgestattet besuchten wir eine Klinik, die ein entsprechendes Konzept bereits umgesetzt hatte, um in deren Arbeitsprozesse direkt Einblick zu nehmen und relevante Themen zu diskutieren. Diese Lernreise war aus verschiedenen Gründen äußerst wertvoll. Die Reise dauerte einen Tag und gab den Reisenden Raum und Zeit für gemeinsame Erfahrungen aus vergleichbaren Projekten in unterschiedlichen Organisationen. Es wurde eine Grundidee entwickelt für das Erschaffen einer organisationsübergreifenden Zusammenarbeit im Hinblick auf Morbus-Parkinson-Arbeit. Das hat die beteiligten Personen darin unterstützt, etwas zu erreichen, was sie alleine nicht schaffen können.
- **Projektorganisation:** Für die Umsetzung dieser Arbeitsvorhaben in der Gesamtorganisation erwies sich eine Projektorganisation als geeignetes Mittel, wobei der Transfer und die Reflexion in der Gesamtorganisation durch Dialoggruppen und Sounding Boards sichergestellt wurden.
- **Auftraggeber:** Der Auftraggeber war der Medizinische Direktor. Er unterstützte das Vorhaben aus der strategischen Ausrichtung der Klinik über Zielvorgaben und definierte die zur Verfügung stehenden Ressourcen. Er wurde in regelmäßig stattfindenden Dialogsitzungen (siehe unten) über die Ergebnisse informiert, gab Feedback und half kritische Fragen zu reflektieren.
- **Projektleitung:** Als Pflegedienstleiterin übernahm die Verfasserin dieses Berichts die Führung der strategischen und operativen Entwicklungen im Projekt, das Projektmanagement – d.h. die Planung und Koordination der Termine und die Moderationsfunktion aller Workshops und des Kick-off-Meetings.
- **Projektteam:** Das Team bestand aus erfahrenen Pflegefachpersonen des Hauses. Diese Gruppe priorisierte Themen, an denen es zu arbeiten galt, erarbeitete inhaltlich alle Prozessschritte und entwickelte Modelle und Innovationsvorschläge als Entscheidungsgrundlage für das zukünftige Konzept.
- **Dialoggruppen:** In der Architektur des Vorhabens wurde eine Dialoggruppe etabliert – Projektteam und Medizinischer Direktor. Hier wurden die erarbeiteten Dokumente besprochen, Grundsatzfragen geklärt und das weitere Vorgehen definiert. Die Termine wurden entsprechend dem Stand der Arbeiten mit dem Auftraggeber geplant.
- **Sounding Board:** Diese Struktur hatte Resonanzfunktion, um die praktische Umsetzung des innovativen Konzepts in der Pilotphase zu begleiten. Es bestand aus den Abteilungsleitungen der Neurorehabilitation und zwei Oberärzten und hatte damit zugleich die Funktion, den Transfer und die Einbettung in die Klinik-Praxis vorzubereiten. Eine sehr wichtige Funktion war, die zuständigen Führungskräfte zunächst über den Sinn und Zweck der neuen Parkinson-Organisation zu unterrichten, damit bei den Auswertungsgesprächen im Hinblick auf den Projektfortschritt offen und konstruktiv Kritik und Anregung gegeben werden konnte.

Rückblickend betrachtet lag der Erfolg dieses Projektes in der Auseinandersetzung mit der Frage „was ist das Beste" und in der Erarbeitung einer Idealvorstellung über die Pflegefelder dieser Erkrankung. Es ging aber auch um das Zusammenspiel von Gegensätzen, wie Realität und Wunschvorstellung oder Angebot und Nachfrage. Auf der strukturellen Ebene waren die strategische Orientierung der medizinischen Leitung und die laufende Reflexion der Ergebnisse in Dialoggruppen und dem Sounding Board wichtig für den Erfolg.

Unserer Erfahrung nach gibt es eine Reihe von Gründen warum betroffene Mitarbeitende aktiv in innovative Entwicklungsarbeiten im Krankenhaus einbezogen werden sollten:
- Nur wer die Ausgangslage kennt und die Hintergründe versteht, wird sich mit Überzeugung hinter die Konsequenzen von Innovationen und deren Veränderungserfordernisse stellen.
- Die unmittelbaren Betroffenen kennen im Detail die Chancen und Risiken und wissen, worauf in der Lösungsfindung besonders geachtet werden muss.
- Wer an der Erarbeitung von Lösungen aktiv beteiligt gewesen ist, engagiert sich aktiv in der Umsetzungsphase und hat ein großes Interesse daran, dass es erfolgreich verläuft;
- Mitarbeitende, deren Ideen innovativ umgesetzt werden, fühlen sich als Partner ernst genommen und identifizieren sich mit der Organisation;

Autorin des Praxisbeispiels: Marianne von Dach Nicolay, basierend auf ihrer Masterarbeit (2007)

7 Settings und Designs gestalten, Workshops, Klausuren und Veranstaltungen

7.1 Die Gestaltung von Kommunikationsprozessen als Kernaufgabe der Organisationsentwicklung

Prozesse der Organisationsentwicklung entfalten ihre Wirkung in sozialen Kommunikationssituationen. Die im Alltag der Organisation etablierten Besprechungsformen sind dabei in der Regel nicht ausreichend, da diese in ihrer inhaltlichen Schwerpunktsetzung, der Teilnehmerzusammensetzung und dem Ablauf auf die Bewältigung von Problemstellungen der Routineorganisation ausgerichtet sind. Die Bearbeitung von Fragestellungen in Bezug auf Organisations- und Arbeitsprozesse in Teams, auf die Gestaltung von Kooperationen oder die Zukunft der Organisation finden in den Routinebesprechungen aber nicht die passende Aufmerksamkeit und erforderliche Tiefe in der Auseinandersetzung. Für ein emotionales und „kulturelles" Aussteigen aus der Routine und ein inhaltliches Umsteigen in das Veränderungsthema fehlt die Zeit und die Kommunikationskultur. Meist sind in den Routinesitzung viele Personen, die von dem Problem betroffen sind oder in dessen Lösung eingebunden werden müssten, nicht anwesend.

Wenn Organisationsentwicklungsthemen auf Dauer auf Tagesordnungspunkte in der wöchentlichen Teambesprechung reduziert sind, bleiben sie in ihrer Wirkung begrenzt oder überhaupt in einem Als-ob-Zustand. Um Organisationsentwicklungsprozesse in Gang zu bringen, braucht es die Bereitschaft von Führungskräften und Mitgliedern der Organisation, sich in Klausuren, Workshops und Meetings mit den anstehenden Themen ausreichend intensiv und in Teamarbeit zu beschäftigen. Die Gestaltung solcher Meetings ist Kernaufgabe von Experten der Organisationsentwicklung, seien es interne oder externe Organisationsberater, und von Führungskräften, die die Entwicklung der Organisation voranbringen möchten. Im Folgenden werden die Angelpunkte für die Gestaltung verschiedener Formen von Meetings in Prozessen der Organisationsentwicklung dargestellt.

7.2 Ziele umfassen inhaltliche, soziale und organisationsbezogene Dimensionen

Ausgangspunkt für die Planung und Gestaltung von Meetings sind die konkreten Problemstellungen und Erwartungen der Führungskräfte und anderer Akteure der Organisation. An diesen Zielen ist der Prozess zu orientieren, und diese dienen auch als Ausgangspunkt für Designs von Workshops und Klausuren. Expertenorganisationen wie das Krankenhaus verfügen in ihrem Arbeiten über eine hohe fachspezifische Zielorientierung. Behandlung und Pflege erfordern gut abgestimmte und geplante Leistungen auf der Basis von relativ abgesichertem medizinischem und pflegerischem Fachwissen. Zielformulierungen in der Organisationsentwicklung unterscheiden sich aber davon, und dies führt bei Fachkräften und Führungskräften oft zu Verständnisproblemen.

Die inhaltlichen Ziele in der Organisationsentwicklung sind immer mit einer sozialen Dimension verbunden. In dieser sozialen Dimension geht es um die Frage nach der Beteiligung, nach den Wirkungen der Lösungen für unterschiedliche Gruppen und vor allem um Fragen der organisationalen Umsetzung. Dabei werden Themen wie: Gewinnen von Verständnis, Erzeugen von Akzeptanz, Herstellen von Motivation für das neue oder des Ermöglichen von Lernen bedeutsam. Die beiden Seiten der Medaille bearbeitbar zu machen, ist eine zentrale Aufgabe in der Planung und Durchführung von Workshops. Dazu eignen sich in der Planungsphase einige öffnende Fragen, die mit Auftraggebern und Verantwortlichen von Veränderungsprozessen zu klären sind:

- Was soll dieser Workshop leisten? Zu welchem „größeren Ganzen" soll er beitragen?
- Was ist der konkrete Anlass? Gibt es einen speziellen Grund, warum dieser Workshop gerade zu diesem Zeitpunkt stattfinden soll?
- Was soll nach diesem Workshop anders sein? Für wen?
- Angenommen, der Workshop wäre ein Erfolg, was müsste erreicht worden sein?
- Sind unterschiedliche Erfolgskriterien von Führungskräften, Mitarbeitern, Projektmitarbeitern, bestimmten Abteilungen und Teams zu bedenken?
- Welche Inhalte und Themen sind auf jeden Fall „gesetzt", welche wären „nice to have"?
- Welche Gruppen und Personen sollten auf jeden Fall aktiv etwas präsentieren?
- Wie könnte man mit diesem Workshop erfolgreich scheitern?

Ein stimmiges Set an Zielsetzungen berücksichtigt dabei sowohl die Vorhaben des gesamten Veränderungsprozesses als auch die jeweils spezifische Situation, in der sich die Organisation zum Zeitpunkt der Intervention befindet. Brauchbare Zielsetzungen sind Ergebnis von Ziel- und Auftragsklärungen, die in umfassenderen Organisationsentwicklungen auch vor jeder bedeutenden Intervention mit den Verantwortlichen zu klären sind. In der Praxis der Veränderungsarbeit zeigt sich, dass diese inhaltlichen Voraussetzungen nicht einfach „vorliegen" sondern in Planungsgesprächen entwickelt werden müssen.

> *Tipp!*
> *Mehrdimensionale Zielsetzung für einen Organisationsentwicklungsprozess, Ergebnis eines Planungsgesprächs:*
> - *„Der Ambulanzprozess für Risikogeburten soll neu aufgestellt werden; dabei ist sowohl der medizinische Ablauf als auch das Anmeldungsprozedere neu zu gestalten" (inhaltlich-sachliche Ebene).*
> - *„Alle Mitarbeiter in der Ambulanz sollen diesen verstehen und mittragen" (soziale-kommunikative Ebene, Verständnis und Akzeptanz).*
> - *„Das Ambulanzteam soll in der Lage sein, den neuen Prozess auch im Alltag umzusetzen" (Ebene der Veränderung, Befähigung und Umsetzung).*

Ein brauchbares Set an Zielsetzungen ist Voraussetzung für die Entwicklung konkreter Designs. Um diesen Zusammenhang von Inhalt und Form Rechnung zu tragen, wurde in der Organisationsentwicklung der Designbegriff übernommen. Für diesen empfiehlt sich die Anwendung des Prinzips „Form Follows Function". Das Design folgt den Zielen. Damit ist aber nicht gemeint, dass es um lineare Ableitungen von Aufgabenstellungen und der Strukturierung von Einheiten geht, sondern mit den Zielen liegen Planungs- und Prüfkriterien vor, die es erlauben, bestimmte Elemente, Teilschritte und Arbeitsformen in ihrem Zusammenhang zur Zielerreichung zu reflektieren. Designarbeit muss sich auch an den inneren Gesetzmäßigkeiten von sozialen Kommunikationsformen wie Workshops, Klausuren und Seminaren orientieren.

7.3 Prinzipien der Designgestaltung

Designarbeit ist Planungsarbeit. In der Designarbeit werden das fundierte Wissen und die Praxiserfahrung der Organisationsentwicklungsexperten und der konkrete Ausgangspunkt des jeweiligen Projekts in eine konkrete Arbeitsform übersetzt. Ein Workshopdesign beinhaltet einen thematischen und zeitlichen Ablauf, die Arbeitsform und die Beschreibung der Aufgaben von Personen, die spezielle Rollen übernommen haben (zum Beispiel Berater, Moderatoren, Führungskräfte, Experten, Projektvertreter etc.). Ein konkretes Beispiel für ein Design einer Großgruppe im Rahmen eines Strategieprozesses findet sich in Kapitel I.6.5.

Die Entwicklung von Designs kann auf einem reichen Fundus in der Geschichte der Organisationsentwicklung aufbauen. Die methodische Vielfalt und die Kreativität der entwickelten Konzepte kann an dieser Stelle nicht dargestellt werden. Stellvertretend für viele interessante Publikationen sei hier auf einige Sammelbände verwiesen (Senge et al. 1994; Grossmann; Krainz; Oswald 1995; Königswieser; Exner 1998; Holman; Devane; Cady 2007; Lipp; Will 2008, für organisationsübergreifende Organisationsentwicklung Grossmann; Lobnig; Scala 2007).

Organisationsentwicklung braucht eine stimmige Verknüpfung der Dimensionen Inhalt und Prozess. In der Design-Arbeit muss die Verbindung dieser beiden Dimensionen in der Gestaltung von Kommunikationsstrukturen und -prozessen realisiert werden. Für eine solide Konzipierung entsprechender Settings empfiehlt sich die Berücksichtigung einiger Design-Prinzipien, die sich für die Gestaltung „kleinerer" Workshops ebenso eignen wie für die Planung mehrtätiger Veranstaltungen oder Großgruppen.

Prinzip 1: Den Bezug zum Gesamten herstellen

Jede Einheit einer Veranstaltung muss in ihrem Bezug zum Vorhaben und Ziel – in der oben beschriebenen Mehrdimensionalität von Inhalt, sozialer Dimension und Veränderungsrelevanz – darstellbar sein. Dieser Bezug ist zweifach herzustellen: Er bezieht sich auf den Inhalt, also auf das was zu besprechen, zu entwickeln oder zu klären ist (Inputs, Diskussionsthemen, Fragestellungen), aber auch auf die Arbeitsform: Wie viel Zeit wird für welchen Schritt und welche Sequenz eingeplant? Wer bespricht welche Themen mit wem? Gibt es Kleingruppen oder Plenardiskussionen und ausreichend attraktive und verarbeitungsförderliche Abwechslung dieser Kommunikationsformen? Wie erfolgen Berichte in das Plenum? Wenn es in der Designarbeit zu Unklarheiten kommt, so können diese auch an einem nicht ausreichend präzisierten Zielkonzept liegen. Dann sollten die Zielsetzungen nochmals überprüft werden.

Prinzip 2: Differenzierte Arbeitsformen einbauen

Unterschiedliche Aufgabenstellungen erfordern unterschiedliche Arbeitsformen. Insbesondere ist zu überprüfen, wo und an welchen Stellen formale Arbeitsstrukturen eingeführt werden, mit klaren Aufgaben und Regeln für Berichte und Rückmeldungen, und wo auch stärker selbstorganisierte Formen wie Vernetzungen, Marktplätze, Open-Space Elemente etc. eingebaut werden sollten. Die Differenziertheit darf aber insgesamt nicht zu einer Unübersichtlichkeit – für die Workshopteilnehmer – werden.

Bei der Wahl der Arbeitsform ist insbesondere auch zu überprüfen, welche Funktionen jeweils erfüllt werden sollen. Geht es darum, den Sinn von Veränderungen zu erfassen, oder darum, die Konzepte für den eigenen Arbeitsbereich zu konkretisieren. Geht es um die Reflexion von (Zwischen-)Ergebnissen von Veränderungen oder die Auswertung von Erhebungen. Geht es darum, neue Ansätze zu erfinden oder zu entwickeln, oder geht es darum, Motivation für neue Aufgaben und Ziele zu erzeugen. Das Panorama der Arbeitsformen kann dementsprechend variieren von kreativen Einzelarbeiten, dialogischen Spaziergängen mit Kollegen über Formen theatralischer Darstellungen, klassischen Gruppenarbeiten mit Aufgabenstellung bis zur Rezeption von Präsentationen.

Prinzip 3: Ausgewogenheit im Rhythmus des Arbeitens

Die Planung des Designs sollte dem Rhythmus von Aufmerksamkeit und Lernen angepasst sein. Nach einer Phase von Präsentationen sollten vielfältige Gespräche in „Murmelgruppen" oder Diskussionen in Kleingruppen folgen. Das Design ist darauf abzustellen, dass die eingeladenen Teilnehmer einer Veranstaltung in Gespräche und in einen Austausch involviert werden und auf diese Weise sich möglichst viele aktiv engagieren. Im zeitlichen Rhythmus sollte auch berücksichtigt werden, dass in unserer heutigen Arbeitskultur Erreichbarkeit wesentlich sind und Abstimmungsprozesse permanent erfolgen. Anstatt dauernde Handy-Verbote zu verkünden, empfiehlt sich in der Zeitstruktur „office Zeiten" einzubauen, also fixe Zeiten im Ablauf, in denen die Teilnehmer eines Workshops sich ihren anderen Projekten widmen können, ohne stören zu müssen.

Prinzip 4: Startsituation ist besonders wichtig

Die wichtigste Aufgabe zu Beginn eines Workshops ist es, Orientierung zu liefern. Alle Teilnehmer sollten wissen, zu welchem Thema sie eingeladen sind, warum gerade sie anwesend sind und was die Erwartung an sie ist. Ein Teil der Orientierung betrifft die Vorstellung des Ablaufes und der Arbeitszeiten. Es ist weiters Aufgabe in der Startsituation die Gruppe der Teilnehmer sozial zu konstituieren, also sich persönlich vorzustellen und den eigenen Bezug zum Thema herzustellen. Bei größeren Gruppen kann dies durchaus auch in Kleingruppen-Settings stattfinden. Es ist aber erforderlich, dass möglichst rasch alle Anwesenden die Möglichkeit haben, ihre Stimme einzubringen („voicing").

Prinzip 5: Heikle Themen nicht ganz am Anfang, nicht ganz zum Schluss

Wann sollen die besonders heiklen Themen besprochen werden? Es empfiehlt sich jedenfalls nicht die besonders schwierigen Themen am Ende der Tagesordnung zu verorten. Das Risiko ist zu groß, dass diese dann nicht mit der gebührenden Sorgfalt bearbeitet werden können. Oder aber die Teilnehmer werden sich fragen, warum man so lange braucht, bis man zu der wirklich zentralen Frage kommt. Andererseits empfiehlt es sich auch nicht, allzu schwierige Themen ganz an den Beginn zu stellen, denn das Arbeitsklima in der Gruppe der Teilnehmer entwickelt sich durch die Kommunikationsschleifen in der Regel in eine positive Richtung.

Prinzip 6: Herausfordern, nicht überfordern: Das Risiko „richtig" dosieren

Die Richtung der Fragestellungen, und die „Tiefe" der Auseinandersetzung braucht ein adäquates Risiko. Mit „Tiefe" ist hier gemeint, wie sehr Gespräche zu tiefergehenden, vielleicht auch emotional herausfordernden Situationen für Personen oder Gruppen führen können. Eine adäquate Dosierung kann dazu führen, dass Lösungen für wirklich relevante Probleme erarbeitet werden, ohne die Verarbeitungsfähigkeit der Betroffenen zu irritieren. Auf der anderen Seite sind zu wenig herausfordernd gestaltete Einheiten nicht in der Lage, die real vorhandenen Problemstellungen tiefgehenderer Veränderungsprozesse bearbeitbar zu machen. Die Designgestaltung kann in diesem Zusammenhang auch auf emotionale Aspekte der Veränderungsarbeit abstellen und Befindlichkeiten und Emotionen bearbeiten. Einige Hinweise und Gestaltungsvorschläge zur Berücksichtigung der emotionalen Seite im Management organisationaler Veränderungsprozesse finden sich in Mingers (2010).

Prinzip 7: Rollen der Beteiligung einrichten und sichtbar machen

Veränderungsprozesse haben vielfältige Aufgabenstellungen, und die Leistungen vieler engagierter Personen führen zu Erfolgen. Dazu können explizit Rollen definiert werden. Die Beteiligung in ausgeschilderten Rollen bringt Energie in den Prozess, erzeugt Commitment und führt zu Mitverantwortung im Hinblick auf die Ergebnisse. In einfachen Arbeitsgruppensitzungen braucht es die Funktionen der Moderation, der Dokumentation und der Präsentation. Bei einer Großgruppenveranstaltung kann es durchaus sein, dass bei 120 Personen 80 Personen aktive Rollen zu erfüllen haben (in Präsentationen, Moderationen, Vorsitzfunktionen, Beobachtungsfunktionen, Diskussionsforen, als Delegierte etc.). Die vielfältigen Rollen, die Einzelpersonen in der Organisationsentwicklung übernehmen, sind ein Indikator für deren Engagement und Initiative. Es gilt, dieses öffentlich sichtbar zu machen und eine Kultur der Wertschätzung gegenüber den Beiträgen einzelner Personen für die Entwicklung der Organisation zu etablieren.

Prinzip 8: Entscheidungsrelevanz herstellen und Entscheidungsstrukturen stützen

Bei allem „Wir-Bezug", der in Meetings zur Geltung kommt, ist in der Designgestaltung darauf zu achten, dass diese meist keine Entscheidungsgremien sind. Mit verantwortlichen Führungskräften ist im Vorfeld daher abzuklären, welchen Bezug die zu bearbeitenden Themen im Hinblick auf ihre Entscheidungsrelevanz haben. Geht es darum, über getroffene Entscheidungen zu informieren, sollen die Teilnehmer eingeladen werden, Varianten möglicher Entscheidungen zu reflektieren, oder sollen überhaupt neue Ideen oder Vorschläge generiert werden, unabhängig von möglichen späteren Entscheidungen. Aufgabe der Führungskräfte ist es dann, die erarbeiten Ergebnisse in die jeweils passenden Entscheidungsstrukturen in transparenter Form „umzuleiten".

Prinzip 9: Visualisierung

Die Vorgabe, sich nicht nur in den Gruppen auszutauschen, sondern Inhalt und Ergebnisse zu visualisieren, erhöht die Verbindlichkeit der Arbeit und die Ergebnisorientierung im Prozess. Präsentationen auf PowerPoint sind mittlerweile schon zur Kulturtechnik geworden und können mit begrenztem Aufwand erstellt werden. Neben diesen vorbereiteten Materialien, auf die man sich in den Diskussionen beziehen kann, ist die Arbeit in Workshops auf prozesssensitivere Formen der Visualisierung wie Flip-Charts, Moderationskärtchen etc. angewiesen. Die ad-hoc Verschriftlichung von Diskussionsergebnissen ist aber nicht nur „Dokumentation der Statements", sondern selbst eine Intervention. Es empfiehlt sich, diese nicht an Einzelpersonen im Nachhinein zu delegieren, sondern in der Gruppe zu überprüfen, ob das Ergebnis tatsächlich in dieser Form so zusammengefasst werden kann. Die auf diese Weise entstehenden Prozessdokumente liefern in der Regel wertvolle Grundlage für den Veränderungsprozess. Werden diese nicht ernst genommen und nach den Workshops weiteren Analysen zugeführt, so ist zu überlegen, ob an der Veranstaltung überhaupt entlang der relevanten Fragen gearbeitet wurde. Die Visualisierung legt den Grundstein für die Organisationsrelevanz von Klausuren und Workshops.

Prinzip 10: Weniger ist mehr!

Eine vertiefte reflexive Auseinandersetzung mit Themen der Organisationsentwicklung braucht ausreichend Zeit für die Bearbeitung unterschiedlicher Sichtweisen und auch „Betroffenheiten". Im Routinebetrieb – insbesondere auch in Krankenhäusern –

zeigt sich, dass solche Zeiten kaum eingeplant sind und die Aufforderung zu längeren Gesprächen in Kleingruppen oft als Kulturbruch erlebt wird. In Planungsphasen wird daher von den Verantwortlichen oft die Eigenzeit, die gelingende Reflexion braucht, unterschätzt. Damit keine Zeit vergeudet wird, werden noch mehr Inhalte und Präsentationen vorgeschlagen – mit der Konsequenz verkürzter Reflexionszeiten. Organisationen, die diesem Modus zugetan sind, bleiben stark im Status-Quo oder im Pragmatismus verhaftet und es fehlt ihnen die Möglichkeit zu innovativeren Lösungen zu kommen und die vorhandenen Potenziale umfassender zu nutzen. Als „kleine Regel" schlagen die Autoren vor, dass jede Präsentation Zeit zur Verarbeitung bekommt und immer um Nachfragen, Kommentare und Bezugspunkte zur Realität der Teilnehmer gefragt wird. Wenn in der Vorbereitung der Eindruck auftritt, es würden nun zu viele Räume für gemeinsames Nachdenken geplant, ist es möglicherweise ein guter Indikator dafür, dass im Rahmen des geplanten Designs die Risikobereitschaft besteht sich auf vertiefte Reflexion einzulassen.

Prinzip 11: Rollierende Planung

Prozesse der Organisationsentwicklung verlaufen nicht-trivial und Meetings, wenn sie auch noch so gut geplant wurden, wirken auf sich selbst zurück. Auch als erfahrene Organisationsentwickler erleben wir meistens, dass die geplanten Designs, Fragestellungen, Gruppenzusammensetzungen, Statements etc. durch die Ereignisse im Laufe eines Workshops überholt werden. Wir empfehlen daher rekursive Elemente in die Planung einzubauen. So kann etwa am Abend eines ersten Tages ein Blitzlicht durchgeführt werden, in dem entweder alle oder einige Teilnehmer Statements zur Frage abgeben, was heute gut gelaufen ist und worauf am nächsten Tage besonders geachtet werden sollte. Eine entsprechende Zwischen-Evaluierung empfiehlt sich jedenfalls auch im Leitungsteam eines Workshops oder zwischen der Moderation und den verantwortlichen Führungskräften.

8 Organisationsentwicklung und Projektmanagement

8.1 Projektmanagement als Arbeitstechnik und als Methode für das Management von Veränderungsprozessen

Problemstellungen mit denen sich die Organisationsentwicklung im Krankenhaus beschäftigt, sind inhaltlich vielschichtig strukturiert und betreffen häufig mehrere Bereiche und Abteilungen. Organisatorische Lösungen erfordern daher eine Arbeitsmethodik und einen Prozess, der in der Lage ist, diese Vielschichtigkeit in der Analyse, Planung, Umsetzung und Evaluierung adäquat aufzugreifen. Die bestehenden organisatorischen Strukturen und Systeme gelangen dabei rasch an ihre Grenzen, da ihre Entscheidungs-, Kommunikations- und Arbeitsstrukturen primär danach ausgerichtet sind, das Tagesgeschäft voranzubringen. Veränderungsarbeit braucht eigene organisatorische Lösungen und definierte Arbeitsprozesse, die es den Mitgliedern der Organisation ermöglichen, begrenzt aus dem angestammten Aufgabenbereich auszusteigen und sich in Steuerungsgruppen, Projektteams und Arbeitsforen mit der Entwicklung der Organisation zu befassen. Erfahrungen mit Veränderungsprozessen zeigen, dass, wenn es nicht gelingt, die Entwicklungs- und Veränderungsarbeit in der Organisation inhaltlich und strukturell abzusichern, ihre Wirksamkeit begrenzt bleibt.

Der Ansatz des Projektmanagements ist für Veränderungsarbeit mehrfach von Vorteil:

Erstens stellt er eine systematische Arbeitsmethodik dar. Inhaltliche Arbeitsschritte werden mit Zeitplänen, Ressourcenabschätzungen, Definition von Verantwortungsbereichen und Entscheidungsbefugnissen Strukturplänen und Kommunikationsplänen in Verbindung gebracht. Auf diese Weise gelingt es, komplexe Vorhaben strukturiert und transparent zu bearbeiten. Gerade für die nicht-routinemäßigen Aufgabenstellungen im Rahmen von Veränderungsprozessen können damit umfassendere Arbeitspakete koordiniert bewerkstelligt werden.

Zweitens ist Projektmanagement ein sozialer Ansatz, der es ermöglicht, Arbeits- und Entscheidungsprozesse, aber auch Involvierungs- und Beteiligungsprozesse grenzüberschreitend über Bereichs-, Funktions- und Hierarchiegrenzen hinweg zu planen und umzusetzen. Die Organisationsform des Projekts setzt dabei sowohl auf der Entscheidungsebene als auch auf der Planungs- und Umsetzungsebene gezielt auf Teamarbeit. Projektteams sind der kritische Erfolgsfaktor für das Projektmanagement und daher oft eine sehr gute Antwort auf die strukturellen Widersprüche der Organisation des Krankenhauses. Sie können dabei helfen, Kooperationen zwischen den Berufsgruppen zu intensivieren, ohne die grundsätzliche Autonomie der Berufsgruppen aufzuheben (Grossmann; Scala 2002b, S. 187–188), und sie können Mitarbeiter auf unterschiedlichen Hierarchieebenen sowie mit unterschiedlicher fachlicher Perspektive und Berufserfahrung die Möglichkeit zur Mitsprache und Mitgestaltung bieten. Das soziale Projektdesign schafft die Möglichkeit, Mitarbeiter betroffener Bereiche der Organisation aber auch Experten und Betroffene, die nicht der Organisation angehören, in definierten und begrenzten Rollen als Mitglieder von Auftraggebergremien, Projektteams, in Feedback-Gruppen etc. einzubeziehen und damit die Basis für die Veränderungsarbeit verbreitern. Durch dieses Einbeziehen von Betroffenen in die Projektarbeit wird die Akzeptanz für die Umsetzung der erarbeiteten Lösungen erhöht, was dazu führt, dass Projektmanagement zu einer der wichtigsten Methoden in der Organisationsentwicklung geworden ist.

Ein weiterer Vorteil von Projekten liegt schließlich in der temporären Arbeitsform, die es ermöglicht, begrenzte Aufgaben gezielt zu starten und zu beenden und systematische Evaluierungen und Lernzyklen für die Organisation einzubauen.

Es ist letztlich diese Verbindung von inhaltlicher Systematik, sozialem Prozess und temporärer Form, die das Projektmanagement zu einer häufig eingesetzten und erfolgreichen Methode für Veränderungsprozesse auch im Krankenhaus macht. Mittlerweile liegen zum Thema „Projektmanagement und Organisationsentwicklung im Krankenhaus" umfangreiche konzeptive Arbeiten und Fallberichte vor (zum Beispiel Grossmann; Scala 2002a; Rosenthal; Wagner 2004; Pelikan; Wolff 1999), die das veränderungswirksame Potenzial dieses Ansatzes demonstrieren.

8.2 Projekte in der Entwicklung der Organisation Krankenhaus nutzen

Projekte sind bewährte Organisationsformen der Veränderungsarbeit, und Projektmanagement ist die dafür entwickelte Methode. Entscheidet sich ein Krankenhaus für ein umfangreicheres Veränderungsprojekt, so sind drei Kernprobleme zu bewältigen:

Erstens muss es gelingen, vom Routinebetrieb auf systematische Veränderungsarbeit umzuschalten und auch wieder zurück. Prozesse der Organisationsentwicklung sind bei „laufendem Motor", also unter Aufrechterhaltung des Routinebetriebs zu bewerkstelligen. Das ist nur zu schaffen, wenn dazu geeignete Parallelstrukturen eingerichtet werden: eigenständige Arbeitssysteme, die mit der Ausarbeitung sowie eventuell mit der Erprobung und Implementierung der Innovation beauftragt werden. Es gilt, die personellen, zeitlichen und finanziellen Ressourcen auch für Veränderung möglichst effektiv und effizient einzusetzen. Konkrete Veränderungsvorhaben erfordern organisatorisch verankerte Auszeiten zur Selbstbeobachtung und genügend Raum, Zeit und Organisation dafür. Im Krankenhaus sind diese Voraussetzungen besonders schwer herzustellen. An ihrem Fehlen scheitern jedoch viele Veränderungsvorhaben.

> **Tipp!**
> *Ein häufig beobachtbares Problem besteht in der Realisierung einer ausreichenden und adäquaten Einbindung von Ärzten in die Arbeit von Projektteams. Ihre Einsatzpläne und Dienstzeiten sind beinah ausschließlich nach den angestammten fachlichen Aufgaben strukturiert und beinhalten kaum Ressourcen für Organisationsarbeit. Auch für die Karrierepfade von Medizinern sind organisationsbezogene Leistungen und Kompetenzen von geringer Relevanz und die vorherrschende Professionskultur steht Reflexions- und Entwicklungsprozessen, wie sie in der Projektarbeit erforderlich sind, wenig aufgeschlossen gegenüber. Substantielle Veränderungsprozesse verlangen aber eine interdisziplinäre Sicht auf Problemanalysen und Lösungsansätze. Die Realisierung interdisziplinärer Teamarbeit in Projekten erfordert daher eine sorgfältige Planung von Workshops und Klausuren. Bei der Zeitplanung sollten Kompromisse gefunden werden, in denen die Arbeitszeiten aller Berufsgruppen berücksichtigt werden. Um etwaige Prioritätskonflikte im Vorfeld abzuklären und in Grundsätzen zu regeln, empfiehlt es sich, die zeitlichen Rahmenbedingungen und die erforderlichen Arbeitszeitressourcen direkt mit den Führungskräften der Projektmitarbeiter zu vereinbaren.*

Zweitens sind bereichsübergreifende Arbeitsprozesse zu organisieren, die die bestehenden Trennlinien zwischen Berufsgruppen, fachlichen Kompetenzen und Organisationseinheiten überbrücken. Die prioritäre Ausrichtung der Veränderungsarbeit auf die zentralen Leistungsprozesse erfordert zwingend die Investition in bereichsübergreifende Kooperationen, da ja der Leistungsprozess in seiner Gesamtheit nur kooperativ erfolgreich zu realisieren ist. Für die Organisationsentwicklung ist dabei auf einen entscheidenden Unterschied hinzuweisen: Koordinative Prozesse im Sinne einer Aneinanderreihung unterschiedlicher Sichtweisen und Lösungsansätze sind dabei zu wenig, ebenso die reine „Repräsentanz" von Vertretern unterschiedlicher Bereiche oder Berufsgruppen in Projektforen. Kooperation bedeutet vielmehr, dass alle Beteiligten sich aktiv an dem Prozess beteiligen und nicht nur für die Realisierung von Partialinteressen eintreten, sondern die Gesamtlösung verantworten.

Drittens gilt es, das Wissens- und Erfahrungspotenzial aller Mitarbeitenden im Dienste der Veränderungsarbeit auszuschöpfen, vor allem auch die Ressourcen von Mitarbeitern ohne Leitungsfunktion und mit schwacher Position in der Statushierarchie. Der Widerspruch zwischen tradierter hierarchischer Ausrichtung der Organisation und der Abhängigkeit derselben von der selbstständigen, eigenverantwortlichen Arbeit der Mitarbeiter ist zu bearbeiten. Das an der Basis angesiedelte Know-how ist für die Aufrechterhaltung des Routinebetriebs unverzichtbar und dementsprechend auch für die Weiterentwicklung oder auch Verabschiedung etablierter Arbeitsprozesse und Routinen. Nicht zuletzt liegt in der aktiven und verantwortlichen Beteiligung aller Mitarbeitergruppen auch die entscheidende Motivationsquelle, sich auf Neues einzulassen und die zusätzlichen Belastungen mitzutragen, die mit Veränderungen verbunden sind. Hier wird allerdings nicht ein empathischer Partizipationsbegriff vertreten, sondern es geht um ein Steuerungsverständnis, das die Erfolgsbedingungen einer Expertenorganisation ernst nimmt.

8.3 Projektorganisation als Parallel- und Innovationsstruktur aufbauen

Wenn Projektmanagement genutzt wird, um beispielsweise ein komplexes Bauvorhaben abzuwickeln, dann ist das Ergebnis dieses Projektes im Prinzip bis ins kleinste Detail planbar und vorhersehbar. Es handelt sich hier um deterministische Projekte. Dennoch laufen auch solche Projekte, wie jeder Eigenheimbauer weiß, ständig aus dem Ruder, brauchen immer wieder neue Abstimmungsprozesse und Krisenmanagement. Auch solche Projekte demonstrieren, dass die in ihrer Bedeutung immer noch weit unterschätzten sogenannten weichen Projektfaktoren die eigentlichen harten Faktoren darstellen. Veränderungsvorhaben in Spitälern sind, was die Ergebnisse betrifft, in der Regel offene Projekte. Ihr Ausgang ist auch inhaltlich offen. Sie werden ja gerade dazu aufgesetzt, nicht Vorhersehbares und damit Neues zu entwickeln. Und es handelt sich praktisch immer um sogenannte selbstreferenzielle Projekte, also Projekte, die die eigene Arbeitsorganisation und Arbeitsweise zum Thema machen und in denen die Sicherheit spendenden Routinen, traditionellen Rollenbilder, das professionelle Selbstverständnis der Akteure und ihre beruflichen Interessen nicht außerhalb bleiben, sondern explizit Gegenstand der Veränderungsarbeit sind. Solche Projekte brauchen noch mehr als andere eine sorgfältige und kommunikative Steuerung und Abstimmung.

Tipp!

Wir beobachten, dass Projektmanagement in Gesundheitsorganisationen zu einem häufig angewandten Management-Tool geworden ist. Wir beobachten gleichzeitig aber auch, dass Projekte oft mit zu wenig Nachdruck eingesetzt und die Anforderungen, sie zu managen, unterschätzt werden. Damit können die Organisationen den möglichen Ertrag dieser Arbeitsform nicht wirklich nutzen und das Instrument gerät in Gefahr, verschlissen zu werden. Einige ausgewählte Klassiker solcher Verschleißprozesse: Führungskräfte beauftragen Projekte, stehen dann aber für die notwendigen Entscheidungsprozesse nicht zur Verfügung. Ergebnisse der Projektarbeit werden nicht abgenommen und in Kraft gesetzt. Projekte werden nicht beendet, sie versickern viel mehr. Projektleiter sind in Funktion obwohl es die Projekte gar nicht mehr gibt.

Organisationen lernen über Unterschiede. Eine Projektorganisation erprobt Neues und führt damit bedeutsame Unterschiede in eine Alltagsorganisation ein, an der die Organisation insgesamt lernen kann. Definierte Ressourcen des Systems werden für eine begrenzte Aufgabe und Zeit auf die Entwicklung des Neuen konzentriert. Die

Schaffung eines zeitlich befristeten Systems in der Organisation ermöglicht es, Personen, Gruppen und Organisationsteile miteinander in Beziehung zu bringen, die sonst durch die funktionale Gliederung wenig Gelegenheit zu systematischer Kooperation haben. Überraschende Vernetzung von Subsystemen und Personen bewirkt häufig eine sehr produktive Verstörung eingespielter Routinen. Die aus dem Alltagsbetrieb etwas herausgehobene Zusammenarbeit in einem Projekt ermöglicht es auch, neue Arbeits- und Kooperationsformen nicht nur zu planen, sondern auch praktisch zu erproben. Diese neue Form der Arbeitskultur über Professions- und Hierarchiegrenzen hinweg ist ein wesentlicher Antrieb dafür, dass sich Mitarbeiter in Gesundheitsorganisationen meist sehr engagiert an ihnen sinnvoll erscheinenden Projekten beteiligen, wenn sie erst einmal eingerichtet sind.

Um als Innovationssysteme lebendig und wirksam werden zu können, brauchen Projekte eine gute Abgrenzung gegenüber dem Alltagsbetrieb und die Möglichkeit, eine eigenständige Arbeitsorganisation zu entwickeln, die auch kulturelle Abweichungen zulässt. Andererseits müssen sie gut mit der Routineorganisation vernetzt sein, um die Ergebnisse der Innovationsarbeit auch in den Alltag transferieren zu können.

8.4 Angelpunkte für Projekte der Organisationsentwicklung im Krankenhaus

8.4.1 Auftragsklärung als konstituierender Prozess

Inhaltlich stimmige und wirksame Projektaufträge in einer Klinik oder einem Pflegeheim, genauso wie Projektvereinbarungen zwischen Organisationen, sind Ergebnis von Aushandlungsprozessen. Sie sind der Kristallisationspunkt, wenn es darum geht, das Besondere eines Veränderungsprojektes herauszuarbeiten und ein gemeinsames Verständnis aller Akteure im Hinblick auf Ziele, Erfolgskriterien, aber auch die Arbeitsform und die zur Zielerreichung erforderlichen Ressourcen zu erlangen. In der Auftragsklärung wird der Unterschied zwischen Alltagsorganisation und Veränderungsarbeit inhaltlich und symbolisch auf den Punkt gebracht. Eine umfassende Auftragsklärung wie sie in Tabelle 6 dargestellt ist, liefert die Grundlage für die Detailplanung eines Projektes.

Um zu einer tragfähigen Sicht auf ein Projekt zu gelangen, ist es nicht ausreichend, dass Projektleiter oder Projektteams eine entsprechende Checkliste ausfüllen. Es bedarf Auftragsverhandlungen, in denen Führungskräfte ihre Ziele und Erfolgskriterien und ebenso ihre Vorstellungen davon einbringen, wann das Projekt als gescheitert zu betrachten ist. Aber auch die Projektleiter oder Mitglieder von Projektgruppen definieren mit ihrem Know-how den Projektgegenstand mit, bringen ihre Erfolgskriterien ein und grenzen sich gegenüber nicht machbar erscheinenden Aufträgen ab. Solche Verhandlungen von Projektaufträgen sind ein gutes Modell für ein systemisch aufgeklärtes Steuerungsverständnis. Die gemeinsame Definition des Projektes braucht Zeit und ist der erste Schritt aus einer hierarchischen Alltagskultur hinaus. Auftragsklärungen scheitern häufig an zu geringer Einflussnahme von Führungskräften in Form von Zielen und Erfolgskriterien oder an einer Übersteuerung durch Führungskräfte, die für eine gemeinsame Verständigung über die Zielrichtung des Projektes kaum Spielraum lässt. Nach unserer Beobachtung wird in die Auftragsklä-

Tab. 6 Eckpfeiler einer zirkulären Projektplanung für Organisationsentwicklungsprojekte (Prammer 2009, S. 216, mit freundlicher Genehmigung des Carl-Auer Verlages)

1.	Case for Action	Welche Not gilt es zu wenden? Welches ist der konkrete Mangel, weshalb man unbedingt tätig werden sollte?
2.	Projektziele	Was liegt aus der Projektarbeit heraus am Ende des Projekts konkret vor, ist dann konkret anders (Hard-fact-Ergebnisse, Verhaltensebene)?
3.	Projektgegenstand	Damit sich Erfolg einstellt, was muss unbedingt Thema werden, woran soll gearbeitet werden? Damit die Projektziele erreicht werden, was sollte explizit kein Thema sein, woran sollte nicht gearbeitet werden (Inhaltsebene, Tabus)?
4.	Projekterfolgsfaktoren	Damit sich Erfolg einstellt, was darf bezüglich der gefundenen Lösungen und des Vorgehens auf keinen Fall passieren? Woran merkt wer konkret, dass das Projekt erfolgreich bzw. nicht erfolgreich ist/war?
5.	Projektaufbau-organisation	Welche Projektgremien/-stellen/-funktionen sollten zweckmäßig eingerichtet werden? Wofür sollten diese verantwortlich sein bzw. explizit nicht; mit welchen Kompetenzen sind sie auszustatten?
6.	Projektspielregeln	Wozu sollten Spielregeln vereinbart werden? Wie sollte dafür – im Unterschied zur „Linie" – ein Mindestset an Spielregeln lauten?
7.	Projektressourcen	Um den Projektauftrag realistisch abwickeln zu können, über welche Ressourcen muss/müsste das Projekt konkret verfügen? Welche Ressourcen stehen zur Verfügung?
8.	Projektmeilensteine/-ecktermine	Welche expliziten Zwischenziele sollen/können bis wann realisiert werden?
9.	Offene nächste Schritte	Damit die getroffenen Vereinbarungen produktiv wirksam werden können, was ist von wem bis wann konkret noch zu leisten?
10.	Commitment	Können sich alle Projektpartner mit den getroffenen Vereinbarungen identifizieren?

rung zu wenig an Auseinandersetzung investiert, was sich meist in einer späteren Phase des Projektes als Konflikt bemerkbar macht.

Ein weiterer Stolperstein, den wir in der Projektmanagement-Praxis in Krankenhäusern immer wieder beobachten können, liegt in einer Überbetonung standardisierter Vorgangsweisen, in der die Zieldefinition in einem Formular eingetragen wird, ohne dass in interaktiven Aushandlungsprozessen eine vertiefte Verständigung über Hypothesen, Absichten und Rahmenbedingungen erzielt wird. Ziele, die verstanden werden und mit Engagement und Commitment von Projektteams verfolgt werden sollen, können schwerlich durch Vorgaben kreiert oder per E-Mail bestätigt werden. Sie müssen in Klausuren oder Kick-off-Workshops kommunikativ erarbeitet und mit Sinn und Orientierung ausgestattet werden. Die inhaltliche Ausrichtung, das Design und die Moderation solcher Meetings sind erfolgskritisch.

Tipp!

Klare Verträge über Entscheidungsspielräume zu Beginn der Projektarbeit sichern die Durchführung der Projektarbeit und helfen Enttäuschungen vorzubeugen.

Es empfiehlt sich ferner, die Auftragsklärung nicht mit einem Einmalevent als erledigt zu betrachten, da durch Veränderungen externer Rahmenbedingungen und Zielvorstellungen oder auch durch Zwischenergebnisse der Projektarbeit neue Problemstellungen auftauchen können. Eine rekursive Gestaltung des Projektmanagements wird die eigene Auftragssituation immer wieder zum Gegenstand von Klausuren im Projektteam und von Abstimmungen mit Auftraggebern oder Steuerungsgruppen machen. So verstanden wird die Auftragsklärung zu einem zirkulären Prozess.

8.4.2 Die Arbeitskultur kreativ und innovativ gestalten

Projektteams haben das Potenzial, dass sie durch eine innovative Kultur der Zusammenarbeit Kreativität und Motivation für unkonventionelle Lösungen freisetzen können. In Projektteams können die Mitarbeiter unterschiedlicher Berufsgruppen, aus unterschiedlichen Arbeitsbereichen und unterschiedlichen Hierarchieebenen neue Arbeits- und Kooperationserfahrungen machen, die in der Routineorganisation so nicht möglich sind. Es ist diese zeitlich begrenzte Kooperation über Berufsgruppen und Hierarchien hinweg, die die Kraft und Intensität von Projektarbeit ausmacht. Dazu brauchen Projektgruppen aber die Gelegenheit, aus den eingefahrenen Geleisen der Alltagsarbeit herauszutreten ohne abzuheben. Dies geschieht, wenn in den Projektteams eine Arbeitskultur etabliert ist, die respektvoll mit den Beiträgen der Gruppenmitglieder umgeht, zielorientiert Meetings gestaltet und Differenzen und Konflikte zu bearbeiten vermag. So verstanden ermöglicht Teamarbeit die Einheit einer differenzierten Organisation als ein Ergebnis der Bewältigung von Unterschieden zu verstehen und nicht als deren Nivellierung. Die paradoxe Kraft von Teams in Projekten ist es gerade, nicht vorschnell eine Einheit herzustellen, sondern diese Unterschiede deutlich zum Ausdruck zu bringen und gleichzeitig einer Bearbeitung zuführen zu können.

Häufig unterscheiden sich Projektbesprechungen aber kaum von Routinesitzungen. Oft wird gerade so viel investiert, dass es nicht ausreicht, um wirklich eine andere Arbeitskultur zu etablieren und zu überraschenden Lösungen zu kommen. Damit Meetings und Sitzungen von Projektgruppen nicht zu bürokratischen Pflichtübungen verkommen und um die Beteiligung der Akteure fachlich-inhaltlich zu motivieren, ist auf den Prozess der Projektarbeit zu achten. Eine produktive und positiv erlebte Arbeitskultur entsteht nicht von alleine oder nur als Folge der kontrahierten Ziele und Aufgaben. Es bedarf einer Form der Arbeit, die nicht nur den Inhalt, sondern auch den Sozialkörper des Arbeitssystems mit einbezieht. Die Mitglieder des Projektes und die Verantwortlichen im Betrieb sind gefordert, in die Arbeitsfähigkeit dieser Teams investieren.

Für die Etablierung einer innovativen und kreativitätsfördernden Arbeitskultur sind dabei einige kritische Faktoren zu beachten:
- die Gestaltung von Meetings, in denen alle Beteiligten zu Wort kommen und ihre Ressourcen, Kompetenzen, Fragen und Sichtweisen einbringen können;
- die sorgfältige Definition und Klärung und Verteilung von Verantwortlichkeiten, Aufgaben und Erwartungen in Projektteams und zwischen Projektteams und Auftraggebern;
- die Berücksichtigung gruppendynamischer und emotionaler Faktoren in der Projektarbeit durch angemessene Thematisierung und Bearbeitung;

- eine ressourcenorientierte und wertschätzende Kommunikationskultur und
- regelmäßige Feedbackschleifen zu beiden Seiten der Projektarbeit: dem inhaltlichen Vorankommen und dem Arbeitsprozess.

Damit Projektteams das Potenzial, das in diesen Kooperationsprozessen steckt, auch entfalten können, muss in die Entwicklung dieser Teams investiert werden. Sie brauchen Ressourcen und fachliche Unterstützung für den Aufbau ihrer Arbeitskultur. Diese zeitlichen, energetischen und auch finanziellen Investitionen in der Anfangsphase machen sich zumeist bezahlt, indem sie eine effiziente, lösungsorientierte Arbeitsweise kreieren und auf der Ebene der Organisationskultur zusätzlich positive Effekte bewirken. Es ist Aufgabe der Führungskräfte, solchen Projekten einerseits als Auftraggeber, Entscheidungsinstanzen und auch als Mentoren gegenüber zu stehen, und andererseits die erforderlichen Rahmenbedingungen für die Arbeit der Projektteams zu schaffen.

8.4.3 Vorausschauende Planung und zirkuläre Projektentwicklung

Ein Vorteil von Projektmanagement besteht in der Systematik der Vorgangsweise. In einer Phase der Informationssammlung und Diagnose werden zunächst Problemsammlungen und Problemanalysen erstellt und bewertet und die Zielsetzungen für die Projektentwicklung formuliert. In der Implementationsphase werden spezifische Vorarbeiten und Adaptionen vorgenommen, um das Projekt umsetzen können. Rechtliche Abklärungen, Vereinbarungen zwischen den beteiligten Einheiten, die Beschaffung der nötigen Infrastruktur etc. bedeuten in dieser Phase oft einen erheblichen Aufwand. In der anschließenden Realisation sind die nötigen Voraussetzungen und Rahmenbedingungen für eine erfolgreiche Umsetzung geschaffen worden und das Projekt kann gleichsam in einem „Probebetrieb" umgesetzt werden. Abschließend liefert Evaluation Informationen über den Verlauf und die Ergebnisse und kann damit Folgeentscheidungen für einen Transfer des Projektes unterstützen.

Je offener oder auch riskanter ein Projekt vom Ergebnis her für alle Beteiligten ist, desto weniger lässt sich Sicherheit allerdings aus einem linearen Prozessablauf oder aus der fachlichen Expertise in Bezug auf die erwartbaren Ergebnisse gewinnen. Sicherheit lässt sich in solchen Projekten nur über die Anlage und Steuerung des Veränderungsprozesses gewinnen:

- durch vorausschauende Planung von Besprechungen zu Zwischenergebnissen (Meilensteinen),
- durch regelmäßige Information über den Projektverlauf,
- durch periodische gemeinsame Auswertung der Projektarbeit,
- durch die Möglichkeit für Führungskräfte und andere Beteiligte, Korrekturen und neue Orientierungen einzubringen.

Für die Ebene der Projektplanung bedeutet dies „Keep Changing the Plan" (Grossmann; Scala 1994, S. 87–88), die Einführung von Feedbackschleifen in den Planungsprozess, in dem in Zwischenreflexionen aller Beteiligten regelmäßig der Projektverlauf berichtet und reflektiert und angemessen darauf reagiert wird. Ein solches zirkuläres Verständnis von Intervention wird im Modell der systemischen Schleife (Königswieser; Exner; Pelikan 1998, S. 24) zum Ausdruck gebracht (s. Abb. 2).

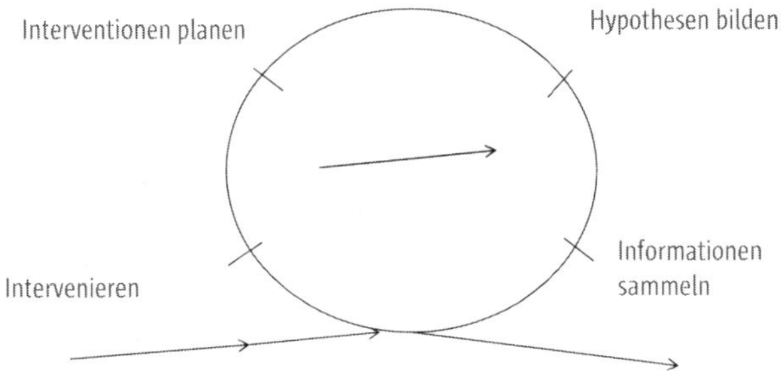

8 Organisationsentwicklung und Projektmanagement

Abb. 2 Die systemische Schleife in der Interventionsplanung der Organisationsentwicklung (n. Königswieser et al. 1998, S. 24, mit freundlicher Genehmigung des Schäffer-Poeschel Verlages für Wirtschaft, Steuern und Recht GmbH)

In einem ersten Schritt werden Informationen gesammelt und danach daraus Hypothesen abgeleitet. Als dritter Schritt erfolgt die Planung möglicher Interventionen, die im dritten Schritt implementiert werden. Entsprechend unseres Paradigmas der Nicht-Trivialität in der Veränderung von Organisationen sind die Auswirkungen der Interventionen nicht in linearer Form erwartbar und müssen daher selbst wiederum Gegenstand von Folge-Beobachtungen werden. Worauf sich die Schleife der Intervention weiterdreht.

> **Tipp!**
>
> *Boxenstopp im Projektmanagement: Bilden von Hypothesen zur Orientierung in komplexen Situation und zur Entwicklung innovativer Lösungen.*
>
> *Komplexe Projekte gehen mit Unsicherheiten im Hinblick auf die Planung möglicher Interventionen einher. Die Hypothesenbildung unterbricht den Handlungszyklus und führt eine Reflexionsschleife ein, in der die relevanten Mitglieder eines Projekts oder Projektteams ihr Bild über die Situation vergemeinschaften. Dabei werden die grundlegenden Annahmen über die „Wirklichkeit" einer sozialen Situation in einem Projektteam expliziert und ihrem Erkenntnisgewinn für eine angemessene Interpretation reflektiert. Hypothesen werden formuliert wie folgt:*
> - *„Das Problem besteht darin, dass ..."*
> - *„Die Situation wird stabilisiert durch ..."*
> - *„Eine zentrale Annahme dabei besteht in ..."*
> - *„Eine gelingende Veränderung müsste daher ansetzen bei ..."*
>
> *In der Bildung von Hypothesen sollte auf jeden Fall von mehrdimensionalen Faktoren ausgegangen werden. Kurt Lewin, Begründer der sozialen Feldtheorie, formuliert die Möglichkeiten dabei wie folgt: „Wirksam ist was wirkt". Ebenen können sein: Organisation (Strukturen, Prozesse, Systeme), involvierte Personen (Motivation, Geschichte, Handlungen), Interaktionen zwischen Rollenträgern (Führungskräfte, Arbeitsteams), Inhalte (worum es vom Inhalt her geht, Geschichte des „Inhalts"), Kontext (Ressourcen, Politik, andere Veränderungsprozesse). Eine vorschnelle Hierarchisierung einzelner Faktoren ist zu vermeiden, erst dann kann es gelingen, innovative, auf die Bearbeitung mehrerer Aspekte*

abzielende Lösungen zu entwickeln. In der Hypothesenbildung kann unterschieden werden zwischen:
- Zentralen Faktoren, die der Situation zugrundeliegen,
- das Problem verstärkende, stabilisierenden Faktoren und
- Feldern oder Themen, die eine positive Wirkung erzeugen könnten.

Im Abwägen der Schlüssigkeit von Hypothesen wird eine Selektion erforderlich sein. Wenn es im Projektteam oder aber im Zusammenspiel zwischen Projektteam und Steuerungsgremien gelingt, sich auf ein Set an Hypothesen zu einigen, das unterschiedliche Faktoren berücksichtigt und gleichzeitig ein stimmiges Gesamtbild vermittelt, dann wurden brauchbare Grundlagen für die Interventionsplanung erarbeitet.

8.4.4 Die Spannung zwischen Projektstruktur und Routineorganisation

Die produktive Kraft von Projekten liegt zu einem Großteil in ihrer Spannung zur Routineorganisation begründet. Projekte brauchen Selbstständigkeit, um die angesprochene kulturelle Differenz zur Alltagsorganisation und ihren Innovationsauftrag erfüllen zu können. Viele Projekte scheitern, weil sie sich gegenüber den beauftragenden Organisationen verselbstständigen und mit den Führungskräften in der Linie, aber auch mit nicht direkt beteiligten Kollegen in Konflikt geraten. Projekte sind zunächst selektiv in der Bearbeitung. Sie werden unter Beteiligung mehrerer Organisationen oder Bereichen durchgeführt; in der Regel ist aber jedes der beteiligten sozialen Systeme für sich wiederum nur zum Teil in das Projekt direkt einbezogen: In Qualitätsverbesserungsprojekten werden nur als problematisch identifizierte Bereiche zur Disposition gestellt, andere nicht; an der Einführung neuer Informationssysteme wirken nur ausgewählte Mitarbeiter direkt mit etc. Erfolgreiche Organisationsentwicklungsprojekte enden jedoch nicht mit dem Verfassen von Berichten oder mit Ergebnissen, die nur auf das Projekt selbst zur Anwendung kommen. Ihre Wirkung erstreckt sich über das Projektsystem hinaus in der Veränderung von Routinen.

Die spezifischen Verbindungen von Projektarbeit und Linienfunktionen und -aufgaben bergen mehrfache Konfliktpotenziale. Es handelt sich hier um einen notwendigen Widerspruch, der im Rahmen des Projektmanagements umsichtig zu balancieren ist. Diese prekäre Balance kann von zwei Seiten her zum Kippen gebracht werden: Entweder halten Führungskräfte oder auch Mitarbeiter das Eigenleben des Projektes nicht aus und versuchen die alte Dominanz der Linie wiederherzustellen, bevor die Ergebnisse produktiv umgesetzt werden können. Häufig sind es nicht die unmittelbar auftraggebenden Führungskräfte, sondern von den Projektergebnissen in ihren Bereichen betroffene Führungskräfte, die aversiv reagieren. Oder es neigen die Projektmitarbeiter, angespornt von den ungewohnten Einflussmöglichkeiten im Rahmen eines Projektes, dazu, die Projektarbeit als Gegenwelt zu betreiben. Dann werden Auftraggeber und andere Betroffene nicht genügend informiert und einbezogen und gerade durch die Überbetonung der kulturellen Differenz werden Akzeptanz und Umsetzung der Ergebnisse gefährdet.

Das Spannungsfeld Linie-Projekt wird auf unterschiedlichen Ebenen wirksam und birgt erhebliche Anforderungen an ein erfolgreiches Management dieser Schnittstellen. Fünf davon greifen wir im Folgenden auf:

1. **Organisationskultur im Spannungsfeld zwischen Hierarchie und Projekt**: Das Verhältnis der Organisation Krankenhaus zu Projekten als Entwicklungsinstrumenten ist von einer Paradoxie gekennzeichnet. Die dominanten Faktoren der Organisationskultur schaffen sehr schwierige Ausgangsbedingungen für konsequentes Projektmanagement. Die meist scharf abgegrenzten parallelen Berufshierarchien, insbesondere von Medizin und Pflege, erschweren die wirklich gemeinsame Bearbeitung von Projekten ohne sie vorschnell in Zuständigkeitsbereiche einzuordnen. Kollektive Entscheidungen aller beteiligten Führungskräfte werden damit schwierig. Welche Entscheidungen werden in Linienfunktionen getroffen, welche in den Projektgremien?

   Auch die starke Teamorientierung und der nicht hierarchische Charakter der Arbeit in Projekten stellen in der vorherrschenden Arbeitskultur der meisten Gesundheitsorganisationen eine Provokation dar. Andererseits beinhalten gerade aus diesen Gründen Projekte und projektförmige Arbeitsweisen große Lern- und Entwicklungschancen für die Gesundheitsorganisationen, wenn die Konzepte und Instrumente konsequent und kompetent genutzt werden. Mittlerweile gibt es viele gut dokumentierte Beispiele dafür, dass Projekte im Krankenhaus auch unter schwierigen Alltagsbedingungen effektiv und entwicklungsfördernd realisiert werden können (Bircher 2011; Grossmann; Scala 2002a; Peter 2011).

   Für die Entwicklung der Organisationskultur ist dabei entscheidend, wie Entscheidungsträger und Führungskräfte die Widersprüche aus Projektarbeit und Routinebetrieb integrieren und die im Projekt etablierten Entscheidungs- und Arbeitsstrukturen engagiert nutzen und unterstützen.

2. **Entscheidungsträger der Linienfunktionen adäquat einbinden**: Da Projekte meist über einzelne Abteilungen hinausgehen, müssen mehrere Linien und Bereiche einer Organisation Entscheidungen gemeinsam treffen. Für die in Krankenhäusern vorherrschende berufsgruppenspezifische Organisationsstruktur bedeutet dies etwa: pflegerischer und ärztlicher Bereich (zum Beispiel bei der Einführung interdisziplinärer Besprechungen oder von Klinischen Leitlinien) oder Küchenleitung und Stationsleitung (etwa bei Diätprojekten) müssen gemeinsam Prioritäten setzen und Entscheidungen treffen. Wenn Kooperationen über das Krankenhaus hinausgehen (zum Beispiel mit niedergelassenem Bereich oder anderen Gesundheitsdiensten), dann sind auch diese Organisationen mit in Entscheidungen einzubinden. Die Einrichtung eines der Komplexität des Projektes entsprechenden Entscheiderkreises (zum Beispiel Steuerungsgruppe, Projektausschuss) hilft, diese Schnittstellen produktiv zu gestalten (s.u.).

3. **Die Bearbeitung von Entwicklung und Umsetzung als eigene Prozesse aufsetzen**: Häufig ist zu beobachten, dass Projekte mit Engagement starten und viel Energie in die Entwicklung von Neuem investieren. In der späteren Implementierung und Verankerung fällt in der Projektarbeit die Energie ab und es wird weniger investiert. Hier wird sehr rasch auf die Lösungskompetenz und das Engagement im Regelbetrieb vertraut: Ist eine Entscheidung erst einmal getroffen, so finden sich schon die Wege zur Umsetzung im Alltagsbetrieb. Erfahrungen zeigen allerdings, dass dieses Verständnis von Veränderungsarbeit zu kurz greift. Die Implementierung ist immer damit verbunden, alte Routinen abzulegen und neue aufzubauen, bestehende Fähigkeiten durch neue zu ergänzen oder zu ersetzen. Das erfordert einen Prozess der Einarbeitung und viel „Knochenarbeit"

in der Veränderung.

Für das Projektmanagement ist es funktional meist erforderlich, für die Implementierung ein anderes Team zusammenzustellen und dieses mit der Umsetzung zu betrauen. Dazu braucht es Zeiträume der Beobachtung hinsichtlich der Tauglichkeit der bearbeiteten Lösungen und Schritte der regelmäßigen Auswertung und Nachjustierung. Projektmanagement in der Organisationsentwicklung ist angehalten, die organisationale Innovation nicht nur an der Neuigkeit, sondern an der Realität zu messen. Wir empfehlen daher, beide Prozesse, die Entwicklung und die Implementierung, integriert zu denken und in der Projektbeauftragung zu berücksichtigen.

4. **Die Doppelzugehörigkeit der Projektgruppenmitglieder zum Projekt und zum Organisationsalltag managen**: Mitarbeiter in Projekten kommen in neue und für sie und die Organisation ungewohnte Rollen, wenn sie etwa als Mitarbeiter des Pflegedienstes ein Projektteam leiten, dem auch Ärzte angehören, oder wenn sie plötzlich als Projektleiter Ergebnisse ihres Projektes mit Führungskräften anderer Funktionsbereiche verhandeln. Die Situation ist für die Betroffenen oft eine große eine Herausforderung und eine Lernchance zugleich. Wenn es gelingt, die oft stark hierarchisierten Kommunikationsformen des Krankenhausalltags zugunsten flexibler, teamorientierter Kommunikations- und Entscheidungsprozesse zumindest partiell aufzugeben, werden Veränderungen in der Organisationskultur eingeleitet.

Eine weitere Konsequenz der Doppelzugehörigkeit liegt in dem oftmals nicht nachgezogenen Jobdesign von Projektmitarbeitern mit der Konsequenz, dass die erforderlichen zeitlichen Ressourcen auf der Personenebene nicht zur Verfügung stehen. So zeigt sich etwa häufig die Schwierigkeit der Mitwirkung von Chirurgen in Projektgruppen, da diese auch häufig während ihrer Arbeitszeit für Notfälle abrufbar bleiben. Spezielle Verträge über die Gestaltung der Mitarbeit in Projekten, in die sowohl die Projektauftraggeber als auch die Linienvorgesetzten der Projektmitarbeiter eingebunden sind (zum Beispiel zwei Stunden pro Woche über einen Zeitraum eines Jahres), können dem ständig präsenten Druck des Arbeitsalltags entgegenwirken.

Exkurs Multi-Projektmanagement

Organisationen, die sehr auf variable Teams und Projektarbeit setzen, brauchen ein bewusstes Multi-Team-Management. Eine aktuelle Studie (O'Leary; Mortensen; Wolley 2011) zeigt, dass Personen, die mehreren Teams zugeordnet sind, sei es im Routinebetrieb, in Projekten oder in beidem, häufig und oft nicht bemerkt ihre Leistungsgrenzen übersteigen. Durch das „Multitasking" können Mitarbeiter bei einem „zuviel" nicht mehr produktiv sein, der permanente Wechsel der Aufmerksamkeit führt zu Leistungsabfall und erlebter Dauerüberforderung. Auf der Teamebene werden neue Informationen nicht ausreichend verarbeitet, die Teams fahren in eine Routine ein und machen keine Experimente mehr, was letztlich zu einem Kreativitäts- und Leistungsabfall führt. Es wird bei einem „zuviel" auf Lernen verzichtet, da einfach keine Zeit für das Überdenken der eigenen Arbeit mehr da ist.

Zur Vermeidung von Produktivitätsumkehr in Organisationen, die stark auf solche „multiplen Teams" setzen, sind die Führungskräfte gefordert. gezielt das Multi-Projektmanagement zu organisieren. Dabei geht es um das Meta-Koordinieren der Zeitpläne aller Projektteams, das Vermeiden von überlappenden Meilensteinen, das Einplanen von Koordinationszeiten für Personen und Teams, die aktive Unterstützung der Teams in ihren Planungsprozessen (Vermeidung von Überlastung und entsprechenden Verzögerungen) und das Initiieren und Durchführen von Evaluationen (was ging wie?) und Experimenten (was könnten wir ausprobieren?). Die Investition in Klärungen von Rollen und Verantwortungen in Projekten und anderen temporären Teams ist eine wesentliche Präventiv-Maßnahme zur Sicherstellung der Leistungsfähigkeit von Personen und zur Effektivität von Projekten.

5. **Der Aufbau funktionaler und tragfähiger Projektstrukturen:** Projektstrukturen sind temporär angelegte Systeme, die darauf abzielen die Entscheidungs- und Arbeitsformen im Sinne der Vorhaben des Projektes zu designen. Die Projektstruktur stellt in ihrer Gesamtheit die Autonomie der Projektarbeit gegenüber den Anforderungen des Alltags sicher und ermöglicht gleichermaßen die Einbindung der Projektarbeit und -ergebnisse in die Organisationsroutinen. Ein Projekt braucht eine Entscheidungs- und Arbeitsebene, die beide ihren Platz in der Organisationsstruktur und in den Rollen des Projektes finden müssen.

Zusammenfassend betrachtet, geht es bei der Etablierung der Projektorganisation im Kern um die Einführung des Prinzips der Gruppe bzw. des Teams als Arbeitsform und deren Verbindung mit der Linie und dem Prinzip der Hierarchie wie Abbildung 3 schematisch darstellt. Die aus dieser Kopplung resultierenden strukturellen, kommunikativen, aber auch personalen Irritationen nehmen zu, wenn die mit dem Projekt angestrebten Veränderungen sich auf die Organisation selbst beziehen, wenn also Gegenstand und Subjekt der Veränderung zusammenfallen. Im Projektmanagement spricht man dann von selbstreferentiellen Projekten.

Ein funktionierender Projektansatz ist gefordert, um diese Spannungsfelder zu einem versöhnlichen miteinander in Beziehung zu bringen. Mittlerweile verfügt das Projektmanagement über eine Reihe bewährter Arrangements, die dazu in der Lage sind.

Auf der Arbeitsebene werden Projektgruppen etabliert. Die Attraktivät in der Mitarbeit in Projekten besteht zu einem Gutteil in der Möglichkeit des teilweisen Ausstiegs aus dem „Alltag" der Organisation und der Konzentration auf ein abgegrenztes

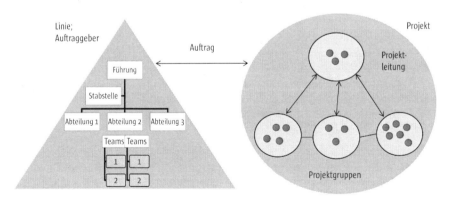

Abb. 3   Projektorganisation: Spannung zwischen Linienfunktion und Projekt

Thema, das gemeinsam mit anderen erarbeitet wird. Diese spezielle Bedingung der Projektarbeit ist auch einer der Gründe dafür, dass außergewöhnliche Energien für die fachliche Seite der Projektarbeit aufgebracht werden können.

Auf der Entscheidungsebene ist die Balance von Routine-Betrieb und den speziellen Bedingungen des Projekts zu organisieren. Es ist ein verkürzter Zugang, Entscheidungsgremien rein nach den Linienfunktionen zu bilden. Da in Projekten im Krankenhaus in der Regel mehrere Abteilungen oder Bereiche als Auftraggeber fungieren, agieren Entscheidungsträger in speziell zusammengesetzten Projektausschüssen oder Steuerungsgruppen. Diese Entscheiderkreise sind Auftraggeber für die Projektarbeit. Bei komplexen Projekten, an denen partiell auch Entscheidungsträger mit beteiligt werden sollen, die nicht dem engeren Auftraggeberkreis angehören (zum Beispiel Abteilungsleitungen), können diese als zusätzliche spezielle Auftraggeber miteinbezogen werden. Für die Steuerung organisationsübergreifender Projekte, wie etwa der Optimierung der Zusammenarbeit im Gesundheitswesen einer Region, können daher sehr differenzierte Entscheidungsstrukturen erforderlich werden (siehe Beitrag von Grossmann; Prammer; Neugebauer 2013, s. Kap. II.5).

Ohne dass hier umfassender darauf eingegangen werden kann, sollen weitere Strukturelemente einer Projektorganisation hier kursorisch genannt werden:

- Die Rolle der Projektleitung als temporäre Führungsfunktion in der Projektstruktur;
- unterstützende Rollen interner Experten und Stabsstellen als Fachexperten und Koordinatoren von Aufgabenstellungen, aber auch in der Moderation und Begleitung von Projektgruppen;
- Kommunikations- und Transferplattformen wie Sounding Boards, Informationsgruppen oder Netzwerke und
- Externe Organisationsberatung auf der Ebene des Gesamtprojektes oder auch von einzelnen Teilprojekten.

In der Verbreitung von Projektmanagement als Instrument der Organisationsentwicklung fällt ein Paradoxon auf. Obwohl für das Projektmanagement die Maßschneiderung der Arbeits- und Entscheidungsform konstitutiv ist, bemühen sich viele Betriebe um Standardisierungen in der Vorgangsweise. Es gibt dann Projekthandbücher, Checklisten, Verfahrensanweisungen, die ein transparentes und vergleichbares Vorgehen ermöglichen und Sicherheit im Umgang mit oft unsicheren Situationen vermitteln sollen. Dabei bleibt allerdings oft der kontextsensitive Zugang von Projektmanagement zugunsten von Standardlösungen auf der Strecke. Wir erleben dann als Berater und Forscher immer wieder, dass die solcherart etablierten Projektstrukturen, Arbeitsgremien und Arbeitsgruppen selbst Teil des Problems werden und sich nicht in der erforderlichen funktionalen Differenz zur Alltagsorganisation aufstellen. So wird die Projektorganisation selbst zur Routineorganisation und verliert ihre Innovationskraft.

Die in diesem Kapitel vorgenommene Übersicht macht deutlich, dass eine Nutzung von Projektmanagement auch eine Entlastung der Führungskräfte braucht. Diese sind in Projekten gefordert, den Fortgang zu reflektieren, Entscheidungen zu treffen und die erforderlichen Veränderungen zu ermöglichen. Wenn Projektmanagement längerfristig in der Entwicklung der Organisation wirksam werden soll, dann bedarf es eines gezielten Aufbaus von Ressourcen in Form von professionellen Rollen als

Projektmanager, Projektassistenten oder auch Ärzten und Pflegekräften, die diese Arbeiten in einen Teil ihrer Arbeitsvereinbarungen übernehmen. Diese Ressourcen sind einerseits an der Spitze der Unternehmen in Form von Stabsstellen oder entsprechenden Abteilungen zu schaffen, sie sind aber auch in den dezentralen Organisationseinheiten durch qualifizierte Mitarbeiter zu etablieren. Erst wenn Veränderungen an den Basisprozessen angekommen und dort wirksam und akzeptiert sind, kann von gelingender Veränderungsarbeit gesprochen werden.

Literatur

Amabile, T.M.; Kramer, S.: The Progress Principle. Using Small Wins to Ignite Joy, Engagement and Creativity at Work, Boston 2011

Bateson, G.: Ökologie des Geistes, Frankfurt/M. 1983

Bircher, R.: Organisationsentwicklung im Organisationsabbau – Ein Paradoxon?, in: Grossmann, R.; Mayer, K. (Hrsg.): Organisationsentwicklung konkret. 14 Fallbeispiele für betriebliche Veränderungsprojekte, Wien 2011, S. 56–75

Bolden, R.; Hawkins, B; Gosling, J.: Exploring Leadership. Individual, Organizational & Societal Perspectives, Oxford 2011

Bradford, L.P.: National Traininglaboratories. Its history: 1947–1970, Bethel 1974

Bradford, L.P.; Gibb, J.R.; Benne, K.D. (Hrsg): Gruppentraining, T-Gruppentheorie und Laboratoriumsmethode, Stuttgart 1972

Burke, W.: A Contemporary View of Organization Development, in: Cummings, T.G (Ed): Handbook of Organizational Development, Los Angeles 2008, S. 13–38

Cheung-Judge, M.-Y.: The Self as an Instrument. A Cornerstone for the Future of OD, in: OD Practitioner, 2001, 33, 3, S. 11–16

Chin, R.; Benne, K.D.: Strategien zur Veränderung sozialer Systeme, in: Bennis W.G.; Benne, K.D.; Chin, R. (Hrsg): Änderung des Sozialverhaltens, Stuttgart 1975, S. 43–78

Cummings, T.: An American Reflection on Organization Development, Keynote auf der „1. Biennale für Management und Beratung im System", Berlin 2005

Cummings, T.G.; Worley, C.G.: Organization Development and Change, Cincinnati 1997

Eijnatten, F.M.; Shani, A.B.; Leary, M.M.: Sociotechnical Systems, in: Cummings, T. (Eds): Handbook of Organization Development, Beverly Hills 2008, S. 227–309

Emery F.; Trist E.: The Causal Texture of Organizational Environments, in: Human Relations, 1965, Vol. 18, 1, S. 21–32

Fatzer, G. (Hrsg.): Organisationsentwicklung für die Zukunft: Ein Handbuch, Köln 1993

Foerster, H.v.: Kybernethik, Berlin 1993

Galbraith, J.R.: Designing Organizations: An Executive Guide to Strategy, Structure and Process, San Francisco 2002

Garbsch, M.; Grossmann, R.; Scala, K.: Lernen von Organisationen und Lernen von Personen verbinden – Theorie und Praxis am Beispiel einer Führungsentwicklung im Allgemeinen Krankenhaus Linz, in: Lobnig, H.; Grossmann, R. (Hrsg.): Organisationsentwicklung im Krankenhaus, Berlin 2013

Grossmann, R.: Die Selbstorganisation der Krankenhäuser, in: Grossmann, R.; Krainz, E.; Oswald, M. (Hrsg.): Veränderung in Organisationen. Management und Beratung. Wiesbaden 1995, S. 55–78

Grossmann, R.: Gesundheitsförderung am Arbeitsplatz Krankenhaus, in: Grossmann, R. (Hrsg.): Gesundheitsförderung und Public Health, Wien 1996, S. 171–200

Grossmann, R.: Organisationsberatung in der Reform öffentlicher Leistung: Auf den Nutzen kommt es an, Berlin – New York 2004

Grossmann, R.; Greulich. A: Führung und Organisationsentwicklung im Krankenhaus, in: Lobnig, H.; Grossmann, R. (Hrsg.): Organisationsentwicklung im Krankenhaus, Berlin 2013

Grossmann, R.; Krainz, E.; Oswald, M. (Hrsg.): Veränderung in Organisationen. Management und Beratung, Wiesbaden 1995

Grossmann, R.; Lobnig, H.; Scala, K.: Kooperationen im Public Management, Weinheim 2007

Grossmann, R.; Mayer, K. (Hrsg.): Organisationsentwicklung konkret. 14 Fallbeispiele für betriebliche Veränderungsprojekte. Bd. 1, Wiesbaden 2011

Grossmann, R.; Mayer, K.; Prammer, K. (Hrsg.): Organisationsentwicklung konkret. Bd. 2, Wiesbaden 2013

Grossmann, R.; Prammer, K.; Neugebauer C.: Beiträge der Organisationsentwicklung beim Aufbau interorganisationaler Kooperationen in der Gesundheitsversorgung, in: Lobnig, H.; Grossmann, R. (Hrsg.): Organisationsentwicklung im Krankenhaus, Berlin 2013

Grossmann, R.; Scala, K. (Hrsg.): Intelligentes Krankenhaus. Innovative Beispiele der Organisationsentwicklung in Krankenhäusern und Pflegeheimen, Wien – New York 2002a

Grossmann, R.; Scala, K.: Veränderungsfähigkeit macht die Intelligenz einer Organisation aus, in: Grossmann, R.; Scala, K. (Hrsg.): Intelligentes Krankenhaus. Innovative Beispiele der Organisationsentwicklung in Krankenhäusern und Pflegeheimen, Wien – New York 2002b, S. 179–199

Grossmann, R.; Scala, K.; Maier, K.: The IFF-M/O/T Masterprogramme in Organization Development, in: Adams, S.; Zanzi, A. (Eds): Preparing Better Consultants. The Role of Academia, Charlotte – NC 2012, S. 51–74

Haeske-Seeberg, H.: Projektgruppenmoderation im Krankenhaus. Techniken – Umsetzung – Praxisbeispiele, Stuttgart 2010

Hansen, M.: Collaboration. How Leaders Avoid the Traps, Create Unity and Reap Big Results, Boston 2009

Holman, P.; Devane, T.; Cady, S. (Eds): The Change Handbook, San Francisco 2007

Janes, A, Prammer, K., Schulte-Derne, M.: Transformationsmanagement – Organisationen von innen verändern. Wien, Ney York, 2001

Janes, A.: Wie Sie Mitarbeiter in Expertenorganisationen Führen, in: C/O/N/E/C/T/A (Hrsg.): Führung leben, Heidelberg 2010, S. 246–276

Kleiner, A.: The Age of Heretics. A history of radical thinkers who reinvented corporate management, San Franciso 2008

Königswieser, R.; Exner, A.: Systemische Intervention. Architekturen und Designs für Berater und Veränderungsmanager, Stuttgart 1998

Königswieser, R.; Exner, A.; Pelikan, J.: Systemische Intervention in der Beratung, in: Königswieser, R.; Exner, A.: Systemische Intervention, Stuttgart 1998, S. 15–43

Lawler E.E.; Worley, C.G.: Management Reset. Organizing for Sustainable Effectiveness, San Francisco 2011

Lawler, E.E.; Worley, C.G.: Built to change, San Francisco 2006

Lipp, U.; Will, H.: Das große Workshop-Buch: Konzeption, Inszenierung und Moderation von Klausuren, Besprechungen und Seminaren, Weinheim 2008

Lobnig, H.; Ernst, M.: Organisationsentwicklung und Qualitätsmanagement, in: Lobnig, H.; Grossmann, R. (Hrsg.): Organisationsentwicklung im Krankenhaus, Berlin 2013

Luhmann, N.: Organisation und Entscheidung, Opladen 2000

Luhmann, N.: Soziale Systeme. Grundriß einer allgemeinen Theorie, Frankfurt/M. 1984

McGregor, D.: The Human Side of Enterprise, New York 1960

Miles, R.; Snow C.: Organizational Strategy, Structure and Process, New York 1978

Mingers, S.: Wie Sie Ihr Gefühlsleben und das Ihrer Mitarbeiter umsichtig managen, in: C/O/N/E/C/T/A (Hrsg.): Führung leben, Heidelberg 2010, S. 146–178

Mintzberg, H.: Structure in Fives. Designing Effective Organizations, New Jersey 1993

Mohrmann, S.; Shani, A.B. (Eds.): Organizing for Sustainability. Vol. 1, Organizing for Sustainable Effectiveness, Bingley 2011

Naegler, H.: Effizienz der Organisation Krankenhaus - Messen mit Hilfe des Stakeholder-Ansatzes, in: das Krankenhaus, 2013, Heft 4, Seite 394–402

Naegler, H.; Bustamante, S.: Management der sozialen Verantwortung – Corporate Social Responsibility als nachhaltiger Erfolgsfaktor, Berlin 2011

O'Leary, M.B.; Mortensen, M.; Wolley, A.W.: Multiple Team Membership: A Theoretical Model of Its effects on Productivity and Learning for Individuals and Teams, in: Academy of Management Review, 2011, Vol 36, No3, S. 461–578

Pelikan, J.M.; Wolff, S. (Hrsg.): Das gesundheitsfördernde Krankenhaus. Konzepte und Beispiele zur Entwicklung einer lernenden Organisation, Weinheim 1999

Peter, S.: Organisationsentwicklung braucht glaubwürdige Auftraggeber und Machtpromotoren. Verbesserung der Arbeits(zeit)situation von Nachwuchsärzten mittels systemischer Organisationsentwicklung, in: Grossmann, R.; Mayer, K. (Hrsg.): Organisationsentwicklung konkret. 14 Fallbeispiele für betriebliche Veränderungsprojekte, Wien 2011, S. 286-314

Prammer, K.: Organisationsentwicklung und Leistungsprozessmanagement – konzeptionelle Grundlagen, in: Lobnig, H.; Grossmann, R. (Hrsg.): Organisationsentwicklung im Krankenhaus, Berlin 2013

Prammer, K.: Transformationsmanagement – Theorie und Werkzeugset für betriebliche Veränderungsprozesse. Carl-Auer-Verlag, Heidelberg 2009

Prammer, K.: Wie Sie Entwicklung in Organisationen nachhaltig sicherstellen, in: C/O/N/E/C/T/A (Hrsg.): Führung leben. Heidelberg 2010, S. 121-144

Rosenthal, T.; Wagner, E.: Organisationsentwicklung und Projektmanagement im Gesundheitswesen, Heidelberg 2004

Scala. R.; Grossmann. R.: Supervision in Organisationen, 2. Auflage, Weinheim 2002

Schein, E.H.: Career Anchors (discovering your real values), San Francisco 1990

Schein, E.H.: Organizational Culture and Leadership, San Francisco 1985

Schein, E.H.: Process Consultation revisited. Building the Helping Relationship. Reading, MA 1999

Schein, E.H.: Process Consultation: Its Role in Organization Development. Reading, MA 1969

Schein, E.H.: The Clinical Perspective in Fieldwork, Beverly Hills 1987

Senge, P.; Kleiner, A.; Smith, B.; Roberts, C.; Ross, R.: Das Fieldbook zur Fünften Disziplin, Stuttgart 1994

Simon, F.; C/O/N/E/C/T/A: Radikale Marktwirtschaft. Grundlagen des systemischen Managements, Heidelberg 1992

Thorsrud, E.; Emery, F.: Democracy at Work, Leiden 1976

Untermarzoner, D.: Interne Organisationsentwicklung im Krankenhaus, in: Lobnig, H.; Grossmann, R. (Hrsg.): Organisationsentwicklung im Krankenhaus, Berlin 2013

von Dach Nicolai, M.: Ein Veränderungsvorhaben – aufgezeigt an einer Konzeptarbeit für Patienten mit Morbus Parkinson in einer Klinik. Masterarbeit im Rahmen des Master of Science Organization Development, Wien 2007

Wagner, E.: Training und Personalentwicklung: Systematisches Lernen in Organisationsentwicklungsprojekten? In: Pelikan, J., Wolff, S. (Hrsg.): Das gesundheitsfördernde Krankenhaus, Weinheim 1999, S. 67-70

WHO-Modellprojekt „Gesundheit und Krankenhaus": Wie Interprofessionelle Teambesprechungen eingeführt werden können, Wien 1995

Willke, H.: Systemtheorie II. Einführung in die Theorie der Intervention in komplexe Sozialsysteme, Stuttgart 1994

Wimmer, R.: Hat die Organisationsentwicklung ihre Zukunft bereits hinter sich?, in: Wimmer, R.: Organisation und Beratung, Heidelberg 2004, S. 221-247

Wimmer, R.: Wider den Veränderungsoptimismus. Zu den Möglichkeiten und Grenzen einer radikalen Transformation von Organisationen, in: Soziale Systeme 1999, 1, S. 159-180

Wimmer, R.: Zur Eigendynamik komplexer Organisationen. Sind komplexe Organisationen überhaupt noch steuerbar? In: Fatzer, G. (Hrsg.): Organisationsentwicklung für die Zukunft, Köln 1993, S. 255-308

Wimmer, R.; Meissner, J.O.; Wolf, P. (Hrsg.): Praktische Organisationswissenschaft. Lehrbuch für Studium und Beruf, Heidelberg 2009

Wolf, J.D.: Organisationsentwicklung und Patientenerfahrung verbinden – eine innovative Perspektive für Gesundheitsorganisationen, in: Lobnig, H.; Grossmann, R. (Hrsg.): Organisationsentwicklung im Krankenhaus, Berlin 2013

Yaeger, T.F.; Sorensen, P.F. (Eds.): Strategic Organization Development. Managing Change for Success. A Volume in Contemporary Trend in Organization Development and Change, Charlotte NC 2009

Zepke, G.: Reflexionsarchitekturen. Evaluierung als Beitrag zum Organisationslernen, Heidelberg 2005

II

Organisationsentwicklung in der Praxis: spezielle Ansatzpunkte und Erfahrungsberichte

Margit Ernst, Marlies Garbsch, Andreas Greulich,
Ralph Grossmann, Hubert Lobnig, Christian Neugebauer,
Karl Prammer, Klaus Scala, Dagmar Untermarzoner
und Jason A. Wolf

1 Führung und Organisationsentwicklung im Krankenhaus

Ralph Grossmann und Andreas Greulich

1.1 Organisationskompetenz als Schlüsselqualifikation

Organisationsgestaltung und Management von Veränderungen werden immer mehr zu einer Schlüsselkompetenz für die Führungskräfte, aber auch für viele Mitarbeiter der Krankenhäuser. Die Krankenhäuser haben schon im Routinebetrieb hohe Organisationsleistungen zu vollbringen. Grundsätzlich ist ein vollkontinuierlicher Betrieb 365 Tage (7 x 24) im Jahr zu gewährleisten. Es sind die Arbeiten mehrerer hochspezialisierter Berufsgruppen zu koordinieren. Eine sehr technikintensive Tätigkeit ist mit einer sehr personenbezogenen Kommunikation in der Arbeit am Patienten zu verbinden. Die Klienten müssen dazu gewonnen werden, sich am Leistungsprozess aktiv zu beteiligen. In der Organisation sind die Leistungen von zahlreichen selbstständigen Organisationseinheiten mit unterschiedlicher Logik zu verknüpfen, denn viele wichtige Leistungsprozesse brauchen nicht nur die abgestimmte Arbeit mehrerer Berufsgruppen, sie laufen auch über unterschiedliche Fachgebiete. Daneben sind vielfältige betriebsinterne Kunden- und Lieferantenbeziehungen zu realisieren.

Der Betrieb ist also auch ohne dramatische Veränderungen kontinuierlich mit kleinen und größeren Anpassungsleistungen befasst. Diese ergeben sich einerseits aus den unterschiedlichen Patienten und ihren Bedürfnissen, andererseits aus fachlichen Entwicklungen und gesellschaftlichen Verpflichtungen, wie etwa der Anforderung für Qualitätssicherung.

Eine zunehmende Herausforderung für die Führung ist das Personalmanagement. Zweifellos handelt sich bei den Tätigkeiten in der Medizin und Pflege um eine sehr belastende und verschleißende Arbeit, die viel an Unterstützung erfordert. Damit im Zusammenhang steht der Umstand, dass der Betrieb eine hohe Personalfluktuation aufweist, was viel an Einarbeitung und Integrationsleistung erfordert. Das Spital ist zudem ein bedeutender Ausbildungsbetrieb in der Gesundheitsversorgung. Die Auszubildenden sind zu betreuen und bilden selbst einen wichtigen Teil der Personalausstattung. Sie erhöhen aus bildungsbedingten Gründen die Fluktuation. Und letztlich ist die Krankenhausarbeit sehr qualitätsfokussiert, sodass das Personal sich regelmäßig mit Lernen und fachlicher Veränderung befassen muss..

Ein zusammenfassender Blick auf die Ausgangssituation für Führung zeigt, dass die Leistungen und der Erfolg der Organisation Spital sowie die Qualität der Arbeitsbedingungen sehr viel mit Organisation oder besser mit organisierender Tätigkeit zu tun hat. Organisation hat inhaltskonstitutiven Charakter. Dem gegenüber weisen die Professionen im Krankenhaus – insbesondere die Medizin – ein sehr ambivalentes Verhältnis zur Organisation und Organisationsarbeit auf. Organisation wird als äußerer Rahmen der eigentlichen inhaltlichen Arbeit gesehen, die unmittelbare Bedeutung für die Qualität der Arbeit wird oft nicht angemessen wahrgenommen.

Allen Expertenbetrieben gemeinsam ist eine deutliche Reserve gegenüber Leitungs- und Managementfragen und ein tendenziell niedriges Niveau von Professionalisierung der Leitungsarbeit. Auch im Krankenhaus ist diese Diskrepanz zwischen fachlicher Arbeit und einer gleichermaßen intensiven professionellen Entwicklung von Organisationskompetenz zu beobachten. Vor allem bei den Ärzten tritt die Investition in Leitungsarbeit und die eigene Kompetenz auf diesem Gebiet immer noch in deutliche Konkurrenz zur fachwissenschaftlichen Entwicklung als maßgebliches Erfolgskriterium für Karrierechancen. Es ist auch eine Differenzierung zu beobachten zwischen den Organisationsleistungen, die mit den fachlichen Vollzügen unmittelbar verbunden sind, die kompetent mit erledigt werden, und den steuernden Leistungen, der Organisationsentwicklung und den übergeordneten Prozessen der Gesamtorganisation. Letzteres fällt allerdings primär in den Aufgabebereich von Führungskräften. Es macht etwa einen Unterschied, ob es darum geht, eine Operation zu organisieren und zu leiten oder das OP-Management zu entwickeln.

Mit anderen Expertenbetrieben gemeinsam haben die Führungskräfte im Krankenhaus die enge Verflochtenheit von fachlicher Arbeit und Organisationsarbeit. Die erlaubt es nur bedingt, Leitungsaufgaben an hauptberufliche Führungskräfte unter Umständen mit anderem fachlichen Hintergrund zu delegieren. Trotzdem ist diese Frage der Ausdifferenzierung von Leitungsarbeit relevant. Es macht Sinn zu fragen, welche Führungs- und Managementaufgaben von den medizinischen Führungskräften selbst wahrgenommen werden müssen, z.B. die fachliche Personalführung der Ärzte und welche an speziell qualifizierte Pflegekräfte oder anderes Fachpersonal, wie Betriebswirte und Organisationsfachleute, übertragen werden können. Diese Frage wird in der Diskussion der Leitungsstrukturen weiter unten wieder aufgegriffen. In der Diskussion dieser Frage vermischen sich fachlich funktionale Themen mit Macht- und Statusfragen. Die Möglichkeit, die Leitung eines medizinischen Bereichs „fachfremden", also nicht aus den medizinisch-pflegerischen Kernprozessen stammenden Personen zu überlassen, ist für viele schwer vorstellbar, auch wenn es bei der gegebenen Doppelbeanspruchung der Führungskräfte vielfach entlastenden Charakter haben könnte.

1.2 Führung im Krankenhaus und ihre Prämissen

Führung ist eine Dienstleistung im Interesse der Funktions- und Leistungsfähigkeit von Organisationen und ihren Subeinheiten. Führungskräfte sind verantwortlich für die Entwicklung von Organisationseinheiten. Das schließt auch die Verantwortung für die Personen ein, die diesen Einheiten zugeordnet sind. Aber im Kern geht es um die Aufgabenerfüllung und Leistung der Organisation. Ihre Wirkung ist im Verhalten von Personen ablesbar, aber die Gestaltungsaufgabe richtet sich auf soziale Systeme. Damit wird die Unterscheidung von Person und sozialem System eine wichtige Leitdifferenz für das Handeln von Führungskräften. Für das Verständnis dieser Beziehung zwischen Personen und sozialem System hat die soziologische Systemtheorie wesentliche Grundlagen geliefert.

Organisationen werden zwar von Personen betrieben, aber sie stehen ihnen auch als eine selbstständige soziale Realität gegenüber. Ihr besonderes Leistungsmerkmal liegt auch darin, dass sie gegenüber konkreten Personen weitgehende Unabhängigkeit erlangen. Organisationen bestehen aus Kommunikation und Handlungen und nicht aus Personen. Sie werden zusammengehalten durch verfestigte Kommunikations- und Handlungsabläufe und Regelungen, sowie den darin ausgedrückten Verhaltenserwartungen gegenüber den handelnden Personen. Sie werden auch zusammengehalten durch die Kultur im Sinne von generalisierten Verhaltenserwartungen, die sie ausbilden. Organisationen manifestieren sich als Netzwerk von Subeinheiten und Stellen, in Spielregeln für die Verknüpfung dieser Einheiten, in Handlungsabläufen, in der Definition von Aufgaben und Zuständigkeiten. Entscheidungen sind die grundlegenden Kommunikationsereignisse in Organisationen. Durch Entscheidungen werden die konkreten Verknüpfungen von Subeinheiten und Stellen festgelegt, werden Aufgaben definiert, werden diese Aufgaben mit Ressourcen verknüpft, wird die Ausrichtung der Handlungen an Zielen definiert. Organisationen bestehen gewissermaßen aus einer Abfolge von Entscheidungen und Handlungen, die darauf folgen, die wiederum zu neuen Entscheidungsnotwendigkeiten führen. Entscheidungen sind somit die zentralen Handlungen von Führungskräften und Entscheidungskompetenz wird zu einer Grundlage von Führungskompetenz.

In Organisationen kann also nichts geschehen, was nicht von Menschen an Ideen, fachlicher Kompetenz, Interessen und Leidenschaften hineingetragen werden. Aber Bestand, Verbindlichkeit und Wirkung entfaltet nur das, was auch in Kommunikationsstrukturen übersetzt werden kann; in Entscheidungen, Spielregeln, Prozesse. Die jeweils vorfindlichen Strukturen limitieren auch die Handlungs- und Einflussmöglichkeiten der handelnden Personen. Etablierte und kulturell stabilisierte Kommunikationsstrukturen haben große Festigkeit gegenüber den Personen. Sie können zwar verändert werden, aber das erfordert gezielte Entwicklungs- und Veränderungsarbeit. Die Einflussmöglichkeiten der Mitarbeiter sind abhängig von ihrer hierarchischen Position und damit sehr unterschiedlich. Die etablierten Strukturen bringen auch traditionelle Einstellungen und Handlungen der Personen hervor. Umgekehrt bringen auch die Personen verfestigte persönliche Strukturen mit, Qualifikationen, Einstellungen, eingeübte Verhaltensweisen, eine ausgeprägte Persönlichkeitsstruktur. Organisationsentwicklung muss auf beiden Ebenen ansetzen, der der Personen und der der Systemstruktur. Es erscheint zumeist einfacher, die Strukturen umzubauen als die Menschen zu verändern. Veränderte Strukturen eröffnen neue Handlungsoptionen für die Personen. Neue berufliche Handlungen können auch gesetzt werden, ohne sich als Person insgesamt zu verändern.

Praxisbeispiel: Renaissance Qualitätsmanagement

Über viele Jahre ist es ein Anliegen von einzelnen Führungskräften, Mitarbeitenden, aber auch von den Leitungen der Spitäler ein strukturiertes Qualitätsmanagement in Spitälern oder einzelnen Einheiten daraus einzuführen. Dabei wird der damit verbundene Aufwand von den Leitern der medizinischen Einheiten oft als unverhältnismäßig und den Ablauf störend eingeschätzt und entsprechend mit wenig Akzeptanz begleitet.

Durch den sich in den letzten Jahren entwickelnden Trend zur Bildung von medizinischen Kompetenzzentren und den damit verbundenen gesetzlichen Anforderungen an Zertifizierung und Qualitätsnachweisen erhält das Qualitätsmanagement eine völlig neue Betrachtung. Unter Kompetenzzentren werden Einrichtungen (Spitäler unterschiedlicher Größe) verstanden, die sich auf eine Behandlungskompetenz (z.B. Tumorerkrankungen) konzentrieren und eine mit anderen Leistungserbringern verzahnte und abgestimmte Behandlung sicherstellen. Ziel aus Patientensicht ist ein homogenes Behandlungsangebot, das Doppelgleisigkeiten vermeidet. Es geht nun nicht mehr um eine Ideenverwirklichung einzelner, sondern um ein wichtiges Element der Wettbewerbsfähigkeit und der breiten Akzeptanz. Mühsam zu überredende Klinikverantwortliche werden nun zu Initiatoren und Treibern eines Qualitätsmanagements.

Das führt zu einer weiteren wichtigen Unterscheidung für die Tätigkeit von Führungskräften. Wenn es um die Personen geht, so sind ihre (beruflichen) Handlungen der Gegenstand von Führung und nicht die Person insgesamt. Natürlich basiert das Handeln im beruflichen Kontext auch auf den Fähigkeiten der Handelnden und es ist geprägt von deren Einstellungen und Werten, aber im Zentrum stehen die Handlungen der Personen. Und es geht um Beziehungen der Mitarbeiter zu ihrer Arbeit, den inneren Kontrakt, den sie mit der Arbeitssituation schließen; die Bilanzen, die sie aufmachen, um zu überprüfen, ob die Arbeitssituation für sie akzeptabel ist unter Berücksichtigung der gegebenen Wahlmöglichkeiten. Es geht um die Bereitschaft und das Engagement, das die Mitarbeiter in die Arbeitssituation einbringen. Das ist wiederum sehr stark abhängig von den vorfindlichen Strukturen einschließlich der Arbeitskulturen.

Führungskräfte handeln an der Nahtstelle von Personen und dem System. Ihre Aufgabe ist, das Zueinander zwischen betrieblichen Strukturen und dem Handeln der Personen zu gestalten. Ihr primäres Handlungsfeld ist dabei, die Organisations- und Arbeitsstrukturen voranzubringen und das in einer Weise, die die Leistungsfähigkeit und Leistungsbereitschaft der Mitarbeiter fördert. Insbesondere ist es ihre Aufgabe, die notwendigen Entscheidungen bereit zu stellen. Führungskräfte sind einerseits Teil des Systems, für das sie Verantwortung tragen und andererseits stehen sie dem System gegenüber; sind in der Situation, es von außen gestalten zu wollen. Führungskräfte sind Organisatoren von Kommunikation.

Praxisbeispiel: Teamentwicklung Notfall

Das Notfallteam eines Spitals sieht sich immer wieder einer konfliktträchtigen Situation gegenübergestellt. Einerseits wird in einem Umfeld eines kaum planbaren Tagesablaufes durch Notfalleintritte gearbeitet und andererseits müssen auch reguläre (geplante) Eingriffe vorgenommen werden. Dies führt regelmäßig zu Programmverschiebungen und zu einer angespannten Arbeitssituation zwischen ärztlichem und pflegerischem Personal.

Bereits über mehrere Jahre herrscht eine hohe Fluktuation auf der Stelle des direkten Vorgesetzten vom Notfallteam. Das Muster verläuft jeweils ähnlich: Nach Kündigung des Amtsinhabers greift die übergeordnete Leitung jeweils auf ein Mitglied des Notfallteams zurück und befördert es in die Nachfolgefunktion. Dieses Rekrutierungsmodell erzeugt einerseits eine große Akzeptanz bei den Teammitgliedern (man kennt den neuen Vorgesetzten und es ist sichergestellt, dass ein Insider der neue Chef ist), andererseits ist aber zu beobachten, dass die schwierigen Rahmenbedingungen in dieser Einheit zu einer raschen Kündigung oder Demission der neu eingesetzten Person führen: Die Führungsperson hat sich nach kürzester Zeit in dem Spannungsfeld zwischen den Berufsgruppen, den schwierigen Arbeitsbedingungen und den frustrierten Teammitgliedern aufgerieben.

Der in der Zwischenzeit zuständige übergeordnete Leiter des medizinischen Fachbereichs entscheidet sich nach eingehender Betrachtung der Situation und des zu erkennenden Musters zu einer völlig unüblichen Reaktion: Bei der erneut anstehenden Besetzung der Vorgesetztenstelle des Notfallteams wird bewusst eine externe Person rekrutiert, die keinen Notfall-Hintergrund mitbringt, sondern als Führungsperson mit pflegerischem Hintergrund den Akzent vor allem auf die Führungsarbeit legt. Hierzu gehören Maßnahmen wie eine Teamentwicklung mit dem Schwerpunkt „Welche Verhaltensmuster prägen unsere Arbeit?", die Einführung von Kommunikationsgefäßen außerhalb des täglichen Rapports mit dem Schwerpunkt auf eine Teamreflexion sowie der Überprüfung von Abläufen und Verantwortlichkeiten und Schnittstellen. Das bislang etablierte Modell trug der allgemeinen Sichtweise Rechnung, dass der beste Fachmann, vorausgesetzt er ist bei seinen Kollegen beliebt, auch die ideale Besetzung für die Führungsfunktion ist. Die neue Lösung weicht von dieser Grundannahme ab und geht davon aus, dass dieses Rekrutierungsmuster genau ein wesentliches Problem der instabilen Teamstruktur ist. Daher soll mit dem bewussten Entscheid zu Gunsten eines Führungsexperten das gängige Muster durchbrochen und neue Ansätze ermöglicht werden.

Die anfängliche Skepsis der Beteiligten weicht im Laufe eines halben Jahres, nachdem deutlich wird, dass die Außensicht des neuen Vorgesetzten zu einer Verbesserung und Kontinuität im Ablauf führt und eine verlässliche Kommunikation Stabilität bringt.

1.3 Soziale Systeme sind nicht linear zu steuern

Soziale Systeme wie die Abteilung eines Krankenhauses oder die gesamte Organisation haben eine Eigendynamik. Sie sind in der Begrifflichkeit von Heinz von Förster (von Förster 1993) ausgedrückt keine „triviale Systeme". Sie funktionieren nicht wie Maschinen. Ein gesetzter Input lässt nicht in linearer Weise einen bestimmten Output erwarten. Er wird vom System in der ihm eigenen Weise verarbeitet. Soziale Systeme haben eine Geschichte, eine gewachsene Kultur und Identität, die ihre Reaktion auf äußere Einflüsse mitbestimmen. Und sie sind in erster Linie auf sich selbst bezogen; an ihrem Überleben, an der Aufrechterhaltung der Kontinuität interessiert. Entwicklung ist in diesem Sinne eine Eigenleistung des angesprochenen Systems. Seine Entwicklungsfähigkeit ist abhängig von den internen Strukturen, Routinen, der Tradition, von den Fähigkeiten aber auch eingeübten Handlungsmustern der Personen.

Wenn Führungskräfte soziale Systeme zu beeinflussen versuchen, dann müssen sie diese internen Voraussetzungen in Rechnung stellen, die vermuteten Reaktionen des Systems in ihr Kalkül aufnehmen, die Autonomie und den Eigensinn des geführten Systems respektieren. Führen in diesem Sinne heißt, die innere und eigenständige Entwicklung einer Abteilung bzw. eines Teams zu stimulieren, sie zu kanalisieren, sie mit Orientierung, mit Zielen und Rahmenbedingungen zu versehen. Und das heißt vor allem, die Ressourcen und Medien der inneren Entwicklung zu fördern. Und wenn soziale Systeme aus Kommunikations- und Handlungsstrukturen bestehen, so gilt es diese Strukturen zu entwickeln. Führungskräfte nehmen im Wesentlichen dadurch Einfluss, dass sie Kommunikation organisieren, wie im Praxisbeispiel zur Teamentwicklung im Notfall beispielhaft skizziert. Ihre Aufgabe ist es, nicht nur für die Fachinhalte zu sorgen, sondern zu gewährleisten, dass eine Organisationseinheit über die Kommunikationswerkzeuge verfügt, um ihre Entwicklung voranzutreiben. Das bedeutet für Führungskräfte im Krankenhaus, die primär über ihre medizinische oder pflegerische Fachkompetenz für Leitungsfunktionen ausgewählt werden, einen Umdenkprozess und eine Erweiterung ihres Handlungsrepertoires.

Praxisbeispiel: Teamgespräche

Der medizinische Leiter einer Fachabteilung wird vermehrt mit dem Problem konfrontiert, dass Abmachungen, Prozessabläufe und Verantwortungen bei seinen Ärzten nicht mehr ohne Reibungsverlust funktionieren. Es mehren sich die Beschwerden, dass wichtige Informationen nicht weitergegeben werden, unfreundliche Äußerungen gegenüber dem Partner Pflege zunehmen und dadurch Patientenabläufe zum Teil gestört werden.

Dies ist auf den ersten Blick für ihn verwunderlich, da er davon ausgeht, dass die 30-minütigen Morgenrapporte ausreichen sollten, um alle wichtigen Vorgänge im Tagesgeschehen zu klären. Dort wird von Seiten seiner Ärzte auch auf seine Rückfrage hin keine Unzufriedenheit geäußert. Lediglich seine Sekretärin teilte ihm vor ein paar Tagen mit, dass mehrere Oberärzte die Überlastung und die fehlende Möglichkeit von Kommunikation kritisiert hätten. Ein guter Freund, der aus dem Gebiet der Organisationsentwicklung kommt, rät ihm dazu, neben den morgendlichen Rapporten, eine regelmäßige Teamsitzung einzuberufen, explizit nicht für Fallbesprechungen, sondern für organisatorische Belange.

Nach längerem Bedenken lädt er den Ärztekader letztlich zu einer Sitzung ein, wo er die Idee einer Art Teamgespräche vorstellt. Auch hier sind die Reaktionen im Vorfeld eher zurückhaltend, dies mit dem Hinweis auf fehlende Zeit. Durch den angesetzten Zeitraum am Nachmittag piepsen die Sucher der Ärzte mehrmals, Unterbrechungen und ein enger Zeitplan machen die Sitzung letztlich nicht attraktiv. Der Leiter entscheidet sich nach einem längeren Gespräch mit seinem Freund, ein Treffen der Abteilung außerhalb des Hauses für einen späteren Nachmittag mit anschließendem Abendessen zu organisieren. Dort nimmt er die Punkte auf, die in der vorangegangenen Sitzung geäußert wurden und ergänzt diese mit seinen Beobachtungen. Es werden Mängel der Organisation und der Absprachen zusammengetragen und gemeinsame Lösungswege erarbeitet. Letztlich wird nach längerer Diskussion ebenfalls beschlossen, zukünftig ein monatliches Meeting für Fragen der Zusammenarbeit durchzuführen, in welches Anregungen und Fragen der Ärzte besprochen werden sollen.

Dass dieses monatliche Meeting letztlich ein fester Bestandteil der Kommunikation wurde, hängt auch damit zusammen, dass der Leiter selbst mit einer hohen Priorität diese Treffen ausstattete, seine Kaderärzte dazu anhielt sich dort aktiv einzubringen und die jüngeren Ärzte ermunterte, sich dort zu äußern.

1.4 Der Expertenbetrieb Krankenhaus braucht Beteiligung und Mitbestimmung

Die Führungsarbeit im Krankenhaus erfährt ihre besondere Prägung dadurch, dass sie in einem klassischen Expertenbetrieb stattfindet. Die Organisation Krankenhaus ist in ihrer Leistungsfähigkeit im hohen Maße von der Professionalität und der Arbeitsbereitschaft ihrer Mitarbeiter abhängig. Auch einer bürokratisch-administrativen Kontrolle ist sie nur bedingt zugänglich. Die Leistungen können längerfristig nur befriedigend erbracht werden, wenn die Mitarbeiter in die Lage versetzt werden, ihre Professionalität zu entfalten und wenn Arbeitsbedingungen geschaffen werden, die es erlauben, die Arbeitsfähigkeit und Arbeitsbereitschaft aufrecht zu erhalten. Der Betrieb braucht die eigenständig und eigenverantwortlich erbrachte Leistung.

Die Führungsarbeit muss daher auch einen zentralen Widerspruch in der Organisation bearbeiten. Das Krankenhaus ist traditionell ein sehr hierarchisch verfasster Betrieb. Das gilt für den Bereich Medizin aber auch für die Organisation der Pflege. In vielen Arbeitssituationen ist eine straffe hierarchische Steuerung auch notwendig. Gleichzeitig braucht der Betrieb eben die Bereitschaft zu eigenständiger und eigenverantwortlicher Leistung. Für die erfolgreiche Führungsarbeit im Krankenhaus ist daher eine gute Balance zwischen hierarchischer, führungsgetriebener Entwicklung und Mitbestimmung der Mitarbeiter notwendig. Die Möglichkeit zur gestaltenden Einflussnahme auf die Arbeitssituation ist nicht nur eine Grundlage der gesundheitsförderlichen Verarbeitung von belastenden Arbeitsbedingungen, sie ist auch ein Weg der Sinnstiftung in der Arbeit. Die Entwicklung des Gefühls zu ermöglichen, sinnvolle Arbeit zu leisten, sich identifizieren zu können, ist eine der vorrangigen Funktionen von Führung. Sinn ist ein Steuerungsmedium vor allem in einem Expertenbetrieb.

> **Praxisbeispiel: Hybrid-OP**
>
> Das Krankenhaus in der Stadt hat nach längerer Planung einen sogenannten Hybrid-OP für hochspezialisierte Eingriffe unter Beteiligung von Chirurgen und Internisten erhalten. Die eigentliche Bau- und Installierungsphase wurde neben der Bauabteilung und der Verwaltung auch von dem Chefarzt begleitet, der seinen Einfluss für die Umsetzung dieses Prestigeprojektes geltend machte. Nachdem der Termin für die Betriebsübergabe festgelegt wurde, stellte sich im nächsten Schritt die Frage, wie der Betrieb dieses neuen OPs organisiert werden müsste, wie die Abläufe gestaltet sein sollten und welche Eingriffe mit welchem Team und welcher Kompetenz geeignet wären. Hierzu wurden die unmittelbar für die angedachten Eingriffe vorgesehenen Ärzte der zweiten Führungsebene mit der Ausarbeitung eines Konzeptes betraut, das dann Basis für konkrete Maßnahmen der Organisationsgestaltung werden soll.
>
> Diese Delegation für die Ausgestaltung der Zusammenarbeit wurde letztlich ein wesentlicher Schritt, die Motivation der Ärzte für das Besorgtsein um funktionierende Strukturen und Prozesse hoch zu halten. Dies wirkte sich in einer wahrgenommen Verantwortung auch weit nach der Einführungsphase aus. Des Weiteren konnte beobachtet werden, dass sich diese Delegation der gemeinsamen Verantwortung auch positiv auf das interdisziplinäre Behandlungsteam auswirkte.

1.5 Die Führungskräfte managen die Beziehungen des Systems zur Umwelt

Soziale Systeme brauchen zu ihrer Entwicklung sowohl die Abgrenzung gegenüber der Umwelt als auch den Austausch mit ihr. In der Perspektive der Systemtheorie wird ein System mit seinen wichtigen Umwelten als Überlebenseinheit gesehen: die medizinische Abteilung des Krankenhauses mit seinen Klienten, mit anderen Organisationseinheiten, mit Konkurrenten und Kooperationspartnern, mit den Finanziers, mit dem politischen Umfeld. Nicht zuletzt können aus der Sicht einer Organisation ihre Mitarbeiter als besonders wichtige Umwelt gesehen werden. Der Austausch passiert auf vielen Ebenen:

- durch die direkte Arbeit mit den Patienten,
- durch die Zusammenarbeit mit anderen Berufsgruppen und Abteilungen, in Leistungsprozessen,
- durch fachlichen Austausch in den einschlägigen Communities,
- durch Kooperationsprojekte.

Alle Mitarbeiter stehen in diesem Austausch, aber es ist Sache der Führungskräfte, dafür zu sorgen, dass die Position zu und die Beziehung mit anderen Stakeholdern nicht vernachlässigt wird und funktional bleibt, z.B. durch das notwendige Maß an Strategiearbeit, durch Förderung der fachlichen Beziehungen der Mitarbeiter, durch aktive Beteiligung an den Führungsprozessen der Gesamtorganisation, durch die Initiierung von notwendigen Entwicklungsprozessen im Verhältnis zur Politik und den internen sowie externen Kooperationspartnern.

Führungskräfte sind an der Grenze des Systems angesiedelt, an der Nahtstelle zwischen Innen und Außen. Sie gehören auch meist unterschiedlichen sozialen Systemen an, z.B. dem übergeordneten Führungsteam und der eigenen Einheit. Sie haben den Interessenswiderspruch, der sich aus dieser Doppelzugehörigkeit ergibt, zu bewältigen.

1.6 Emotionalität in der Arbeit

Das Arbeitsleben ist voll von Emotionen und in der Krankenhausarbeit in spezieller Weise. Die ständige Auseinandersetzung mit Krankheit und Tod und damit verbunden mit den eigenen Grenzen, der tägliche Umgang mit Menschen in besonders sensiblen, angsterfüllten Lebensperioden, schwierige Gespräche mit Angehörigen. All das stimuliert starke Gefühle. Dazu kommen Konflikte mit Vorgesetzten und Kollegen, Wut über organisatorische Schwierigkeiten und über das Verhalten von Personen, das Gefühl nicht genügend anerkannt und wertgeschätzt zu werden; Gefühle der Ohnmacht und Abhängigkeit, sowie Gefühle der Überforderung und Erschöpfung; aber auch die Freude über angenehme und produktive Kooperation, gelungene Arbeit, neue Herausforderungen und Perspektiven.

Gleichzeitig ist der Betrieb Krankenhaus besonders um Rationalität bemüht; wohl als Abwehr gegenüber zu stark verunsichernden Emotionen in der Patientenarbeit, aber auch einem naturwissenschaftlich rationalistischen Wissenschafts- und Weltverständnis folgend. Zumindest die Medizin als Leitdisziplin wird in einem stark auf kognitives Wissen und Rationalität angelegten Ausbildungsbetrieb sozialisiert.

Starke Gefühle müssen ausgelebt und verarbeitet werden, sollen sie sich nicht auf Umwegen in der inhaltlichen Arbeit und in den Beziehungen – dann meist destruktiv – bemerkbar machen. Sie brauchen Platz, brauchen Rahmen, brauchen – fachlich ausgedrückt – Containment. Starke Gefühle sind schlecht durch rationale Argumente zu verarbeiten. Die Verarbeitung braucht Anerkennung, emotionale Ansprache, Empathie. Forcierte Rationalität führt zu Irrationalität. Emotionen sind auch wichtige Medien der Wahrnehmung in sozial organisatorischen Fragen, genauso wie in fachlichen. Es gilt die Gefühle zum Denken zu nutzen. Das verlangt aber eine offene auch gefühlsbetonte Kommunikation.

Den Führungskräften kommt in der Pflege, im „Management" des kollektiven Gefühlshaushaltes in der Organisationseinheit, für die sie Verantwortung tragen, eine Schlüsselfunktion zu. Sie bestimmen durch ihr Verhalten, ihre Art Themen anzusprechen, auf Gefühle zu reagieren, mit eigenen Gefühlen umzugehen, die Qualität der Kommunikation wesentlich mit. Das Vorbild ist in dieser Hinsicht besonders wirksam und damit Kultur bildend. Und in vielen gefühlsintensiven Situationen haben sie es qua Funktion in der Hand, die Suche nach der Balance zwischen Sachlichkeit und Emotionalität verantwortlich zu betreiben; in der Thematisierung von Konflikten, in der Vermittlung von Anerkennung, in der Gestaltung von einschneidenden Veränderungsprozessen, in der Konfrontation mit Angst, Unsicherheit und Risiko. Die Führungskräfte sind grundsätzlich verantwortlich für die Gesprächskultur, auch wenn sie diese nicht alleine prägen.

> **Praxisbeispiel: Teamsupervision**
>
> Nachdem sich auf einer Intensivstation mit besonders belastenden Patientensituationen die Kündigungen des Pflegepersonals auffallend häuften und bei der Mitarbeiterzufriedenheit ein desolates Bild gezeichnet wurde, stellte sich der Pflegeleitung die Frage, wie dem Trend von Burn-out, Kündigung und Unzufriedenheit begegnet werden kann. Ein externer Teamentwickler wurde beauftragt, sich Abläufe, Zusammenarbeitsformen und Kommunikation in der Abteilung anzuschauen und eine Maßnahmenliste mit den Mitarbeitern der Abteilung zu erarbeiten.
>
> Nachdem er begleitende Beobachtungen, Interviews und Sitzungsteilnahmen durchführen konnte, legte er der Leitung eine Übersicht vor, die von kleineren Veränderungen im Ablauf über Personalunterstützung bis hin zu Führungsaspekten reichte.
>
> Doch sehr zentral konnte er folgende Beobachtung an die Leitung weitergeben: Die Pflegemitarbeiter sind einem permanenten Druck durch die belastenden Patientensituationen ausgesetzt, der in einem Umfeld von hochprofessionaler Behandlung und Betreuung kein Ventil für emotionale Anspannungen (Wut, Trauer etc.) findet. Die Betreuung erfordert ein so hohes Maß an Konzentration, Interaktion mit der Berufsgruppe der Ärzte, hoffnungsgebende Kommunikation mit den Angehörigen und Unterstützung der Kollegen, dass für die angesammelten Gefühle kein Platz ist. Die Mitarbeitenden nehmen dies häufig mit nach Hause, wo ihnen eine professionelle Bearbeitung nur im Einzelfall möglich ist. Dies ist einer der Gründe für die Flucht aus dem Beruf, aber auch für die hohe Unzufriedenheit und eine steigende Krankheitsquote.
>
> Er empfiehlt daher die Einrichtung einer Teamsupervision, die Raum und Zeit schaffen soll, damit Mitarbeitende ihre Gefühle zu den Patientensituationen äußern können, sich mit

anderen austauschen und Bearbeitungsstrategien finden können, damit sie nicht in eine zunehmende Hilflosigkeit geraten. Es wird seinerseits vorgeschlagen, im Rahmen von einer monatlich stattfindenden Supervision, deren Dauer 90 Minuten nicht überschreitet, konkrete Fälle mit belastenden Situationen anzuschauen. Hierfür muss sichergestellt werden, dass alle Mitarbeitenden aus dem Team die Gelegenheit haben, in einem Abstand von maximal drei Monaten an diesen Supervisionsterminen teilzunehmen. Eine vollständige Teilnahme des Teams zu jeder Supervision ist aufgrund des Arbeits- und Stellenplans nicht möglich.

Unter Anleitung eines in Pflegethemen ausgewiesenen Supervisionsexperten können in diesem Zeitrahmen natürlich nicht alle Situationen ausführlich besprochen werden, doch die Erfahrung zeigt, dass die beispielhafte Bearbeitung auch den anderen Mitarbeitenden Unterstützung bietet und Wiedererkennungswerte in vielen Fällen vorhanden sind.

Die darauf initiierte Teamsupervision bewirkt wahre Wunder, auch wenn hier keine hochwissenschaftliche Arbeit getan wird. Alleine der Austausch über gelungene und gescheiterte Verarbeitungsmechanismen, das Loswerden können von emotionalen Gefühlen erleichtert es den Pflegemitarbeitenden enorm, wieder Energie für ihre konzentrierte Arbeit zu finden.

1.7 Entwicklungsorientierte Führungsfunktionen

Die zentrale Aufgabe der Führungskräfte ist – wie gesagt –, die Funktions- und Leistungsfähigkeit der Organisationseinheit zu gewährleisten, Dysfunktionalitäten zu erkennen und zu beheben. Daraus ergibt sich die anspruchsvolle Aufgabe, einerseits das Alltagsgeschäft voranzutreiben – vielfach auch selbst als Experte darin tätig zu sein – und parallel dazu zu beobachten, wie die Arbeit erledigt wird und in welchem Zustand sich Mitarbeiter und System jeweils befinden. Das schließt auch die Beobachtung von sich selbst und der Wahrnehmung der Führungsfunktion ein. Die Verbindung von Aktion, Beobachtung und Selbstbeobachtung ist herausfordernd und braucht Übung und Aufmerksamkeit. Achtsamkeit ist eine Leistung und Fähigkeit von Führungskräften.

Das Ergebnis von Beobachtung ist maßgeblich abhängig von den Kriterien, unter denen man einen Gegenstand beobachtet. Man sieht, wonach man fragt und sucht, oder konstruktivistisch formuliert, welche Unterscheidungen man anlegt. Ob die Führungskräfte mehr die fachliche Seite der Leistungen im engeren Sinne beobachten oder auch sozialorganisatorische Dimensionen, ob sehr personenzentriert wahrgenommen wird oder auch strukturell, ob der Blick mehr disziplinär oder auf interdisziplinäre Prozesse ausgerichtet ist, ob der Einzelne, die Gruppe, das System und sein Umfeld ins Blickfeld rückt. Während die fachliche Auswertung der Arbeit meist gut etabliert ist, durch Ausbildung und berufliche Sozialisation geschärft, ist die organisationsbezogene Beobachtung und Auswertung häufig verbesserungswürdig.

Die Führungskraft hat zu entscheiden, welche Dysfunktionalität nicht akzeptierbar ist, und ihre Bearbeitung in die Wege zu leiten. Dabei ist auch zu beurteilen, ob die Verbesserung im Rahmen des Alltagsmanagements geleistet werden kann oder ob besondere Vorkehrungen zu treffen sind, also z.B. ein Projekt zur Bearbeitung des Mangels einzurichten ist. Der Zustand und die Funktionsweise einer komplexen Organisation, wie sie eine durchschnittliche Krankenhausabteilung darstellt, sind nicht von einem Punkt aus zu überblicken. Die Diagnosefunktion zielt also nicht nur auf individuelle Beobachtung durch die Leitungspersonen, sondern auch auf organisatorische Maßnahmen zur Auswertung der Arbeit, die Auswertung regelmäßig zum Gegenstand von Besprechungen zu machen, dabei die unterschiedlichen Perspektiven der Mitarbeitergruppen einzubeziehen, Beobachtungsaufgaben zu vergeben, Indikatoren und Messzahlen oder jedenfalls Beobachtungskriterien für die Auswertung der Arbeit zu vereinbaren, oder in dringenden Fällen Erhebungen durchführen lassen (Mitarbeiterbefragung, Fokusgruppen). Die Führungskraft ist also ihr eigenes Beobachtungsinstrument und andererseits der Organisator eines Prozesses zur Beobachtung der Leistungsfähigkeit des Systems.

1.8 Einrichten passender Besprechungsstrukturen (Regelkommunikation)

Die Wahrnehmung der Führungsfunktion basiert auf gut etablierten Kommunikationen. Damit wird die Einrichtung von Besprechungsstrukturen selbst eine der wichtigsten Funktionen. Die Krankenhausarbeit ist schon auf der fachlichen Seite sehr besprechungsintensiv. Die Optimierung dieser Besprechungen wie Übergabe, OP-Planung, Visite sind häufig Gegenstand von Verbesserungsinitiativen. Parallel braucht das System Besprechungen, die seiner Entwicklung dienen, in denen Arbeitsprozesse ausgewertet werden, strategische Überlegungen angestrebt werden, Personalentwicklung betrieben wird.

Organisationen entwickeln sich über Kommunikation. Verlässlich etablierte gut aufeinander abgestimmte Besprechungen in einem passenden Rhythmus geben einer Organisationseinheit Stabilität und Zusammenhalt. Die Kunst liegt in der Festlegung der Frequenz, der Zusammensetzung und der Verteilung der Themen auf diese Besprechungstypen. Die Wirkung hängt auch von der Kontinuität und Konsequenz der Durchführung ab. Die Qualität lebt auch von der Leitung und der Dokumentation der Besprechungen. Gut geführte Besprechungen sind Orte der Mitsprache und Mitbestimmung, können auch Emotionen Platz und Ausdruck geben. Ihre integrierende Wirkung entfalten sie bei langfristiger Planung und durchgehaltenen Terminen, am besten in einer Jahresplanung.

Das Spital ist ein Betrieb, der chronisch zu wenig Zeit für die eigene Entwicklung hat, ein Betrieb ohne Auszeit. Eine leistungsfähige Besprechungsstruktur im Sinne einer Regelkommunikation erspart viele Abstimmungs- und Nachbesserungsgespräche zwischendurch, vermeidet die Verschleppung von Problemen und aufgestauten Emotionen. Sie sind zeiteffizient zu führen aber ausführlich genug, um wirkliche Erledigung von Themen zu ermöglichen. Tendenziell werden unter dem vermeintlichen Zeitdiktat der Aufgabenlogik Besprechungen zu kurz gehalten, mit der Folge, dass ständig eine Menge von unerledigten Themen mitgeschleppt wird. Und viele Punkte werden in einer nicht passenden bzw. notwendigen Zusammensetzung besprochen; Themen, die nur einzelne Mitarbeiter betreffen in großen Gruppen; Dinge, die von Führungskräften alleine geregelt werden können mit dem ganzen Team. Vor allem durch gut gepflegte Leitungsbesprechungen (disziplinär oder interprofessionell) können andere Besprechungen entlastet und gleichzeitig gut vorbereitet werden. Die Besprechungsarchitektur wird so zu einem wichtigen Gegenstand und gleichzeitig einem Instrument der Organisationsentwicklung.

Praxisbeispiel: Interprofessionelle Entscheidungssitzungen

In einem Stadtspital mittlerer Größe wurden im Jahre 2007 neue Organisationsstrukturen eingeführt. Unter dem Prinzip der Dezentralisierung wurden mehrere Fachabteilungen mit engerer Zusammenarbeit bei Krankheitsbildern zu medizinischen Departments administrativ zusammengeführt. Unter Beibehaltung der grundsätzlichen klinischen Autonomie ging es vor allem um die gemeinsame Nutzung administrativer Ressourcen, Vereinfachung von Abläufen und einer Schärfung des gemeinsamen Prozessgedankens.

In der Umsetzung zeigte sich rasch, dass die verschiedenen Departments mit unterschiedlicher Geschwindigkeit ihre Strukturen und Projekte angingen. In einer zwei Jahre später durchgeführten Evaluation der Umstrukturierung zeigte sich im Bereich Best Practice, dass ein wesentlicher Erfolg für Zusammenarbeit und Fortschritt die Etablierung von regelmäßigen Entscheidungssitzungen war. Erfolgreiche Departments hatten eine Form von Führungsstruktur gebildet, in der die betroffenen Chefärzte sowie die Pflegeleitung gemeinsam mit dem Administrator die anstehenden Aufgaben besprachen und das Vorgehen gemeinsam festlegten. Sichtbar wurde, dass im Rahmen einer Jahresplanung eine 2-wöchentlich stattfindende Sitzung festgelegt wurde, die vor den Rapporten der Fachabteilungen je eine Stunde durchgeführt werden. Über Einladung und Tagesordnungpunkte sowie notwendige Dokumente wurden die Herausforderungen und Ideen aufgegriffen und über Lösungsansätze diskutiert und entsprechend verabschiedet.

Daneben wird über umfangreichere Projekte regelmäßig informiert und sichergestellt, dass die Bedürfnisse der Fachabteilungen ausreichend Gehör in der Projektorganisation finden. Diese Grundstruktur der Organisation wurde von allen Beteiligten als eines der Basiselemente für gute Zusammenarbeit und Stärkung berufsgruppenübergreifenden Vertrauens benannt.

1.9 Orientierung geben, Strategieentwicklung betreiben

Führung ist auf den Punkt gebracht Orientierung gebende Kommunikation (Janes 2010); Orientierung über die fachliche Ausrichtung der Arbeit und Orientierung über die Position und Entwicklung des Teams der Abteilung, der man angehört. Wie wollen wir unsere Arbeit machen? Was sind unsere Ziele und Erfolgskriterien? Wo wollen wir mit unserer Arbeit hin? Welchen Platz, welchen Stellenwert, welche Zukunft hat unsere Arbeit im übergeordneten System, also im Krankenhaus insgesamt oder gegenüber wichtigen Bezugsgruppen? Diese Orientierung zu gewinnen ist einerseits eine notwendige Leitlinie für die unmittelbare professionelle Arbeit und andererseits die Basis für die Erfahrung von Sinn, Sicherheit und Zugehörigkeit in der Arbeit.

Auf der fachlichen Ebene gilt: Je unklarer die Qualitäts- und Erfolgskriterien sind, desto mehr an Richtung gebender Kommunikation braucht es. In der medizinisch-pflegerischen Arbeit lässt sich der Erfolg nicht so leicht ablesen wie das wirtschaftliche Kennzahlen erlauben. Die Qualitäts- und Erfolgskriterien sind immer wieder neu zu definieren. Es ist zwischen fachlichen Optionen zu wählen. Die Erreichung von verlässlichen Standards braucht eine solide Vergemeinschaftung der fachlichen Ausrichtung. Vor dem Hintergrund der fachlichen Spezialisierung und der erweiterten fachlichen Möglichkeiten sowie vor dem Hintergrund des Kostendrucks hat auch die strategische Positionierung der Organisationseinheit und ihrer spezifischen Leis-

1 Führung und Organisationsentwicklung im Krankenhaus

tungen an Bedeutung gewonnen. Es werden laufend fachliche Schwerpunkte entwickelt und verlagert, neue Kombinationen von Inhalten und Organisationseinheiten errichtet, Kooperationen und Fusionen herbeigeführt, Einsparungen vorgenommen. Ein erkennbares fachliches Profil mit ausgewiesenen Stärken wird für die langfristige Überlebenssicherung von Organisationen immer wichtiger; Strategieentwicklung als Orientierung gebende Kommunikation.

Die Komplexität der Tätigkeit im Krankenhaus und die Notwendigkeit zu eigenständiger und eigenverantwortlicher Arbeit machen es notwendig, diese Orientierung in einer aktiven Auseinandersetzung mit der Ausrichtung der Arbeit zu gewinnen, in Prozessen die zur Vergemeinschaftung und Selbstbindung führen. Die Anforderung an die Führungskraft ist dabei eine zweifache: Einerseits selbst inhaltliche Perspektiven einzubringen, Positionen transparent zu machen, wofür die Leitung fachlich steht, und das bedeutet auch durchaus kräftig fachliche Leitplanken zu setzen; und andererseits die Kommunikationsprozesse zu organisieren, in denen die Mitarbeiter ihre gemeinsame Ausrichtung erarbeiten können – in Einzelgesprächen, im Sinne von periodischen Mitarbeiter- und Karrieregesprächen, Veranstaltungen zur fachlichen Beobachtung und Auswertung der Arbeit und der Möglichkeit zu Feedback und Lernen, alltagsnahe Fortbildung, gemeinsame Planungs- und Strategiearbeit in eigens dazu organisierten Workshops. Die Vereinbarung von Qualitätsstandards und Kennzahlen, Implementierung von strategischen Instrumenten, wie der Balanced Score Card, brauchen solche beteiligungsorientierte Prozesse. Die Instrumente gewinnen ihre Orientierung gebende Kraft und Bindungswirkung in Prozessen der gemeinsamen Entwicklung und Anlehnung.

Praxisbeispiel: Strategieentwicklung

Ein großes Krankenhaus beschäftigt sich schon seit einigen Jahren mit dem Strategieumsetzungsinstrument Balanced Scorecard. Mit diesem Instrument ist es gelungen, übergeordnete strategische Herausforderungen von finanzieller, politischer und personalpolitischer Dimension anzugehen und festgelegte Ziele auch regelmäßig mittels Kennzahlen zu überprüfen. Auch die funktionalen Supporteinheiten wie IT, Finanzen, Betrieb und Personalabteilung unterliegen diesem System der Zielerreichungsmessung und leiten daraus ihre Handlungen ab.

Im Gegensatz dazu waren die Bemühungen wenig erfolgreich, das Modell der Balanced Scorecard in einer der medizinischen Einheiten erfolgreich einzusetzen. Nach mehreren Anläufen, die nicht zu der gewünschten Akzeptanz beim medizinischen Personal geführt hatten, wurde der Ansatz der strategischen Arbeit hier komplett überdacht. Es wurde vor allem überlegt, welche Fragen aus medizinischer Sicht leitend sind für Health Professionals und wie diese in den Kontext der Gesamtsteuerung Krankenhaus eingebunden werden können. Hinzu kam die Fragestellung, auf welche medizinischen Themen sich das Haus in den nächsten Jahren konzentrieren soll, wo Entwicklungen auch finanzielle Unterstützung erhalten sollen und welche Leistungsgebiete eher stagnieren oder sogar abgebaut werden sollen. Diese Frage tauchte nun zunehmend auf, da die finanziellen Mittel des öffentlichen Trägers von Jahr zu Jahr reduziert wurden, während gleichzeitig die Bedürfnisse der Chefärzte nach finanziellen Ressourcen für neue Leistungsangebote und Vergrößerungen zunahmen.

In einer gemeinsamen Arbeitsgruppe zwischen Gesamtleitung und betroffenen medizinischen Einheiten wurde ein Modell entwickelt, das die Sichtweise der Chefärzte auf das Leistungsangebot mit den strategischen Herausforderungen des Hauses kombinierte und daraus einen Entwicklungsplan ableitete, der für die medizinischen Einheiten bindend wurde.

In einer ersten Phase wurden die Leistungsangebote der einzelnen Einheiten aufgelistet und in gemeinsamen Sitzungen mit deren Verantwortlichen gewichtet. Hierfür waren im Durchschnitt drei-stündige Besprechungen mit dem jeweiligen Chefarzt, seinen Leitenden Ärzten und zwei Personen aus dem Bereich Marketing notwendig. Hieraus entstand ein Portfolio, das die neuen, noch zu entwickelnden Angebote, die Leistungen, die das Kerngeschäft derzeit ausmachen, die Angebote, die aus Gründen des Ausbildungsauftrages notwendig sind, und die, die tendenziell eher abgebaut werden können, aufzeigte.

Aus diesem Portfolio wurden im nächsten Schritt Entwicklungsmaßnahmen abgeleitet, die aus Sicht der Gesamtleitung unterstützenswert erscheinen und in die strategische Ausrichtung des Hauses passen. Dabei ging es um Festlegung von Imagemaßnahmen, ICT-Unterstützungen, Erstellung von Kooperationsangeboten an Zuweiser und budgetrelevante Investitionen. Damit wurde auch den Chefärzten eine Sicherheit gegeben, in welchen Gebieten eine finanzielle Förderung zu erwarten ist und welche Erwartungen der Gesamtleitung an einen Abbau von Leistungen existieren. Diese Abmachungen bildeten nun die Basis für die jährlichen Zielgespräche zwischen dem ärztlichen Direktor und den Chefärzten.

1.10 Führung in Veränderungsprozessen

Das Krankenhaus ist immer häufiger mit Veränderungen konfrontiert, die nicht durch kleine Anpassungen im Alltagsmanagement bewältigt werden können. Das Führen von Veränderungsprozessen wird immer mehr zu einer kontinuierlichen Aufgabe der Leitungspersonen. Sie haben in der Gestaltung von Veränderung eine Schlüsselrolle, als Auftraggeber, als Entscheider, als inhaltliche Promotoren, als Krisenmanager; und einige zentrale Rollen und Funktionen können auch nicht delegiert werden.

Führungskräfte sind die Initiatoren von Veränderung, auch wenn der Anstoß von Mitarbeitern, Klienten oder übergeordneten Entscheidungsebenen kommt. Viele Initiativen werden sich auch aus der eigenen Beobachtung ergeben, wie die Arbeit läuft und dass Verbesserungsbedarf besteht. Es ist Sache der Führungskräfte, den „Case for Action" zu definieren und plausibel zu machen. Was ist die Not, die es zu wenden gilt? Was sind die Ziele, die sich daraus ergeben? Manchmal drängt sich der Veränderungsbedarf für alle auf oder ist lange schon bemerkt worden, häufig aber auch nicht, vor allem wenn gesicherte Routinen zu verlassen sind. Immer häufiger kommen die Vorgaben von außen, einer politisch zu verantwortenden Spitalsreform oder der zentralen Führung einer Organisation.

Wenn Führungskräfte selber die Veränderung in Gang setzen wollen, wird es oft sinnvoll sein, die Mitarbeiter an der Formulierung des Case for Action zu beteiligen. Oft sind auch Vorarbeiten im Sinne von Recherchen, Erhebungen und Beobachtungen notwendig, um die Problemlage deutlich zu machen. Die Ernsthaftigkeit und die Energie für die Veränderung hängen wesentlich von der Klarheit und Festigkeit, dem persönlichen Engagement ab, mit dem Führungskräfte die Sache betreiben. Wichtig ist dabei vor allem auch die Stellung der Führungskräfte insgesamt zum Veränderungsprozess. Für die Umsetzung von tiefgreifenden Veränderungen ist letztlich eine stabile Kooperation der ersten und zweiten Führungsebene eine Erfolgsvoraussetzung. Die Führungskräfte der Subeinheiten, meist auch selbst von der Veränderung betroffen, zum Beispiel wenn Abteilungen neu gegliedert werden oder die Führungsstruktur umgebaut wird, sind also die ersten Adressaten der geplanten Veränderung. Meist wird ein Führungsworkshop anzuraten sein, in dem Veränderungsbedarf und Ziele diskutiert werden.

1.10.1 Wer ist aktiv zu beteiligen?

Im Sinne der skizzierten Balance von führungsgetriebener Veränderung und selektiver Beteiligung ist von den Führungskräften als Auftraggeber zu entscheiden, wer aktiv in die Erarbeitung der neuen Lösungen einzubeziehen ist und wer ohne große Nachteile auch unberücksichtigt bleiben kann. Für die Auswahl von weiteren Führungskräften und Mitarbeitern, für die Zusammensetzung einer Projektgruppe etwa, sind sowohl sachliche als auch soziale und emotionale Aspekte ausschlaggebend. Auf wessen Know-how und Erfahrung soll keineswegs verzichtet werden und wer ist als Mitträger wichtig, um dem Ergebnis größtmögliche Akzeptanz zu sichern.

Es ist Sache der Führungskräfte, eine entsprechende kriteriengestützte Auswahl zu treffen und dafür transparente Kriterien einzuführen. Eine sorgfältige Stakeholder-Analyse ist dazu hilfreich, also eine Analyse, welche Personengruppen und Organisationseinheiten wichtige Interessen und fachliche Perspektiven vertreten und von der Veränderung betroffen sind. Eine intransparente oder unvollständige Besetzung von Projekten ist oft Anlass von Widerstand, der noch gar nicht in der Sache begründet ist.

1.10.2 Projekt oder Linie?

Eine Grundentscheidung ist bei jeder Veränderung zu treffen: Kann der Umbau der Organisation im Routinebetrieb bewältigt werden oder ist zum Zwecke der Bearbeitung eine Parallelorganisation, ein Innovationssystem in Form eines Projektes einzurichten. Komplexe übergreifende, risikoreiche Vorhaben mit viel Unsicherheitspotenzial oder tiefer gehenden Veränderungen in den Strukturen der Arbeit brauchen geschützte Räume der Entwicklung und Erprobung und eigene Organisationsformen für ihre Implementierung. Für übergreifende Vorhaben kann nur ein Projekt die notwendigen Akteure, die sonst in getrennten Bereichen arbeiten, zusammen führen. Bei tiefer gehenden Veränderungen ermöglichen Projekte die notwendige Beteiligung verschiedener Stakeholder. Diese Grundsatzentscheidung ist letztlich von den verantwortlichen Führungskräften und Leitungsgremien zu fällen.

1.11 Die Führungskräfte sind Auftraggeber und Entscheider

Wenn Organisationsentwicklung mit Hilfe von Projekten betrieben wird, aber auch wenn Mitarbeiter in der Linie mit Arbeiten zur Diagnose des Problems und der Entwicklung neuer Lösungen beauftragt werden, ist die Wahrnehmung der Auftraggeberrolle wichtig für den Verlauf. Im Auftrag wird das zu bearbeitende Problem beschrieben, werden die Zielzustände benannt, werden die Rahmenbedingungen und

Erfolgskriterien formuliert, die Akteure, der Zeitplan, die verfügbaren Ressourcen festgelegt. Um eine stabile und Orientierung gebende Auftragslage zu erreichen, ist eine Verständigung über diese Punkte zu erzielen. Projektgruppen brauchen auch die Möglichkeit der kritischen Auseinandersetzung und die Beteiligung an der Konkretisierung des Auftrags, um sich zu identifizieren. Als Auftraggeber sind die verantwortlichen Führungskräfte das Gegenüber in dieser Auseinandersetzung.

Die Dynamik eines Organisationsentwicklungsprozesses entfaltet sich im Rhythmus von Entscheidung, Durchführung und neuer Entscheidung. Letztlich hat in der Organisation nur Geltung, was entschieden wurde. Entscheidungssituationen sind die Punkte der legitimierten Einflussnahme für Führungskräfte. Entscheidungen sind notwendig, um die Richtung der weiteren Arbeit festzulegen. Je offener ein Vorhaben auf der inhaltlichen Ebene ist, desto notwendiger sind wiederholte Entscheidungen, um inhaltliche Klarheit und (soziale) Sicherheit im Vorgehen zu schaffen. Schließlich ist über die vorliegenden Ergebnisse zu entscheiden und die Ergebnisse, also neue Strukturen, Regeln, Verfahren, Zuständigkeiten sind in Kraft zu setzen. Nicht selten werden neue Lösungen sorgfältig ausgearbeitet und scheitern in der Umsetzung daran, dass sie nicht deutlich genug in Kraft gesetzt wurden.

Diese Rolle als Entscheider kann von den zuständigen Führungskräften alleine wahrgenommen werden oder gemeinsam mit anderen Führungskräften. Solche Entscheidergruppen (Steuerkreise) bieten den Vorteil, die Mitwirkung und Unterstützung anderer Führungskräfte schon im Prozess der Entwicklung erreichen zu können. Wenn die Entwicklung berufsgruppen- oder organisationsübergreifend angelegt ist, wird eine Entscheidergruppe das Instrument der Wahl sein.

Es gibt in dem skizzierten Prozess eine Reihe von Funktionen, die von den Führungskräften höchst persönlich wahrzunehmen sind. Die Beschreibung der Dringlichkeit (oder Unvermeidbarkeit) der Veränderung, die Initialzündung, die Formulierung des Auftrags, die Entscheidungssitzungen, die in Kraftsetzung und Überführung der Ergebnisse in den Alltag sowie die Auseinandersetzung mit den Emotionen der betroffenen Mitarbeiter. Veränderungen sind eine emotionale Sache, einschneidende Veränderungen rufen starke Gefühle hervor. Diese Gefühle der Wut, der Trauer, des Interesses und der Freude sind unvermeidlich. Gefühle brauchen persönliche Auseinandersetzung und Gefühle brauchen Rahmen, einen gesicherten Ort und Vorgang, in dem sie stattfinden können. Starke Affekte der Mitarbeiter brauchen den persönlichen Einsatz der Führungskräfte als Adressat, als Partner der Auseinandersetzung, als Orientierung gebende Kraft.

Praxisbeispiel: Umbauprojekt

In einem größeren Umbauvorhaben eines Bezirksspitals, es geht um die Sanierung eines Bettenhauses, wird aufgrund der Komplexität vom Spitalleiter entschieden, die anstehenden Planungen und Umsetzungsarbeiten im Rahmen eines Projektes zu steuern. Aufgrund seiner Erfahrungen mit größeren Projekten hat er sich für dieses Mal vorgenommen, sorgfältig den Einbezug der Mitarbeiter zu planen und diese mit ausreichenden Informationen zu versorgen, mit dem Ziel, motivierte Personen für die anstehenden Projektarbeiten zu rekrutieren. Nachdem die Bauphase sich dem Ende zuneigt und ein verlässlicher Übergabetermin kommuniziert wurde, geht der Spitalleiter in die Detailplanung des Projektes. Er überlegt sich sorgfältig in Beratung von Chefärzten und anderen Führungskräften, welche

Berufsgruppen und Mitarbeiterebenen in den einzelnen Teilprojekten einbezogen werden sollen. Er plant eine Auftaktveranstaltung zum Zwecke der Kommunikation und des Signals, dass nun die Phase des eigentlichen Projektes beginnt. In persönlich formulierten Anschreiben bittet er die für das Projekt vorgesehenen Mitarbeiter um die aktive Unterstützung in den verschiedenen Arbeitsgruppen.

Zu seiner Freude erhält er in den darauffolgenden Tagen sehr positive Rückmeldungen; die angeschriebenen Mitarbeiter bedanken sich für die Berücksichtigung und teilen mit, dass sie sich auf die Mitwirkung freuen. Doch wird sein Gefühl, einen guten Anfang gesetzt zu haben, plötzlich durch eine E-Mail unterbrochen; ein Leitender Arzt beschwert sich massiv, dass es wohl eine Farce wäre, ihn nun für ein Teilprojekt betreffend seiner Abteilung einzuladen. Er beklagt sich darüber, dass in der eigentlichen Bauphase niemand ihn oder einen seiner Mitarbeiter konsultiert hätte und es ja nun wohl zu spät sei, noch aktiven Einfluss auf das sanierte Bettenhaus zu nehmen. Im Übrigen scheinen sich ja sonst auch nur Verwaltungsmenschen mit dem Bauthema zu beschäftigen und eine Pseudoeinbindung wäre somit fehl am Platz.

Der mit guten Vorsätzen angetretene Spitalleiter fühlt sich nach dieser Rückmeldung leicht konsterniert und überlegt sich mit etwas Abstand, wie der damalige Bauplanungsprozess ablief. Er stößt in seinen Erinnerungen auf die Situation, als ihn der Leitende Arzt seinerzeit darauf ansprach, wann denn die konkrete Bauphase beginnen würde und wie seine Abteilung dort einbezogen würde. An dieser Stelle muss sich der Spitalleiter eingestehen, dass er damals den Leitenden Arzt mit dem Hinweis vertröstete, zu gegebener Zeit auf ihn zuzukommen, was dann letztlich im Rahmen der Bauphase aber nicht passierte.

Die Erfahrungen aus dem schwierigen Verlauf sorgten dafür, dass im Anschluss des Projektes vom Spitalleiter Grundsätze für das Projektmanagement in Auftrag gegeben wurden. Unter Einbezug einer auf systemisches Projektmanagement spezialisierten Beratung wurde vor allem der Blick auf die Fragen gelenkt, nach welchen Kriterien überhaupt von einem Projekt zu sprechen ist und wann die Gestaltung der Veränderungeher eine Aufgabe der Linie ist. Folgende Grundsätze wurden hierzu festgelegt:

- Ein Projekt erfordert interdisziplinäre Teamarbeit.
- Ein Projekt hat ein klares Ziel und ein definiertes Ende.
- Ein Projekt setzt die Einführung von etwas Neuem voraus.
- Ein Projekt hat einen erhöhten Komplexitätsgrad.

Weiterhin wurde ein grundsätzliches Design für Projekte definiert, in dem auch die Frage beleuchtet wurde, ob beispielsweise ein Chefarzt aufgrund seiner Belastung und der oft fehlenden Projektmanagementkompetenz im operativen Projektgeschehen eine Managementrolle erhalten soll. Hier zeigten die Diskussionen, dass es sinnvoller und effektiver ist, Chefärzten einen ausgebildeten Projektmanager zur Seite zu stellen, besser noch, mit der Leitung des Projektes zu betrauen. Es ist allerdings sinnvoll, die betroffenen Chefärzte in entsprechende Steuerungsgruppen oder Lenkungsgremien aufzunehmen und sie damit in den Prozess der Entscheidungsfindung einzubeziehen. Arbeitsgruppen (Projektgruppen) sind dagegen die konkret an der Basis etablierten Mitarbeiter, die aufgrund von klaren Aufträgen Lösungsansätze erarbeiten, die dann wiederum vom Lenkungsausschuss bewilligt werden müssen.

Auf diesem Weg etablierte sich in der Folgezeit ein strukturiertes Projektmanagement am Spital, das auch bezüglich Zielerreichung klare Ergebnisse und abgestimmte Vorgehensweisen sicherstellen kann.

1.12 Wer managt die vielen Projekte?

Das Informationsmanagement ist umsichtig zu betreiben, die Veränderungsprozesse weisen meist eine komplexe Architektur auf, die einzelnen Tätigkeiten und Termine sind zu koordinieren, Personen sind zu informieren, zu Veranstaltungen einzuladen, Ergebnisse sind zu dokumentieren; mehrere parallel laufende Projekte sind im Blick zu behalten. Dieses Tätigkeitsspektrum ist nicht von den Führungskräften alleine oder nur unterstützt von überlasteten Sekretariaten zu bewältigen. Das Management der Veränderung braucht fachkundige Unterstützung. Dieses Problem stellt sich an der Spitze der Organisation und verschärft auf der Ebene der medizinischen Fachbereiche. Die Spitalsleitungen haben begonnen, entsprechende Stabsfunktionen und Assistenzen einzurichten, für Projektmanagement, oft auch für Organisationsentwicklung ausgeschildert, oder Qualitätsmanager bearbeiten diesen Bereich mit. An den medizinischen Abteilungen gibt es dafür meist keine spezialisierten Ressourcen. Das ist ein ernsthaftes Defizit. Das Know-how für Organisationsentwicklung ist breiter aufzubauen und zu verankern, etwa dadurch, dass zentrale Stabsmitarbeiter unterstützen, dass zumindest in großen Organisationseinheiten eigene Fachkräfte bestellt werden. Sinnvoll erscheint, Mitarbeiter aus dem Kerngeschäft, also Ärzte und Pflegekräfte, dahingehend zu qualifizieren und mit einem Teil ihrer Zeit dafür einzusetzen (vgl. den Beitrag von Untermarzoner 2013, s. Kap. II.6). Eine solche Lösung erlaubt die Verknüpfung von wichtigem Fach-Know-how der Medizin oder Pflege mit den Kompetenzen für die Gestaltung von Veränderungsprozessen. Eine solche zweite Qualifikationslinie ist eine gute Vorbereitung für die Übernahme von Führungsfunktionen.

1.13 Suche nach passenden Führungsstrukturen

Führungsstrukturen sind gleichermaßen Voraussetzung und Gegenstand der Organisationsentwicklung. Die verschiedenen Lösungsvarianten beziehen sich vor allem auf folgende Kernfragen: Wird die Führung monokratisch oder kollegial angelegt? Gibt es eine Hierarchie zwischen den Berufsgruppen? Und wenn eine monokratische Variante gewählt wird – das Chief Executive Officer (CEO)-Modell – ist dann ein Vertreter der Medizin oder der kaufmännischen Seite in der CEO-Position? Diese Alternativen stellen sich an der Spitze der Organisation und in den großen Einrichtungen auch auf Bereichsebene. Hinter den Macht- und Prestigefragen, die damit verbunden sind, verschwindet leicht die Frage nach der Funktionalität und Leistungsfähigkeit des Führungssystems. Es geht um die Gesamtheit der Leistungen, die in der Steuerung und Entwicklung einer Organisationseinheit zu erbringen sind.

Und hier möchten wir vor allem die Frage beleuchten, was für die Organisationsentwicklung funktional ist. In dieser Einschätzung sind folgende Gesichtspunkte zu berücksichtigen: Die komplexen interprofessionellen Prozesse machen eine integrierte Arbeit der Berufsgruppen notwendig, und das erfordert eine enge Kooperation der Führungskräfte und gleichzeitig eine Leitung, die sich für die Entwicklung der Organisationseinheit verantwortlich sieht und nicht primär für eine Berufsgruppe. Die Krankenhäuser müssen immer mehr neue Dimensionen in ihre Steuerung und das Management aufnehmen – kaufmännische, finanztechnische,

Fragen der Technologie, insbesondere der Informatik, Fragen der Qualitäts- und Organisationsentwicklung.

Vor allem die Gestaltung und Veränderung der Organisation gewinnt als Führungsaufgabe und Managementleistung immer mehr an Bedeutung. Die zentralen Fragen sind also: In welchem Modell kann die notwendige Integrationsleistung am besten erbracht werden und der Gefahr der professionellen und organisatorischen Fragmentierung am besten begegnet werden? Und wie kann das notwendige Know-how in den organisatorischen, technischen und kaufmännischen Dimensionen am besten in den Organisationseinheiten verankert werden? Aus der Beobachtung der praktischen Modelle unter dem Gesichtspunkt der Organisationsentwicklung lassen sich dazu folgende Schlussfolgerungen formulieren: Die kollegialen Formen der Leitung haben sich als schwerfällig und gerade nicht besonders leistungsfähig, was die Kooperation der Berufsgruppen betrifft, herausgestellt. Bei monokratischen Strukturen, mit einer generell verantwortlichen Führungskraft an der Spitze, erscheint nicht nur eine klarere Verantwortungszuteilung möglich; aus der hierarchischen Position heraus ist es auch leichter, Maßnahmen zur Berücksichtigung der unterschiedlichen Berufsperspektiven zu setzen, Interessenausgleich und Kooperation zu fördern. Die Verantwortung und Kompetenz für die Suche nach integrierten Lösungen ist zugewiesen. Praktisch bedeutet das, die Kombination von hierarchischen und kollegialen Formen der Entscheidung, mit klarer Verantwortung der Hierarchie aber auch dem Bestreben nach Integration unterschiedlicher Sichtweisen und Berufsperspektiven. Das gilt sowohl an der Spitze der Organisation als auch auf Bereichsebene.

In der Spitalsleitung spricht viel für hauptberufliche Führungskräfte, deren Profil und Qualifikation auf General Management ausgelegt ist. Ein einseitiger kaufmännischer Zugang ist für die Steuerung eines komplexen Expertenbetriebs keine günstige Voraussetzung. Auf der Ebene der medizinisch-pflegerischen Fachbereiche setzt sich ein CEO-Modell mit einem verantwortlichen medizinischen Leiter durch. Diese brauchen Entlastung und Unterstützung in betriebswirtschaftlicher, technischer und organisatorischer Hinsicht, entweder durch entsprechende Stabsfunktionen, durch einen Klinikmanager im Fachbereich selbst oder durch Servicierung seitens zentraler Stellen. Aus Sicht der Steuerung und Organisationsentwicklung macht die dezentrale Verankerung dieser Kompetenzen auf Bereichsebene Sinn. Die dezentralen Leistungseinheiten sind der fachliche Motor der Organisation. Gleichzeitig sind dezentrale Einheiten aus der Sicht der Gesamtorganisation leichter zu steuern, wenn sie intern gute Voraussetzungen für Selbststeuerung haben (Grossmann; Scala 2002) wie etwa in kleineren Krankenhäusern oder Funktionseinheiten, in denen Klinikmanager und Fachkräfte für Personal- und Organisationsentwicklung auch jeweils für mehrere Fachbereiche oder Abteilungen gemeinsam tätig werden.

In einzelnen größeren Häusern wird damit experimentiert, Nichtmedizinern die organisatorische Leitung der medizinischen Fachbereiche zu übertragen, also auch hier eine verantwortliche Führungskraft zu installieren, die sich ganz auf die Managementfunktion konzentrieren kann und gewissermaßen als allparteilicher Manager nur der Entwicklung der Organisationseinheit verpflichtet ist. Diese Lösung dürfte überall dort Er-folge zeigen, wo es diesem organisatorischen Leiter gelingt, deutlich zu machen, dass seine Tätigkeit eine wirkliche Entlastung für die leitenden Fachexperten der Medizin und Pflege darstellt und rascher zu guten organisatorischen Lösungen führt. Das setzt die Fähigkeit zu guter Abstimmung mit den unterschiedlichen

Berufsgruppen voraus. Personen mit entwickelter Kommunikations- und Organisationsentwicklungskompetenz sind hier sicher im Vorteil gegenüber solchen mit enger betriebswirtschaftlicher Qualifizierung, sowohl inhaltlich wie hinsichtlich der Akzeptanz. Der Schlüssel ist die Fähigkeit zur Gestaltung von Prozessen, solchen der Diagnose und Abstimmung von Entscheidungsprozessen und Veränderungsprozessen.

Literatur

Foerster, H.v.: KybernEthik. Berlin 1993

Grossmann, R., Scala, K. (Hrsg.): Intelligentes Krankenhaus. Innovative Beispiele der Organisationsentwicklung in Krankenhäusern und Pflegeheimen. Wien-New York 2002

Janes A (2010) Wie Sie Mitarbeiter in Expertenorganisationen führen. In: C/O/N/E/C/T/A (Hrsg.) Führung leben, Heidelberg, S. 246-276

Untermarzoner, D.: Interne Organisationsentwicklung im Krankenhaus. In: Lobnig, H., Grossmann, R. (Hrsg.): Organisationsentwicklung im Krankenhaus. Berlin 2013

2 Organisationsentwicklung und Leistungsprozessmanagement – konzeptionelle Grundlagen

Karl Prammer

2.1 Besondere Herausforderungen für die Entwicklung und das Management von Leistungsprozessen im Krankenhaus

Krankenhäuser zählen zu den komplexesten Dienstleistungsbetrieben unserer Gesellschaft. Bei der patientenbezogenen Leistungserbringung sind technikintensive, hoch spezialisierte und interaktionsorientierte Handlungen miteinander zu verbinden. Menschen aus unterschiedlich sozialisierten Berufsgruppen sowie weitgehend autonomen Organisationseinheiten müssen bei ihrer Arbeit am Patienten friktionsfrei und teilweise mit Blick auf deren Angehörige auf „offener Bühne" kooperieren. Zudem gilt für viele Bereiche, dass die Funktionsfähigkeit des Betriebes rund um die Uhr das ganze Jahr hindurch zu gewährleisten ist. „Wartungsarbeiten" – also beispielsweise die Reflexion der Zweckmäßigkeit des eigenen Tuns oder Optimierungsleistungen – sind „online", bei laufendem Betrieb, zu erbringen. Dies alles erfolgt bei gleichzeitiger Bewältigung logistischer Probleme auf der Ebene intern notwendiger Serviceleistungen wie der Energie-, Material- und Essensversorgung oder eines Transport- und Reinigungswesens. Eine hohe organisatorische, technische und personelle Spezialisierung, eine ausgeprägte Hierarchisierung gepaart mit einer vielerorts notwendigen Leistungserbringung im Kollektiv, das ständige Auftreten unvorhergesehener Ausnahmesituationen, sind weitere Kennzeichen dieser herausfordernden Realität.

Bedenkt man, dass die Leistungserbringung nicht an einem berechenbaren Gegenstand erfolgt, sondern unter stark affektiv aufgeladenen Bedingungen im Kontext vielfach irreversibler Handlungen am Menschen mit seinen Bedürfnissen, Wünschen und Ängsten, bedenkt man zudem, dass die Leistungserbringung vor dem Hintergrund finanzieller, zeitlicher und ressourcenseitiger Beschränkungen sowie rechtlicher Konsequenzen passiert, so stellt sich die Frage, wie überhaupt eine solch angelegte Überforderung im Alltagsbetrieb gemeistert werden kann. Grundsätzliche Weiterentwicklungen dieses Systems stellen deshalb niemals triviale Aufgabenstellung dar. Nur in Ausnahmefällen können diese innerhalb der Regelorganisation per Anordnung – einfach so – erfolgreich realisiert werden.

Als Beispiel für solche Herausforderungen bei der Leistungserbringung in Spitälern werden in Abbildung 4 alle zentralen Aktivitätenbündel und Akteursgruppen einer konkreten patientenorientierten OP-Vorbereitung abgebildet. Die Darstellung entstand im Rahmen eines OP-Benchmarking-Projekts. Sie beschränkt sich hier auf die rein fachlich/inhaltliche Dimension. Um die Ansprüche an die Gestaltung bzw. Optimierung von Leistungsprozessen im Kontext Krankenhaus deutlich zu machen, wurde die Darstellung ganz bewusst in dieser – schon rein optisch – überfordernden Komplexität belassen.

> **Praxisbeispiel: Das Projekt „QUIK Qualität im Krankenhaus"**
>
> In den Jahren 1998–2001 wurde im Auftrag der österreichischen Strukturkommission unter Federführung des Ludwig Boltzmann-Instituts für Medizin- und Gesundheitssoziologie in zwölf repräsentativ in/für Österreich ausgewählten Spitälern ein Benchmarkingprozess durchgeführt. Eines der vier „Modellprojekte" dieses Vorhabens fokussierte auf den OP-Betrieb und wurde beraterisch vom Autor begleitet. Über einen ca. zweijährigen Zeitraum wurden in sechs Spitälern mehrmals Benchmarks auf Ebene von Patienten- und Mitarbeiter-Befragungen sowie „hard fact"-Datenerfassungen und -Datenauswertungen durchgeführt. Zwischenzeitlich wurden in den einzelnen Häusern daraus abgeleitete Organisationsentwicklungs-Interventionen im Rahmen kleiner Optimierungsmaßnahmen gesetzt. Diese Maßnahmen gingen von der Einführung diverser verbindlicher Checklisten, über die Etablierung fix dem Patienten zugeordneter ärztlicher Ansprechpartner, die Einrichtung sogenannter „SoftRoom"-Patienten/Angehörigen-Aufklärungszimmer, die Abhaltung interdisziplinärer OP-Wochenbesprechungen, bis hin zum Kostenmonitoring und Verpreisen aller im OP zum Einsatz gelangenden Mittel. In einem der Häuser gab der Benchmarkingprozess den Anstoß zu einem grundsätzlichen OP-Reorganisationsprojekt, an dessen Ende ein OP-sharing pflegeähnlicher Fächer und die Einrichtung einer eigenen OP-Managementfunktion im Primariatsrang stand. Zudem wurden auf Basis dieser Erfahrungen generelle Handlungsempfehlungen für einen effektiveren OP-Betrieb in Österreich abgeleitet. Eine Verschriftung findet sich in einer hierzu vom Ministerium aufgelegten Broschüre (QUIK-Autorengruppe OP-Modellprojekt 2000).

Zu dieser hier skizzierten internen Komplexität gesellt sich der Umstand, dass in Spitälern vielfach nicht isoliert von einer externen Umwelt gehandelt wird. Zum einen erfolgt die Weiterentwicklung der Leistungserbringungsprozesse im Zusammenspiel vor- und nachgelagerter Kooperationspartner. Denn häufig haben Krankenhaus-interne Veränderungen Auswirkungen auf die externen Kooperationspartner – wie die zuweisenden und nachbetreuenden Ärzte, Pflegeeinrichtungen, mobile Dienste oder Krankentransport-Organisationen – und umgekehrt. Diese agieren aus unterschiedlichen Interessenslagen heraus, weisen eigene Organisationsstrukturen und -kulturen auf, handeln auf Basis spezifischer professioneller Prägungen, und verfügen über eigene tradierte Instrumenten-Sets. Zum anderen wirkt die (unter-

2 Organisationsentwicklung und Leistungsprozessmanagement – konzeptionelle Grundlagen

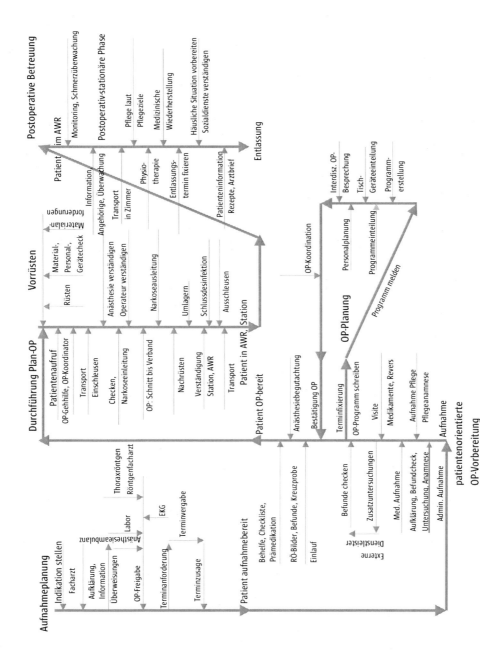

Abb. 4   Patientenorientierte OP-Vorbereitung (n. QUIK-Autor/-innengruppe OP-Modellprojekt 2000, S. 12)

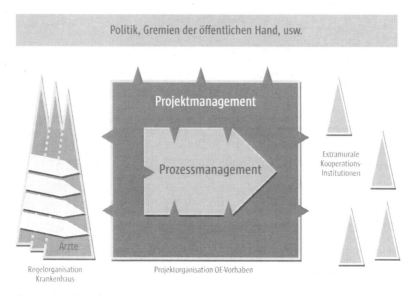

Abb. 5   Projekt- und Leistungsprozessmanagement als zentrale integrierende, komplementäre Instrumente schwergewichtiger Organisationsentwicklungsarbeit im Krankenhaus

nehmens-)politische Verwobenheit in Trägerorganisationen sowie die mittel- und unmittelbare Einflussnahme von relevanten Organen der Länder, Bezirke bzw. Magistrate und der Versicherungsträger.

Will man vor diesem Hintergrund – insbesondere wenn es um Gestaltungsaufgaben geht, bei denen Leistungen am Patienten durch mehrere Kooperationspartner aus unterschiedlichen Berufsgruppen und Organisationseinheiten erbracht werden – erfolgreich sein, dann hat sich der Einsatz eines maßgeschneiderten „Projektmanagements" gekoppelt mit der Anwendung des Instruments „Leistungsprozessmanagement" als zweckmäßig erwiesen (s. Abb. 5). Vielfach bilden diese beiden Instrumente die unabdingbare Erfolgsvoraussetzung für grundsätzliche Aktivitäten der Organisationsentwicklung (in der Kurzform: OE) – insbesondere immer dann, wenn „schwergewichtige Optimierungen" oder gar ein „Musterwechsel"[1] angesagt sind. Sie fungieren als quasi als Eckpfeiler einer eigens spezifisch und explizit einzurichtenden Übergangsorganisation.

Projektmanagement braucht es, um die extrem hohe Komplexität – also die Vielfalt an Anforderungen, Interessen und Widersprüchen – einfangen zu können, um ein grundsätzliches Organisationsentwicklungsvorhaben vor kontraproduktiven Interventionen „relevanter Umwelten"[2] ausreichend abschirmen zu können und um ein

---

1   „Musterwechsel" meint Veränderungen, die zu grundlegenden Änderungen in der Art und Weise wie Leistungen erbracht werden führen. In welchen Rollen sich Leistungserbringer begegnen, wer wofür Verantwortung trägt bzw. mit welchen Kompetenzen ausgestattet ist, ist einem Wandel unterworfen. Die Art wie ein soziales System tickt, die Art wie sich Menschen begegnen, ändert sich.

2   „Relevante Umwelt" bezeichnet krankenhausexterne Personen und Gruppen wie Vertreter der Politik bzw. öffentlicher Organe oder Repräsentanten großer Organisationen, mit denen kooperiert wird, aber ebenso krankenhausinterne Personen und Gruppen, die sich von einer Gestaltungsinitiative – ob berechtigt, formal legitimiert, oder nicht berechtigt – betroffen fühlen und/oder das Vorhaben fördern bzw. behindern können.

solches Vorhaben auf diese Weise letztlich steuerbar zu machen. Erst eine Projektorganisation auf Zeit – parallel und im Unterschied zur Regelorganisation – mit einem eigenen spezifischen Projektmanagement

- liefert ausreichend klare Rollenzuweisungen an die Key Player, wer wozu bezüglich des konkreten Gestaltungsvorhabens befugt oder verpflichtet ist,
- stellt funktionale Strukturen bereit, die dem Anspruch nach Beteiligung betroffener Akteure einerseits aber auch den begrenzten Ressourcen und Bedingungen für Arbeitsfähigkeit andererseits gerecht werden,
- leistet die Sicherstellung „geschützter Räume", in denen relativ straf- und interventionsfrei kreativ nach passenden Lösungen gesucht werden darf und kann,
- bietet Spielregeln an, wie zweckmäßig im Rahmen eines konkreten Vorhabens der Organisationsentwicklung kooperiert wird sowie wozu wer wann wo dabei ist oder außen vor zu bleiben hat,
- stellt externe Begleiter bereit, die „Hüter" der getroffenen Vereinbarungen sind, das notwendige Projektmanagement allparteilich betreiben und das Projekt gegenüber „feindlichen" Angriffen mittelbar und unmittelbar Betroffener, die fürchten Vorteile und tradierte Rechte zu verlieren oder die Gunst der Stunde zur einseitigen Durchsetzung ihrer Vorstellungen nutzen wollen, halten und
- und bietet damit der erfolgreichen Anwendung des „Instruments Leistungsprozessmanagement" die erforderliche Stabilität, sodass dieses Instrument wirksam werden kann (siehe hierzu im Detail: Prammer 2009, S. 132ff.)

Leistungsprozessmanagement ist für eine erfolgreiche OE-Arbeit im Krankenhaus in zweierlei Hinsicht prädestiniert:

- **Einsatzfokus 1**: Die Arbeit mit Leistungsprozessen bildet in OE-Prozessen ein zentrales Interventionsinstrument. Über seine Anwendung wird in einem OE-Vorhaben die Arbeitsfähigkeit der Projektakteure hergestellt und die Voraussetzung für das gemeinsame Finden brauchbarer sowie breit akzeptierter organisatorischer Lösungen geschaffen.
- **Einsatzfokus 2**: Zum anderen stellt Leistungsprozessmanagement auch eine mögliche Organisationslösung am Ende eines OE-Prozesses dar. In diesem Falle bildet ein ausgestalteter Leistungsprozess samt funktionierendem Prozessmanagement eine Lösungsoption, wie die Erbringung eines bestimmten Outputs im Krankenhausalltag zweckmäßig permanent organisiert und funktional gesteuert werden kann. In manchen Organisationen werden solche Leistungsprozesse parallel zur funktionalen Ausgestaltung, welche sich im Regelfall in Form eines vertikal ausdifferenzierten Organigramms mit Bereichskästchen präsentiert, gestellt. In manchen Organisationen tritt eine solche Prozessorganisation sogar anstatt einer funktionalen Ausdifferenzierung und wird dann im Organigramm als horizontal verlaufender Prozesspfeil sichtbar.

Beim Leistungsprozessmanagement und der diesem zugrunde liegenden Fokussierung auf Leistungsprozesse handelt es sich um einen originären Denk- und Handlungsansatz. Leistungsprozesse stellen ein praktisches Analyse- und Gestaltungsinstrument sowie eine Form konkreter organisatorischer Ausdifferenzierung zugleich dar. Es handelt sich dabei um ein bewährtes, mächtiges Tool, um betriebliche Komplexität einzufangen und operativ bewältigbar zu machen. Durch die explizite Etablierung der „Kundenlogik" sowie einer Organisationseinheiten- und berufsgruppenübergreifenden Gesamtsicht hilft dieser Ansatz sowohl den internen Projektakteuren im Rahmen von abgegrenzten OE-Projekten als auch den Mitarbeitern in ihrer alltäglichen Leistungserbringung, ihre individuellen Sichtweisen zu verflüssigen – also offen(er) für Argumente und Interpretationen anderer zu werden – und ihre „Wirklichkeiten" – also die Art und Weise wie sie die Dinge aus ihrem Arbeitskontext zu einem sinngebendem Ganzen zusammenfügen – in Richtung gemeinsam getragener Einschätzungen zu verändern.

Exkurs: Leistungsprozessmanagement

Grundsätzlich existieren unterschiedliche Schulen im Leistungsprozessmanagement, die sich sowohl begrifflich als auch in ihrer Fokussierung bzw. Anwendung voneinander unterscheiden. Einige Begründer dieses Ansatzes seien hier kurz genannt und in deren Unterschiedlichkeit anskizziert: Robert Kaplan und Laura Murdock (Kaplan; Murdock 1991) sowie Thomas Davenport (Davenport 1993), die von „Kernprozessen" sprechen, Michael Gaitanides (Gaitanides 2007) der mit dem Begriff „Geschäftsprozess" operiert und Tom Sommerlatte (Sommerlatte 1993), der mit „Leistungsprozessen" arbeitet. In ihren Arbeiten fokussieren diese einmal mehr auf strategische (Kaplan; Murdock 1991) oder wettbewerbs-kritische (Sommerlatte 1993) Faktoren und einmal mehr auf Kundenzufriedenheit (Davenport 1993, Gaitanides 2007) und Kernkompetenzen (Gaitanides 2007). Zum Beispiel verfolgen Kaplan und Murdock (Kaplan; Murdock 1991) eine ganzheitliche Optimierung über alle Funktionsbereiche hinweg und richten sich konsequent an den konkreten spezifischen Anforderungen des Marktes aus. Gaitanides fokussiert auf Prozessmanagement sowie auf Prozessstruktur- und Prozessleistungstransparenz und zielt insbesondere auf Fehlereliminierung, Durchlaufzeitenreduzierung und Prozesskostenreduzierung ab. Davenport orientiert sich schon früh auf Potenziale aus der Informationstechnologie. Im Alltag der Unternehmen Einzug gehalten hat die Anwendung des Ansatzes durch die Veröffentlichungen von Michael Hammer und James Champy Anfang der 90iger Jahre mit ihrem „Manifest"-Bestseller zum „Business Process Reengineering" (Hammer; Champy 1993)

Die Etablierung von Leistungsprozessen unterstützt effektiv die Verbesserung der Zusammenarbeit der handelnden Personen. Insbesondere dann, wenn diese aus unterschiedlichen Organisationsbereichen kommen oder unterschiedlichen Berufsgruppen angehören bzw. wenn diese nach unterschiedlichen Sichtweisen und Handlungslogiken zu agieren pflegen. Im Krankenhausalltag trägt Leistungsprozessdenken zur Effizienz- und Effektivitätssteigerung bei und verbessert die Kooperations- und Outputqualität. In OE-Vorhaben steigert dieser Ansatz die Kreativität in Arbeitsteams und macht Lösungsoptionen im Sinne schwergewichtiger Optimierungen und „Musterwechsel" wahrscheinlicher.

Aber Achtung: Die Anwendung des Leistungsprozess-Ansatzes ist in keiner Weise trivial! Die permanente organisatorische Etablierung von Leistungsprozessen benötigt im Regelfall zuvor immer ein OE-Vorhaben, über das die potenziellen Leistungsprozessakteure erst einen Zugang zu eben diesem Leistungsprozess-Denken, -Handeln und -Gestalten finden. Und der Einsatz des Leistungsprozess-Ansatzes in OE-Vorhaben benötigt wiederum ein hohes Maß an Professionalität. Einmal auf der fachlichen Ebene der eingesetzten Instrumente, aber noch mehr auf der Ebene des sozialen Umgangs damit. Denn der Leistungsprozess-Ansatz stellt eine massive Intervention in die Kultur einer Organisation dar. Er zeigt – teilweise auch nur latent wirksame und zuvor nicht explizit sichtbar gewordene – Widersprüche auf, die vielfach durch verschiedene Personengruppen vertreten werden, und er zwingt die Vertreter dieser Personengruppen zur Be- und Aufarbeitung eben dieser Widersprüche. Der Ansatz bringt Kulturbrüche mit sich, die es in einem OE-Prozess moderativ aufzufangen und aufzuarbeiten gilt (Prammer 2009 und 2010).

Im Folgenden wird dargestellt, welcher Grundidee die Leistungsprozessorientierung folgt, was ihre zentralen Ingredienzien sind und wie damit bei Gestaltungsvorhaben im Kontext einer Organisationsentwicklung in Spitälern sinnvoll gearbeitet wird. Dabei wird aufgezeigt, was die Wahrscheinlichkeit des erfolgreichen Einsatzes von Leistungsprozessdenken fördert und was umgekehrt vielfach praktiziert wird, aber eigentlich vermieden werden sollte.

2.2 Idee und Konzept der Leistungsprozess-Orientierung

Statt die Zweckmäßigkeit der existierenden Strukturen, Instrumente und Handlungen mit der „Brille"[3] der eigenen Funktionseinheit bzw. Profession zu beurteilen, wird die Funktionalität einmal primär mit der „Brille" des Leistungsempfängers – also der Kundin, des Klienten – bewertet. Zudem bezieht man das Zusammenwirken aller Funktionseinheiten innerhalb eines Leistungserbringungsprozess in die Betrachtung mit ein. Man thematisiert aktiv die Produktivität des Zusammenspiels der Akteure innerhalb eines Leistungsprozesses in Hinblick auf die Bedürfnisse eines Kunden.

Tipp!

Grundsätzlich geht es beim Leistungsprozess-Ansatz um die Erzeugung eines Perspektivenwechsels. Konsequente Leistungsprozess-Orientierung verändert den Fokus auf die relevanten Dinge bei der Erbringung von Leistungen. Sie verändert Denkhaltungen und Fragestellungen, indem sie die Leistungserbringung vom Kunden her denkt. Anstelle der handlungsleitenden Fragen

„Wie können wir innerhalb unseres unmittelbaren Wirkungsrahmens unser Tun maximal optimieren? Entsprechen im konkreten Fall die Qualitätsparameter den tradierten Ansprüchen unserer Funktionsgruppe? Was wünschen sich unsere Vorgesetzten bzw. lässt diese ihren Job einfacher erledigen?"

treten Fragen wie

„Was will und braucht der Kunde? Bis wann und unter Einhaltung welcher relevanten Qualitätsparameter sind dessen Ansprüche bestmöglich zu erfüllen? Wie müssen wir arbeiten und sinnvoll mit unseren Koproduzenten kooperieren, damit unsere Kunden weitestgehend entsprechend ihren Bedürfnissen bedient werden?"

---

3 „Brille" bezeichnet die Art und Weise wie einzelne Mitglieder oder Gruppen eines sozialen Systems Wirklichkeit konstruieren. Brille steht für das Muster, die Systematik, wie Dinge (nicht) gesehen, interpretiert und bewertet werden.

Anstatt aus einer bereichs- bzw. professionsinternen Logik[4] heraus zu gestalten, zu handeln, zu steuern und zu optimieren, orientieren sich beim Leistungsprozess-Ansatz die formalen Regelungen, das reale Verhalten von Mitarbeitern und Führungskräften sowie die zur Anwendung gelangenden Instrumente an der Erfüllung von Kundenbedürfnissen und an der Verbesserung des Handlungsvermögens der Kundin in ihrem Tätigkeits- und Lebenskontext. Dies bezieht sich sowohl auf die zentral zu leistenden Aktivitäten wie auch auf den konkreten Output. Damit wird zusätzlich zum vielfach in Organisationen vorherrschenden Primat eines isolierten, in Richtung eigener Funktionseinheit/Linie orientierten Agierens ein bereichsübergreifender Fokus zum Kunden hin wirksam. In Abbildung 6 werden diese beiden Ansätze – die „funktionsorientierte Bereichslogik" und die „leistungsprozessorientierte Kundenlogik" – schematisch dargestellt.

Auf eben diese leistungsprozessorientierte Logik – den Fokus immer (auch) auf die Kundin gerichtet – baut die Analyse und Konzeptionsarbeit mit Leistungsprozessen. Indem die Mitglieder eines OE-Projektteams im ersten Zugang einmal nicht auf Funktionseinheiten und deren handlungsleitenden Werte und Normen, Abläufe und Regelungen, Einstellungen und Sichtweisen, Vorgehensansätze und Instrumentenpools, Führungskräfte und Key Player schauen, sondern auf Kunden und Leistungsempfänger, auf deren Bedürfnisse und Nöte, auf deren Potenziale und Rahmenbedingungen, treten diese aus der Funktionseinheit, welcher sie in der Regelorganisation angehören, heraus und tauchen in eine umfassendere – professions- und funktionseinheitenübergreifende – „Wirklichkeit" ein. Die Einschätzung von Bedürfnissen, Notwendigkeiten, Erfolgsfaktoren, Qualitätsparametern usw. leitet sich dann nicht mehr primär aus der – mitunter engen – Perspektive, Tradition und Sozialisation des eigenen Bereichs und der persönlichen Profession ab. Sie wird Resultat einer Gesamtsicht zur effektiven und effizienten Erbringung eines bestimmten Outputs für reale oder potenzielle Kunden mit deren explizit deklarierten oder implizit schlummernden Wünschen und Nöten. Wenn sich eine solche Gesamtschau bei einer Gruppe von Akteuren einstellt, dann wird mit höherer Wahrscheinlichkeit ihre Bewertung der Funktionalität von geltenden aufbau- und ablauforganisatorischen Regelungen bzw. Ausgestaltungen sowie von real praktizierten Verhaltensweisen aus dieser neu gewonnenen gemeinsamen Perspektive erfolgen. Oder präziser ausgedrückt: Dann werden diese Akteure besser in der Lage sein, ihre Bezogenheit auf den eigenen Bereich bzw. auf die eigene Profession zu relativieren. Es steigt die Wahrscheinlichkeit, dass alle Akteure über eine ähnliche Sichtweise bezüglich der Bedürfnisse einer Kundin verfügen. Gemeinsam getragene, aufeinander abgestimmte, effizientere und effektivere Lösungen mit hoher Kundenorientierung werden so wahrscheinlicher.

Wie lassen sich diese ersten generellen Aussagen zum Leistungsprozessansatz auf das Krankenhaus beziehen? Oder konkreter gefragt: Wie sind die bisher genannten Begriff zu übersetzen, um für den Krankenhausalltag und für OE-Vorhaben in Spitälern unmittelbar anwendbar zu sein?

Die oben genannte „Funktionspezifische Logik" steht im Kontext Spital für ein Ärzte-, Pflege- bzw. Verwaltungs-typisches Denken und Handeln. Oder spezifischer aus-

---

4 „Logik" meint hier wie ein Bereich, wie eine Funktionsgruppe „tickt"; wie deren Mitglieder entsprechend ihrer Sozialisation in diesem bzw. einem ähnlichen Bereich mit ähnlicher Aufgabenstellung oder in dieser konkreten Funktionsgruppe oder einer anderen gleichen Funktionsgruppe nach bestimmten eigenen – von außen mitunter auch wahrnehmbaren – „Mustern" agieren und reagieren, wie deren Denken und Handeln einer ganz spezifischen eigenen „Logik" folgt.

2 Organisationsentwicklung und Leistungsprozessmanagement – konzeptionelle Grundlagen

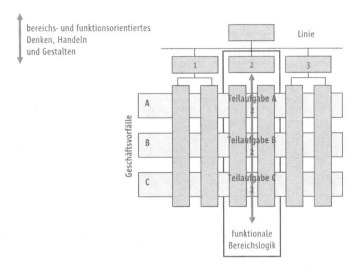

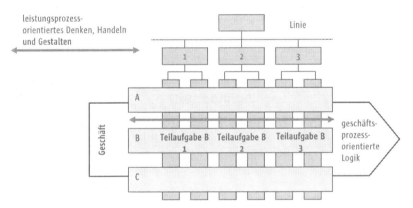

Abb. 6   Gegenüberstellung von funktionsorientierter, innenfokusierter Bereichslogik und leistungsprozessorientierter Logik zum Kunden

gedrückt: beispielsweise für Chirurgen-, Anästhesie-, Stationspflegeeigene Denk- und Handlungsmuster. Der Begriff des „Kunden" ist im Kontext von Krankenhäusern mit „Patient" und/oder „Angehöriger" sowie extramuralem „Betreuer" – wie dem niedergelassenen Arzt, dem Heimpfleger, dem Rettungsfahrer – zu präzisieren. Und anstelle von generellen Fragen nach Ansprüchen, Erwartungen, Bedürfnissen von Kunden sind spezifische Formulierungen zu setzen wie:

- „Was wünschen und erwarten sich unsere Patienten? Was benötigen diese, deren Angehörige und Betreuende um handlungsfähig zu bleiben bzw. wieder zu werden?
- Welche Leistungen, welche Eingriffe – wie jeweils konkret (nicht) erbracht – dienen der optimalen Versorgung, der bestmöglichen schmerzfreien und wenig belastenden Heilung und Genesung bzw. dem Wohlbefinden der Patienten am meisten?

- Was alles hierzu werden die Patienten und deren Angehörige – obwohl für sie eigentlich von hoher Relevanz – nicht (mehr) äußern, weil sie dies nicht artikulieren können bzw. sich dies nicht zu artikulieren getrauen oder weil sie die Erfüllung dieser Erwartungen – in Anbetracht ihrer in der Vergangenheit im und mit dem Gesundheitssystem gemachten realen Erfahrungen – von uns gar nicht (mehr) erwarten?
- Was brauchen wir von den – eventuell extramural – vorgelagerten Kooperationspartnern/Akteuren (anders) und was benötigen die – eventuell auch extramural – nachgelagerten Kooperationspartner/Akteure (anders) um effektiv(er) Patientenorientiert agieren zu können?"

Wie weiter vorne erwähnt, stellt das Arbeiten mit diesem Ansatz für Mitarbeiter und Führungskräfte im betrieblichen Alltag oder für Projektakteure und Projektbegleiter in OE-Vorhaben eine Herausforderung dar, die rasch zur Überforderung wird. Denn neben der Beherrschung technischer Fragestellungen zum Ableiten, Definieren, Implementieren, Steuern und Nachhalten von Leistungsprozessen, gilt es die Widersprüche zwischen den funktionalen Bereichslogiken betroffener Abteilungen, Berufsgruppen, Hierarchieebenen in Hinblick auf die Patienten und ihren relevanten Kontext aufzuzeigen und aktiv zu bearbeiten. Die Unterschiede sind aufzuarbeiten bzw. akzeptiert und abgestimmt zweckmäßig auszubalancieren. Dies benötigt jedoch eine offene Auseinandersetzung mit den Sichtweisen anderer und ein Durchschreiten von Konflikten.

2.3 Angelpunkte der Leistungsprozessarbeit

2.3.1 Beteiligungsorientierung als Grundhaltung

Leistungsprozesse können nicht einfach von außen zugekauft werden! Will man den zuvor erwähnten Perspektivenwechsel bzw. (neue) gemeinsame Einsichten erreichen, will man die Wahrscheinlichkeit heben, dass Tätigkeiten wirklich effektiver im Sinne der Erfüllung von Kundenbedürfnissen erbracht werden, sollen Funktionsgrenzen keine Minderung der Leistungserbringungsqualität aus Patientensicht hervorrufen, begnügt man sich bei einer Leistungsprozess-orientierten OE-Arbeit nicht mit neuen Ablaufdiagrammen auf schönerem Hochglanzpapier, dann gilt Leistungsprozesse sind mit bzw. durch die Mitglieder der Bereiche, welche an der Leistungserbringung zum Patienten hin beteiligt sind, zu entwickeln!

Dabei können durchaus Beispiele von außen – wie andere Häuser ähnliche oder gleiche Aufgabenstellungen gelöst haben – helfen. Solche von Vertretern anderer Häuser oder von externen Beratern eingebrachten Prozesslösungen sollten jedoch nie die aktive Mitwirkung der internen Akteure ersetzen. Nur indem man im Rahmen einer Analyse und Konzeptarbeit selbst in die Welt des Kunden eintaucht, selbst den Leistungserbringungspfad mit Blick auf den Kunden durchschreitet, die Nöte der anderen Kooperationspartner „erleidet", entsteht der angesprochene notwendige Perspektivenwechsel. Nur dann bekommen gemeinsam getragene Lösungen, welche die Ansprüche des eigenen Funktionsbereiches relativieren sowie die Ansprüche der anderen mitwirkenden Funktionsbereiche und Professionen mitbedenken und ins eigene Handeln integrieren, eine Umsetzungschance.

Zwei O-Ton-Zitate von Ärzten aus OE-Vorhaben, in denen mit Leistungsprozessen gearbeitet wurde, sollen dies unterlegen:

> „Erst wie ich selbst am Tisch lag und keinen meiner Kollegen erkannte, wurde mir klar, dass ein großer Namensaufdruck auf der OP-Kleidung her muss."

> „Ich operierte an diesem Tag selbst. Verzweifelt wollte ich übers Telefon eine Auskunft zum Ausgang des operativen Eingriffs an meiner Frau – sie ist in einem anderen Haus operiert worden – bekommen. Das ist mir aber über mehrere Stunden nicht gelungen. Ich war wirklich verzweifelt. Damals hab' ich mir geschworen, dass ich vor Operationen genau mit meinem Patienten und seinen Angehörigen die Informationssituation nach der Operation kläre. Im Regelfall werde ich selbst aktiv, informiere. Das ist effizient, für alle Beteiligten von Vorteil. Angehörige spüren im authentischen Gespräch mit mir, was die Aussage zum Status des Operierten Wert ist. Und ich kann den Fall – wenn alles glatt lief – einmal emotional ablegen. Seit damals praktiziere ich das konsequent."

Im Rahmen der gemeinsamen Arbeit an der Prozessableitung und -ausgestaltung im „geschützten Raum" eines Projektteams lassen sich Projektakteure von solchen Aussagen mit viel höherer Wahrscheinlichkeit „berühren" als bei unmittelbaren Konfrontationen oder im Zuge von Besprechungen im Spitalsalltag. Beispielsweise deshalb, weil die Aussage von dem eigenen Arzt-Kollegen aus tiefster persönlicher Einsicht erzählt wird und nicht von einer Pflegerin als längst überfällige, zu erbringende Leistung eingefordert wird. Auch wird das Einbringen solcher Aussagen wahrscheinlicher, weil im „geschützter Raum" des Projekts offener gesprochen werden kann. Man hat Vertrauen zueinander aufgebaut und ist zur Einsicht gelangt, dass bei diesem gemeinsamen Nachdenken noch nichts endgültig zugesagt wird, dass mit einer solchen Befundung keine Schwächung der eigenen Position oder der des eigenen Bereiches eintritt, dass „die Dinge" im Kreise der Projekteammitglieder verbleiben und nicht automatisch nach außen getragen werden. Indem Mitarbeiter quasi virtuell bei der Leistungsprozessarbeit in Leistungserbringungsketten zum Patienten hin eintauchen, steigt die Wahrscheinlichkeit, dass sie unmittelbar selbst solche „Erkenntnisse" erfahren und aus diesen heraus dann agieren.

Damit sich eine solch konstruktive, ergiebige Arbeitsatmosphäre bei der Arbeit mit Leistungsprozessen in OE-Vorhaben ausbildet, und damit praktikable, brauchbare Lösungen entstehen, die nicht das Papier bleiben, auf dem sie geschrieben wurden, sondern die ins Alltagshandeln integriert werden, ist bei der Leistungsprozessarbeit auf einige Angelpunkte zu achten. Einige erfolgskritische werden nachstehend kurz angerissen:

- Organisationsneutrale Idealprozesse als Ausgangspunkt einer effektiven Prozessarbeit
- Explizite Ein-/Abgrenzung von Leistungsprozessen
- Vermeidung von Zuständigkeitslücken
- Ableitung zentraler Leistungsfähigkeitsmerkmale als Orientierungseckpfeiler
- Organisatorische Verankerung und personelle Verankerung der Leistungsprozesse in der Regelorganisation

Abbildung 7 gibt eine Übersicht über einige wesentliche Aspekte – im Sinne begrifflicher „Ingredienzien" –, die bei der Leistungsprozessarbeit explizit zu „bewirtschaften" bzw. im Auge zu behalten sind. Auf diese wird in den nachfolgenden Ausführungen immer wieder referiert.

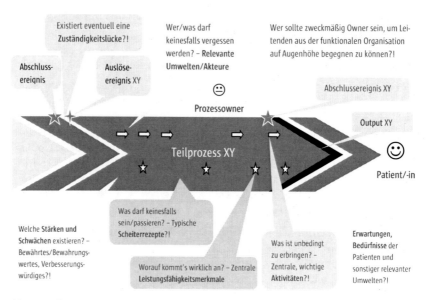

Abb. 7 Auflistung zentraler inhaltlicher Ingredienzien, die bei der Entwicklung eines Idealprozesses und der darauf aufbauenden Diagnosearbeit von Relevanz sind

2.3.2 Organisationsneutrale Idealprozesse als Ausgangspunkt einer effektiven Prozessarbeit

Um gemeinsam als Prozessarbeitsgruppe handlungsfähig zu werden und um die Sichtweisen des Bereichs, aus dem man kommt, wirklich hintanstellen zu können, sollten OE-Projektteammitglieder zu Beginn ihrer Prozessarbeit nicht auf den Ist-Zustand fokussieren. Zweckmäßiger ist es, zuerst miteinander „organisationsneutrale", „ideale" Leistungsprozesse zu konzipieren. Diese dienen dann als gemeinsames – von allen akzeptiertes – Referenzsystem für die weitere Leistungsprozessarbeit.

Starten Betroffene die Prozessarbeit mit bestehenden Ablaufdiagrammen und steigen sie unmittelbar in eine Bewertung der Ist-Situation ein, dann werden sich diese im Regelfall nur schwer von ihren bereitgestellten Materialien und persönlichen Sichtweisen lösen können. In diesem Fall bestätigen sich Projektteammitglieder ihre mitgebrachten Einschätzungen. Vorhandene emotionale und inhaltliche „Gräben" beginnen sich weiter zu vertiefen. Infolge kommt eine Prozessarbeit meist über ein Feilschen um Hergeben und Bekommen, Nachgeben und Durchsetzen nicht hinaus. OE-Lösungen verbleiben dann vielfach auf dem Niveau leichtgewichtiger Optimierungen. Ein Haltungs- und Kulturwandel aufseiten der Akteure bleibt aus. Anstatt mit ihren Einschätzungen zur Zweckmäßigkeit von handlungsleitenden Vorgaben und zu setzenden Handlungen „zusammenzurücken", werden Projektakteure nach Abschluss ihrer Leistungsprozessarbeit im Spitalsalltag – jeder in seiner Sicht der Dinge verharrend – weitgehend wie gehabt weiterwursteln.

2 Organisationsentwicklung und Leistungsprozessmanagement – konzeptionelle Grundlagen

> *Tipp für den OE-Begleiter!*
>
> *Wie wird man den verständlichen Wunsch, unmittelbar an (mitgebrachten) Ist/Soll-Diagrammen und Lösungsideen zu arbeiten, los? Bringen Teilnehmer einer Prozessbearbeitungsgruppe fertige Ablaufdiagramme mit, einen Rucksack mit Vorwürfen an Kollegen aus anderen Bereichen oder Berufsgruppen, was alles im Argen liegt, oder bringt jemand umgekehrt einen Sack voller gut gemeinter Lösungsvorschläge mit, dann empfiehlt sich nachfolgend skizziertes Vorgehen.*
>
> *Einmal bildlich gesprochen: Die Gäste im Projektteam willkommen heißen. Aus Platzgründen diese ihr Marschgepäck im Vorzimmer abstellen lassen. Und dann – bevor es ab in die Werkstatt geht – alle einmal zu einem gemeinsamen Willkommenstee ins Wohnzimmer bitten.*
>
> *Und konkret auf der Handlungsebene: Bevor man mit der eigentlichen Krankenhaus-spezifischen inhaltlichen Prozessdiagnose- und Prozesskonzeptionsarbeit beginnt, einmal Sinn und Funktion des Ableitens eines gemeinsamen Referenzsystems in Form einer organisationsneutralen, idealen Leistungsprozessdarstellung erklären. Dann das ganze mitgebrachte Material geordnet – mit Kurzkommentar durch den, der es mitbringt, versehen – einsammeln und für alle sichtbar ablegen. Und erst jetzt – mit dem Hinweis, dass man das Material bei der späteren Diagnosearbeit wieder hervorholen und sorgfältig ein-/aufarbeiten wird – gemeinsam mit den Projektteammitgliedern beginnen, eine ideale organisationsneutrale Prozesslandkarte zu entwickeln.*

Mit den Begriffen „organisationsneutral" und „ideal" wird versucht den Akteuren zu vermitteln, dass es sich um die Konzeption der Ausdifferenzierung eines Leistungsprozesses in Teilprozesse handelt, welche völlig unabhängig von der augenblicklichen Realität erfolgt. Es sollen vorerst wirklich alle nur irgendwie relevanten, bekannten und theoretisch vorstellbaren Aktivitäten/Dienstleistungen und „Kunden"bedürfnisse Brainstorming-artig eingefangen werden – ohne jegliche Bewertung dieser auf ihre grundsätzliche Berechtigung hin, auf deren reale Zweckmäßigkeit, auf deren Realisierbarkeit im Kontext des eigenen Krankenhauses. Diese „Prozesslandkarte" soll „nur" als umfassendes Diagnoseinstrument dienen und präjudiziert keine spätere reale Teilprozessgliederung. Sie sollte so strukturiert sein, dass in den einzelnen Teilprozessen jeweils jene Aktivitäten zusammengefasst werden, die in einem unmittelbaren sachlich-logischen Zusammenhang stehen, die zu einem bestimmten Zeitpunkt in einem Wurf bzw. in einer kontinuierlichen direkten Abfolge erbracht werden, deren Erbringung ein eigenständiges Teilbedürfnis des „Kunden" bedient.

So ein Teilbedürfnis am Ende eines Teilprozesses – beispielsweise zur Abklärung einer Behandlung im Krankenhaus – könnte konkret lauten:

> *„Alle Abklärungen zur Entscheidung, ob eine Behandlung ambulant oder stationär erfolgt, sind vorgenommen. Diese Empfehlung ist dem Patienten vermittelt und von diesem akzeptiert worden. Das Kennenlernen des medizinisch/pflegeseitigen Begleitteams für die weitere Behandlung hat stattgefunden. Datum und Ort des Eingriffs sind verbindlich vereinbart."*

Beide Seiten – Patient und internes Begleitteam – würden bei dieser Formulierung wissen, wie es konkret weiter geht und können diesbezügliche Planungen anstellen. Ein konkreter „verantwortlicher" Ansprechpartner steht zur Klärung eventuell noch zwischenzeitlich auftretender Fragen zur Verfügung. Die krankenhausseitige Verantwortung für die Vorbereitung bzw. Verfolgung der weiteren Behandlung des Patienten ist eindeutig festgelegt.

„Organisationsneutral" und „ideal" als Attribute der Leistungsprozess-Skizze werden als konkrete Attribute beim Einstieg in die Prozessarbeit deswegen verwendet, weil die Teilprozessgliederung zum einen als Referenzsystem für die nachfolgende umfassende, spitalspezifische Stärken-/Schwächenanalyse der Ist-Situation dient. Zum anderen bildet sie die Grundlage für die daran anschließende gemeinsame Konzeptionsarbeit zum zukünftigen „Soll" und damit zur Bewertung allfälliger alternativer organisatorischer Lösungsvarianten bildet. Die Absicht liegt darin, den Projektakteuren zu vermitteln, dass diese Leistungsprozessbeschreibung noch keine konkrete zukünftige organisatorische Ausgestaltung präjudiziert.

Damit wird es wahrscheinlicher, dass die Landkarte auch von allen Akteuren für den Einstieg in die gemeinsame Prozessarbeit akzeptiert wird. Um möglichst offen für die zweckmäßigste Lösungsantwort zu bleiben, sollte es zu diesem Zeitpunkt noch nicht von Relevanz sein, ob und in welchem Ausmaß eine gefundene Lösungsalternative letztlich selbst den Leistungsprozessgedanken organisatorisch aufgreift. Ob beispielsweise als Ergebnis einer Prozessarbeit zum „Leistungsprozess OP-Bewirtschaftung" die real existierenden dezentralen OP-Strukturen bestehen bleiben und nur eine bereichsübergreifende und berufsgruppenintegrierende Gesamt-OP-Koordinationsfunktion eingerichtet wird oder ob sich der Leistungsprozess gar als eigenständiges Organisationsgebilde im Organigramm wiederfindet mit einer eigens eingerichteten OP-Chefarzt-Stelle und einer von dieser zentral bewirtschafteten OP-Tischbörse einschließlich Pflege- und Anästhesistenpool sollte zu Beginn bewusst noch offen bleiben. Solche organisatorischen Lösungsoptionen sollten erst Thema im Zuge der späteren Konzeptionsarbeit werden. Dann nämlich, wenn sich bei den Projektteammitgliedern bereits eine gemeinsame Sichtweise zu Sinn und Notwendigkeit der Dinge eingestellt hat.

Da diese idealtypische Darstellung des Leistungsprozesses das Referenzsystem für die eigentliche nachfolgende krankenhaus-spezifische Gestaltungsarbeit darstellt, sollte dieser Entwicklungsschritt sorgfältig erfolgen und die gefundene Darstellung auch möglichst konsensuell verabschiedet werden.

Die Ableitung einer grafischen organisationsneutralen Ideal-Prozesslandkarte mit Teilprozessen als Einstieg in die Leistungsprozessarbeit und der deklarierte reduzierte Anspruch an ihren Verwendungszweck entlastet die Mitglieder eines OE-Projektteams bzw. einer Leistungsprozess-Arbeitsgruppe. Ihre Entwicklung und ihr Vorhandensein unterstützt das „Herausgleiten" aus der „eigenen" Bereichslogik und aus der Haltung, die Existenz des eigenen Bereichs in der aktuellen Ausgestaltungsarbeit um jeden Preis absichern zu müssen. Sie fördert das „Hineinkippen" in eine gemeinsame Prozesslogik, welche die Patientenbedürfnisse in den Mittelpunkt stellt. Indem die Mitglieder eines Projektteams einen organisationsneutralen, idealen – statt realen – Leistungsprozess konzipieren und sich dabei – mehr nebenbei als explizit – ihre Einschätzungen zur Realität schildern, beginnen sich eventuell „verhärtete" Sichtweisen aufzuweichen. Die Mitglieder relativieren die handlungsleitende Eigenlogik ihrer Organisationseinheit bzw. Funktionsgruppe. Dieser Logik zur Seite stellt sich für die weitere kollektive Prozessarbeit quasi eine bereichsübergreifende Prozesslogik hin zum Patienten und dessen Angehörigen/Betreuer und damit ein – gemeinsames – adaptiertes handlungsleitendes Referenzsystem. Zur Loyalität gegenüber dem „Heimatsystem" und den dortigen Kollegen gesellt sich eine Loyalität zum konkreten Leistungsprozess bzw. Kooperationsfeld und dessen Mitwirkenden einschließlich der potenziellen Patienten mit deren Bedürfnissen.

Vor diesem Hintergrund steigt die Wahrscheinlichkeit, dass Projektakteure die Stärken und Schwächen der Ist-Situation mit einer gemeinsamen Brille bewerten und erste Ideen für funktionale Lösungen zum Patienten hin anzudenken beginnen. Über die dabei ausgemachten Schwächen sowie die als aktuell nicht zufriedenstellend bedient eingeschätzten Kundenbedürfnisse, wird die erforderliche Transformationsenergie für eine offene, kreative Konzeptarbeit freigesetzt. Die parallele Benennung der existierenden Stärken wiederum entlastet die Akteure bei ihrer Arbeit. Damit wird signalisiert, dass hier nicht Veränderung als Wert an sich und um jeden Preis betrieben wird.

2.3.3 Explizite Ein-/Abgrenzung von Leistungsprozessen

Die Grenzziehung in der Definition und Bearbeitung von Leistungsprozessen ist von hoher Relevanz für eine effektive Gestaltungsarbeit im Zusammenhang mit Leistungsprozessen. Hierzu vorab getroffene Setzungen prädeterminieren das Aussehen einer organisationsneutralen Ideal-Prozesslandkarte. Was nicht von ungefähr ist. Denn damit wird festgelegt, was letztlich bei der nachfolgenden Diagnosearbeit betrachtet wird, in welche Richtung Lösungen gehen bzw. wie revolutionär und weitreichend Lösungen ausfallen. Grundsätzlich ist bei der Leistungsprozess-Grenzziehung auf zwei Aspekte zu fokussieren:

1. Wann/wo – mit welchem Auslöseereignis – beginnt ein betrachteter Leistungsprozess und wann/wo – mit welchem Abschlussereignis – endet er? Was alles kommt hinein und was, das vorher und nachher von Relevanz ist, bleibt außen vor?
2. Was alles an Dienstleistungen bzw. Outputs ist innerhalb dieser Grenzen grundsätzlich vorstellbar, dass es im Rahmen eines betrachteten Leistungsprozesses erbracht wird? (Hier dreht es sich um die Frage des Leistungserbringungsumfangs und der Leistungserbringungstiefe. Konkret: Wie weit will man ein Serviceverständnis treiben, welche Bedürfnisse sollten in welchem Ausmaß berücksichtigt/bedient werden und welche sollten nicht aufgegriffen/bedient werden?)

Da kein „Copyright" zur Leistungsprozessabgrenzung und -definition existiert, wird dieser Ein-/Abgrenzungsaufgabe zu einem explizit zu betreibenden Entscheidungsfindungsprozess. Die Grenzziehung ist an sich frei, aber eben in keiner Weise beliebig und bedeutungslos.

Je weiter die organisatorischen Grenzen des Betrachtungsbereichs gezogen werden, desto wirksamer wird der Leistungsprozess-Ansatz greifen, desto radikal anders und ohne „Brüche" zum Kunden hin können organisatorische Lösungen aussehen. Allerdings wird das Gestaltungsvorhaben damit auch komplexer und umfangreicher. Es erhöht sich damit die Wahrscheinlichkeit eines Bruchs mit Traditionen. Das Auftreten grundsätzlicher inhaltlicher Konflikte und eskalierender Affektsituationen steigt.

Mitunter wird mit dem Ausweiten der Grenzen plötzlich aber auch alles viel einfacher. Denn jeder Beteiligte weiß nun, dass man sich in beauftragter Weise weit aus den bestehenden Denk- und Handlungsrahmen herausbewegen soll. Dass – zumindest einmal beim Kreativsein und Optionensammeln – alles vorstellbar sein darf und explizit angedacht werden soll. Damit erfolgen fast automatisch ein Zurücklassen von wechselseitig emotional negativ besetzten Erfahrungen und ein Überschreiten von Denkbarrieren.

Bei einer solchen vorab-Prozessabgrenzung– beispielsweise durch die Auftraggeber einer Leistungsprozessarbeit – handelt es sich um eine echte Management-Entscheidung. Es dreht sich um eine strategisch/taktische Frage, die vom konkreten Gestaltungsauftrag bzw. Gestaltungsziel abhängt. Mitunter kann sie qualifiziert erst im Zuge der Gestaltungsarbeit selbst auf der Basis der dabei gewonnenen Einsichten und gezogenen Schlussfolgerungen beantwortet werden. Grundsätzlich gilt hier: Je weiter man zu/vor Beginn der Prozessarbeit die Prozessgrenzen setzt, desto bewusster bzw. fundierter kann später im Zuge der Konzeptionsarbeit eine Entscheidung zu einem zweckmäßigen Auslöse- und Abschlussereignis des Leistungsprozesses sowie dazu, was alles man zu bewirtschaften gedenkt, getroffen werden.

Praxisbeispiel: Leistungsprozessabgrenzung beim Prozess „OP durchführen"

Hier könnte man sinnvollerweise bei der extramuralen Diagnose im Vorfeld einer OP beginnen. In diesem Falle würde man in die Prozessbetrachtung bereits miteinbeziehen, wie die Diagnose mit den Patienten kommuniziert wurde und wie das Diagnosematerial strukturiert archiviert wurde. Beispielsweise könnte man vom Krankenhaus aus steuern, dass für eine Vorab-Information an eine intramurale Überleitungspflege vom überweisenden Arzt bereits eine „Sozialanamnese" erfolgt und diese mit den Überweisungspapieren mitgeliefert wird.

Man könnte mit dem Leistungsprozess aber auch erst bei den unmittelbaren intramuralen OP-Vorbereitungsaktivitäten ab dem physischen Eintreffen der Patienten auf der Station beginnen. Oder man zieht die Leistungsprozessgrenze noch eine Spur enger und beginnt die OP-Prozessbetrachtung erst mit der Abholung der Patienten von der Station unmittelbar vor dem eigentlichen OP-Eingriff.

Drei völlig unterschiedliche Leistungsprozesse. Je nach Grenzziehung wird die zweckmäßige personelle Zusammensetzung einer kompetenten Bearbeitungsgruppe für die Leistungsprozess-Diagnose und -Konzeption völlig anders aussehen.

Ebenso macht es einen Unterschied, ob sich die Prozessbetrachtung nur auf eine operierende Disziplin und den relevanten Anästhesiebereich beschränkt oder ob alle operierenden Fächer und die gesamte Anästhesie einbezogen werden. Denn wenn die Effizienz der OP-Tischbelegung und der OP-Personalressourcen sowie alle Zentral-OP-relevanten Aktivitäten Thema einer Gestaltungsarbeit sind, dann wird im Fall der Fokussierung auf nur ein bestimmtes operierendes Fach die Schaffung fachübergreifender Tischbelegungsprozeduren und OP-Pflegerpools für pflegeähnliche OP-Fächer keine Lösungsoption darstellen. Bei Fokussierung auf alle operierenden Disziplinen hingegen kann bei den Tischlösungen auch eine Zusammenlegung von Tischen für Fächer, die im Rahmen einer ähnlichen OP-Infrastruktur operieren, sowie die Schaffung von OP-Pflegerpools eine Lösungsoption werden. Oder noch radikaler gedacht: Im zweiten Fall könnten sogar Lösungen in Betracht gezogen werden, welche die Einrichtung einer „Tischbörse" vorsehen, die von der Anästhesie betrieben wird. Im Rahmen einer solchen Lösungsoption könnte die Anästhesie als „OP-Prozess-Owner" theoretisch – wie auch ganz praktisch – „verpreiste" Tischkapazitäten an die operierenden Fächer zu festgesetzten Konditionen verkaufen – mit günstigeren „Tisch-Preisen" bei langfristig geplantem Vorab-Kauf und teureren „Tisch-Preisen" bei kurzfristigem Zukauf sowie mit mehr oder weniger freien „Tisch-Tagespreisen", ganz entsprechend Angebot und Nachfrage am konkreten OP-Vortag.

Zwei unterschiedliche Grenzziehungen, das eine Mal mit Optimierungsszenario, das andere Mal mit Option auf echten „Musterwechsel" bzw. totalem Wechsel tradierter handlungswirksamer „Besitzstands"-Realitäten.

Ähnlich wie mit der Grenzziehung nach außen bestimmt auch die Vorstellung darüber, was an Dienstleistung alles vorstellbar sein kann, massiv die Diagnose- und Konzeptionsarbeit und damit wiederum den Lösungsraum. Hier stellt sich die konkrete Frage, ob auch spezielle Anforderungen und Leistungen mitgedacht werden sollen, die aktuell (noch) gar nicht erbracht werden. Die nicht geleistet werden, weil sie ressourcenmäßig, infrastrukturseitig oder qualifizierungsbedingt im Augenblick nicht realisierbar sind oder aber von den Verantwortlichen bisher nicht als relevant erachtet wurden. Ja Aspekte, die eventuell bisher nicht einmal von Seiten der Patienten selbst oder Dritten als Bedürfnis geäußert bzw. erkannt worden sind.

Ist beispielsweise eine Kinderbetreuung – wie dies ein Möbelhaus seit Jahrzehnten anbietet – während des Ambulanzbesuches eines Patienten oder beim Besuch eines Patienten durch seine Angehörigen und Freunde denkbar? Ja sollte/muss diese eventuell explizit im Sinne der USP-Generierung[5] gegenüber anderen Häusern am Standort aktiv angedacht werden?

Oder ein weiteres naheliegendes – weil heute bereits total evidentes – Beispiel. Soll die Beschaffung und Handhabung von Heilbehelfen, welche für den extramuralen Kontext nach Entlassung eines Patienten aus dem Krankenhaus an sich erforderlich sein wird, bereits aktiv während des Spitalaufenthalts durch das Krankenhaus organisiert und der Umgang damit trainiert werden? Oder aber soll das Thema Heilbehelfe für die Zeit nach dem Spitalsaufenthalt ausschließlich dem Patienten, dessen Angehörigen und den Akteuren im extramuralen Umfeld des Patienten überlassen werden? Letzteres führt im Alltag dann mitunter dazu, dass die Dinge erst angegangen werden, wenn diese bereits vorhanden sein sollten. Zum Beispiel sollte eine gehbehinderte Patientin nach ihrer Entlassung aus dem Spital beim Betreten ihrer Wohnung mit ihren Gehhilfen usw. „gehfähig" sein und nicht feststellen, dass keine Gehhilfen wie von selbst in die Wohnung geflogen sind, sondern diese vorab zu bestellen gewesen wären.

Um den Dienstleistungsumfang nicht vorschnell unzweckmäßig stark zu reduzieren und damit an sich sinnvolle Möglichkeiten außer Acht zu lassen, empfiehlt es sich im Regelfall die Leistungsprozessarbeit vom Dienstleistungsumfang her gesehen zunächst möglichst offen und breit zu beginnen. Erst nachdem alle theoretisch

---

5   USP – im Englischen Unique Selling Proposition – steht hier für Alleinstellungsmerkmal

vorstellbaren Leistungen an bzw. für die Patienten am Tisch sind, sollten Preis-/Gewinn-Betrachtungen zu deren Erbringung oder Verwerfung aus Patienten- und Spitalssicht getätigt werden. Erst infolge einer solch qualifizierten Betrachtung sollte die endgültige Entscheidung über die konkrete Grenzziehung getroffen werden. Dies möglichst gemeinsam getragen innerhalb der Gruppe der Auftragnehmerinnen einer Leistungsprozessbearbeitung und zwischen diesen und dem Auftraggeber.

In Zusammenhang mit der Entscheidungsfindung zur Abgrenzung von Leistungsprozessen bzw. einem Dialog zur Dienstleistungsdifferenzierung bei der Leistungsprozessarbeit erweisen sich zwei Fragen als sehr hilfreich:

1. Was sind die Mindestleistungen/Outputs, welche an einem bzw. für einen Patienten erbracht werden, ohne deren Erbringung man heute nicht mehr von einer State-of-the-Art-Bespielung des Leistungsprozesses sprechen kann?
2. Was sind aus dem Fokus des Patienten und seines relevanten Umfelds sowie aus Spitalssicht zusätzliche, bisher nicht erbrachte bzw. noch gar nicht in Erwägung gezogene oder nicht in dieser umfassenden maximalen Ausprägung erbrachte mittel- und unmittelbar relevante Dienstleistungen?

> **Exkurs: Theodore Levitt's Produktkonzept**
>
> Die Idee der Dienstleistungsdifferenzierung lehnt sich an das Produktkonzept von Theodore Levitt, ehemals Professor für Marketing an der Harvard Business School an. In „Marketing Success through Differentation of Anything" führt eine Unterscheidung zwischen „Generic, Expected, Augmented und Potential Product" ein (Levitt 1980, S. 86ff.). Beim „generischen Produkt" handelt es sich um Produktelemente, ohne die ein Marktzugang nicht möglich ist bzw. dem Produkt elementare – das Produkt konstituierende – Elemente fehlen würden. Beim „erwarteten Produkt" handelt es sich um jene Produktausprägung, die die aktuellen Mindesterwartungen von Kunden abdecken. Beim „erweiterten Produkt" handelt es sich um ein Produkt, das neben den generischen und im Minimum erwarteten „features" weitere aufweist, die beim Kunden zu einer Differenzierung gegenüber Standardanbietern führen und damit einen Konkurrenzvorteil bringen, sofern damit einhergehende Mehrkosten auch vom Kunden bezahlt werden bzw. sich anderwärtig rechnen. Beim „potenziellen Produkt" handelt es sich um die – auch unter Einbezug möglicher Anforderungen und neuer technischer Optionen in der Zukunft – maximal vorstellbare Produktausprägung.

2.3.4 Vermeidung von Zuständigkeitslücken

Damit es zu keinen „Verantwortungslücken" kommt und der Fokus von Krankenhausseite auf die Patienten mit ihren Bedürfnissen nie verloren geht, ist beim „Schneide(r) n" der Teilprozesse darauf zu achten, dass Abschlussereignisse von vorgelagerten Teilprozessen nicht vor Auslöseereignissen von nachgelagerten Teilprozessen liegen (s. Abb. 8). Denn im Gegensatz zum funktionsorientierten Denken und Handeln innerhalb klassischer Linien- bzw. Bereichsstrukturen wird beim prozessorientierten Vorgehen sichergestellt, dass immer jemand aus der Organisation in der Verantwortung für die Durchführung offener Aktivitäten bzw. das Weitertreiben der Erledigung von Kundenbedürfnissen – sprich Patienten- bzw. Angehörigenbedürnissen – steht.

Bei einer guten Teilprozessgliederung passiert es bis zum expliziten Abschluss der Arbeit an und mit einem Patienten nie, dass dieser aus dem Fokus der Krankenhaus-

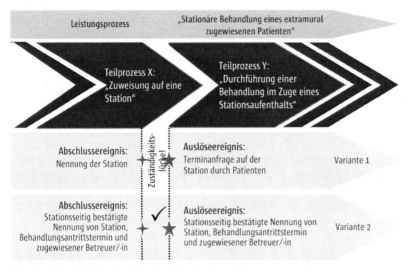

Abb. 8   Beispiel für das funktionale „Schneiden" von Teilprozessen

akteure fällt, sich niemand mehr für ihn zuständig fühlt. Eine Weiterbearbeitung muss dann niemals – außer dies wurde explizit so mit dem Patienten vereinbart – von Patientenseite urgiert werden. Im Sinne des Leistungsprozess-Ansatzes sollte es nie passieren, dass sich ein Patient selbst eine zuständige Person organisieren muss. Immer sollte jemand aus dem Krankenhaus als Verantwortliche deklariert sein. Und diese als Zuständige deklarierte Person, weiß auch darüber Bescheid, dass sie zuständig ist, und nimmt diese Verantwortung aktiv wahr.

2.3.5 Zentrale Leistungsfähigkeitsmerkmale als Orientierungseckpfeiler

Wie die Ausdifferenzierung des Geschäftsprozesses in Teilprozesse dienen auch die „Zentralen Leistungsfähigkeitsmerkmale" der Komplexitätsreduktion und Handlungsorientierung. Die zentralen Leistungsfähigkeitsmerkmale bilden ein Mindestsample an Anforderungen, die von den Prozessakteuren in ihrem Denken und Handeln permanent zu beachten, auszubalancieren und zu bespielen sind, um mittelfristig mit dem (Teil-)Prozess erfolgreich auf dem relevanten „Markt" zu reüssieren. In der Fachliteratur finden sich hierfür heute vielfach auch Begriffe aus dem Englischen wie „Key Performance Indicators" KPIs (siehe zum Beispiel ISO/DIS 22400-2) bzw. „Key Metrics" oder im Deutschen auch einfach „Geschäftsprozess-Leistungskennzahlen". Diese erfassen in der Regel jedoch nur betriebswirtschaftlich unmittelbar relevante Aspekte. Leistungsfähigkeitsmerkmale hingegen – wie hier eingeführt – zielen ganzheitlich auf alle quantitativ und qualitativ relevanten Anforderungen, auf die beim Einrichten von Leistungsprozessen aber auch beim Managen dieser und beim Leistungserbringen innerhalb dieser im Alltag von allen Akteuren immer zu fokussieren ist. Würde ein Merkmal über längere Zeit nicht mitgedacht/-bewirtschaftet werden, würde der Prozess nicht mehr den für relevant erachteten Anforderungen gerecht werden. In Abbildung 8 werden beispielhaft für den Teilprozess „Datenreflexion sowie Interventionsplanung/-controlling leisten" die Leistungsfähigkeitsmerkmale aufgelistet, die in einem Projekt zur Reorganisation eines Zentral-OPs herausgearbeitet wurden.

Leistungsfähigkeitsmerkmale benennen auch die inhaltlichen Eckpfeiler für die Entwicklung funktionaler Führungs-, Steuerungs- und Controlling-Instrumente zur Bewirtschaftung eines definierten Leistungsprozesses. Damit dienen sie der Verankerung des Prozessgedankens in der Regelorganisation und liefern den Akteuren im Arbeitsalltag Orientierung darüber, worauf es unbedingt ankommt bzw. was auf keinen Fall „straffrei" über längere Zeit außer Acht gelassen werden darf. Sie geben den verantwortlichen Managern Orientierung bei der Erfüllung ihres Entwicklungs-, Gestaltungs- und Führungsauftrags. Sie geben den operativ tätigen Mitarbeiter Orientierung bei ihrer täglichen Arbeit im Sinne des Leistungsprozess-Gedankens. Dadurch wird die Wahrscheinlichkeit reduziert, dass die Prozessakteure (wieder) in ein Denken und Handeln primär innerhalb der Logik der Organisationseinheit und Profession, der sie ursprünglich angehören, fallen. Damit Leistungsfähigkeitsmerkmale diese Funktion erfüllen können, sollte das Sample pro (Teil-)Prozess keinesfalls mehr als fünf (bis maximal sieben) Merkmale umfassen. Sonst werden diese rasch beliebig und verlieren ihre Orientierung gebende Intention.

Die zentralen Leistungsfähigkeitsmerkmale dienen den Mitgliedern einer Leistungsprozess-Arbeitsgruppe aber auch beim Konzipieren und Bewerten von organisatorischen Lösungen im Anschluss an die Diagnosearbeit. Sie vermitteln den Akteuren, welchen Anforderungen die Lösungen unbedingt genügen müssen bzw. worauf bei der Feinausgestaltung der ausgewählten Lösungen besonders zu achten ist. Sie fungieren quasi für/bei der Leistungsprozessarbeit als Orientierung gebendes „Leuchtfeuer".

Für das Herausarbeiten der Leistungsfähigkeitsmerkmale bewährt sich in der Praxis besonders ein Arbeitsschritt, der sich sogenannter „Scheiterrezepte" bedient. Dabei gilt es die scheinbar paradoxe Frage zu beantworten:

> „Was darf bei der Leistungserbringung innerhalb des Teilprozesses keinesfalls passieren bzw. bezüglich des Outputs sein? Wer kann mit Blick auf relevante Anforderungen aus medizinischer, pflegerischer, patientenseitiger, rechtlicher, organisatorischer und sonstiger Sicht wodurch konkret zum Scheitern einer hoch zufriedenstellenden Leistungserbringung beitragen?"

Auf Basis dieser mitunter als sehr lustvoll erlebten Negativbetrachtung werden in Umkehrung der Scheiterrezepte die wesentlichen Erfolgskriterien – sprich zentralen Leistungsfähigkeitsmerkmale – herausgearbeitet.

Exkurs: Scheiterrezepte in der Organisationsentwicklung

Dieser Denkansatz geht auf Paul Watzlawick's „Anleitung zum Unglücklichsein" (Watzlawick 1983a) zurück. Dahinter steht die Überlegung, dass es überlebenssichernder sein kann, sich bei einem Vorhaben, der Realisierung einer Aufgabenstellung, mit zentralen Scheiterfallen zu beschäftigen als nur auf jene Aspekte zu fokussieren, die unmittelbar produktiv erscheinen und direkt zum Erfolg beitragen. Was nützen 100 praktizierte erfolgsfördernde Aktivitäten, wenn eine „tödliche" Aktivität bzw. Unterlassung übersehen wurde und Handlungen gesetzt bzw. unterlassen werden, die ein Scheitern verursachen. Ausführlich beschrieben wird die Anwendung dieses Ansatzes im Buch „Radikale Marktwirtschaft" von Fritz B. Simon und C/O/N/E/C/T/A (Simon; C/O/N/E/C/T/A 1992, S. 126). In Umkehrung von Paul Watzlawick's Buchtitel „Vom Schlechten des Guten" (Watzlawick 1983b) wird dabei auf „Die positive Kraft des negativen Denkens" fokussiert.

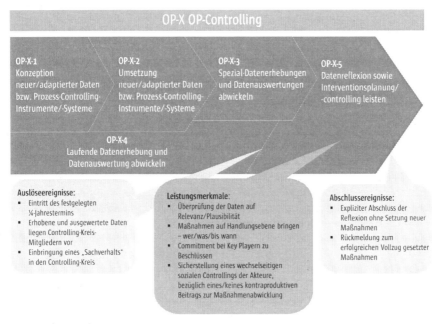

Abb. 9   OP-Spezialprozesslandkarte OP-Controlling

Abbildung 9 zeigt eine organisationsneutrale Ideal-Prozesslandkarte für den OP-Spezialprozess „OP-Controlling" sowie eine Auflistung der zentralen Leistungsfähigkeitsmerkmale für dessen Teilprozess „Datenreflexion sowie Interventionsplanung/-controlling leisten". Obwohl es sich hier nicht um einen unmittelbar am Patienten ausgerichteten Leistungsprozess handelt, wurde dieser Controlling-Prozess ausgewählt. Damit wird auf einen hoch erfolgsrelevanten Aspekt in Zusammenhang mit dem Leistungsprozess-Ansatz hingewiesen: der Verankerung des leistungsprozessorientierten Handelns im betrieblichen Alltag (s. Kap. I.2.2 und I.3.3).

2.3.6 Organisatorische und personelle Verankerung der Leistungsprozesse in der Regelorganisation

Der Leistungsprozess-Ansatz stellt heute in vielen Organisationen noch immer einen Bruch mit dem allgemeinen handlungsleitenden Denken und Handeln dar. Deswegen ist die Tendenz zu beobachten, dass kundenorientierte, Leistungsprozess-fokussierte Lösungen im Organisationsalltag rasch wieder entschwinden bzw. wenig wirksam bleiben. Im Besonderen gilt das für jene Gruppen und Personen, die nicht aktiv an der diesbezüglichen OE-Arbeit beteiligt waren. Lösungen müssen daher strukturell und personell abgesichert, explizit „nachgehalten"[6] werden.

---

6   „Nachhalten" meint hier im Sinne von „Nachhaltigkeit" das Absichern organisatorischer Neuerungen über zweckmäßige Handlungsroutinen und Instrumente, welche von betroffenen Mitarbeitern sowie zuständigen Führungskräften und verantwortlichen Manager aktiv praktiziert werden. Zum Beispiel dadurch, dass in der Anfangsphase der Etablierung einer Neuerung explizite Reviewsequenzen geplant und praktiziert werden, in denen die Implementierung und die Weiterentwicklung einer Neuerung bzw. die hierzu produktiv/funktional und kontraproduktiv/dysfunktional geleisteten Beiträge relevanter Akteure benannt und bewertet werden.

Controllingdaten zum Leistungsprozess-orientierten Handeln – wie beispielsweise im Alltag den Leistungsfähigkeitsmerkmalen entsprechend gehandelt wird – sind nur so viel wert, wie diese auch durch die Führungskräfte und andere Key Player thematisiert werden sowie von diesen dann hierauf Bezug nehmende korrigierende Interventionen und Maßnahmen gesetzt und mit Konsequenz verfolgt werden.

Ebenso gilt es, der Leistungsprozess-orientierten Logik zu Patienten und zum koproduzierenden Akteur hin eine explizite „Sprache" in der Aufbauorganisation bzw. Hierarchie zu geben. Als „Koproduzenten" werden hier Kollegen bezeichnet, die innerhalb eines Leistungsprozesses parallel oder vor-/nachgelagert durch ihr Tun mit zur Dienstleistungs- bzw. Outputgenerierung beitragen. Also beispielsweise die extramurale Ärztin, welche für die intramurale Überleitungspflegekraft eine Sozialanamnese durchführt und diese verschriftet übersendet. „Sprache geben" wiederum verweist auf die Notwendigkeit, dass unzweckmäßige Handlungen bestimmter Akteure bzw. Akteursgruppen sowie dysfunktionale Regelungen in einzelnen Organisationseinheiten offen angesprochen werden können und aufgearbeitet werden (müssen). Daher empfiehlt es sich für die wirksame Verankerung von Leistungsprozessen im gelebten Krankenhausalltag, in den aufbauorganisatorischen Strukturen explizit eigene Prozessmanagementfunktionen einzurichten. Diese sollten auf gleicher hierarchischer Ebene angesiedelt sein wie die Verantwortlichen jener Organisationseinheiten und Berufsgruppen, welche Leistungen für bzw. in einem Leistungsprozess erbringen. Auf diese Weise können Dinge, die aus Patienten- bzw. Koproduzenten-Perspektive – also aus einer horizontalen kundenorientierten Leistungsprozesssicht – dysfunktional erscheinen, auf „Augenhöhe" und mit genügend Nachdruck gegenüber jenen Akteuren, die aus einer – vertikalen Bereichs- bzw. Funktionsgruppen-Logik agieren, angesprochen und nachhaltig aufgearbeitet werden.

Welche Rolle braucht es zur Absicherung von Prozessmanagement? Im Zusammenhang mit Leistungsprozessen hat es sich als funktional erwiesen, weniger in „Stellen" als in „Funktionen" zu denken. Also nicht zu fragen, wer erbringt eine bestimmte Leistung, sondern sich damit zu beschäftigen, wie eine bestimmte notwendige Funktion am zweckmäßigsten erbracht werden kann. Da es beim Leistungsprozess-Ansatz um die integrierte, ganzheitliche, maximal aufeinander abgestimmte Leistungserbringung geht, um die Integration bestehender unterschiedlicher Handlungslogiken und Wirklichkeitskonstruktionen, bewährt es sich, Teams zur Leistungserbringung und zum Prozessmanagement einzusetzen. Solche professionsübergreifenden Personengruppen sind im Regelfall prädestinierter, diesen Job inhaltlich erfolgreich und mit Akzeptanz seitens der Betroffenen zu erbringen. Beispielsweise beim OP-Prozess aus dem genannten Beispiel würde dies bedeuten, dass man für die OP-Leitungs-/Koordinationsfunktion anstatt einer mit einem Anästhesisten besetzten OP-Leitungsstelle ein OP-Koordinationsteam einrichtet. Dieses wird mit einem Anästhesiearzt, einer OP-Pflegekraft und einem operierenden Facharzt gestafft. Dadurch werden Logik und Arbeitsnotwendigkeiten jeder der drei im OP agierenden Funktionsgruppen mit mehr Wahrscheinlichkeit eingebracht und „gerecht" bzw. den Notwendigkeiten entsprechend ausbalanciert. Durch die Einführung eines Rotationsprinzips mit einem Pool, das mit mehreren Personen aus jeder dieser drei Berufsgruppen beschickt wird, könnte die Arbeitsfähigkeit bzw. Effektivität dieser Funktion nochmals gestärkt werden. Jeder der Managementakteure erlebt die Managementfunktion sowohl aus Managementperspektive als auch aus unmittelbarer Leistungserbringungsperspektive. Er spürt am eigenen Leib, was die Funktion zur Ausübung benötigt, aber auch was deren Handlungen bei Betroffenen fördert und einschränkt.

Literatur

Davenport, T.: Process Innovation – Reengineering Work through Information Technology. Boston 1993

Gaitanides, M.: Prozessorganisation: Entwicklung, Ansätze und Programme des Managements von Geschäftsprozessen. München 2007

Grossmann, R.; Prammer, K.: Die Qualität der Arbeit sichern und die Organisation entwickeln – Optimierung zentraler Leistungsprozesse im Krankenhaus am Beispiel eines „OP-Betriebs". In: Dalheimer, V.; Krainz E.; Oswald, M. (Hrsg.): Change Management auf Biegen und Brechen? Revolutionäre und evolutionäre Strategieen der Organisationsveränderung. Wiesbaden 1998, S. 159–184

Hammer, M.; Champy, J.: Reengineering the Corporation: A Manifesto for Business Revolution. New York, 1993

Janes, F.; Prammer, K.: Das Öffentliche verändern – Überlegungen zu einer praktischen Theorie In: Eixelsberger W./Stember J. (Hrsg.): Verwaltung im Wandel – Neue Anforderungen des modernen Verwaltungsmanagements in Mitteleuropa, Münster 2010, S. 187–223

Kaplan, R.; Murdock, L.: Core Process Redesign. In: The McKinsey Quarterly, 1991, p. 27ff.

Levitt, T.: Marketing Success through Differentiation of Anything. In: Harvard Business Review vol. 58, no. 1, 1980 p. 83–91

Prammer, K.: TransformationsManagement – Theorie und Werkzeugset für betriebliche Veränderungsprozesse. Heidelberg 2009

Prammer, K.: Wie Sie Entwicklung in Organisationen nachhaltig sicherstellen, in: C/O/N/E/C/T/A (Hrsg.): Führung leben; Praktische Beispiele – praktische Tipps – praktische Theorie. Heidelberg 2010, S. 121–144

Prammer, K.; Neugebauer, C.: Consulting Organizational Change Cooperation – Challenges, Issues and Solutions in Theory and Practice. Journal of Managment and Change, Estonian Business School, Nr. 29 1/2012, p. 24–45

QUIK-AutorInnengruppe OP-Modellprojekt: Qualität im Krankenhaus – OP-Organisation, Broschüre des Bundesministeriums für soziale Sicherheit und Generationen, Wien 2000

Simon, F.; C/O/N/E/C/T/A: Radikale Marktwirtschaft. Verhalten als Ware oder: Wer handelt, der handelt, Heidelberg 1992.; 5. aktualisierte Auflage: „Radikale Marktwirtschaft" – Grundlagen des systemischen Managements, Heidelberg 2005

Sommerlatte, T.: Leistungsprozesse und Organisationsstruktur. In: Scharfenberg, H. (Hrsg.): Strukturwandel in Management und Organisation. Neue Konzepte sichern die Zukunft, Baden-Baden 1993 S. 55–70

Watzlawick, P.: Anleitung zum Unglücklichsein; München 1983a

Watzlawick, P.: Vom Schlechten des Guten; München 1983b

3 Organisationsentwicklung und Qualitätsmanagement

Hubert Lobnig und Margit Ernst

3.1 Einleitung

Das folgende Kapitel beschäftigt sich mit der Frage, wie die Ansätze von Qualitätsmanagement und Organisationsentwicklung zu unterscheiden aber auch zu verbinden sind und geht der Frage nach, ob ein gut gemachtes Qualitätsmanagement identisch mit Organisationsentwicklung ist. Wenn ja – warum gibt es beide Ansätze? Wenn nein – worin liegen die Unterschiede? Und wie können diese für einander fruchtbar gemacht werden?

Eine Antwort darauf gleich vorweg: Während in der Theorie möglicherweise treffende Unterscheidungen gefunden werden können, zeigt sich in der praktischen Umsetzungsarbeit im Krankenhaus, dass Qualitätsmanagement und Organisationsentwicklung wechselseitig voneinander Anleihen genommen haben und in vielerlei Hinsicht bereits ineinander verwoben sind. Im konkreten Tun der Führungskräfte und der Mitarbeiter an der Basis, und durch Unterstützungsleistungen von – meist in Stabsstellen organisierten Experten – Qualitätsmanagern, Risikomanagern, Organisationsentwicklern, Projektmanagern, Gesundheitsförderungsbeauftragten, Umweltmanagern und anderen werden jene Ansätze genutzt, die ganz konkret Realisierungs- und Erfolgschancen haben, in der bestehenden Arbeitskultur anwendbar sind und dem Qualifizierungsstand der Akteure entsprechen.

Nach konzeptionellen Überlegungen zum Qualitätsmanagement in Krankenhäusern und ihrer Verbindung zur Organisationsentwicklung skizziert der Beitrag anhand von Beispielen der Autoren, wie Ansätze der Organisationsentwicklung den Arbeitsprozess und die Wirksamkeit des Qualitätsmanagements ganz praktisch verbessern können.

3.2 Qualitätsmanagement – Wurzeln des Konzeptes und Bedeutung für das Krankenhaus heute

Der Ansatz des Qualitätsmanagements wurde vom System der japanischen Produktion beeinflusst. Es war vor allem Edward W. Deming (1982), der die Prinzipien des Total Quality Managements in der westlichen Welt bekannt machte und dem Konzept zu großer Verbreiterung verhalf. Im Kern forderte Deming eine Abkehr von rein auf kurzsichtige Ergebnisorientierung und Zielvorgaben bezogene Qualitätssicherungssysteme und Steuerungsmaßnahmen und die Etablierung eines umfassenden und permanenten Systems von Verbesserungen direkt an den Arbeitsprozessen. Kontinuierliche Verbesserung erfordert das Engagement aller Personen im Betrieb, eine diese fördernde Arbeits- und Führungsstruktur und eine Kultur, in der Fehler nicht zu Bestrafung führen sondern zum Lernen genutzt werden. Ein umfassendes Qualitätsmanagement bezieht sich in der Folge nicht nur auf Elemente der klassischen Qualitätssicherung sondern bezieht Faktoren wie Führung und Entscheidung, Gestaltung von Arbeitsprozessen, Lernen und Entwicklung und die Etablierung einer „qualitätsorientierten" Organisationskultur ein.

> **Deming's Faktoren zur Verbesserung der Qualität**
>
> 14 Anforderungen an das Management, die laut William Edwards Deming (1982) erforderlich sind, um die Qualität von Organisationen kontinuierlich zu verbessern:
>
> 1. Eine nachhaltig formulierte Zielsetzung der permanenten Verbesserung von Produkten und Dienstleistungen,
> 2. Etablierung einer neue Philosophie in der Organisation,
> 3. Verringerung der Abhängigkeit von Kontrollsystemen in der Qualitätsverbesserung,
> 4. Beendigung von Belohnungssystemen, die rein auf Effizienz bzw. Preis setzen,
> 5. Permanente Verbesserung von Planungs-, Produktions- und Leistungsprozessen,
> 6. Institutionalisierung von „Training on the job",
> 7. Führung (personell und strukturell) entsprechend etablieren und ausrichten,
> 8. Angst vor Fehlern, Problemen, Konflikten usw. reduzieren,
> 9. Barrieren zwischen verschiedenen Mitarbeitergruppen abbauen,
> 10. Eliminierung von rein auf die Produktivität bezogenen Zielvorgaben, Anreiz- und Ermahnungssystemen für Mitarbeiter, insbesondere der 0-Fehler-Vorgabe,
> 11. Überwindung von rein numerischen Ergebniszielen für Management und Mitarbeiter,
> 12. Stärken von Faktoren, die auf innere (intrinsische) Motivation abzielen,
> 13. Institutionalisierung eines umfassenden Programms für Ausbildung aber auch des selbstgesteuerten Lernens für alle und
> 14. Jeder in der Organisation soll an der Veränderung aktiv mitwirken.

Eine Studie des österreichischen Bundesinstituts für Qualität im Gesundheitswesen über den Entwicklungsstand der Praxis des Qualitätsmanagements in österreichischen Krankenhäusern (Domittner; Geißler; Knauer 2011) hat ergeben, dass von den an dieser Studie teilnehmenden Spitälern (N = 126) insgesamt 65% ein umfassendes Qualitätsmanagementsystem etabliert haben. Dabei kommen die Ansätze ISO und EFQM (s. Kap. 3.3.3 und 3.3.4) am häufigsten zur Anwendung. Allerdings sind nur in 50% der Krankenhäuser Qualitätsansätze auch im gesamten Spital im Sinne eines integrierten krankenhausweiten Modells eingeführt. Die Autoren schlussfolgern, dass in Österreichs Krankenhäusern vielfach bereits eine tragfähige organisatorische Basis für ein Qualitätsmanagement vorliegt.

Im Detail betrachtet zeigt sich allerdings ein Entwicklungsbedarf insbesondere wenn es um die die organisatorische Ausdifferenzierung und die Etablierung von professionellen Rollen des Qualitätsmanagements geht: Während die Qualifizierung recht weit fortgeschritten scheint (92% aller Spitäler haben Schulungen des Personals durchgeführt), geben nur 52% an, auch tatsächlich vollzeitäquivalente Stellen für Qualitätsmanagement eingerichtet zu haben. Gerade die Etablierung organisatorischer Rollen ist allerdings ein entscheidender Faktor, insbesondere wenn es um Ansätze des Qualitätsmanagements geht, die über die professionelle Qualitätssicherung hinausgehen und interprofessionelle möglicherweise auch interorganisatorische Arbeitsformen zur adäquaten Problemlösung erfordern.

In Bezug auf durchgeführte Projekte ergab die Studie, dass

- die Mehrzahl der unter der Bezeichnung „Qualitätsmanagement" durchgeführten Projekte sich auf die Befragung von Kunden beziehen, also Patienten- und Mitarbeiterbefragungen darstellen und
- Organisationsentwicklung eine Methode ist, die in Qualitätsmanagementprojekten angewandt wird, besonders wenn es um die Gestaltung von Veränderungsprozessen geht.

Aus der zitierten Studie und eigenen Beobachtungen lassen sich zusammenfassend einige Schlussfolgerungen zur Etablierung von Qualitätsmanagement in den Einrichtungen der Gesundheitsversorgung ziehen. Zunächst ist festzustellen, dass das das Qualitätsmanagement der Pionierphase entwachsen und zu einem fixen Bestandteil im Management und im Betrieb von Krankenhäusern geworden ist. Die Einrichtung entsprechender Strukturen, Programme und Arbeitsprozesse eines Qualitätsmanagements ist in allen deutschsprachigen Ländern auch vom gesetzlichen Rahmen her vorgeschrieben, sodass man durchaus von einer nachhaltigen Etablierung sprechen kann. Welche Ansätze und Methoden, welche Instrumente und professionelle Rollen im Detail dann in den Leistungseinheiten realisiert werden, ist allerdings höchst unterschiedlich. Auch die „Qualitätskultur", also die Art und Weise, wie das Qualitätsmanagement im Alltag des Krankenhausbetriebs „gelebt" wird, variiert beträchtlich. Gerade wenn es um Fragen der Qualität geht, die nicht nur aus und in der Praxis einer Berufsgruppe oder einer organisatorischen Einheit gelöst werden können, bedarf es einer verstärkten und professionalisierten Etablierung von Organisationsentwicklung im Qualitätsmanagement.

Um den Begriff „Qualität" in seiner Komplexität zu reduzieren und für die Umsetzung handlungsanleitend zu definieren, hat sich im fachlichen Diskurs die auf Avedis Donabedian (1966) zurückgehende Kategorisierung nach Struktur-, Prozess- und Ergebnisqualität bewährt. Will man Qualität verbessern, so kann dies erreicht werden, indem an Strukturen und Prozessen gearbeitet wird, die in ihrem Zusammenwirken letztlich die Ergebnisqualität hervorbringen.

> **Strukturqualität** fasst alle Parameter zusammen, die notwendig sind, um Abläufe überhaupt entstehen zu lassen. Die Aufbauorganisation (Organigramm, Stellenbeschreibungen, Kompetenzregelungen) zählt genauso dazu wie die Anzahl und die Qualifikation der Mitarbeiter,

die medizinische und nicht-medizinische Ausstattung, die Anzahl und Größe von Räumlichkeiten. Strukturmerkmale beeinflussen die Qualität als Potenzial oder als hemmender Faktor.

Prozessqualität umfasst alle Abläufe, die unmittelbar oder mittelbar zur Leistungserbringung getätigt werden. Abläufe zeichnen sich durch einen definierten Anfang und ein definiertes Ende aus und fliesen – im Sinne der patientenorientierten Betrachtung – auch über Schnittstellen von Abteilungen oder hierarchischen Ebenen. Die Qualität der Prozesse beeinflusst das Ergebnis, da sie die praktische Durchführung medizinischer, pflegerischer aber auch administrativer Handlungen im Einzelnen und in ihrem Zusammenwirken determiniert.

Die **Ergebnisqualität** stellt letztendlich das durch den Einsatz von Strukturqualität und Prozessqualität erreichte Ergebnis oder das Produkt dar. Die Ergebnisqualität ist, bedingt durch zahlreiche Einflussfaktoren, nicht einfach definier- und messbar, sondern ist meist spezifisch und auf den speziellen Kontext zuzuschneiden. Aussagekräftige und messbare Merkmale für das gewünschte Ergebnis müssen daher im Einzelnen im Hinblick auf die zu bearbeitende Themenstellung festgelegt werden. Brauchbare Merkmale liefern dann Anhaltspunkte für durchzuführende Verbesserungen in Struktur- und Prozessqualität.

Das Qualitätsmanagement widmet sich der kontinuierlichen Verbesserung der Qualität. Dabei liegt die Verbesserung der Strukturqualität üblicherweise bei den höheren Managementebenen. Veränderungen und Verbesserungen in der Strukturqualität sind – da meist mit erheblichen Ressourcenentscheidungen verbunden – eher Ausnahmefall in kontinuierlichen Verbesserungsprozessen.

Zur Verbesserung der Abläufe hingegen kann das Personal in den Kernleistungseinheiten in hohem Ausmaß beitragen. Jene, die unmittelbar in die Abläufe eingebunden sind, kennen die Ecken, Kanten und Reibungsverluste am besten und wissen auch, wo angesetzt werden muss, um zielorientierter, rascher und konfliktärmer zu agieren. Die Arbeit an der Prozessqualität ist meist so ausgelegt, dass sie innerhalb der Leitplanken der bestehenden Strukturqualität agiert. In der Praxis des Qualitätsmanagements zeigt sich, dass gerade die Optimierung von Prozessen erhebliches Potenzial zur Beeinflussung von Qualität hat und dass hier die Einbindung und das Engagement der Personen in den Leistungsprozessen in der Problemanalyse, Planung und Umsetzung entscheidend sind.

3.3 Drei Ansätze von Qualitätsmanagement im Krankenhaus und ihr Bezug zur Organisationsentwicklung

3.3.1 Einführung

In der Organisation Krankenhaus sind mittlerweile umfassend Qualitätsmanagementsysteme etabliert. Wir unterscheiden drei Zugänge zum Management von Qualität, die wir im Folgenden in ihrem Bezug zur Organisationsentwicklung näher ausführen wollen:

- die fachbezogene Qualitätssicherung,
- die kriterien- bzw. bewertungsorientierte Qualitätskontrolle und
- das umfassende Qualitätsmanagement.

3.3.2 Qualitätssicherung

Die klassische Qualitätssicherung stellt sicher, dass die Handlungsqualität der Professionen dem aktuellen Stand des Wissens entspricht und diese Ergebnisse darstellbar sind. Ansätze der Qualitätssicherung bleiben im Gesundheitswesen in der Regel auf die Kernprofessionen (Medizin, Pflege, die medizinisch-technischen und diagnostischen Berufsgruppen) und damit auf die Kernleistungsprozesse beschränkt. Seltener werden andere Prozesse wie etwa Reinigung, Transport oder Verwaltung zum Thema von Qualitätssicherung. Im Kern sieht der Qualitätssicherungsansatz vor, dass Ergebnisqualitätsparameter für „gute Qualität" definiert und gemessen werden und diese Kennzahlen dann auch Vergleichsmöglichkeiten im Sinne von Benchmarking zur Verfügung stellen.

Einen erfolgversprechenden Ansatz der Ergebnisqualitätsmessung stellt das Modell der Inpatient Quality Indicators (IQI) dar. Ausgehend vom deutschen G-IQI Modell der Ergebnisqualitätsmessung (German Inpatient Quality Indicators, HELIOS Qualitätsindikatoren) (Mansky et al. 2011) wurde in Österreich ein umfassendes Set zur Ergebnisqualitätsmessung publiziert. 35 Indikatorenbereiche sind mit zugeordneten Kennzahlen und deren Beschreibungen in diesem A-IQI-Modell abgebildet. (Bundesgesundheitskommission 2012). Diese Indikatoren sind in Österreich seit 2011 für alle Akutspitäler verpflichtend eingeführt.

Die Qualitätsregister der Gesundheit Österreich GmbH bieten ebenfalls die Möglichkeit, Ergebnisqualität darzustellen und sich – anonymisiert – mit anderen Krankenanstalten zu vergleichen. Derzeit stehen sieben Register zur Verfügung (Herzchirurgie, Herzschrittmacher, Hüft- und Knieendoprothesen, Kinderkardiologie, Lungen- und Pleurakrebs, Chirurgie, Stroke-Unit) (Gesundheit Österreich GmbH o.J.).

Ergebnisbestimmende Faktoren wie z.B. Ausstattung und Bettenanzahl können in die Bewertungen mit einfließen oder werden zur Interpretation der Ergebnisse herangezogen.

Qualitätssicherung in der Medizin beschäftigt sich z.B. mit der Messung und Beobachtung der klinischen Ergebnisqualität, während die Qualitätssicherung in der Krankenpflege meist eher prozesshaft angelegt ist z.B. in der Beschreibung von Abläufen (Pflegestandards).

Die klassische klinische Qualitätssicherung stellt die klinischen Kernleistungen in den Mittelpunkt. Die Patientenorientierung bezogen auf das Umfeld der Kernleistung (z.B. Essen, Orientierungssystem, Freundlichkeit, sich geborgen fühlen) spielen eine eher untergeordnete Rolle. Eine Stärke dieses Ansatzes ist es, dass klassische Qualitätssicherung in der Regel in Arbeitsprozessen integriert wird, indem etwa Ergebnisse einer Qualitätsanalyse in den Fachteams reflektiert und Verbesserungen meist direkt umgesetzt werden. Methoden und Instrumente der Organisationsentwicklung drängen sich zunächst nicht auf, werden allerdings dann interessant und hilfreich, wenn die entdeckten Probleme nicht mehr mit „einfachen" Verbesserungsansätzen innerhalb der Berufsgruppen bzw. der Teams bearbeitet werden können und deren Realisierung größere Veränderungen in interdisziplinären oder auch abteilungsübergreifenden Prozessen erforderlich machen.

So können z.B. manche neuen Behandlungsleitlinien (wie etwa bei Typ II Diabetes) zwar fachlich diskutiert und adaptiert werden. Ihre Umsetzung bedarf aber in der Regel Veränderungen nicht nur im ärztlichen Handeln oder in der Pflege sondern auch im Management der Aufnahme und der Entlassung und in der Kooperation mit extramuralen Einrichtungen. Sie erfordern Diskussionen mit und Schulungen für jene die ihre Tätigkeiten umstellen sollen und Feedback über Schwierigkeiten und Erfolge. Auch Erfahrungen mit der Einführung neuer Pflegestandards zeigen, dass diese zwar Ergebnisse einer fachlichen Qualitätssicherung sein können, ihre Umsetzung bedarf aber einen breiten Wandel, der zwar in erster Linie das Pflegepersonal betrifft – häufig aber auch Veränderungen im Handeln des ärztlichen Teams und der Administration erforderlich macht.

Praxisbeispiel: Qualitätssicherung in der Schilddrüsen-Chirurgie

Eine gelungene Integration von Qualitätssicherung und Organisationsentwicklung stellt die Qualitätssicherung in der Schilddrüsenchirurgie im Kaiserin Elisabeth Spital in Wien dar (Hermann 2010). Seit 30 Jahren werden kontinuierlich Qualitätsdaten erfasst und ausgewertet. Über 30.000 Operationen stellen mittlerweile eine Datenbasis dar, die eine Weiterentwicklung der Operationsstrategien und des Komplikationsmanagements sichtbar machen.

Die Ergebnisqualitätsmessung basiert auf folgenden Qualitätskriterien:
- Lähmung des Stimmbandnerves (vorübergehend oder bleibend),
- Nachblutung,
- Wundinfektion und
- die Unterfunktion der Nebenschilddrüse.

Die regelmäßige engagierte Interpretation der Ergebnisse unter Einbeziehung der internationalen Entwicklungen und das Setzen von Verbesserungsmaßnahmen führte zu einer stetigen Verbesserung der Ergebnisqualität über die Zeit, die sich in einer Abnahme von Komplikationen widerspiegelt.

Der Aspekt der Organisationsentwicklung liegt darin, dass die Mitarbeiter die regelmäßigen Ergebnisreflexionen und den Vergleich mit anderen Einrichtungen als Herausforderung und als Ansporn erleben. Durch die Reflexion in den regelmäßigen Sitzungen im Routinebetrieb – zum Beispiel bei den Morgenbesprechungen – werden die Verbesserungsmaßnahmen gut akzeptiert und damit auch leichter realisiert. Die Vorbildwirkung und die Führungsqualität des Abteilungsmanagements ist dabei ein Schlüsselfaktor. Nur wenn die Leitung auch die eigene Handlungsqualität stringent datenbasiert dokumentiert, analysiert und sich einer Fachdiskussion stellt, wird das auch von den Mitarbeiter akzeptiert. Das gilt sowohl für den medizinischen Bereich, aber auch für weitere Berufsgruppen die an der Ergebnisqualität Anteil haben (z.B. die Logopädie für das Stimmbandtraining oder die Pflegepersonen für die postoperative Betreuung). Trotz des klaren Schwerpunktes auf der medizinischen Qualität wird das Ergebnis einer Schilddrüsenoperation als gemeinsame Aufgabe der Professionen verstanden und bearbeitet.

Ein weiterer wesentlicher Erfolgsfaktor dieses Zugangs ist die maßgeschneiderte Definition von Entwicklungsmaßnahmen. Es werden nämlich nicht nur globale Programme, wie z.B. Inhalt und Design von Fortbildungsprogrammen festgelegt, sondern auch individuelle Förderprogramme entwickelt. So werden Zuordnungen von Assistenzen zu den Operateuren so ausgewählt, dass entwicklungsorientiert bestimmte Operationen erlernt werden können.

3.3.3 Kriterienbasierte, bewertungsorientierte Qualitätsmodelle

Ein zweiter verbreiteter Ansatz kann als bewertungsorientiertes bzw. kriterienbasiertes Qualitätsmanagement bezeichnet werden und fokussiert auf der Annahme, dass man im Sinne von Best-Practice oder auch Benchmarking von erfolgreichen Beispielen lernen kann. Klassisch wurde das Modell ISO 9001 in Krankenhäusern eingeführt.

> **Die acht Grundsätze des Qualitätsmanagements nach ISO 9001**
> 1. Kundenorientierung,
> 2. Verantwortlichkeit der Führung,
> 3. Einbeziehung der beteiligten Personen,
> 4. Prozessorientierter Ansatz,
> 5. Systemorientierter Managementansatz,
> 6. Kontinuierliche Verbesserung,
> 7. Sachbezogener Entscheidungsfindungsansatz und
> 8. Lieferantenbeziehungen zum gegenseitigen Nutzen.

Das in Deutschland erarbeitete und im deutschen Sprachraum mittlerweile breit angewendete Modell der KTQ (Kooperation für Transparenz und Qualität im Gesundheitswesen, Thüsing 2005) sowie das in den USA eingeführte Modell der JCAHO (Joint Commission for Accreditation of Health Care Organizations) und andere mehr gehen über die fachliche Qualitätssicherung hinaus und betrachten auch jene Support-Prozesse, die zum Gelingen des eigentlichen Kerngeschäfts beitragen. Es werden hier neben den Kernprozessen auch Faktoren wie Management, Personalentwicklung und Ressourcenmanagement und das Qualitätsmanagementsystem selbst beleuchtet. Diese Ansätze fokussieren auf einer Bewertung von Qualität in Form von Audits, Gutachten, Zertifizierungen usw. Die Bewertungen können dabei intern, extern oder – wie es häufig in der Praxis vorgesehen ist – in einem Mix von internen Bewertungen und externen Validierungen durchgeführt werden. Eine Voraussetzung des Gelingens ist dabei, dass Ziele und Abläufe verschriftlicht werden und diese Beschreibungen in der Realität auch tatsächlich so eingeführt sind. Die systematische kontinuierliche Verbesserung bezieht sich auf die Bearbeitung der in externen Audits oder systematischen Selbstbewertungen identifizierten Problembereiche.

> **Das KTQ-Modell**
>
> Die Zertifizierung nach KTQ orientiert sich an folgenden Kriterien:
> 1. Patientenorientierung,
> 2. Mitarbeiterorientierung,
> 3. Sicherheit,
> 4. Kommunikations- und Informationswesen,
> 5. Führung und
> 6. Qualitätsmanagement.

Methodisch erfolgt die Bearbeitung jedes dieser Kriterien mittels eines PDCA-Zyklus:
- P (Plan): Erfassung der Ist-Situation, Ziel- und Meilensteinplanung, Struktur- und Verantwortungsplanung,
- D (Do): Umsetzung in der Praxis in Projekten oder in der Linienfunktion,

- **C (Check):** Überprüfung der Maßnahmen, Prozess- und Ergebnisevaluation und
- **A (Act):** Durchführung von Optimierungsmaßnahmen.

Die Bearbeitung und Umsetzung von Maßnahmen bleibt in erster Linie in der Verantwortung der Organisation selbst und ist wesentlich von den Projektmanagement-Kompetenzen der im PDCA Zyklus Beteiligten abhängig.

Der Zertifizierungsprozess verläuft dann wie folgt:
- Selbstbewertung des Krankenhauses anhand einer Checkliste,
- Anmeldung bei einer der KTQ-Zertifizierungsstellen,
- Fremdbewertung durch KTQ-Visitoren (externes Audit),
- Evaluation des Berichtes der Visitoren und der internen Selbstbewertung durch alle Beteiligten und
- Zertifizierung und Veröffentlichung des KTQ-Qualitätsberichts auf der Homepage des Krankenhauses.

Bewertungsorientierte Verfahren – insbesondere das ISO-Modell – werden zwar auch für ganze Krankenhäuser, meist aber für einzelne Abteilungs- und Institutsbereiche angewandt. Das gesamtbetriebliche Vorgehen rückt dann in den Hintergrund. Das Modell eignet sich sehr gut für die Beschreibung von Prozessen und die Definition von qualitätsrelevanten Prozessmerkmalen und liefert einen wichtigen Beitrag zum Verständnis und zum Transparentmachen von Verfahren, Methoden und impliziten oder expliziten Standards, Richtlinien und Wertvorstellungen. Input und Output halten sich meist die Waage. Werden die beschriebenen Prozesse dann auch tatsächlich gelebt, ist ein hoher Grad an Prozesssicherheit und eine kontinuierliche Weiterentwicklung der Qualität gegeben. Strukturen und professionelle Rollen, wie z.B. ein Qualitätsmanager sind meist erforderlich um das System zu stützen, denn Prozesse warten sich nicht von selbst, Qualitäts-Zirkel und Audits gehören geplant und moderiert und die notwendigen, kundenfreundlichen Datenaufbereitungen erfordern auch mehr als einen Tastendruck.

Eine Erweiterung der bewertungsorientierten Modelle kann der Benchmarking-Ansatz liefern, der darauf abzielt, die Verbesserung der Qualität von Ergebnissen, Prozessen und Strukturen durch einen systematischen Vergleich und Erfahrungsaustausch zwischen/mit Partnern (Organisationen), die vor vergleichbaren Aufgaben bzw. Problemen stehen. (Nowak; Pelikan 2003). Neben der Auswahl der richtigen Partner und der Definition passender (valider, reliabler) Vergleichsparameter stellt sich dabei als Hauptherausforderung die Strukturierung des Kommunikationsprozesses über Organisationsgrenzen hinweg. Das Erkennen und Anerkennen von Unterschieden und insbesondere die Interpretation im Hinblick auf die ihnen zugrundeliegenden Faktoren ist anspruchsvolle Kommunikationsleistung aller Beteiligten. Da die zugrundeliegenden Merkmale kaum direkt beobachtbar sind steigt die Gefahr von vorschnellen und trivialen besser/schlechter Bewertungen, die in Abwertungs- und Rechtfertigungsschleifen münden. Ein besonders sensibler Bereich ist der Umgang mit den Daten und Interpretationen. Wenn es hier nicht gelingt, Regeln zu etablieren, die gewährleisten, dass Probleme im inneren Kreis der am Benchmarking Beteiligten lernorientiert reflektiert werden, ist eine Bereitschaft, sich auf offene Reflexionen über Unterschiede und deren mögliche Hintergründe einzulassen, nicht erwartbar und der Benchmarking-Prozess stockt durch defensive Routinen.

3 Organisationsentwicklung und Qualitätsmanagement

Praxisbeispiel: Spielregeln für die Erarbeitung von Qualitätskriterien

Die Spitäler des Kantons Zürich wurden eingeladen, sich an einer kooperativen Entwicklung und Erprobung eines umfassenden Systems zur Messung der Ergebnisqualität im Spitalbereich zu beteiligen (Projekt Outcome). Dem Vorhaben ging eine prekäre Vertrauenssituation voraus, denn:

- die Spitäler mussten befürchten, dass Gesundheitspolitik und -verwaltung die Instrumente und gemessenen Ergebnisse dazu verwenden wollten, die Mittelzuweisung und die Zulassung der Spitäler zur öffentlichen Finanzierung davon abzuleiten und ihre Entscheidungen zu legitimieren. Andererseits erhielten sie die Chance zur Mitgestaltung an dieser Reform;
- die Politik und Verwaltung ihrerseits waren auf die Mitwirkung der betroffenen Expertinnen und Organisationen angewiesen und mussten einen Weg zwischen Rationalisierung und Sicherung der Versorgungsqualität finden;
- die Spitäler untereinander waren zum Teil Konkurrenten, sowohl um knappe Mittel als auch um ihre regionale Versorgungsposition;
- für die Mitarbeiter in den Häusern und die verantwortlichen Führungskräfte bedeutete das Projekt die radikale Zumutung, die Qualität der Leistungsprozesse und ihrer Wirkungen offen zu legen und dem kritischen Diskurs innerhalb der Organisation zugänglich zu machen.

Es war den Initiatoren des Projektes (der Gesundheitsdirektion des Kantons Zürich) und dem Beratungsteam (Köck, Ebner und Partner aus Österreich) daher klar, dass die Instrumentarien zur Ergebnis-Messung nur dann fachliche Akzeptanz gewinnen konnten, wenn sie gemeinsam mit den Experten der Medizin, der Pflege und des Spitalmanagements entwickelt und eingeführt werden.

dass das Vorhaben nur eine reelle Chance hatte, die gewünschte Wirkung zu entfalten, wenn es gelang, auf der Basis einer vertrauensvollen fachlichen und organisationspolitischen Kooperation an der Entwicklung und Erprobung der Instrumente zur Ergebnismessung zu arbeiten.

Es wurde eine Steuerungsgruppe (Beratung: Ralph Grossmann) eingerichtet, der Vertreter der drei in der ersten Phase teilnehmenden Spitäler, Vertreter der Gesundheitsdirektion und der Projektleitung sowie Fachberater für Qualitätsmessung angehörten. In drei ganztägigen Klausuren wurden die Rahmenbedingungen geklärt: Den Vertreterinnen der Spitäler war dabei die Etablierung von Verbindlichkeiten bezüglich der Anwendung der Messungen innerhalb der Spitäler und des Umgangs mit den Ergebnissen zwischen den Projektpartnern besonders wichtig. Die Vertreter der Gesundheitsdirektion und die Berater betonten mehr die technische Seite des Konzepts – etwa: Sicherheit, dass das theoretische Modell des Indikatorensets in der Praxis die Leistungsqualität im Spital abbildete und dass die Indikatorenentwicklung als kooperativer Prozess durchgeführt wird. In der Folge wurden „Spielregeln" definiert, wie mit den Ergebnissen umzugehen ist, wie die Prozesse der Messung stattfinden werden und wie die Kommunikation nach außen zu gestalten ist. Diese wurden als Kooperationsvereinbarungen in der Steuerungsgruppe erarbeitet und im Konsens verabschiedet. Den Teilnehmern der Steuerungsgruppe die Repräsentanten der beteiligten Organisationen waren, wurde aber auch Gelegenheit gegeben, diese Vereinbarungen mit den Entscheidungsträgern in ihren „Heimorganisationen" abzustimmen und eventuelle Änderungsbedarfe wieder in der Steuerungsgruppe einbringen. Dieses Verfahren hat sich sehr bewährt. Die Entscheidung über die Grundlagen der Kooperation hatte auf der inhaltlichen Ebene eine befreiende Wirkung und danach konnte die Festlegung bezüglich des Indikatorensets und

> die Konkretisierung der weiteren Arbeitsplanung rasch geklärt werden. Das weitere Vorgehen orientierte sich dabei an folgenden Prämissen:
> - Kontinuierliche Beteiligung und Commitment zum Prozess: Die Mitglieder der Steuerungsgruppe verpflichten sich zur kontinuierlichen Teilnahme, ein Fernbleiben wird finanziell geahndet (Kosten für Reisen und Beratung);
> - Die fachlichen Grundlagen Messungen (Kriterien, Tracer, Indikatoren) werden partizipativ unter Berücksichtigung fachlicher Standards erarbeitet, die Anwender werden zu Akteuren;
> - Information, Schulung und Unterstützung der Mess-Beauftragten in den Spitälern;
> - Vertrauen: Auch kritische Ergebnisse können im geschütztem Rahmen diskutiert werden, sie dienen der Erarbeitung von Verbesserungen in den jeweiligen Spitälern;
>
> Aus: Grossmann; Lobnig; Scala 2007; S. 213–224.

Bewertungsorientierte Ansätze erfahren eine gute Wirksamkeit im „lokalen" Qualitätsmanagement in überschaubaren Leistungseinheiten. Werden diese Ansätze stärker gesamtbetrieblich eingesetzt, so ist der Weg zu einem TQM-Modell beschritten. Dann werden Prozesse in den gesamten Unternehmensbereichen definiert, die Kundenzufriedenheit wird gemessen, auf transparentes Management und kontinuierliche Entwicklung der Strategie wird Wert gelegt. Obwohl Qualitätsbewertungen meist als fachlich gestützte und wissenschaftlich fundierte Methoden betrachtet werden zeigt sich in der Realität dass sie in der Praxis ihre Relevanz und Wirksamkeit erhöhen können, wenn sie unter gezielter Einbindung der Betroffenen (die etwas anders machen sollen) und der Führungskräfte erarbeitet werden. Instrumente der Organisationsentwicklung wie die Gestaltung von Workshops und Großgruppen aber auch Methoden aus dem Projektmanagement erhöhen die Wirksamkeit in der Organisation und das Commitment der Beteiligten.

3.3.4 Umfassendes Qualitätsmanagement – Total Quality Management im Krankenhaus

Ein dritter Ansatz betrachtet Qualitätsmanagement als umfassendes System, das die gesamte Organisation in ihren Zusammenhängen und Steuerungsmechanismen betrachtet und Qualität nicht nur beschreibt, sondern auch Modelle und Instrumente zu deren Verbesserung zur Verfügung stellt. Ein solches Total Quality Management (TQM) System geht über Qualitätssicherung und Qualitätskontrolle hinaus und macht Qualität – im Sinne von Edward Deming – zu einem integrierten Bestandteil des Managements der gesamten Organisation.

Seit den 90er Jahren wurde in Krankenhäusern explizit damit begonnen, ein Qualitätsmanagement in diesem Sinne einzuführen und entsprechende Strukturen, Rollen und Prozesse zu etablieren. Eine der zentralen Herausforderungen für das Krankenhaus als Expertenbetrieb zeigt sich dabei im erforderlichen Wandel von einer Experten- zu einer Kundenorientierung. Während das Qualitätsmanagement sich an der Devise „Der Kunde im Mittelpunkt" orientiert, gehorchen die Arbeits-, Kommunikations-, und Führungsprozesse, aber auch die Strukturen des Krankenhauses meist funktionalen, entlang der Logik von Berufsgruppen und Expertise definierten Mustern.

3 Organisationsentwicklung und Qualitätsmanagement

Mit Köck (1996) lassen sich die wesentlichen Unterschiede zwischen einem umfassenden Qualitätsmanagements und Ansätzen der Qualitätskontrolle oder der Qualitätssicherung wie folgt beschreiben:

1. **Prozessorientierung**: Qualitätsmanagement begreift die Leistungserbringung als einen Prozess, an dem mehrere Akteure involviert sind. Verbesserungen brauchen eine breite Involvierung; sowohl in der Analyse als auch im Entwickeln von Verbesserungen sind die Perspektiven aller Beteiligten erforderlich.
2. **Kontinuierliche Verbesserung**: Verbesserung ist immer möglich und niemals abgeschlossen. Die kontinuierliche Veränderungsbereitschaft und die dauerhafte Etablierung von Prozessen und Instrumenten der Verbesserung aber auch entsprechender Steuerungs- und Entscheidungssysteme ist erforderlich. Kontinuierliche Verbesserung erfordert nachhaltige Systeme, keine Einmalprojekte.
3. **Orientierung an den Kundenbedürfnissen**: Die strategische Orientierung an den Kundenbedürfnissen ist zentraler Ausgangspunkt. Die Erhebung von Kundenzufriedenheit, von Ergebnissen der erbrachten Leistung, die Bewertung der eigenen Tätigkeit „aus der Sicht der Kundin" (der externen aber auch der internen) erzeugt die strategischen Grundlagen für Maßnahmen und Verbesserungsaktivitäten.
4. **Interprofessionalität**: Die funktionale Gliederung im Krankenhaus und die starke Berufsgruppenorientierung stellt die interprofessionelle Kooperation immer wieder vor große Herausforderung. Qualitätsprobleme und auch deren Verbesserungen lassen sich aber nicht über berufsgruppeninterne Ansätze erfolgreich bearbeiten.
5. **Hierarchieübergreifender Ansatz**: Ein umfassendes Qualitätsmanagement kann nicht durch die Leitung oder einzelne ausgewiesene Spezialisten erbracht werden. Es braucht die Kooperation quer über die Hierarchiegrenzen: die Entscheidung und Unterstützung von „oben", die Umsetzung auf der Ebene der Leistungserbringer und es bedarf häufig der Unterstützung interner Experten mit spezieller Ausbildung in Qualitätsmanagement-Ansätzen und -Instrumenten, die hilfreich sind, Prozesse der Verbesserung im Alltag mit Erfolg durchführen zu können.

Durch die Erweiterung der Qualitätsperspektive hin auf Kunden und durch die Einführung eines Modells von Verbesserung als einen sozialen Prozess bekommen Ansätze und Methoden der Organisationsentwicklung für ein solches umfassendes Qualitätsmanagement eine wichtige Bedeutung.

Ein Ansatz der in diesem Zusammenhang besondere Beachtung gefunden hat ist das EFQM-(European Foundation of Quality Management)-Modell. Dieses Modell (s. Abb. 10) verfolgt einen multiperspektivischen Qualitätsansatz und definiert den Qualitätsanspruch aus den Erwartungen der Interessenpartner: Kunden, Mitarbeiter, Eigentümer, Partner und Lieferanten, sowie der Gesellschaft. Die Ergebnisorientierung wird um ein Konzept von Befähigung erweitert und trägt somit der Erkenntnis Rechnung, dass Qualität nicht direkt, sondern nur durch nur indirekt über das Handeln der Führungskräfte und Mitarbeiter beeinflussbar ist. In der Umsetzung orientiert sich das EFQM-Modell am Zusammenhang von Führung, Prozessen und Ergebnissen. Eine nachhaltige „Excellence" kann demnach am besten dann erreicht werden, wenn in mehreren Bereichen Verbesserungen in integrierter Weise erzielt werden:

- Ergebnisorientierung
- Kundenorientierung

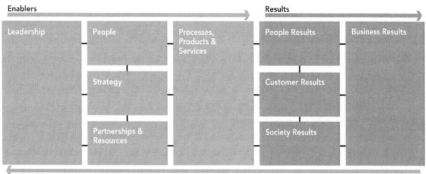

Abb. 10 Das EFQM-Modell, Version 2012

- Führung und Zielkonsequenz
- Management mit Prozessen und Fakten
- Mitarbeiterentwicklung und -beteiligung
- Aufbau von Partnerschaften
- Verantwortung gegenüber dem öffentlichen Bereich

Es gibt mehrere Varianten, das EFQM-Modell umzusetzen, idealtypischerweise hat sich allerdings folgendes Vorgehen durchgesetzt:

1. Erstellen des Selbstbildes der Organisation im Sinne einer umfassenden Beschreibung. Analog zu den Kriterienfeldern des EFQM wird erarbeitet, wie diese Dimensionen in der Organisation gehandhabt werden. Dabei wird differenziert zwischen: Planung, Umsetzung, Lernschleifen und Ergebnissen.
2. Beim internen Assessment wird diese Beschreibung von internen Assessoren (ausgebildete zertifizierte EFQM-Assessoren) nach der RADAR-Logik bewertet. Begehungen bzw. Befragungen vor Ort runden das schriftliche Bild ab. Die Assessoren tauschen ihre Bilder und Punkte aus und treffen eine gemeinsame Punktebewertung. In einem Feedback-Report werden diese Punkte begründet und Stärken und Verbesserungspotenziale dargestellt.

> Das RADAR-Modell im EFQM beschreibt einen Handlungskreislauf in der EFQM-Arbeit. Als erste Aufgabe stellt sich dabei die Definition der erwünschten Ergebnisse (Results) die eine Organisation mit dem EFQM-Prozess als strategischen Ansatz erzielen möchte. Als zweiter Schritt werden die Vorgangsweisen erarbeitet (Approaches), um die Ergebnisse zu erzielen, die dann im dritten Schritt umgesetzt werden (Deployment). Lernorientierte Aktivitäten zur Verbesserung der Umsetzungsmaßnahmen und zum Monitoring der Ergebnisse (Assessment and Refinement) stellen den vierten Schritt im Modell dar.
>
> Beim externen Assessment wird analog vorgegangen, nur die Assessoren sind unternehmens-extern.

3. Im nächsten Schritt werden die gefundenen Potenziale realisiert (manche oder auch alle) und entsprechende Veränderungsvorhaben implementiert. Hier setzt das Projektmanagement ein, als Methode erweist sich auch der PDCA-Kreislauf als hilfreiches Prozessmodell.

4. Wie oft die Bewertungsschleife durchgemacht wird, ist nicht explizit vorgeschrieben. Erfolgreiche Unternehmen tun das jährlich – häufig in wechselndem Rhythmus aus Selbst- und Fremdbewertung. Der bei einer Fremdbewertung erreichte Anerkennungslevel ist jedenfalls für 2 Jahre gültig, danach sind Neubewertungen vorzunehmen. Folgende Anerkennungslevel gibt es:
5. Committed to Excellence (unternehmensrelevante Projekte müssen der RADAR-Logik entsprechen):
    - Recognised for Excellence *** (300 Punkte);
    - Recognised for Excellence **** (400 Punkte);
    - Recognised for Excellence ***** (500 Punkte);
    - Ab 500 Punkten ist die Bewerbung zum Staatspreis für Unternehmensqualität möglich.

Die Etablierung eines Systems von Total Quality Management wie dem EFQM erfordert einen gesamtbetrieblichen Ansatz, da die Etablierung entsprechender Strukturen, Prozesse und Rollen erst in einem konsistenten Miteinander wirksam werden und einiges an Aufwand erfordern. Die zentralen Anforderungen liegen dabei in der Steuerung und Koordination der unterschiedlichen Aspekte (Führungshandeln, Mitarbeiterqualifizierung, Prozessgestaltung, Strukturen, Messungen usw.) und der Integration der verschiedenen Management- und Leistungsbereiche.

Eine Anwendung von Total Quality Management-Modellen ist auch auf Abteilungsebene denkbar, doch übersteigt hier der erforderliche Input meist den Output, denn bedingt durch limitierte Handlungsspielräume und reale Vernetzungen mit anderen Organisationseinheiten sind Veränderungen mit höherem Nutzen dabei oft nicht realisierbar.

Ein multidimensionales System wie das EFQM braucht, um mit Nachhaltigkeit eingeführt zu werden, Ansätze der Organisationsentwicklung. Der Grund dafür liegt in der konzeptiven Grundlegung, dass es nicht nur um die inhaltliche Beschreibung von Qualitätsergebnissen, -merkmalen und -dimensionen geht, sondern immer auch um die Form der Bearbeitung von Problemen und der Entwicklung von Lösungen. Die entscheidenden Fragen aus der Sicht der Organisationsentwicklung sind dann: wer wird in welchen Arbeitsschritten wie eingebunden? Wie kann die Integration von Führung und Mitarbeitern in dem Prozess gelingen? Wie werden entsprechende temporäre Kommunikationsstrukturen für die Entwicklung geschaffen? Wie wird mit unterschiedlichen Sichtweisen umgegangen? Wie werden Prozesse der Sinn-Erzeugung etabliert? Wie wird auf Dauer die Qualität von Führung in ihrer Auswirkung auf die Organisationsleistungen verbessert? Wie können Personen an der Basis lernen, ihre Prozesse selbst zu optimieren und besser zu gestalten? Wie gelingt es ein breites Engagement zu etablieren, damit das Qualitätsmanagement-System auch tatsächlich „lebt" und nicht nur als kategoriale Beschreibung existiert.

Die Einführung von oder die Arbeit mit Systemen des Total-Quality Managements wie dem EFQM bedarf einer gut ausgebildeten Organisationsentwicklungskompetenz und ist daher ein zentrales Einsatzfeld für interne Experten in Stabsstellen und spezialisierten Einheiten. Sie können ihre Prozesskompetenz in der Koordination oder Leitung von Projekten, als Berater für Projektgruppen, als Coaches für die beteiligten Führungskräfte und Projektleiter oder auch punktuell in der Beratung und Moderation von einzelnen Abschnitten oder Veranstaltungen, wie Großgruppen-Meetings einbringen.

3.4 Qualitätsmanagement kann unterschiedlich organisiert werden – ein Praxisbeispiel

Welcher Ansatz ist der Königsweg? Braucht es überhaupt ein Qualitätsmanagement oder kann Qualität auch ohne Systematik sehr gut sein? Das sind hoch interessante Fragen für eine vergleichende Organisationsforschung von Qualitätsmanagementansätzen. Ralph Grossmann und Hubert Lobnig haben im Rahmen einer organisationsentwicklungsorientierten Evaluationsstudie in einem Schweizer Universitätskrankenhaus drei Abteilungen über einen Zeitraum von einem Jahr im Hinblick auf ihr Vorgehen im Qualitätsmanagement evaluiert. Die Fallstudie liefert Hinweise auf Vorteile und Risiken unterschiedlicher Organisationsformen für das Qualitätsmanagement in den operativen Einheiten vor Ort.

Das Inselspital, Universitätsspital Bern, ist das größte Spital in der Schweiz mit 7.100 Mitarbeitenden, jährlich 52.000 stationären und mehr als 263.000 ambulanten Patienten. Die Kliniken und Institute sind in neun Departements zusammengefasst, deren Aufgabe die Koordination von betriebswirtschaftlichen, administrativ-organisatorischen Prozessen ist.

Das Qualitätsmanagement wird von der Spitalleitung beauftragt und von der Qualitätskommission entwickelt und gesteuert. Eine Fachstelle Qualität koordiniert die Qualitätsarbeit auf der Ebene des Gesamtspitals, die konkrete Umsetzung erfolgt an den Kliniken als leistungserbringende Einheiten, die mit ihren unterschiedlichen fachlichen Schwerpunkten, Organisationsformen und Organisationskulturen die konkrete Qualitätsarbeit durchführen.

Um die dezentrale Umsetzung des Qualitätsmanagements im Rahmen einer Gesamtspitals-Strategie zu unterstützen, wurden in einem Pilotversuch Leistungsvereinbarungen mit Kliniken definiert, in denen auch konkrete Ressourcen für Arbeitszeiten (in der Schweiz Stellenprozente genannt) zur Verfügung gestellt wurden, die der eigenen jeweils passenden Verwendung zugeführt werden sollten. An diesem Pilotversuch nahmen drei Kliniken teil: Orthopädie, Kardiologie und Intensivmedizin. Im Rahmen eines Evaluationsprojektes[7] wurde die Umsetzung dieser Leistungsvereinbarungen über einen Zeitraum von zwei Jahren (2007–2008) im Sinne einer lernorientierten Evaluation eines organisationalen Veränderungsprozesses reflektiert. Die zentralen Fragen dabei waren:

- Wie setzen die Piloteinheiten den Aktionsplan um?
- Wie treiben sie ihre Qualitätsarbeit weiter voran?
- Wie nutzen sie die Stellenprozente? Welche Organisationsformen bewähren sich an den Einheiten?
- Wie groß sind der Nutzen und die Bedeutung der Leistungsvereinbarung?
- Welchen Lerneffekt können sie generieren?

Für die Evaluation wurde ein Ansatz gewählt, der eine methodische Kombination von Selbst- und Fremdevaluation vorsah und somit selbst ein Input für die Organisationsentwicklung darstellt (Zepke 2005). Es galt die externe Kompetenz des Evaluationsteams, bezogen auf Organisation und Führung, und die Selbstbeobachtung der

---

[7] Interne Projektleitung seitens des Inselspitals: Ruth Schneider von der Fachstelle Qualitätsmanagement; externes Evaluationsteam: Ralph Grossmann, Hubert Lobnig

Teams in den Einheiten, bezogen auf die Leistungsprozesse und die praktische Realisierung des Qualitätsmanagement-Systems im Klinikalltag, aufeinander zu beziehen. In der Umsetzung bedeutete das, auf drei Medien der Erkenntnis zu setzen:

- Angeleitete Selbstbeobachtung der Pilotkliniken anhand eines entwickelten Kriterienkataloges;
- Austausch- und Evaluationsworkshops der beteiligten Einheiten (Benchmark-Workshops) und
- Fokusgruppen von Mitarbeitern, die vom externen Evaluationsteam geleitet wurden.

Als ein erster Schritt in der Evaluierung wurden vom externen Evaluationsteam und dem Team der Fachstelle Qualitätsmanagement die leitenden Fragestellungen des Projektes in Kriterien und Indikatoren für die Selbstbeobachtung an den Kliniken und die Fokusgruppen übersetzt (s. Tab. 7).

Die Selbstbeobachtung der Einheiten wurde in Form von „Austauschworkshops" organisiert, an denen je 2-4 Mitarbeiter der beteiligten Organisationen, die medizinischen und pflegerischen Führungskräfte und die nominierten Qualitäsmanagement-Koordinatoren teilgenommen haben. Das Design dieser Austauschworkshops erfolgte als ein kollegiales Assessment. Die beteiligten Einheiten erhielten vor jedem Workshop ein Set an Fragestellungen auf der Basis des Kriterienkatalogs, anhand derer sie einen Bericht verfassten, den sie dann am Workshop vorstellten. Auf diesen Bericht erfolgte ein Feedback durch die Vertreter der anderen Einheiten und des externen Beraterteams. Insgesamt fanden drei solcher Austauschworkshops statt: zu Beginn als Assessment der Ausgangssituation, in der Mitte als Zwischenbilanz und am Ende des Projektes als Abschluss-Assessment.

Um die Perspektive zu verbreitern und die Sicht der „Basis" an den beteiligten Kliniken angemessen in die Evaluation einzubauen, wurde an jeder der beteiligten Klini-

Tab. 7 Exemplarischer Auszug aus dem Kriterienkatalog

Kriterien	Indikatoren
Wie ist die spezifische Ressourcenausstattung der Klinik/des Departements (bezogen auf die Umsetzung der Leistungsvereinbarung) und wie werden die zur Verfügung gestellten Stellenprozente eingesetzt?	Stellenprozente? Support (sonstige)? Beschreibung
Wie werden die genannten Minimalstandards für die Entwicklung der Qualität in den Kliniken/Institute respektive im Departement/im Inselspital beurteilt?	hilfreich vs. nicht hilfreich (Scala 1 bis 10)
Die Klinik/das Institut analysiert die Resultate der Outcome-Messungen, kommuniziert diese und initiiert bei Bedarf ein Verbesserungsprojekt (Minimalstandard).	
■ Werden die Resultate der Outcome-Messungen analysiert und intern kommuniziert? ■ Führt dies zu Veränderungsmaßnahmen und wenn ja zu welchen?	ja/nein, Maßnahmen (Nennung)
Welches Qualitätsmanagementsystem (QM-System) wurde eingeführt?	Nennung des QM-Systems
Review der durchgeführten Projekte:	
a) Vergleich Zielvorgaben – Ergebnisse	a) Vergleich in%
b) Erwarteter Nutzen erreicht?	b) ja/nein (Skala 1 bis 10)
c) Sind durch die Projekte Veränderungen in der Organisation erkennbar?	c) ja/nein, welche?

ken eine Fokusgruppe durchgeführt. Das Instrument der Fokusgruppen hat einen erheblichen Erkenntniswert für organisationsrelevante Evaluationen, denn es ermöglicht, eine systematische, leitfragenbasierte Befragung mit dem Vorteil einer Gruppendiskussion zu verbinden. Der Gruppenvorteil liegt darin, dass in einem moderierten Reflexionsprozess in der Gruppe relevante Einschätzungen oft erst im Diskussionsprozess entstehen, da erste und meist auch oberflächliche Sichtweisen einer vertieften Analyse zugänglich gemacht werden. Für die Brauchbarkeit der Ergebnisse von Fokusgruppen ist neben einem gut vorbereiteten inhaltlichen Fragengerüst vor allem die Zusammensetzung der Gruppe entscheidend: Hier gilt es möglichst diverse Sichtweisen (multiprofessionell, verschiedene Ebenen, kulturelle Diversität, interne oder externe Kunden) einzubringen, wobei aber auch auf „Betroffenheit" zu achten ist, das heißt, die Beteiligten müssen in irgendeiner Form über relevante Erfahrungen oder Beobachtungen im Hinblick auf den Evaluationsgegenstand verfügen. Im Rahmen dieses Projektes wurden zwei Durchgänge von Fokusgruppen durchgeführt: zu Beginn, um Daten für die Ausgangssituation zu generieren, und als Teil der Abschlussevaluation. Die Fokusgruppen wurden von einem Vertreter des externen Evaluationsteams moderiert, die Ergebnisse wurden dann von der Fachstelle Qualität zusammengefasst und den beteiligten Einheiten schriftlich übermittelt und in den Austauschworkshops vorgestellt.

Zusammenfassend betrachtet lieferten die Ergebnisse des Evaluationsprojektes interessante Erkenntnisse zur Verankerung von Qualitätsmanagement in den medizinischen Leistungseinheiten, da die beteiligten Kliniken drei unterschiedliche des Organisationsmodelle für das Qualitätsmanagements etabliert hatten: eine hauptamtliche QM-Fachkraft, ein Assistenzmodell mit koordinierender Funktion und ein Modell, das diese Aufgabe den Linienführungskräften übertragen hat:

- Das Modell der hauptamtlichen Koordination hatte den Vorteil einer überzeugenden und ergebnisorientierten Qualitätsarbeit. Allerdings zeigte sich, dass die funktionale Verantwortungsteilung auch die Gefahr hat, dass Mitarbeiter die Qualitätsarbeit an diese Person bzw. Rolle delegieren.
- Die Koordinationsfunktion hat den Vorteil, dass die Verantwortung in den Leistungseinheiten verbleibt. Allerdings zeigte sich, dass ein Koordinationsmodell dann nicht mehr ausreichend ist, wenn es um Priorisierungen oder Entscheidungen geht, um in der großen Anzahl von Aufgaben und Themen (in der Schweiz Traktanden genannt) die relevanten und zielführenden herauszufiltern.
- Das Linienmodell hat ebenfalls den Vorteil, dass Qualität in der Verantwortung jener verbleibt, die in den Arbeitsprozessen tätig sind. Es zeigte sich allerdings, dass viele der durchgeführten Projekte des Qualitätsmanagements dann in erster Linie bei der Pflege landen und das ärztliche Engagement auf die medizinische Qualitätssicherung bezogen bleibt.

Die Projektanlage der begleitenden Evaluation hat es den Beteiligten ermöglicht, solche Fragen des Organisierens von Qualitätsmanagement fundiert und auf die jeweiligen fachlichen und organisatorischen Kontexte bezogen aufzuarbeiten. Als besonders wertvoll hat sich dabei die Kooperationsperspektive gezeigt: In einen Zeitraum von zwei Jahren ist es gelungen, über den eigenen Tellerrand hinausblicken und über den Blick auf die anderen Kliniken Optionen für die eigene Praxis zu erarbeiten.

3.5 Erfolgsfaktoren für den Prozess: Wie Organisationsentwicklung die Umsetzung des Qualitätsmanagements befördert

3.5.1 Einführung

Wenn Qualitätsmanagement Wirkung erzeugen will, können unterschiedliche Wege bestritten werden, und es wird auf die jeweils vorhandenen Ziele, die bestehende Organisationskultur und die Grundüberzeugungen der „Key Player" ankommen, welche Methoden und Instrumente im Detail zur Anwendung gelangen. Ob und in welcher Form Organisationsentwicklung dabei einen adäquaten Beitrag leisten kann, ist von der Form des Qualitäts-Ansatzes abhängig. Während für die primär professionell orientierten Qualitätssicherungsansätze die Anwendung umfassender Organisationsentwicklungsprojekte möglicherweise zu komplex ist, werden bewertungsorientierte Verfahren dann davon profitieren, wenn die gefundenen Veränderungserfordernisse organisationsrelevant sind. Umfassende Qualitätsmanagementsysteme wiederum werden kaum ohne explizite oder auch implizite Bezugnahme auf Organisationsentwicklung auskommen (s. Tab. 8).

Aus der Perspektive der praktischen Gestaltungsarbeit können – unabhängig vom konkret gewählten Ansatz – eine Reihe von Erfolgsfaktoren für die Umsetzung von Qualitätsmanagement im Krankenhaus festgemacht werden. Diese klingen einfach und logisch – brauchen aber in der Realisierung beträchtliche Konsequenz und Durchhaltevermögen.

Tab. 8 Drei Ansätze von Qualitätsarbeit im Krankenhaus und ihr Bezug zur Organisationsentwicklung

Ansatz	Bezug zur Organisationsentwicklung	Mögliche Organisationsentwicklungsinterventionen
Qualitätssicherung	Gering, wenn fachlich und organisatorisch begrenzt; höher, wenn die Konsequenz neuer Standards in eine Veränderung von Prozessen und Strukturen münden	Veränderungen von Leistungsprozessen durch neue Standards; Einführung neuer Rollen und Verantwortlichkeiten in Teams; Qualitätskultur wird durch Führung vorgelebt, Führung als Motor für eine kundenorientierte Organisationskultur
Bewertungsorientierte Verfahren	Gering in der Diagnose und Bewertung; hoch in der Ableitung von Schlussfolgerung für Veränderung und deren Umsetzung. Allerdings wird auch die Relevanz von Bewertungen und den daraus resultierenden Schlussfolgerungen für Veränderungserfordernisse durch einen partizipativen und reflexionsorientierten Zugang erhöht.	Teamworkshops oder Großgruppen für die Analyse der Daten und die Definition möglicher Veränderungsvorhaben; Einsatz von Organisationsentwicklungs-Projekten zur Implementierung von Veränderungen.
Total Quality Management	Hoch da die gesamte Organisation und nicht nur einzelne Leistungsprozesse Gegenstand von Reflexion und Veränderung sind. Es bedarf eines umfassenden Ansatzes der Entwicklung von Organisationen als soziales System, der Einbindung von Führungskräften, Mitarbeitern, Kunden, eventuell sogar externer Experten und es braucht Lösungen die adäquat sind und Akzeptanz finden.	Ansätze der Organisationsentwicklung sind eingebettet: von der Problemdiagnose über die Implementierung bis zur Evaluierung. Das gesamte methodische Repertoire der Organisationsentwicklung kann sinnvoll und angemessen Berücksichtigung finden.

3.5.2 Linienorganisationen überwinden

Krankenhäuser sind in ihrer Form funktional ausgerichtet oder anders ausgedrückt: Sie gehorchen meist noch immer einer strikten Professions- und Liniendisziplin. In diesen Linien laufen Information, Kommunikation, Weiterbildung und auch Entscheidungsprozesse. Abbildung 11 zeigt die einfache Form der Darstellung der Organisationsstruktur eines Krankenhauses.

Der Vorteil der funktionalen Organisationsstruktur liegt in der Möglichkeit, auch in großen Organisationen Verantwortung und Entscheidungsprozesse klar zu strukturieren, und Personen relativ eindeutig Berichtslinien zuzuordnen (Galbraith 2002). Während der Alltagsbetrieb in funktional strukturierten Organisationen – zumindest aus organisationsinterner Sicht – geregelt und ohne allzu große Reibungsverluste abläuft, wird er für das Qualitätsmanagement zu einer Herausforderung, denn der Patient richtet sich nicht nach diesen Linien, sondern braucht von allen Funktionen etwas und durchkreuzt damit (leider) die Aufbauorganisation (s. Abb. 12).

Eine Konsequenz liegt darin, dass organisatorischen Lücken zwischen Abteilungen oder Brüche in Vorgangsweisen, wenn Organisationseinheiten überwunden werden müssen, nicht innerhalb der Abteilungen spürbar und sichtbar sind. Sie werden erst vom Patienten oder den Angehörigen wahrgenommen. Kommentare, die wir alle schon gehört haben: Die wissen nichts voneinander, immer diese unterschiedlichen Auskünfte, reden die nicht miteinander, warum hat uns das die andere Abteilung nicht gesagt?

Ein kritischer Erfolgsfaktor im Bemühen um Qualität liegt in der Überwindung der Linienorganisation. Erst die Kooperation zwischen unterschiedlichen Bereichen und die gleichzeitige Einbindung der Akteure in die Bearbeitung von Qualitätsthemen ermöglicht die Überwindung der genannten blinden Flecken organisatorischer Aufmerksamkeit. Insbesondere am Anfang entsprechender Vorhaben oder Projekte, aber auch in periodischen Abständen bei Meilensteinmeetings, in denen Zusammenfassungen oder Zwischenreflexionen vorgenommen werden, und auch am Ende empfiehlt es sich stark auf multiprofessionelle Teams zu setzen, um eine Art „Pingpong-Spiel" zu verhindern und stattdessen gemeinsame Sichtweisen entstehen können.

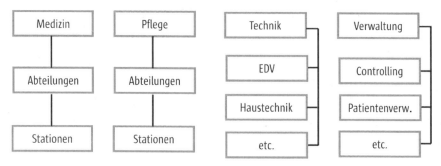

Abb. 11 Funktionale Struktur im Krankenhaus

3 Organisationsentwicklung und Qualitätsmanagement

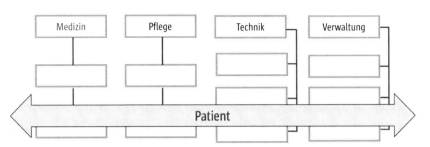

Abb. 12 Patientenorientierung in der funktionalen Organisationsstruktur

Dazwischen ist es durchaus möglich, dass Teile einer Themenbearbeitung besser monodisziplinär bearbeitet werden können. Die praktischen Herausforderung in linienübergreifender Projektarbeit liegen in der Terminorganisation: Es bedarf guter Terminierungen, an denen Vertreter aller Berufsgruppen teilnehmen können, wobei zu berücksichtigen ist, dass unterschiedliche Professionen auch unterschiedliche Schwankungen ihrer Terminkalender haben. Rasche gemeinsame Termine sind schwer zu finden. Nicht zu unterschätzen ist auch die Wahl des Sitzungsortes: Es sollte niemand „Heimvorteil" haben und ein „neutraler Boden" ist für eine kooperative Gruppenarbeit sehr förderlich. Des Weiteren ist organisatorisch zentral, dass ein umsichtiges und realistisches Gesamtmanagement von Vorhaben und Projekten stattfindet, um Vorkehrungen zu treffen, dass die Veränderungsfähigkeit der Organisationseinheit und die Lernbereitschaft der Beteiligten und der Teams nicht überfordert wird, was sich in einer negativen Lernkurve und in schlechten Ergebnissen niederschlägt (O'Leary et al. 2011).

3.5.3 „Keep it short and simple"

Qualitätsmanagement als kontinuierlicher Verbesserungsansatz in der Alltagsorganisation des Krankenhauses lebt davon, dass entsprechende Vorhaben und Veränderungsprozesse möglichst einfach und nicht zu komplex gestaltet werden. Das verlangt nach klaren Aufträgen, messbaren Zielen und realisierbaren Maßnahmen. Klingt eigentlich unspannend – ist es aber nicht. Umfassende Verschriftlichungen von Projektvorhaben, von Zielen und Nutzenüberlegungen usw. lesen sich vielleicht etwas besser, bleiben aber oft auch mehrdeutig und weniger verbindlich.

„Keep it short and simple" ist in erster Linie eine Herausforderung für die Auftraggeber, die in der Formulierung der Ausgangslage und der Zielsetzung gefordert sind, einen starken Konkretisierungsgrad mit einem hohen Festlegungsgrad zu verbinden. Da dies im Alltag des Krankenhauses (und auch anderer Organisationen) nicht erwartbar ist, kommt der Auftragsgestaltung bzw. dem Contracting (Lobnig; Grossmann 2013, s. Kap. I.8.4.1) zwischen der Projektleitung bzw. dem Projektteam und den Auftraggebern eine besondere Bedeutung zu. Für Projektleitungen heißt es daher, solange nachfragen und formulieren, bis klar ist, was von dem Projekt erwartet wird.

> **TIPP!**
> Praktikable Faustregel beim Check der Zielformulierung: Ein Ziel sollte
> - in der geplanten Zeit und mit den zur Verfügung stehenden Ressourcen erreichbar,
> - für das Projektteam und alle, die mit dabei sind, verstehbar,
> - messbar, das heißt mit Kriterien und Indikatoren zu versehen, und
> - innerhalb des zur Verfügung stehenden Handlungsspielraums erreichbar
>
> sein.

Das Prinzip „Keep it short and simple" führt nicht zur Gefahr, sich mit Minithemen zu befassen, sondern dazu, den Konkretisierungsgrad von Aktivitäten zu erhöhen und die Erwartungen und Erfolgsüberlegungen von Entscheidungsebene und Umsetzungsebene einer transparenten Kommunikation zugänglich zu machen. Wenn man sich diesen Schritt spart, läuft man Gefahr, dass schwammige Vorhaben schwammig (ver)enden können. Zur Unterstützung des Contractings und gleichzeitig auch für die Qualitätssicherung der Qualitätsprojekte empfiehlt sich ein formulargestütztes Vorgehen (s. Tab. 9). In der Praxis ist allerdings darauf zu achten, dass die Beschreibung von Projekten im entsprechenden Auftragspapieren nicht die unmittelbare kommunikative Auseinandersetzung zwischen den Projektbeteiligten ersetzen dürfen – insbesondere im Contracting.

Tab. 9 Formular zum Projektauftrag des Wiener Krankenanstaltenverbundes

Projekttitel:	
Projektauftraggeber/-in	Projektleiter/-in
Organisationseinheit	Organisationseinheit
Projektbeginn	Projektende
Projektbeschreibung	
Strategische Ziele	Welchen Beitrag liefert das Projekt zu den strategischen Zielen Ihrer Einrichtung/des Wiener Krankenanstaltenverbundes
Ziele	An dieser Stelle erfolgt eine Beschreibung der Ziele. Diese Projektziele sind im Sinne von *Projektergebnissen* zu verstehen: WAS soll nach dem Projekt vorliegen? WAS soll mit diesem Projekt erreicht werden? WAS soll nach dem Projekt anders/besser sein? Welcher Zustand soll erreicht werden?
Nicht-Ziele	Was ist explizit nicht im Projekt enthalten? Welche Erwartungen könnten mit dem Projekt verbunden werden, die jedoch nicht Inhalt des Projekts sind.
Nutzen	Welche Wirkung/welchen Nutzen soll das Projekt haben? Mögliche *Dimensionen* für die Wirkung bzw. den Nutzen eines Projekts sind: Effizienzsteigerung in den Prozessen, Reduktion Sachkosten (z.B. Investitionskosten), Einsparungen im Personalbereich, Qualitätssteigerung in der Leistungserbringung, Wegfall von Aufgaben, verbesserte Steuerung, Nutzung von Synergien usw. Es soll auch eine Quantifizierung des jeweiligen erwarteten Nutzens (Messgrößen, Kennzahlen) erfolgen.
Projektphasen/Hauptaufgaben	Hier erfolgt eine Beschreibung der Projektphasen bzw. Hauptaufgaben des Projekts. Im Gegensatz zu den Projektzielen, die beschreiben was erreicht werden soll,

Projektbeschreibung	
Projektphasen/ Hauptaufgaben	geht es hier um eine Auflistung WIE diese Ziele erreicht werden sollen: Welche *Aktivitäten* sind in dem Projekt notwendig? In welchen *Phasen* erfolgt die Projektabwicklung?
Projekt-Erfolgsfaktoren	Was trägt besonders zum Gelingen des Projekts bei? Welche Rahmenbedingungen sind Voraussetzungen für eine erfolgreiche Projektdurchführung?
Projektrisiken	Was kann den Erfolg/die Zielerreichung gefährden? Welche Rahmenbedingungen gefährden eventuell den Projekterfolg?
Abhängigkeiten/ Schnittstellen zu anderen Projekten	Welche Abhängigkeiten gibt es zu anderen Projekten? Neben der Nennung des Projekts, zu dem eine Schnittstelle besteht, erfolgt hier auch eine inhaltliche Beschreibung der Abhängigkeit: Welches Projektergebnis ist Input für welches andere Projekt? Auf welches Projektergebnis (eines anderen Projekts) ist gegenständliches Projekt angewiesen?
Ressourcenplan	
Personalressourcen (intern)	jeweils Personentage + Gesamtsumme
Sonstige Kosten (Sachmittel usw.)	in €
Sachkosten (extern)	z.B. Beratungskosten, inkl. Kostenkorridor — in €
Investitionskosten	z.B. bauliche Maßnahmen, inkl. Kostenkorridor — in €
Gesamtprojektkosten/ Projektbudget	in €
Projektorganisation	
Abbildung des Projektorganigramms inkl. Benennung der Projektrollen und namentlicher Auflistung der Projektbeteiligten.	
Datum:	Projektleiter/-in:
Projektauftrag Datum:	Auftraggeber/-in:

3.5.4 Betroffene zu Beteiligten machen

Es ist zweifellos eine Stärke des Qualitätsmanagement-Ansatzes, dass dieser an der Basis der Leistungserbringung ansetzt und auf die kontinuierliche Verbesserung der Kernleistungsprozesse fokussiert. Unsere Erfahrungen zeigen, dass Weiterentwicklungen und Veränderungen dann am besten greifen, wenn die unmittelbar in das Thema involvierten Mitarbeiter in den Prozess eingebunden sind, denn diese kennen die Realität im Detail und wissen meist auch, wo sinnvolle und erfolgsversprechende Verbesserungen möglich sind. Betroffene zu Beteiligten machen bedeutet, gerade die Mitarbeiter der Basis und der unteren und mittleren Managementebenen einzubinden. Dort spielt sich nämlich „Krankenhaus" ab und diese Mitarbeiter an der Basis sind die eigentlichen „Produzenten" im Betrieb Gesundheitseinrichtung. Von der Konzeption her liegt dieser Grundsatz auf der Hand – die Realisierung zeigt allerdings, dass es ziemlich anspruchsvoll ist, diesen durchzuhalten. Häufig setzen sich Arbeitsgruppen aus oberen Hierarchieebenen zusammen, die Gruppen sind dann aufeinander eingespielt und sprechen die gleiche Sprache. Bei der Einbindung mehrerer hierarchischer Ebenen bis hin zur Basis muss die hierarchische Hemmschwelle überwunden werden. Was darf ich sagen, wenn „Obere" dabei sind? Aber auch „was kann ich sagen wenn Unterstellte dabei sind?" Gruppendynamisch werden diese Settings dann sehr anspruchsvoll und es empfiehlt sich, Moderation zu nutzen.

Eine der Kernfragen dabei ist auch, was Beteiligung im konkreten Fall jeweils bedeutet. Die Klärung des Bedarfs der Beteiligung macht für die Gestaltung adäquater Kommunikationsprozessen einen relevanten Unterschied. Geht es um ein Verstehen von Ereignissen, Zielen, Veränderungsbedarfen etc. so sind klare Verständigungsprozesse einzurichten in denen auch überprüft wird, ob „die Botschaft angekommen ist". Geht es um das Einholen von Meinungen und Vorschlägen so ist darüber hinausgehend auch ein Meinungsbildungsprozess zu gestalten. Wenn aber auch Mitentscheidungsmöglichkeiten eingeräumt werden, so sind Präferenzen einzuholen und Abstimmungen durchzuführen. Auch wenn Entscheidungen im engeren Sinne den Führungskräften vorbehalten sind, in vielen Fällen wird man den Aufgabenstellungen gerechter wenn Entscheidungsprozesse unter Beiziehung möglichst vieler Betroffener durchgeführt werden. Wenn es gelingt, Klarheit über den Bedarf an Beteiligung herzustellen, erspart man sich möglicherweise ein Zuviel an Informationen ebenso wie eine zu geringe Akzeptanz von Lösungen aufgrund mangelnder Beteiligung im Vorfeld.

Betroffene zu Beteiligten machen fordert vor allem auch die Führungskräfte! Man muss vertrauen, zulassen und loslassen können und dennoch interessiert am Prozess sein – ohne aufdringlich und insistierend zu wirken. Hier brauchen die Führungskräfte ausgeprägte „Antennen", um Konfliktpotenziale, hindernde Faktoren, Probleme usw. frühzeitig zu erkennen und diesen auch offen zu begegnen. Ein Maßstab dafür ist, wie es Führungskräften gelingt, Schwierigkeiten und Hindernisse mit den Arbeitsgruppen, Projektteams usw. zu besprechen und realistische und lösungsorientierte Wege des Umgangs damit zu finden. Die Realisierung dieses Prinzips erfordert aber von den Führungskräften auch, ihrer Verantwortung gerecht zu werden, indem sie ihre Prioritäten einbringen und Entscheidungen treffen, die die Anliegen der Betroffenen angemessen berücksichtigen und diese in ihrem Engagement für Verbesserungsprozesse motivieren.

3.5.5 Jeder Fehler ist ein Schatz

Die Orientierung an Fehlern und an Abläufen mit hohen Reibungsverlusten ist ein anspruchsvolles und ein sensibles Feld für das Qualitätsmanagement. Eine hier vorgeschlagene Orientierung an Fehlern impliziert allerdings nicht, Fehler gut zu heißen oder die daraus resultierenden Probleme für Patienten und Angehörige nicht ernst zu nehmen, denn für Patienten sind Behandlungsfehler sicher kein Schatz. Für die Optimierung der Arbeit führt allerdings erst das Erkennen von Fehlern oder Problemen zu Lernprozessen und Schritten der Veränderung, denn wenn in der Praxis alles gut läuft, gibt es keinen Veränderungsbedarf.

Eine Gefahr beim Umgang mit Fehlern kann in folgendem Motto liegen „Jeder Fehler ist ein Schatz – drum ab in den Tresor mit ihm!". Dieses Vorgehen hat allerdings nicht unbedingt damit zu tun, dass die Mitarbeiter im Gesundheitswesen „Fehlerverdränger" wären, es hängt vielmehr mit dem gesellschaftlichen, rechtlichen und medialen Umgang mit Fehlern in Gesundheitseinrichtungen zusammen. Gesundheit ist ein existenzielles Gut – und jeder ist Experte seiner Gesundheit und das Thema „krank und Krankenhaus" ist daher auch für jeden jederzeit interessant. In dieser interessierten Öffentlichkeit offen über Fehler und knirschende Abläufe zu kommunizieren, ist schwer möglich.

Im Qualitäts- und Risikomanagement liegt mittlerweile ein brauchbares Set an Methoden des Entdeckens von und Umgehens mit Fehlern vor (Bergmann; Wever 2010, Martin; Braun 2012; Selbmann 2011). Wird die Zielsetzung verfolgt, durch unterschiedlichste Maßnahmen eine Fehlerkultur (Sicherheitskultur) zu erreichen, in der Mitarbeiter auf risikogeneigte Situationen sensibilisiert sind, diese erkennen und frühzeitig Mechanismen zur Risikobewältigung einsetzen, wird das Risikomanagement Teil der Organisationsentwicklung bzw. des Qualitätsmanagements sein. So integrieren Ansätze des Total Quality Managements meist ein Risikomanagement, aber auch ISO 9001- oder KTQ-zertifizierte Gesundheitseinrichtungen beziehen entsprechende Strukturen und Prozesse ein. Es gibt aber auch den Weg, das Risikomanagement stärker dem rechtlichen Bereich zuzuordnen mit dem Ziel, Schadensfälle zu analysieren und professionell abzuwickeln.

Damit das Prinzip einer offenen und tragfähigen Arbeit an Fehlern erfolgreich gelebt werden kann, braucht es geschützte Räume, in denen Fehleranalysen möglich sind. Meist sind das anonyme Fehlermeldesysteme (CIRS – Critical Incidents Reporting Systems, Köbberling 2005). Aber auch Methoden der Risiko- und Fehleranalysen sind immer stärker zu finden, in denen die Mitarbeiter aus der Anonymität rausgehen, und Probleme und Lösungsansätze im Team analysieren und erarbeiten.

Wie kann im Alltag einer Gesundheitseinrichtung ein lernorientierter, offener Umgang mit Fehlern entstehen? Die eingesetzten Prozesse und Instrumente sind dabei Tools, die hilfreich sind, wenn eine fehlerfreundliche Kultur in der Organisation vorhanden ist. Umgekehrt betrachtet nützen die ausgereiftesten Tools nichts, wenn die Qualität der Kommunikation in den Teams nicht geeignet ist, auch sensible Themen mit Tiefgang, wechselseitigem Respekt und Feedback-Orientierung durchzusprechen. Auch dabei spielen Führungskräfte wieder eine Schlüsselrolle. Vorgesetzte, die keine Fehler machen, haben auch fehlerfreie Mitarbeiter. Zumindest solange dieses Bild nur irgend möglich aufrecht zu erhalten ist. Also liebe Führungskräfte – bitte über Fehler reden, vor allem auch über eigene!

Eine etwas einfachere, aber ebenfalls sehr zielführende Herangehensweise ist es, den Patienten sehr aufmerksam zuzuhören. Das Erleben der Patienten und Angehörigen ist eine wahre Fundgrube für Verbesserungsansätze und kann – wie das folgende Beispiel zeigt – in systematischer Weise auch mit Patienten eines Pflegeheimes durchgeführt werden, wenn die Herangehensweise auf die Besonderheiten dieser Zielgruppe abgestimmt wird, wie das Praxisbeispiel des Geriatriezentrums Klosterneuburg zeigt.

> **Praxisbeispiel: Befragung der Bewohner im Geriatriezentrum Klosterneuburg[8]**
> **(Wiener Krankenanstaltenverbund)**
>
> *„Nein, diese Patienten kann man nicht befragen!" – „Die sind doch verwirrt, von denen bekommen Sie keine g'scheitn Antworten." – „Und überhaupt, sie befinden sich in einem Abhängigkeitsverhältnis, wie will man da ehrliche Aussagen bekommen?"*

---

8 Das Geriatriezentrum Klosterneuburg ist eines von drei vom Wiener Krankenanstaltenverbund geführten Pflegeheimen. Es verfügt über sieben Stationen, darunter eine Station für Demenzkranke mit ausgeprägtem Bewegungsdrang und eine Palliativstation.

Ausgangssituation

Im Jahr 2000 stand das Geriatriezentrum Klosterneuburg (GZK), eine Einrichtung des Wiener Krankenanstaltenverbundes, vor der Herausforderung, den Informationsfluss innerhalb des Hauses bei allen beteiligten Personengruppen zu verbessern. Um zu erfahren, wie informiert sich die Bewohner in den Bereichen Tagesablauf, Betreuung und Beschäftigungsmöglichkeiten fühlen sowie welche Wünsche und Bedürfnisse sie haben, entstand in diesem Kontext das Vorhaben einer Bewohnerbefragung.

Befragungen in Pflegeheimen wurden und werden häufig mit der Begründung der Nicht-Interviewbarkeit der Bewohner aufgrund ihrer Demenz abgelehnt. Erfolgt trotzdem eine Befragung, werden zumeist die geistig nicht beeinträchtigten Bewohner ausgewählt. Im Schnitt handelt es sich hierbei um 20–30%, die Meinungen und Wünsche der übrigen Bewohner bleiben unberücksichtigt.

Die Führung des GZK wollte sich damit nicht zufrieden geben und entwickelte mit dem Qualitätsmanagement des Wiener Krankenanstaltenverbundes, ein Modell, mit dem möglichst viele Bewohner befragt werden können.

Erhebungsinstrument

Um den Bedürfnissen der Bewohner entgegenzukommen, wurde die Interviewform gewählt. Ein Mix aus geschlossenen und offenen Fragen sollte die Befragten möglichst wenig einschränken und ihnen Gelegenheit bieten, von sich aus zu erzählen. Bei den geschlossenen Fragen kamen überwiegend 3er Skalen (z.B.: „ja" – „ab und zu" – „nein") zum Einsatz. Auf stark differenzierende, numerische Skalen, wie z.B. 5er Skalen und höher, wurde aufgrund ihrer Komplexität im Vorhinein verzichtet. Die Beantwortung der geschlossenen Fragen wurde durch Antwortvorlagen unterstützt. Durch die Visualisierung aller möglichen Antworten sollten Primacy- und Recency-Effekte gemindert werden. Den Bewohnern wurde zudem verdeutlicht, dass verschiedene, auch negative, Antworten erlaubt sind.

Die Befragungen führten die Zivildiener des Hauses durch. Als Interviewpartner waren sie bestens geeignet, da sie den Bewohnern vertraut, aber auf aufgrund ihrer kurzen Pflegeheimerfahrung noch relativ vorurteilsfrei waren und von den Bewohner nicht als Autoritätsperson erlebt wurden. Die Zivildiener waren während der Befragung von ihren üblichen Aufgaben freigestellt und konnten sich ganz den Interviews widmen. In der Durchführung wurde ihnen relativ viel Freiheit gewährt: Erklären mit eigenen Worten, Wiederholen, Entscheiden das Interview abzubrechen usw.

Um einheitliches Vorgehen gewährleisten zu können, erfolgte eine mehrstündige intensive Einschulung der Zivildiener auf den Gebrauch des Instruments und den Interviewprozess. Sie erhielten genaue Instruktionen, wie die Fragen und dazugehörige Hilfsmittel (Antwortvorlagen, Bildvorlagen) zu verwenden sind, wie die Ergebnisse dokumentiert werden und nach welchen Kriterien ein Interview zu unterbrechen oder abzubrechen ist. Weitere Arbeitssitzungen nach dem Pretest sowie während der flächendeckenden Befragung dienten zum Auffrischen von Verhaltensregeln, zum allgemeinen Erfahrungsaustausch und zur Aufrechterhaltung der Motivation und boten den Interviewern Gelegenheit, ihre Erlebnisse aufzuarbeiten.

Methodik

Die Demenz und damit die Ansprechbarkeit dieser Bewohner sind nicht immer gleich. Mehrmalige Interviewversuche erhöhten die Wahrscheinlichkeit, den Bewohner in einer geistig gering beeinträchtigten Phase zu erreichen und eine erfolgreiche Befragung durchzuführen. Erst nach drei erfolglosen Interviewversuchen wurde eine Bewohnerin/ein Bewohner als unbefragbar eingestuft.

Um Befremdungen zu vermeiden sprachen die Zivildiener in der vertrauten Art und Weise mit den Bewohner. Die Interview-Orte konnten sich die Bewohner aussuchen, wobei die Zivildiener darauf zu achten hatten, dass die Gespräche an einem ruhigen Platz durchgeführt wurden. Mit einfachen, sogenannten Eisbrecherfragen, wurden die Interviews eingeleitet. Sie dienten zum Aufwärmen und Einstieg in die Befragungssituation und halfen den Interviewern abzuklären, ob eine weitere Befragung möglich ist.

Ergebnisse und Resümee

Über die Hälfte der Bewohner (56%) wurden interviewt, 37% waren nicht befragbar und 7% lehnten das Interview ab. Somit konnten die Zufriedenheit und Bedürfnisse von weitaus mehr Bewohner erfragt werden, als dies mit herkömmlichen, selektiven Methoden möglich ist. Bei den Fragen zeigte sich, dass 3er Skalen von allen ohne Probleme bewältigt wurden, 4er Skalen, sowie stärker verbalisierende Skalen waren für kognitiv beeinträchtigte Bewohner nur mit Hilfe der Interviewer zu beantworten.

Nach Aussagen der Pflegekräfte kam es durch die Interviews nicht zu Beunruhigungen bei den Bewohner. Vielmehr freuten sich etliche auf das Gespräch. Gleiches gilt auch für die Zivildiener: „Jedes einzelne Gespräch war eine einzigartige Bereicherung für mich."

Die Ergebnisse der Befragungen führten zu Änderungen in der Ablauforganisation, einzelne Wünsche wurden direkt erfüllt oder flossen in weiterführende Projekte ein.

So werden zur Information über Haus- oder Stationsaktivitäten Folder in Großdruck aufgelegt und die Bewohner gezielt mit optisch hervorstechenden Anschlagtafeln werden die Bewohner über bevorstehende Aktivitäten informiert.

Aufnahmegespräche und Angehörigennachmittage finden nun stets gemeinsam mit dem Bewohner statt. Bei Projekten, in denen es direkt um die Lebensqualität von Bewohner geht, wie z.B. Etablierung von Palliative Care, werden Bewohner zu Arbeitsgruppensitzungen eingeladen.

Wichtig war auch die Erkenntnis, dass das unmittelbare Wohlbefinden speziell von den „kleinen Dingen" abhängt. So wurden die Wünsche der Bewohner nach mehr Blumen, Musik, Kino usw. erfüllt, indem mehr Hochbeete aufgestellt wurden, die die Bewohner auch selbst pflegen können, die Radiosender auf Station wurden gewechselt und treffen nun den Geschmack älterer Menschen und regelmäßige Kinonachmittage im Haus mit Filmen aus den 50er-Jahren laden viele Bewohner ein, ihre Stationen zu verlassen und Kontakte zu Mitbewohnern zu knüpfen. Des Weiteren werden die Bewohner in die Gestaltung der monatlichen Unterhaltungsprogramme, Feste oder Ausflüge routinemäßig mit einbezogen.

Eine interessante Erkenntnis war das Bewohnerurteil über die angebotenen Aktivitäten. Was uns teilweise als zu eintönig, langweilig oder ruhig erschien, wurde von den Bewohner lange nicht so gesehen. Für die meisten Bewohner waren die angebotenen Aktivitäten ausreichend, einige Bewohner meinten sogar, dass es ihnen zeitweise zu viel wird und nur wenige Bewohner wünschten sich mehr Aktivitäten.

Insgesamt gesehen wurden wir alle sensibilisiert, die Bewohner, trotz ihrer körperlichen oder geistigen Beeinträchtigungen, viel stärker in den Alltag und die Aktivitäten des Hauses im Sinne einer Mitentscheidung zu integrieren, was einen wichtigen Beitrag zur Steigerung ihrer Autonomie und Lebensqualität darstellt.

Diese zwar aufwändige, aber sehr bewohnerorientierte Methode wurde in den Jahren weiter entwickelt und mehrfach eingesetzt. Mittlerweile werden im Wiener Krankenanstaltenverbund flächendeckend Bewohnerbefragungen durchgeführt, in die die Methoden und Erkenntnisse dieser Befragungsform eingeflossen sind.

Autorinnen der Fallstudie

Birgit Kaliner, Interne Beraterin im Wiener Krankenanstaltenverbund, und Hildegard Menner, Pflegedirektorin und Leitende Direktorin im Geriatriezentrum Klosterneuburg

3.5.6 Attraktive und erfolgsversprechende Settings gestalten

Viele Mitarbeiter haben im Laufe der Zeit so etwas wie eine Allergie auf Sitzungen und Workshops entwickelt, in denen ohnehin meist wenig „geworkt" sondern viel zugehört wird.

Information kann gut in klassischen Präsentationen vermittelt werden – schafft aber eher wenig inhaltliche und emotionelle Beteiligung und wenig Austausch. Die Dualität von hier Vortragenden und dort Zuhörenden fördert das Ankoppeln der Inhalte an die Realität der Zuhörenden nicht. Die Wirksamkeit der vermittelten Inhalte bleibt der mitgebrachten Neugier der Personen überlassen und ist somit höchst individuell und insgesamt sehr unterschiedlich. Wird Beteiligung an einem Thema oder an einer Problemlösung erwartet, muss auch Beteiligung im Kommunikationsprozess erfolgen. (Leider) Merken wir Menschen rasch, wenn das Setting auf eine „Pseudobeteiligung" hinausläuft. Der Effekt ist, dass dann nicht nur kein Interesse, sondern sogar Abwehr erreicht wird, denn niemand wird gerne manipuliert.

Die professionelle Gestaltung von attraktiven Meetings, Workshops und Gesprächssettings ist eine Kernaufgabe für ein attraktives Qualitätsmanagement da es den Beteiligten das Erlebnis ermöglicht, die eigenen Potenziale in den Prozess einzubringen und zu erleben, wie die persönliche Beteiligung zum Nutzen für das Ganze wird. In diesem Zusammenhang gibt es im „Interventionsrepertoire" der Organisationsentwicklung wirklich spannende Ansätze wie Zukunftskonferenzen, World-Cafe Methoden, Open-Space-Settings und unterschiedlichste Arten von interaktivem Arbeiten mit großen Gruppen (Holman et al. 2007), die hoch produktiv sind und auch Spaß machen können. Die Kunst liegt dabei allerdings nicht in der „richtigen" Durchführung einer Methode, sondern in der Auswahl eines Ansatzes, der zum Thema oder zur Fragestellung passt (z.B. geht es um Vermittlung von Information, zur kritischen Reflexion, zur Weiterentwicklung von Ideen, zur Beteiligung an Entscheidungen usw.). Ferner ist bei der Auswahl eines Ansatzes zu bedenken, dass dieser der Organisationskultur nicht zuwiderläuft, der Kompetenz und dem professionellen Gestus der Teilnehmergruppe entspricht, im Rahmen des Zeit- und Ressourcenbudget durchführbar ist und die Prozesskompetenz der Moderation nicht überfordert.

3.5.7 Sich verstehbar machen

Jede Profession hat ihre Fachsprache. Das trifft auf die Gesundheitsberufe zu, aber auch auf Qualitätsmanagement, Organisationsentwicklung, Projektmanagement, Prozessmanagement usw. Während die Herausbildung von Fachterminologien innerhalb einer Berufsgruppe oder zwischen benachbarten Berufsgruppen zur schnelleren und präziseren Verständigung beiträgt, liegt in einer extensiven Verwendung von Fachbegriffen in interdisziplinären Gruppen die Gefahr von Verständigungsproblemen. Wenn Qualitätsmanagement an der Basis erfolgreich ansetzen will, so muss sie eine Begrifflichkeit verwenden, die dort auch verstanden wird. Nur dann kann kommunikativ an den professionellen Welten und Beobachtungen angeschlossen werden, und es steigt die Chance, dass ein breites „Verstehen, Mitziehen und Realisieren" erfolgt.

Jede Fachsprache ist in eine Zielgruppensprache übersetzbar. Diese sprachliche Sorgfalt ist insbesondere dort erforderlich, wo es um ein erstes Andocken von Mitarbeitern an der Basis mit den Methoden und Prozessen des Qualitätsmanagements geht. So wie die Ärzte bei der Visite komplexe Krankheitsbilder und Befunde übersetzen und verstehbar machen können, so können auch die Qualitätsmanager ihre Fachsprache in die Sprache des Gesundheitswesens übersetzen. Diese Übersetzungsleistungen erfordern Sicherheit im Fachwissen, einen Überblick über die Zusammenhänge und die Fähigkeit und Bereitschaft, inhaltliche Diskussionen aus mehreren Blickwinkeln zu führen.

3.6 Qualitätsmanagement und Organisationsentwicklung verbinden – Schlussfolgerung für die Praxis

In der Praxis zeigt sich heute, dass das Qualitätsmanagement im Krankenhaus eine Bandbreite von Zugängen bietet, die von der Optimierung fachlicher Prozesse bis zur Etablierung und dem Betreiben komplexer Organisationssysteme reichen. Diese Vielfalt von Ansätzen bringen sehr unterschiedliche Herausforderungen für die beteiligten Führungskräfte, Mitarbeiter und Qualitätsmanagement-Experten mit sich. In diesem Kontext kann Organisationsentwicklung als Theorie und als praktische Disziplin in jenen Bereichen besonders nützlich sein, wo es um die Einbindung breiterer Gruppen in Prozesse der Problemlösung und Entscheidungsfindung geht oder wo Qualitätsfragen eng mit der Erarbeitung organisatorischer Veränderungen verbunden sind.

Auf der konzeptionellen Ebene hat eine verstärkte Integration von Organisationsentwicklung in das Qualitätsmanagement die Konsequenz, dass eine allzu starke Orientierung an standardisierten Vorgehensweisen partiell aufgegeben und selbst Gegenstand von Reflexion werden kann. Der der Organisationsentwicklung konstitutive Zusammenhang von sachlichem Anliegen (dem Was) und dem Prozess der Bearbeitung (dem Wie) würde so eine Maßschneidern von Vorgangsweisen ermöglichen.

Die Ebene des konkreten Vorgehens kann von Organisationsentwicklung besonders bei innovativen und stark veränderungsrelevanten Themenstellungen profitieren. Kernthemen sind dabei:
- die Gestaltung von Prozessen unter Einbindung verschiedener Organisationseinheiten (organisationsübergreifende Qualitätsprojekte),
- die Entwicklung von partizipativen Prozessen der Problemlösung und Entscheidungsfindung (hierarchieübergreifende Projekte),
- die Moderation komplexer Veranstaltungen wie Entscheidungsmeetings oder Großgruppen-Veranstaltungen zu bestimmten Themen der Qualitätsbeurteilung oder der Schlussfolgerung aus Berichten und Expertisen,
- die Erzeugung von Engagement und Involvierung für das Neue in der Organisation und

- die Erarbeitung organisationsrelevanter Schlussfolgerungen aus Kunden- und Mitarbeiterbefragungen.

Um das Potenzial der Organisationsentwicklung wirksam in die Qualitätsarbeit einfliessen zu lassen ist es erforderlich, dass sich Experten des Qualitätsmanagements verstärkt in Qualifizierungsprogramme für Organisationsentwicklung begeben. Diese orientieren sich an der Aneignung einer Prozess- und Organisationskompetenz, die über die Vermittlung von Theorien und Instrumenten hinausgeht. In der Professionalisierung für Organisationsentwicklung wird besonders Wert gelegt auf die Kompetenz der Arbeit in Gruppen, das Kennenlernen der persönlichen Potenziale und Zugänge („The self as instrument") und auf die Frage wie man in Organisationen intervenieren kann, um nachhaltige Veränderungen zu erreichen.

Literatur

Bergmann, K.O.; Wever, C.: Risiko- und Qualitätsmanagement im Gesundheitswesen. Entwicklungen und Tendenzen, in: Medizinrecht, 2010, 28, 9, S. 631-633

Bundesgesundheitskommission, A-IQI Steuerungsgruppe: A-IQI Organisationshandbuch, Wien, 2012

Deming, E.W.: Out of the Crisis, Cambridge 1982

Domittner, B.; Geißler, W.; Knauer, C.: Qualitätssysteme in österreichischen Krankenanstalten. Bericht über die praktische Qualitätsarbeit, Wien 2011

Donabedian, A: Evaluating the Quality of Medical Care, in: Milbank Memorial Fund Quarterly, 1966, 44, S. 166-203

Galbraith, J.: Organization Design, San Francisco 2002

Gesundheit Österreich GmbH: Register zur Ergebnisqualität. Wien o.J.; Internetquelle: http://www.goeg.at/de/Bereich/Ergebnisqualitaet.html)

Hermann, M.: Schilddrüsenchirurgie, Wien – New York 2010

Holman, P., Devane T, Cady S (Eds.): The Change Handbook. The Definitive Resource on Today's Best Methods for Engaging Whole Systems. San Francisco 2007

Köbberling, J.: Das Critical Incident Reporting System (CIRS) als Mittel zur Qualitätsverbesserung in der Medizin, in: Medizinische Klinik – Intensivmedizin und Notfallmedizin, 2005, 100, 3, S. 143-148

Köck, Ch.: Qualitätsmanagement als Weg zur Organisationsveränderung im Krankenhaus, in: Bellabarba, J.; Schnappauf D. (Hrsg.): Organisationsentwicklung im Krankenhaus, Göttingen – Stuttgart 1996

Grossmann, R.; Lobnig H.: Organisationsentwicklung im Krankenhaus – Grundlagen und Interventionskonzepte, in: Lobnig, H.; Grossmann, R. (Hrsg.): Organisationsentwicklung im Krankenhaus, Berlin 2013, ppp

Grossmann, R.; Mayer, K. (Hrsg.): Organisationsentwicklung konkret. 14 Fallbeispiele für betriebliche Veränderungsprojekte. Bd. 1, Wiesbaden 2011

Grossmann, R.; Scala, K. (Hrsg.): Intelligentes Krankenhaus. Innovative Beispiele der Organisationsentwicklung in Krankenhäusern und Pflegeheimen, Wien – New York 2002

Mansky, T.; Nimptsch, U.; Winklmair, C.; Vogel, K.; Hellerhoff, F.: G-IQI. German Inpatient Quality Indicators: Definitionshandbuch Version 3.1. für das Datenjahr 2010, Berlin 2011

Martin, J.; Braun, J.P.: Qualitätsmanagement in der Intensivmedizin. Unverzichtbar in der täglichen Routine., in: Medizinische Klinik – Intensivmedizin und Notfallmedizin, 2012, 107, 4, S. 255-260

Nowak, P.; Pelikan, J.: Benchmarking – eine Strategie der Qualitätsentwicklung, in: Lobnig, H; Schwendenwein; J; Zvacek, L. (Hrsg.): Beratung in der Veränderung. Grundlagen, Konzepte, Beispiele, Wiesbaden 2003

O'Leary. M.B.; Mortensen, M.; Woolley, A.W.: Multiple Team Membership: A Theoretical Model of its Effects on Productivity and Learning for Individuals and Teams, in: Academy of Management Review, 2011, Vol. 36, No 3, S. 461-478

Selbmann, H.K.: Qualitäts- und Risikomanagement in Gynäkologie und Geburtshilfe. Gesetzliche und freiwillige Aktivitäten im Versorgungsalltag, in: Der Gynäkologe, 2011, 44, 5, S. 353-360

Thüsing, K.: Qualitätsmanagement im Krankenhaus. Relevanz von KTQ, in: Medizinische Klinik – Intensivmedizin und Notfallmedizin, 2005, 100, 3, S. 149-153

Zepke, G: Reflexionsarchitekturen. Evaluierung als Beitrag zum Organisationslernen, Heidelberg 2005

4 Lernen von Organisationen und Lernen von Personen verbinden – Theorie und Praxis am Beispiel einer Führungsentwicklung im Allgemeinen Krankenhaus Linz

Marlies Garbsch, Ralph Grossmann und Klaus Scala

4.1 Akteure, Rahmenbedingungen und Eckpfeiler der Führungsentwicklung

Die Abteilung „Organisationsentwicklung und Gruppendynamik" an der Universität Klagenfurt beschäftigt sich seit den 1990er-Jahren mit dem Krankenhaus als Organisationstyp und den Herausforderungen an seine Entwicklung. Die Tätigkeit umfasst eine Integration von Weiterbildungstätigkeiten für Führungskräfte, die Beratung von Veränderungsprojekten und von wissenschaftlicher Forschung, die sich besonders auf die Auswertung konkreter Praxisprojekte stützt, etwa in Form von Dissertationen von Führungskräften und Beratern im Krankenhaus oder in der Evaluation von Veränderungsprojekten, die von Experten der Abteilung beraterisch begleitet wurden. Ein wesentliches Resultat ist die Profilbildung von Führungskräften im Krankenhaus und die Erarbeitung dazu passenden Qualifizierungsmethoden (Grossmann; Scala 2002 und Grossmann; Mayer 2011).

Die meisten Führungskräfteentwicklungsprogramme konzentrieren sich in erster Linie auf die Vermittlung von Wissen an die Teilnehmenden eines Kurses. Es werden Lerninhalte zusammengestellt und diese in Seminaren gelehrt. Die Anwendung des neuen Wissens außerhalb des Lernsettings bleibt dann meist den Teilnehmern selbst überlassen und die Rückwirkung von Lernprozessen in der Organisation selbst bleibt begrenzt. Wie können Lernprozesse so gestaltet werden, dass sie auch einen Einfluss auf die Organisation haben, dass sie Personen so befähigen, dass sie das neue Wissen wirksam und in organisationsrelevanter Weise umsetzen können? Die Verzahnung von persönlichem Lernen und Organisationsentwicklung ist dabei nicht nur eine Frage der Auswahl von Seminarinhalten und angewandter didaktischer Methoden, sondern braucht eigene organisatorische Lösungen und einen Prozess, der darauf ausgerichtet ist, die Organisation selbst in das Programm einzubauen. Damit kann Führungskräfteentwicklung auch im Sinne der Organisationsentwicklung wirksam werden.

In diesem Kapitel wird eine Führungsentwicklung beschrieben, die als Universitätslehrgang in einem österreichischen Krankenhaus, dem Allgemeinen Krankenhaus Linz, durchgeführt wurde. Die Besonderheit von Universitätslehrgängen gegenüber anderen Weiterbildungsprogrammen liegt darin, dass eine wissenschaftliche Leitung dafür verantwortlich ist, dass der Lehrgang universitären Standards entspricht. Aus diesem Grund werden für die Teilnahme am Lehrgang auch ECTS Punkte vergeben, die bei Studien angerechnet werden.

Der nicht ganz so geläufige Terminus „Führungsentwicklung" hat im Unterschied zum geläufigeren Terminus „Führungskräfteentwicklung" das Ziel nicht nur auf eine Veränderung zu Führungspersonen bewirken, sondern „Führung" als Steuerungsform so weiter zu entwickeln, dass gegenwärtige und zukünftige Problemstellungen einer Organisation bearbeitbar werden und dadurch deren Überlebenssicherung gewährleistet wird. Das Krankenhaus hatte bereits in den Vorjahren Maßnahmen zu einer vermehrt ökonomischen Steuerung der Organisation (Einführung einer Balanced Score Card) ergriffen und wollte ein geeignetes Programm mit Führungs- und Schlüsselkräften durchführen, dass eine möglichst hohe Breitenwirkung in der Organisation entfalten sollte, um den Kulturwandel zu unterstützen.

Folgende konzeptuelle Eckpfeiler waren für die Gestaltung der Führungsentwicklung, die ein wissenschaftlich fundiertes und praxisorientiertes Programm für (Nachwuchs-)Führungskräfte mit besonderem Wert auf Wirkung und Praxisrelevanz ausschlaggebend:

- Die Führungsentwicklung wurde als „inhouse program" konzipiert, d.h. exklusiv für ein konkretes Krankenhaus angeboten. Zwei Teilnehmergruppen aus dem Krankenhaus haben das Programm mit Erfolg absolviert. Das Lernen über „Führung" fand im eigenen Organisationskontext statt: Die für die Weiterentwicklung der Organisation relevanten Themenfelder boten die wesentliche Basis für das Lernen. Darüber hinaus wurden die aktuellen Erfahrungen der Teilnehmer in das Lerngeschehen einbezogen. Sie erarbeiteten an Hand eigener Fallbeispiele, unterstützt durch theoretische Inputs, den theoretisch-methodischen Hintergrund zur Lösung von Problemstellungen im Führungsalltag aber auch für Veränderungsvorhaben der Organisation.
- Die Teilnehmer kamen aus allen Berufsgruppen (Medizin, Pflege, Verwaltung), übten die interprofessionelle Kooperation und förderten die Netzwerkbildung im Haus.
- Neben der Qualifizierung für die tägliche Führungsarbeit wurden reale und aktuell wichtige Veränderungsprojekte in Teams konzipiert und mit Unterstützung der Krankenhausleitung als Auftraggeber umgesetzt.
- Die Lernarchitektur des Universitätslehrganges zielte darauf ab, einerseits das kognitive Wissen und die soziale Kompetenz der Teilnehmenden zu entwickeln und andererseits einen Beitrag zur Organisationsentwicklung des Krankenhauses zu leisten.

Dieses Führungsentwicklungsprogramm verknüpfte persönliches Lernen mit der Entwicklung der Organisation. Es fokussierte Führung im Krankenhaus mit der dreifachen Anforderung: Gleichzeitig die fachliche Arbeit und Expertise voranzutreiben, die Mitarbeiter motivierend zu führen und die Entwicklung der Organisation(-seinheiten) zu managen.

Das Programm umfasste sechs Module (Führung, Personal- und Teamentwicklung, Positionierung des Krankenhauses im Gesundheitswesen, Strategie, Projektmanagement, Prozessmanagement) zu je drei Tagen und sah ein halbes Jahr für die Planung und Umsetzung der Projekte unterstützt von Coachings vor.

4.2 Verbindung von Personen- und Organisationslernen – konzeptionelle Grundlagen

4.2.1 Verständnis von Lernen

Lernen wird aus einer systemtheoretischen Perspektive als eine Erklärung für die Veränderung von Verhalten verstanden: Ein Beobachter beobachtet ein lebendes System (Person, Organisation) zu zwei Zeitpunkten (vor und nach dem Lernen) und stellt beim Vergleich dieser beiden Situationen fest, dass bei gleichen Problemstellungen unterschiedliches Verhalten gezeigt wird. Diese Verhaltensveränderung wird durch „Lernen" das heißt durch nicht beobachtbare, hypothetische, systeminterne Prozesse erklärt (Simon 2002, S. 146ff.).

Geht man von diesem Verständnis von Lernen aus, so ergeben sich daraus einige Annahmen, die im Gegensatz zu unserem Alltagsverständnis von Lernen stehen (Simon 1997, S. 10ff.; Simon 2002, S. 152f.):

- Lernen ist unvermeidlich und stellt für jedes lebende System eine Überlebensnotwendigkeit dar.
- Lernen erfolgt nicht nach einem linearen Input-Output Modell von außen nach innen („Nürnberger Trichter"), denn jedes lebende System entscheidet autonom, ob und was es lernt oder nicht lernt.
- Lernen ist nicht immer positiv, denn Lernen bedeutet auch den Verlust von (veraltetem) Wissen oder anders formuliert, der schwierigere Part beim Lernen ist das Verlernen lieb gewonnener, aber nicht mehr zielführender Gewohnheiten. Daher ist jeweils abzuwägen, ob „sich ändern" und „lernen" oder „einen bestimmten Zustand stabil halten" bzw. „nicht lernen" eine angemessene Antwort auf Umweltänderungen ist.
- Ob erfolgreich gelernt wurde, lässt sich nur im Nachhinein an veränderten Handlungen erkennen.
- Solange eine Person oder Organisation überlebt, hat sie offenbar das dazu notwendige Wissen.

4.2.2 Personenlernen in der Führungskräfteentwicklung

Viele Entwicklungsmaßnahmen zum Thema „Führung" fokussieren primär auf das individuelle Lernen von Personen als Funktionsträger (= Führungskräfte). In „Führungskräfteentwicklungsmaßnahmen" sollen die Teilnehmenden ihre Denk- und Handlungsmuster verändern und in der Folge den an sie gerichteten Rollenerwartungen besser nachkommen. Es wird entweder eine Stabilisierung (= Anpassungslernen an vorhandene Führungsroutinen) oder eine Veränderung (= Entwicklung neuer innovativer Denk- und Führungsmuster) angestrebt. Durch diese Maßnahmen sollen der Organisation eine bestimmte Quantität und Qualität an Führungskräften als Ressource für ihre Weiterentwicklung zur Verfügung gestellt werden (vgl. Garbsch 2012).

Diese im Rahmen von Führungskräfteentwicklungsmaßnahmen eingeübten neuen Denk- und Handlungsmuster scheitern aber nur zu oft in der Umsetzung an den bestehenden eingespielten Handlungsmustern und -routinen des Organisationsalltags. Diese zeigen sich unbeeindruckt vom Lernen der Personen und stehen dem Ausprobieren neuer Handlungsmuster nicht unbedingt förderlich gegenüber. Das zeigt, dass man nicht davon ausgehen kann, dass eine Organisation automatisch lernt, wenn ihre Mitglieder lernen (z.B. sind Universitäten als Organisationen nicht wissender, nur weil dort viele Personen lernen). Henry Mintzberg (2005) kritisiert darüber hinaus, dass viele herkömmliche Führungskräfteentwicklungsprogramme (insbesondere MBA-Programme) primär Zahlen, Daten, Fakten (Betriebswirtschaft), aber nicht die für die Führung einer Organisation erforderlichen sozialen Kompetenzen vermitteln. Er ist darüber hinaus der Meinung, dass nur Personen, die bereits über Managementerfahrung verfügen, mittels Methoden des erfahrungsorientierten Lernens zu guten Managern ausgebildet werden können.

4.2.3 Organisationslernen

Im Unterschied zum individuellen Lernen fokussiert organisationales Lernen auf eine über Lernen gesteuerte Veränderung der verhaltenssteuernden Regeln bzw. Regelsysteme einer Organisation (Willke 1998).

Chris Argyris und Donald Schön (1999) haben sich als Pioniere mit der Frage beschäftigt, was organisationales Lernen bedeutet und wie es stattfinden kann. Sie betonen, dass das Lernen und Handeln von Personen dann organisational wird, wenn Lernende als Mitglieder einer Organisation betrachtet werden und sich der Lernprozess konsequent darauf hin ausrichtet.

> **Wie Personenlernen zum Organisationslernen wird (Argyris; Schön 1999)**
> - Es werden Probleme in einer Organisation aufgrund einer fehlenden Übereinstimmung zwischen erwarteten und tatsächlichen Handlungsergebnissen erkannt.
> - Mitglieder der Organisation werden (als Aktionsforscher) mit der Untersuchung dieser Problemstellung beauftragt.
> - Im Lernprozess verändern die Untersuchenden ihre Vorstellungen von der Organisation und entwickeln Lösungen, um zu einer besseren Übereinstimmung zwischen erwarteten und tatsächlichen Handlungsergebnissen zu kommen.
> - Um organisational zu werden, müssen die Lernerkenntnisse, die sich aus der Untersuchung ergeben, in der Organisation verankert werden (z.B. in Plänen, Abläufen, Handlungen).
> - Geänderte Handlungsstrategien zeigen, ob die Organisation gelernt hat.

Aryris und Schön unterscheiden drei Lernformen, die sowohl von Personen als auch in Organisationen angewendet werden können (Argyris; Schön 1999, S. 36ff.):

- Einschleifenlernen (Single Loop Learning): Handlungsstrategien werden angepasst, um bessere Handlungsergebnisse zu erzielen. (Frage: Was lernen wir?)
- Doppelschleifenlernen (Double Loop Learning): Die den Handlungsstrategien zugrundeliegenden Wertvorstellungen (Leitwerte) werden hinterfragt und gegenmodifiziert. (Frage: Wie lernen wir?)
- Lernen zweiter Ordnung (Deutero-Lernen nach Bateson 1988): Der Lernkontext wird hinterfragt. (Frage: Warum lernen wir?)

Peter Senge (1990) prägt den Begriff der „Lernenden Organisation" und beschreibt fünf Disziplinen (Fähigkeiten), über die diese verfügen müssen:

- **Personal Mastery**: Schaffung von Rahmenbedingungen zur Selbstentwicklung und Persönlichkeitsentwicklung von Personen;
- **Mentale Modelle**: Implizite Grundannahmen von Personen und Gruppen beschreibbar und reflektierbar machen;
- **Gemeinsame Visionen**: Kollektive Prozesse zur Entwicklung und Verinnerlichung gemeinsamer Visionen;
- **Teamlernen**: Interaktionsmuster von Teams auf gemeinsame Ziele ausrichten;
- **Systemdenken**: Ganzheitliche Betrachtung des Systems im Kontext seiner Umwelt

Die fünfte Disziplin – das „Systemdenken" – ist dabei von besonderer Bedeutung, da sie die vorhergehenden Disziplinen miteinander verknüpft und so in ein nachhaltiges ganzes System einer Lernenden Organisation transferiert.

4.2.4 Führung in Expertenorganisationen

Krankenhäuser als Expertenbetriebe stehen im Spannungsfeld widersprüchlicher Handlungs- und Leitungserwartungen: Sie sind gefordert hochspezialisierte Dienstleistungen zu erbringen, auf die unterschiedlichen Bedürfnisse der Patienten und Angehörigen einzugehen, dem politischen Versorgungsauftrag und rechtlichen Rahmenbedingungen nachzukommen und effizient mit Ressourcen umzugehen (Barton et al. 2011). Die Bedeutung von Führung und von Führungshandeln für das Funktionieren des Krankenhauses wird dabei häufig unterschätzt. Führungskräfte werden – wie in anderen Expertenbetrieben auch – zumeist primär aufgrund ihrer fachlichen Expertise ausgewählt und legitimiert. Das Thema Führungsentwicklung ist daher in Krankenhäusern besonders wichtig und zugleich herausfordernd: Neben der fachlichen Arbeit ist auch die Organisation zu managen, denn die Qualität der fachlichen Leistung hängt in hohem Maße von der Organisation und damit der Qualität der Führung ab. Die beste Expertise zielt ins Leere, wenn sie nicht am richtigen Ort und zur richtigen Zeit eingesetzt wird und sie nicht in eine gut funktionierende Kommunikationsstruktur eingebettet ist. Es braucht daher Führungskräfte, die sowohl fachlich hoch qualifiziert sind als auch über soziale Kompetenz und Führungsqualitäten verfügen.

4.2.5 Verbindung von Personen- und Organisationslernen – Implikationen für die Umsetzung

Gestaltungsprinzipien

Die Verknüpfung von Personen- und Organisationslernen kann konzeptionell und methodisch durch folgende Gestaltungsprinzipien praktisch umgesetzt werden:

- Innerbetriebliche Durchführung und enge Anbindung des Programms an die Organisation sind unabdingbar.
- In der Gesamtkonzeption und Gesamtarchitektur eines solchen integrierten Programms sind Elemente vorzusehen, die das Lernen von Personen in einem geschützten Rahmen ermöglichen (z.B. Seminare) und auch solche, die ein Lernen der Organisation initiieren (Organisationsveränderung z.B. durch Projekte).
- Eine Steuerungsfunktion ist erforderlich, um das Verhältnis zwischen der Alltagsorganisation und dem komplexen Lern- und Veränderungsvorhaben einer Führungsentwicklung zu begleiten und zu sichern. Bei einer funktionalen Zusammensetzung der Steuergruppe (unterschiedliche Führungsebenen, -funk-tionen, -professionen) und bei guter Arbeitskultur wird diese zu einem Ort für organisationales Lernen, indem eine laufende Reflexion und – wenn erforderlich – eine Abänderung des Lernkontextes („Wie lernen wir?" „Welche Lernhindernisse gibt es?") der Führungsentwicklung stattfindet.
- Um das Verhältnis zwischen Alltagsorganisation und dem Veränderungsvorhaben einer Führungsentwicklung produktiv zu gestalten, sind insbesondere zu Beginn und zum Abschluss des Programms spezielle Elemente erforderlich, die eine Entkopplung und eine Wiedereingliederung des Programms im Verhältnis zum Alltagsbetrieb vorsehen. Das kann beispielsweise durch eine Kick-off-Veranstaltung und durch spezielle Veranstaltungen zum Abschluss des Programms erfolgen.

Methodisch didaktische Herangehensweise

Die methodisch didaktische Herangehensweise ist handlungsorientiert und theoriegeleitet. Grundlegende Prämisse ist, dass Führungslernen anhand von aktuellen Führungsherausforderungen im eigenen Organisationskontext stattfindet. Handlungsorientierung wird hergestellt indem die aktuellen Erfahrungen der Teilnehmer in das Lerngeschehen einbezogen werden. Die für die Entwicklung der Organisation relevanten Themenfelder bilden den einen Bezugsrahmen für das Lernen, ohne dabei die spezifische Aufgabe von Wissenschaft aufzugeben und theoriegeleitet neue Differenzen einzuführen, die einen Unterschied zu pragmatischen Alltagshandeln setzen. Demgemäß wird entweder ausgehend von realen Problemstellungen ein theoretisch-methodischer Hintergrund erarbeitet oder theoretische Konzepte auf die Praxis der Teilnehmer übertragen, um zu überprüfen, welcher Erkenntnisgewinn und welche Handlungskonsequenzen sich daraus ergeben, gemäß dem Motto: „Nichts ist so praktisch wie eine gute Theorie" (Lewin 1951).

Theorie und Praxis werden im Lernprozess permanent verknüpft, wobei die Betonung auf permanent liegt, da Erfahrungen gezeigt haben, dass die Anwendung von gelernter Theorie im eigenen Arbeitsbereich drastisch schrumpft und oft entfällt, wenn die Verknüpfung von theoretischem, inhaltlichen Wissen mit der eigenen Alltagspraxis nicht selbst Teil des Lerngeschehens ist.

Die Teilnehmer erhalten Gelegenheit, unter Einbezug von neuen Modellen unterschiedliche Verhaltensweisen und Lösungen für konkrete Führungssituationen zu erproben und die Wirkungen der eigenen Handlungsweisen zu reflektieren. Dazu dienen Methoden des erfahrungsorientierten Lernens wie Übungen, Rollenspiele, Gruppeninteraktionen, Feedbacks und Fallstudien. Ein solches Vorgehen bringt die Teilnehmer in eine aktiv gestalterische Rolle und fördert die Übernahme der Selbstverantwortung für den eigenen Lernprozess.

Methodisch wird die Integration von Praxis und Theorie auch dadurch unterstützt, dass der Lernort zwischen Seminar und Praxiskontext pendelt. Zwischen Seminarmodulen liegen Praxisphasen, der Lernort bleibt nicht auf das Seminarzentrum beschränkt, Lernen findet auch direkt am Arbeitsplatz statt. So können die Teilnehmer die am Seminar gewonnenen Anregungen aufgreifen und damit in der Organisation experimentieren, in dem sie Projekte durchführen, mit ihren Vorgesetzten bzw. Mentoren Gespräche führen, sich in ihren dafür eingerichteten Peergroups zwischen den Modulen treffen, um Aufgabenstellungen zu bearbeiten. Dieses Pendeln zwischen der Bewährung in der Wahrnehmung von Führungsaufgaben im Organisationskontext und einer geschützten, Distanz schaffenden Atmosphäre im Seminar ermöglicht es den Teilnehmern, neu erworbenes Wissen in der Praxis zu erproben, aus der Umsetzung zu lernen und auf diese Weise zu einer realistischen Selbsteinschätzung zu kommen.

Die Gruppe der Teilnehmer stellt ein zentrales Lernfeld dar, um die unterschiedlichen Erfahrungen der Teilnehmer als Ressource zu nutzen. Das Lernen erfolgt durch Selbst- und Fremdbeobachtung sowie durch gemeinsame Reflexionen und Feedback-Prozesse. Der Vergleich mit anderen, die permanente Konfrontation mit deren Auffassungen, die Rückmeldungen zu den Wirkungen des eigenen Verhaltens, das Erleben einer Atmosphäre der Offenheit und wechselseitigen Wertschätzung fördert das Lernen und die Entwicklung der Teilnehmer und das Entstehen von Kompetenzen in der Arbeit in und mit Gruppen aber auch von Beziehungsnetzwerken innerhalb der Organisation, die auch oft noch lange nach der Beendigung von Führungsentwicklungsprogrammen bestehen bleiben. Diese Netzwerke unterstützen die Personen bei der Umsetzung des Gelernten und stellen „Keimzellen" für den Wandel dar.

Lernen im Dreieck von Person, Rolle und Organisation

Bei der Begleitung der Teilnehmer wird bei der inhaltlichen und prozessbezogenen Aufarbeitung von Praxisbeispielen auf die Ebenen der Person, der Rolle und der Organisation und deren gesellschaftlichen Kontext geachtet. (vgl. Grossmann; Scala 1996). Der Lernprozess muss zum einen genügend Anknüpfungspunkte für die Personen mit ihren spezifischen Vorbildungen und inneren Verfasstheiten bieten. Sie müssen Gelegenheit bekommen, neue Informationen zu gewinnen, ihre Wahrnehmungsperspektiven zu erweitern und affektive Beziehungen zum Inhalt und der Situation aufzubauen. Zum anderen wird auch die Person zum Thema, indem in der Gruppe ihr Verhalten, ihre Ressourcen, Muster und Werte im Führungs- und Seminargeschehen reflektiert werden. Es wird darauf abgezielt, die Persönlichkeit der Teilnehmenden, ihr kognitives Wissen und ihre soziale Kompetenz in enger Wechselwirkung miteinander zu entwickeln. Wie im Führungsalltag wird auch im gesamten Programm die ganze Persönlichkeit der teilnehmenden Führungskräfte gefordert. Die Vermittlung von wissensbasierten Erkenntnissen wird systematisch mit der Entwicklung der sozialen Kompetenz verknüpft um das gesamthafte Begabungspotenzial, im Sinne des Konzeptes „The self as instrument" (Cheung-Judge 2001), der Teilnehmer zu fördern. Organisationsrelevantes Lernen fokussiert aber auch die berufliche Rolle, die eine Person mit der Organisation verknüpft, geht also über die rein personenbezogene Aneignung hinaus und bezieht den Kontext mit ein. Die Rolle bestimmt auch den Handlungsspielraum der Teilnehmer und ihr Verhältnis zum Lernprozess und zu den Lerninhalten. Persönliche Entwicklung in Organisation bedeutet auch Einflussnahme auf die berufliche Rollengestaltung, dabei ist auch der organisatorische Kontext der Teilnehmer in das Lerngeschehen einzubeziehen:

- In welcher Organisation sind sie tätig? In welchem gesellschaftlichen Subsystem befindet sich die Organisation?
- Welche Entwicklungslogik ist in der Organisation vorherrschend?

Berater- und Trainerteam

Last not least braucht es auch Anbieter, die über ein Team von Beratern verfügen, das jene Expertisen vorhalten kann, um die Disziplinen „Organisationsentwicklung" und „Personalentwicklung" zu verbinden und das gut aufeinander eingespielt ist.

„Cultural Islands" als „Keimzellen" für Wandel

Die verschiedenen Elemente (personales Lernen, Organisationsveränderung etc.) sind im Rahmen der Gesamtkonzeption einer Führungsentwicklung aufgrund ihrer unterschiedlichen Zielsetzung sowohl zu unterscheiden als auch aufeinander zu beziehen und im Gesamtprozess miteinander strukturell zu verzahnen. Innerhalb eines so aufgespannten Transformationsraums werden neuartige Führungshandlungen und Führungsmuster in den dafür geschaffenen Gefäßen (Lehrgangsgruppen, Projektgruppen, Steuergruppe etc.) angeregt und kollektiv eingeübt. Dadurch können Keimzellen für eine Änderung bestehender Regeln und Regelsysteme in der Organisation geschaffen werden (Garbsch, 2012). E.H. Schein verwendet dafür den Begriff „Cultural Islands" (Schein 2010, S. 389ff.). Er versteht darunter eine Situation, in der die geltenden Regeln einer Organisation vorübergehend ausgesetzt sind und eine offenere Kommunikation möglich wird (wie z.B. bei Seminaren oder anderen Veranstaltungen abseits vom Arbeitsplatz, moderierte Dialoge, Rollenspiele, Reflexionen). Für das gelingendes Lernen in solchen „Cultural Islands" sind allerdings einige zentrale Rahmenbedingungen zu berücksichtigen (Schein 2010, S. 390):

- Die Teilnehmer sind motiviert, Neues zu lernen.
- Die Teilnehmer sind physisch von ihrer Arbeitssituation isoliert.
- Autoritätspersonen (wie z.B. höherrangige Führungskräfte, Trainer, Berater) verhalten sich „egalitär" und betonen, dass Lernen eine gemeinsame Verantwortung ist.
- Der Prozess wird begleitet („Facilitator"-Rolle).
- Die Prozessbegleiter definieren Ziele und Arbeitsregeln, damit sich die Teilnehmer sicher genug fühlen, um bestehende soziale Normen zu hinterfragen und zu lockern.
- Der Prozess beinhaltet das Reden über konkrete Erfahrungen und Gefühle.

Gelingt es im Rahmen einer Führungsentwicklung, eine kritische Masse an Akteuren (= Führungskräften) einzubeziehen und „Cultural Islands" als eigenständige soziale Systeme zu etablieren, so können diese als Keimzellen des Wandels Teilnehmer dabei unterstützen, neu eingeübte Handlungsmuster und -regeln in den Führungsalltag zu übertragen und so eine Veränderung der Organisation von innen heraus zu bewirken. Die neu entstandenen Beziehungsnetzwerke zwischen Teilnehmern aber auch zu anderen Führungsebenen sind, wie die Erfahrung zeigt, als „cultural islands" auch über das konkrete Weiterbildungsprogramm hinaus wirksam (Garbsch 2012).

Im Unterschied zum reinen Anpassungslernen wird auf diese Weise die Fähigkeit der Personen, neuartige Probleme zu lösen erhöht. Über eine breit angelegte Reflexion organisationaler Frage- bzw. Problemstellungen und die Umsetzung von innerhalb der Organisation erarbeiteten Lösungsvorschlägen wird die Problemlösungsfähigkeit und Kompetenz zur Selbstveränderung der Organisation insgesamt gestärkt (Grossmann; Scala 2002, S. 120 und Grossmann; Mayer 2011). Durch eine solche Vorgehensweise wird auch das häufig dysfunktionale Splitting zwischen Personal- und Organisationsentwicklung überwunden (Garbsch 2012).

4.3 Die Führungsentwicklung in der Praxis – Der Universitätslehrgang „Management und Organisationsentwicklung im Krankenhaus" am Allgemeinen Krankenhaus Linz

Auf der Basis der in Kapitel II.4.2 angeführten Erfahrungen und konzeptionellen Überlegungen an der Abteilung „Organisationsentwicklung und Gruppendynamik" an der Universität Klagenfurt wurde das Programm am Allgemeinen Krankenhaus Linz wie im Folgenden ausgestaltetet.

4.3.1 Führungsentwicklung als „Inhouse Program"

Die Leitung des Allgemeinen Krankenhauses in Linz entschied sich dazu, die Ausbildung ihrer Führungskräfte nicht durch Beschickung in Weiterbildungseinrichtungen unterschiedlicher Träger (Universitäten, Kammern, Berufsverbänden, Krankenhausträger) zu organisieren, sondern in Form eines „Inhouse Programs" durchzuführen, in dem ausschließlich Führungskräfte der zweiten und dritten Ebene eines Krankenhauses die Teilnehmer stellten. Dahinter stehen folgende Überlegungen:

1. In einem solchen Setting kann stärker auf die aktuellen Fragen im Zusammenhang mit Führung im konkreten Krankenhaus eingegangen werden. Insbesondere kann die Strategie des Hauses selbst zum Lerngegenstand gemacht werden und damit die für die Umsetzung jeder Strategie so relevante kommunikative Vermittlung und Auseinandersetzung im Programm selbst stattfinden. Die Krankenhausleitung wird dabei selbst punktuell als Inputgeber und Gesprächspartner eingebunden. Damit wird nicht allein für „dann und dort" gelernt, sondern reale Strategiearbeit im „Hier und Jetzt" geleistet.
2. Die Teilnehmer können die Inhalte besser auf Umsetzbarkeit in ihrer konkreten Organisation prüfen und in diesem Sinne auch darauf Einfluss nehmen, worauf besonders eingegangen werden soll und wie der Transfer des Gelernten in

den beruflichen Alltag bestmöglich unterstützt werden kann. Inhouse Programme liefern dafür bessere Voraussetzungen als der Besuch externer Seminare, in dem eine einzelne Führungskraft mit Teilnehmern aus ganz anderen Arbeitskontexten lernt.

3. Der Wirkungsgrad des Gelernten wird verstärkt. Die Teilnehmer nehmen nicht nur an sich selbst einen Lernprozess wahr, sondern üben und reflektieren gemeinsam mit ihren Kollegen und Kolleginnen und kreieren so einen gemeinsamen Lernprozess. Dadurch entsteht mehr Ermutigung und Sicherheit, Gelerntes im Arbeitsalltag auch umzusetzen, da man sich mit manch' Neuem, das man aufnimmt, nicht so allein fühlt, auch wenn die Kollegen am Seminar in anderen Einheiten oder Abteilungen arbeiten.
4. Ein internes Führungsentwicklungsprogramm wird stärker kulturprägend wirksam, was besonders für das Führungsverständnis und die Führungspraxis von besonderer Bedeutung ist.
5. Schließlich wird eine informelle Netzwerkbildung der Teilnehmer im Haus angeregt, die weit über die Dauer des Kurses anhält und zu Informationsaustausch und Meinungsbildung zu aktuellen Fragen und Problemen des Krankenhauses bis hin zu konkreten gemeinsamen Projekten und Kooperationen anregt und auch führt.

Diese Vorteile können realisiert werden, wenn es gelingt, die einzelnen Elemente des individuellen Lernens und der Entwicklung der Organisation in einem schlüssigen Gesamtdesign wirksam miteinander zu verbinden. Um dieses Ziel in hohem Maße erreichen zu können, wird eine Architektur eingerichtet, die sowohl inhaltlich ausgerichtete Seminare als auch Aktivitäten der Teilnehmer in ihrem Arbeitsalltag zur

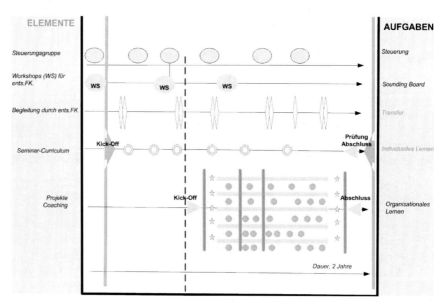

Abb. 13 Architekturbeispiel „Inhouse – Führungsentwicklungsprogramm" (nach Garbsch 2012; Erläuterung im Folgenden)

4 Lernen von Organisationen und Lernen von Personen verbinden – Theorie und Praxis am Beispiel einer Führungsentwicklung im Allgemeinen Krankenhaus Linz

Weiterentwicklung der Organisation enthält. Die Architektur des Programmes zielt darauf ab, diese unterschiedlichen Ebenen strukturell und in zeitlicher Abfolge systematisch aufeinander zu beziehen, wie in Abbildung 13 dargestellt.

4.3.2 Interprofessionelle Zusammenarbeit als Grundprinzip

Im Krankenhaus sind Mitarbeiter in erster Linie mit ihrer Berufsgruppe identifiziert (Medizin, Pflege, Verwaltung, Technik), viele organisatorische und rechtliche Belange sind berufsspezifisch segmentiert, so z.B. die Führungsrelationen, und oft versteht sich auch die „kollegiale" Krankenhausleitung als ein Gremium, in dem es primär darum geht, die spezifischen Interessen der Berufsgruppe zu vertreten und bestmöglich durchzusetzen. Angesichts der Notwendigkeit intensiver interprofessioneller Kooperation zwischen den Berufsgruppen im Arbeitsalltag sind die Kosten dieser Segmentierung der Professionen gravierend.

Weniger reichhaltig sind erfolgreiche Methoden, diesen Zustand in Richtung einer stärkeren interprofessionellen Kooperationskultur zu ändern. Ein Führungsentwicklungsprogramm bietet sich dafür als besonders geeignet an: Denn es muss dabei in gewissem Sinne – auf und zwischen verschiedenen Führungsebenen – kooperiert werden, es werden bestehende Barrieren sichtbar und können zugleich bearbeitet werden, Erfahrungen in der berufsgruppenübergreifenden Zusammenarbeit werden nicht nur als mitunter schwierig, sondern auch als anregend, produktiv und lustvoll erlebt. Von neuen Erfahrungen aus dem Führungsentwicklungsprogramms ermutigt, werden von den Führungskräften in ihren Abteilungen und Einheiten neue Schritte zur Zusammenarbeit gesetzt und erprobt. Dies ist auch organisationsbezogen besonders wirkungsvoll, denn als Multiplikatoren des Wandels haben Führungskräfte einen kulturprägenden Einfluss (Schein 2010).

4.3.3 Einbindung der Führungsebene: Lenkungsausschuss, Mentoren, Kick-off-Meeting

Im Unterschied zu vielen herkömmlichen Personalentwicklungsmodellen intervenieren Führungsentwicklungsprogramme viel stärker in die Organisation und das mit Absicht. Dies hat jedoch zur Folge, dass auch die Organisation viel stärker in das Programm hineinwirkt und sich so das Programm mit Irritationen und Querschlägen konfrontiert sieht und daher von der obersten Führungsebene als Auftraggeber Unterstützung braucht. Um diese Beziehung zwischen dem Lerngeschehen und der Entwicklung in der Organisation möglichst gut abzustimmen und produktiv zu gestalten, braucht es eine tragfähige und wirksame Steuerungsstruktur. Sie dient der Steuerung des Programms, dem Informationsaustausch, der Auswertung der Erfahrungen und der Beratung und Beschlussfassung allfälliger Anpassungserfordernisse. Die Besetzung des Steuerungsgremiums sollte repräsentativ die unterschiedlichen Führungsebenen, Berufsgruppen und Funktionen abdecken.

Im Fallbeispiel des Allgemeinen Krankenhauses Linz wurde ein Lenkungsausschuss eingerichtet, dem die Krankenhausleitung, die Stabstelle für Personalentwicklung (interne Projektleitung), einige Führungskräfte der 2. Ebene aus allen Berufsgruppen und der Betriebsrat sowie die Projektleiterin aufseiten der Fakultät für interdisziplinäre Forschung und Fortbildung der Universität Klagenfurt (Anbieter), die auch als Beraterin des Lenkungsausschuss fungierte, angehörten. Ein derartiges Gremium trifft sich bei einer Dauer des Programms von 1,5 Jahren ca. sechsmal zu viertel- bis halbtägigen Sitzungen. Die Tagesordnung für die jeweiligen Treffen wird von der internen und externen Projektleitung vorgeschlagen.

> **Beispiel für eine Tagesordnung aus der Startphase**
> - Begrüßung
> - Aufgabenspezifizierung und -abgrenzung: Lenkungsausschuss-Berater
> - Definition von Kriterien für die Zielerreichung des Programms
> - Reflexion des Nominierungsverfahrens, Zusammensetzung der Teilnehmergruppe und des Kick-offs
> - **Ausblick**: Detailkonzeption der Rahmenbedingungen für die Projekte (Themenfindung, Beauftragung, Rollen etc.)
> - Feedback zur Sitzung

Für die Umsetzung des Gelernten in den Arbeitsalltag ist aber nicht nur die oberste Leitungsebene von Bedeutung, sondern die Unterstützung durch die direkten Vorgesetzten in den Abteilungen und Einheiten. Die Teilnehmer qualifizieren sich als Führungskräfte, die selber wieder Führungskräften unterstehen. Ohne Zustimmung, Ermutigung und Unterstützung dieser jeweils verantwortlichen Führungskräfte können in einer Organisationseinheit keine Neuerungen eingeführt werden und Veränderungen Fuß fassen. Dies gilt auch und besonders für die Führungspraxis in einer Organisation. Daher ist es für eine wirksame Führungsentwicklung notwendig, darin zu investieren, dass die Vorgesetzten der Teilnehmer die Rolle von Mentoren einnehmen und sie bei der Umsetzung des Gelernten begleiten und fördern.

In der Programmgestaltung wird daher die Einbindung der Vorgesetzten der Teilnehmer in mehrfacher Weise eingebaut: Sie werden bei der Nominierung der Teilnehmer durch die Krankenhausleitung einbezogen und in die Steuergruppe eines Projektes eingeladen, sofern das Projekt ihren Zuständigkeitsbereich tangiert. Darüber hinaus werden halbtägige Mentoren-Workshops explizit für diese Gruppe veranstaltet. Der erste sollte noch vor Beginn der Führungsentwicklung stattfinden, um diese Führungskräfte anzukoppeln, ihre konkreten Anliegen an die Qualifizierung ihrer Mitarbeiter zu erheben und zu berücksichtigen sowie sie in der Wahrnehmung ihrer Rolle als Mentoren zu unterstützen. Die Gruppe der Mentoren kann die Resonanz auf das Programm sowohl bei den Teilnehmern als auch bei ihnen als deren Führungskräfte selbst wiedergeben. Im konkreten Programm bildete sie so ein „Sounding Board" für die Steuerung des Führungsentwicklungsprogramms. In ihrer Rolle als Mentoren führten die Vorgesetzten in regelmäßigen Abständen gezielte Gespräche mit ihren entsendeten Teilnehmern durch. Als Aufgabenstellung hat sich dabei folgendes bewährt:

- Begleiter der Entwicklung der Teilnehmer des Lernprogramms,
- Gesprächs- und Reflexionspartner für die Teilnehmer,
- Unterstützer bei der Umsetzung der Lernerfahrungen in der Organisation,
- Feedback-Geber zum Programm.

4.3.4 Die Rekrutierung der Teilnehmer

Für die Nominierung und Auswahl des Teilnehmerkreises ist eine einheitliche, transparente und kriteriengestützte Vorgehensweise zu wählen. Wie oben erwähnt, ist ein wichtiges Kriterium eine interdisziplinäre Zusammensetzung der Teilnehmergruppe. Die Kontingente für die einzelnen Berufsgruppen sind von der Krankenhausleitung festzulegen. Als weiteres Kriterium empfehlen sich ein ausgeglichenes Geschlechterverhältnis in der Teilnehmergruppe sowie ein gewisses, festzulegendes Ausmaß an Vorerfahrungen in einer Führungsfunktion. Komplexer ist die Rekrutierung ad personam zu managen. Dafür hat sich folgendes Procedere bewährt:

- Informationsveranstaltung für Interessierte
- Bewerbungsschreiben der Teilnehmer an die Personalentwicklung
- Befürwortung der Teilnahme mittels einer schriftlichen Stellungnahme durch den direkten Vorgesetzen
- Auswahl der Teilnehmer durch die Krankenhausleitung unter Mitwirkung der Personalentwicklung und der externen Berater

Wie lassen sich die Interessen und Sichtweisen der Krankenhausleitung und die Perspektiven der Teilnehmer vermitteln und damit das Programm in die Führungsstruktur und -kultur einbetten? Um konkrete Kontakt- und Gesprächsmöglichkeiten zu ermöglichen, wurde ein eintägiger Kick-off-Workshop mit der Krankenhausleitung und den Teilnehmern durchgeführt. In diesem wurden der Stellenwert von Führung und das Programm im Zusammenhang mit den strategischen Herausforderungen des Krankenhauses reflektiert. Es wurde ein erstes Arbeitsbündnis zwischen den beteiligten Akteuren (Teilnehmergruppe, Krankenhausleitung, Berater) aufgebaut. Dadurch wurde es möglich, Energie und Bewegung für das Veränderungsvorhaben „Führungsentwicklung" entstehen zu lassen. Das Design dieser Veranstaltung ist in Tabelle 10 dargestellt.

Tab. 10 Design der Kick-off Veranstaltung des Führungsentwicklungsprogramms: „Management und Organisationsentwicklung im Krankenhaus"

Zeit	Inhalt	Beteiligte
9:00 Uhr	Begrüßung, Vorstellung, Tagesüberblick	Projektleiter Berater
9:10 Uhr	Aufbau des Lehrgangssystems und gegenseitiges Kennenlernen (Differenzenübung; persönliche Statements zur Motivation zur Teilnahme)	Teilnehmer Berater
10.45	Pause	
11.00 Uhr	Vorstellung der Lehrgangskonzeptes und Sammeln von Fragen der Teilnehmer	Teilnehmer Berater
11:45	Input zu aktuellen strategischen Herausforderungen und Stellenwert der Führungsentwicklung Beantwortung der Fragen	Krankenhausleitung Teilnehmer Projektleitung Berater
13:00 Uhr	Mittagspause	

Zeit	Inhalt	Beteiligte
14 Uhr	Erarbeitung von Kooperationsspielregeln zwischen relevanten Akteuren des Lehrgangssystems innerhalb der Teilnehmergruppe mit den direkten Vorgesetzten mit der Krankenhausleitung Etc.	Arbeitsgruppen von Teilnehmern
14:00 Uhr	Präsentation und Austausch	Teilnehmern Krankenhausleitung Projektleitung Berater
15:45 Uhr	Abschlussblitzlicht	Alle
16:00 Uhr	Ende	

4.3.5 Seminarcurriculum für individuelles Lernen

Das Curriculum im engeren Sinn umfasste sechs Seminare zu je drei Tagen, verteilt über einen Zeitraum von etwa eineinhalb Jahren (s. Tab. 11). In diesen wurden die wichtigsten Führungsthemen abgedeckt und das nötige Know-how vermittelt, um die in der zweiten Hälfte des Lehrgangs vorgesehenen Veränderungsvorhaben (Realprojekte) managen zu können.

4.3.6 Die Planung und Umsetzung von Realprojekten – der Konnex von persönlichem und organisationalem Lernen

Als Kernstück des Beitrags des Programms zur Organisationsentwicklung des Hauses arbeiten die Teilnehmer an aktuell anstehenden Veränderungsanliegen der Organisation in eigens eingerichteten Projekten.

Im Falle des Allgemeinen Krankenhauses Linz wurden unterschiedliche Themen bearbeitet, die im Folgenden beispielhaft erwähnt werden:

Durchgeführte Projekte (Auswahl)

Projekt „Schlafmedizinisches Kompetenzzentrum"

Ziel des Projektes war die Erstellung eines Konzeptes für die Ausweitung eines Schlaflabors zu einem interdisziplinären, schlafmedizinischen Kompetenzzentrum. Der Projektauftrag beinhaltete die Ausarbeitung eines Konzeptes zur Erhöhung der Bettenzahl inklusive einer Raum-, Personal- und Finanzplanung sowie einer Optimierung der Abläufe zwischen und in den involvierten Abteilungen.

Projekt „Sturzprävention im Krankenhaus"

Ausgehend von der Problemstellung, dass im Krankenhaus viele Stürze passieren, wurde die Projektgruppe mit der Erhebung der Sturz auslösenden Faktoren und mit der Erstellung und Umsetzung eines Maßnahmenkatalogs zur Sturzprävention beauftragt.

4 Lernen von Organisationen und Lernen von Personen verbinden – Theorie und Praxis am Beispiel einer Führungsentwicklung im Allgemeinen Krankenhaus Linz

Tab. 11 Inhalte des Curriculums

Führung als Profession:
- Charakteristika von Expertenorganisationen
- Beobachtungs- und Gestaltungsdimensionen von Führung im Krankenhaus
- Wesentliche Führungsthemen und -instrumente
- Führung in Veränderungsprozessen

Personal- und Teamentwicklung:
- Erfolgsfaktoren für Teamarbeit
- Unterschiedliche Logiken von Team und Organisationen
- Führung von Teams
- Logik und Instrumente der Personalentwicklung
- Erstellung eines Anforderungs- und Qualifikationsprofils für die eigene Position
- Potenzialeinschätzung mittels eines Testverfahrens

Positionierung des eigenen Krankenhauses im Gesundheitswesen (mit der Krankenhausleitung in der Referentenrolle):
- Strategische Planung und Führung des Krankenhauses
- Rechtliche und wirtschaftliche Zielsetzungen und Rahmenbedingungen des Krankenhauses
- Pflegemanagement

Strategisches Management:
- Unterschiedliche Strategieansätze
- Szenariotechnik
- Strategische Umweltanalyse
- Lewitt'sche Produktentwicklungskonzept

Projektmanagement:
- Definition von Projekten und unterschiedliche Projektarten
- Projektumfeldanalyse
- Zirkuläre Ziel-/Rahmenplanung von Projekten
- Auftragsklärung
- Projektorganisation

Prozessmanagement:
- Einführung in das Denken in Prozessen
- Modellieren von Ideal- und Ist-Prozessen
- Geschäftsprozessoptimierung als Handlungs- und Gestaltungsansatz
- Prozessoptimierung und Organisationsentwicklung
- Anwenden auf Fallbeispiele

Projekt „Abteilungshandbuch"

Ziel des Projektes war die Entwicklung eines EDV-basierten Abteilungshandbuchs als universelle (interdisziplinäre), abteilungsinterne Informationsdrehscheibe und eine Pilotierung auf einer Station. Durch das Projekt sollte das auf Stationen in unterschiedlichen Medien gespeicherte, Wissen systematisiert und interdisziplinär verknüpft werden. Auf Wunsch des Auftraggebers wurde auch eine Einbindung anderer bestehender Systeme (Qualitätsmanagement, BSC, etc.) angestrebt.

Projekt „Optimierung der Bettenauslastung auf Intensivstationen"

Ziel war eine Optimierung des Personalmanagements im Bereich der Pflege, um die Auslastung und damit auch die Finanzierung der bestehenden Intensivstationen zu heben. Dieser Auftrag für eine Optimierung der Bettenauslastung auf die Berufsgruppe der Ärzte ausgeweitet.

Die Arbeit an den Projekten ist wie folgt gestaltet:
- Die Teilnehmer haben im Anschluss an das Seminar „Projektmanagement" ca. einen Monat Zeit, ihre Projektvorschläge mittels eines Formulars einzureichen (s. Tab. 12).
- Von der Krankenhausleitung werden dann je nach Größe der Teilnehmergruppe vier bis fünf Projekte mittels Kriterien unter Einbindung der jeweils vom Projekt betroffenen Abteilungsleitungen ausgewählt. Ohne die Entschlossenheit der Führungskräfte ist keine Veränderung realisierbar. Es ist daher wichtig nicht nur alleine die Krankenhausleitung als Auftraggeber zu positionieren, sondern es sind die Leitenden der von den Projekten betroffenen Abteilungen und Einheiten ins Boot zu holen. So wird für jedes Projekt eine eigene Steuergruppe installiert, in der die Krankenhausleitung, aber auch die betroffenen Führungskräfte der 2. Ebene vertreten sind.
- Das Aufsetzen der Projekte erfolgt in einer gemeinsamen Kick-off-Veranstaltung für alle Projekte, bei dem die Krankenhausleitung ihre Auswahl begründet und die Teilnehmer sich in Projektgruppen konstituierten. Dabei sind das Interesse für ein Projekt und die Betroffenheit davon für die Gruppenbildung ausschlaggebend. Diese Struktur hat zur Folge, dass für manche Teilnehmer die Projekte unmittelbar aus ihrem Arbeitsbereich sind, für andere ist dies je-

Tab. 12 Formular zur Projekteinreichung (Beispiel)

Titel:
Thema: Problemstellung – Ausgangslage – Inhalte:
Welches Problem soll durch das Projekt gelöst werden?
Beteiligte Abteilungen, Berufsgruppen: ■ Wer ist betroffen?
Zielsetzungen:
Was soll mit dem Projekt erreicht werden?
Woran wird erkennbar, dass das Problem gelöst ist?
Was wissen wir besser? Was haben wir ausprobiert, kennengelernt? was können wir besser? Was machen wir anders?
Produkte und Ergebnisse, Bezug zur BSC:
Grenzen: Was soll nicht geschehen? Was gehört nicht zum Projekt?
Erforderliche Ressourcen (Schätzung)
Personen, Zeit
Sachmittel, Ausstattung, Kosten
Kriterien für die Zusammensetzung des Teams   ■ Wen braucht man zur Problemlösung? (Wissen, Kompetenzen, Kontakte etc.)   ■ Wer sollte im Projektteam sein?
Projektbeginn: **Projektende:**
Projekteinreicher/-in:
Unterschrift:
Datum:

doch nicht der Fall, sondern der Gewinn ist primär als Lernprojekt angelegt, um für eigene zukünftige Projektarbeit ein Experimentierfeld zu haben. Bei manchen Projekten werden vereinzelt Mitarbeiter ins Projektteam geholt, die nicht am Seminarcurriculum teilgenommen haben, aber deren Mitarbeit für das jeweilige Projekt eine Erfolgsvoraussetzung ist.

- Die Projektarbeit wird extern durch Coachingsitzungen begleitet (fünf halbtägige Coaching-Workshops pro Projektgruppe, darüber hinausgehende Coachingunterstützung nach gesonderter Beauftragung). Als Zeitrahmen für die gesamte Bearbeitung (von der Planung bis zur Umsetzung) sind ca. zehn Monate vorzusehen. In Einzelfällen arbeiten die Projektgruppen auch noch nach Abschluss des Programms an ihren Projekten weiter.

4.3.7 Abschluss des Programms

Die Wiedereingliederung des Programms in den Führungsalltag erfolgte in mehreren Schritten, um einerseits einen rituellen Abschluss einer Führungsentwicklung zu vollziehen und andererseits die neu erworbenen Erkenntnisse und Führungshandlungen zu festigen:

- In einem ersten Schritt wurden die Projekte von der Krankenhausleitung abgenommen (Projekte, die am Ende des Lehrgangs noch nicht abgeschlossen waren, wurden noch weitergeführt).
- In einem zweiten Schritt erfolgte eine Prüfung gemäß den Richtlinien für Universitätslehrgänge. Diese beinhaltete einen schriftlichen Teil (Projektbericht der Projektgruppe und individuelle Reflexion des Projektverlaufes) und einen mündlichen Teil. Die mündlichen Einzelprüfungen fokussierten ebenfalls den Umsetzungsaspekt in der Praxis und erfolgten im Beisein der anderen Mitglieder der Projektgruppe. So wurde es Im Rahmen der Prüfung möglich, die Projekte noch einmal zu reflektieren („Double Loop Learning" vgl. Argyris und Schön 1999) und die neuen Denk- und Handlungsmuster in den Projektgruppen als „Cultural Islands" zu festigen.
- Als dritter Schritt fand ein halbtägiger Workshop zur Evaluation des Programms statt, in dem das Programm von den Teilnehmern gemeinsam mit den Mitgliedern der Steuergruppe reflektiert und ausgewertet wurde.
- Zuletzt wurden im Rahmen einer außerhalb des Curriculums stattfindenden Großgruppenveranstaltung, zu der alle Führungskräfte des Krankenhauses eingeladen waren, die Projektergebnisse präsentiert. Diese Veranstaltung hatte die Funktion, die gewonnenen Erfahrungen und Erkenntnisse zu verbreiten und damit einen Beitrag zur Organisationsentwicklung zu leisten.

4.3.8 Stolpersteine und wie man ihnen begegnen kann

Die Erfahrungen aus dem Lehrgang waren von den Ergebnissen her sehr ermutigend: Evaluationen und Rückmeldungen waren dominant positiv, die meisten der Realprojekte wurden tatsächlich umgesetzt, manche erstreckten sich noch einige Zeit über den Lehrgang hinaus. Der Anspruch des Programms, Personal- und Organisationsentwicklung miteinander zu verknüpfen, kann als gelungen bezeichnet werden. Es wurden aber ebenso Stolpersteine sichtbar, die es zu managen galt.

Zusammenstellung der Teilnehmergruppe:
Rekrutierung und Mischung von Führungsebenen

Die Zusammenstellung der Teilnehmergruppe ist ein sensibler Bereich und kann rasch zu einem Stolperstein werden. Es sind die Motivationen der potenziellen Teilnehmer und die Interessen des Krankenhauses bzw. der Krankenhausleitung zu berücksichtigen. Die Tatsache, dass die Teilnahme am Lehrgang Karrierechancen eröffnete bzw. erhöhte, betonte die Wichtigkeit der Entscheidungsfindung, wer teilnehmen kann und wer nicht. Konkret wurde festgelegt, dass die Krankenhausleitung die Auswahlentscheidung trifft und zwar jeder Bereich (Medizin. Pflege, Verwaltung) für sich. Die Krankenhausleitung wählte nach eigenen Kriterien aus, nachdem sie mit betroffenen Interessenten Gespräche geführt und sich dort, wo es Zwischenvorgesetzte (der zweiten Führungsebene) gab, mit den jeweiligen Vorgesetzten der ausgewählten Interessenten abgestimmt hatte. Dadurch entstanden jedoch Unruhe und Konflikte, weil die Teilnehmer unterschiedliche Informationen und unterschiedliche Annahmen hatten, warum sie am Programm teilnehmen sollten („Strafkolonie für schlechte Führungskräfte" oder eine „Auszeichnung für gute Führungskräfte"). Daher sollte die Vorgangsweise der Krankenhausleitung transparent und an vergleichbaren Kriterien ausgerichtet sein, was aufgrund der unterschiedlichen Kulturen und Zugänge zum Thema Führungsentwicklung nicht einfach herzustellen ist.

Von der Krankenhausleitung war grundsätzlich intendiert, Führungskräfte aus der zweiten und dritten Ebene für den Lehrgang zu rekrutieren, das heißt zum Beispiel für den klinischen Bereich, Abteilungs- und Stationsleitungskräfte in den Lehrgang aufzunehmen. Dies funktionierte nur teilweise, vor allem im medizinischen Bereich gelang es kaum, Führungskräfte auf Abteilungsebene (zweite Führungsebene) für den Lehrgang zu motivieren. Im ersten Lehrgang zeigte sich auch bald, dass sich bei den Ärzten die Beschränkung auf Teilnehmer aus der dritten Führungsebene produktiver erweist, sodass man parallel zum zweiten Durchgang des Lehrgangs einen Workshop eigens für die zweite Führungsebene (Primar- bzw. Chefarzt) veranstaltete, der diese Zielgruppe an die Thematik des Lehrgangs ankoppelte. Daraus kann der Schluss gezogen werden, dass es für höhere Führungsebenen gesonderte Lernsettings braucht, um auch für diese Zielgruppe einen geschützten und maßgeschneiderten Lernraum einzurichten.

Realprojekte

Eine besondere Herausforderung stellten die von den Teilnehmern durchgeführten Projekte dar. Hier sollte der Beitrag des Lehrgangs zur Organisationsentwicklung besonders sichtbar werden. Es wurde daher Wert darauf gelegt, dass nur Projekte von der Krankenhausleitung beauftragt wurden, die einem realen Veränderungsbedarf im Haus entsprachen. Daher nannte man sie auch Realprojekte, um sie von reinen Lernprojekten zu unterscheiden. Die 20 Teilnehmer sollten in ca. vier bis fünf Projektgruppen je ein Projekt konzipieren und umsetzen.

Für die Teilnehmer war der Wechsel vom individuellen Lernen im ersten Teil des Lehrgangs zur konkreten Veränderungsarbeit an der Organisation im zweiten Teil – beginnend mit dem Seminar „Projektmanagement" als fachliche Stütze – sehr stark spürbar: zum einen, weil damit eine konkrete und anspruchsvolle Leistungserwartung an sie entstand und zum anderen, weil sich dadurch der Kreis der vom Lehrgang betroffenen Kollegen und Vorgesetzten deutlich erweiterte und man auch mit spürbaren Widerständen rechnen musste. An sich ist schon die Kombination eines Trainingsprogramms, das sich an Einzelpersonen richtet, die jeweils individuell entscheiden, was von dem Gelernten sie jeweils umsetzen oder nicht umsetzen, mit der Durchführung von Realprojekten ein Stolperstein, da der Schritt von Trainingsprogramm zur Projektarbeit einen radikalen Wandel für die Lehrgangsgruppe darstellt.

Konkret waren dabei folgende Stolpersteine zu beachten.

Auswahl und Beauftragung der Projekte

Als Auftraggeber der Projekte war die Krankenhausleitung vorgesehen, um dadurch das Interesse des Hauses am Projekt zu dokumentieren, den Projekten den nötigen Stellenwert zu verschaffen und so den Projektgruppen den „Rücken" zu stärken. Die Auswahl sollte jedoch nicht allein von der Krankenhausleitung getroffen werden, sondern die Teilnehmer wurden eingeladen, eigene Projektideen zu skizzieren und einzubringen. Damit wollte man sowohl die Motivation der Teilnehmer mobilisieren als auch deren Kreativität und Know-how nutzen. Diese partizipative Vorgangsweise hatte ihre Plausibilität, enthielt jedoch für die Teilnehmer ein mehrfaches Risiko: das Risiko der Ablehnung, die Unsicherheit, wie detailliert und ausgearbeitet ein Vorschlag sein muss, um erfolgreich zu sein, aber auch die Gefahr, sich mit bestimmten Projektideen bei Kollegen oder gar Vorgesetzten unbeliebt zu machen. Zudem mussten die Teilnehmer zusehen, in welchem Projekt sie mit wem zusammenarbeiten wollten. Grund genug sich, ehe man sich mit bestimmten Vorschlägen hinauslehnte, mit Kollegen im Lehrgang, mit den eigenen Vorgesetzten und mit Kollegen am Arbeitsplatz abzustimmen. Will man über diese sensible und Weichen stellende Phase nicht stolpern, wird man dafür offiziell im Rahmen des Lehrgangs einen ausreichenden und geschützten Raum für Kommunikation schaffen, wo all die Anliegen und Befürchtungen der Teilnehmer ohne Hektik in einem gesicherten Rahmen bearbeitet werden können.

Die eingereichten Projektvorschläge wurden dann in einem zweiten Schritt von den davon betroffenen Vorgesetzten kommentiert und gereiht und letztendlich von der Krankenhausleitung ausgewählt. Die Erfahrungen in beiden Lehrgängen haben gezeigt, dass es für die Produktivität und die Dynamik der Projektarbeit sehr wichtig ist, dass sich die Auftraggeber (Krankenhausleitung) sehr rasch zu den Projektideen äußern, um die Unsicherheit bei den Teilnehmern, sich umsonst in ein Projektkonzept zu vertiefen, zu beseitigen. Die Ansprüche an die inhaltliche Differenzierung der Vorschläge sollten daher niedrig gehalten werden, und die Ausarbeitung eines detaillierten Konzepts ist erst nach der Auswahlentscheidung zu leisten.

Steuergruppen für die Projekte – Einbindung der zweiten Führungsebene

Für jedes Projekt wurde – wie bereits beschrieben – eine eigene Steuergruppe installiert, in der die Krankenhausleitung teilweise oder ganz, aber auch die betroffenen Führungskräfte der zweiten Ebene vertreten waren. Als Stolperstein an dieser Stelle erwies sich das zu geringe Ausmaß an Kommunikation, das in die Konstituierung der Steuergruppe investiert wurde. Hier waren rückblickend im Programmentwurf zu wenig Zeit-ressourcen eingeplant und der Stellenwert dieser Steuerungsebene zu wenig betont worden und so sahen die involvierten Entscheidungsträger wenig Handlungsbedarf. Man begnügte sich mit einem Organigramm, in dem die Funktionen aller abgebildet waren. Unterschiedliche Sichtweisen über das eine oder andere Projekt wurden nicht bzw. wenig thematisiert, man hatte neben den Projekten viel Arbeit und daher beschränkte Zeit und schob daher einige Klärungsarbeit von der Steuerungsebene zu den durch den Lehrgang „führungskompetenten" Teilnehmern. Genau besehen fand hier nochmals eine Bestätigung oder stille Verwerfung von Projektvorschlägen statt.

Projektgruppenzusammensetzung

Die Zusammensetzung von Organisationsentwicklungsprojekten zu Beginn ist eine sensible und anspruchsvolle Aufgabe. „Sag mir wie ein Projekt beginnt, und ich sag dir, wie es endet" heißt es unter Fachleuten. Die Frage, wer muss unbedingt dazugehören und wen kann man straflos weglassen, muss genau gestellt und beantwortet werden – aus Gründen der Erfolgswahrscheinlichkeit, der Akzeptanz und eines sparsamen Ressourceneinsatzes.

Im Lehrgang war diese Logik schon dadurch unterlaufen, dass alle 20 Teilnehmer auf vier bis fünf Projektgruppen aufgeteilt werden mussten, ohne Rücksicht darauf, ob sie in dem jeweiligen Projekt von ihrer Rolle her gebraucht wurden oder nicht und unabhängig davon, ob das Projekt für ihren Arbeitsbereich unmittelbar relevant war oder nicht. Das hatte zur Folge, dass für einige Teilnehmer in den Projekten reale Veränderungsvorhaben in ihrem eigenen Arbeitsbereich bearbeitet wurden, für andere wiederum nicht; für diese war das Projekt ein interessantes Experimentierfeld, um Projekterfahrungen zu sammeln. Dennoch ist dieser Unterschiedlichkeit der Rollen in den Projekten entsprechend Aufmerksamkeit zu schenken, da z.B. die Zeitinvestition, die hier zu leisten ist, von den Linienvorgesetzten rasch infrage gestellt werden kann. Wie oben bereits erwähnt, wurden auch Mitarbeiter außerhalb des Lehrgangs in die Projektgruppen aufgenommen, die für das Projekt notwendig erschienen. Das wurde überwiegend als Bereicherung erlebt und bewirkte auch eine Verbreiterung des im Lehrgang erworbenen Wissens. Diese Integration gelang im Großen und Ganzen gut, die Logik eines vom Inhalt und der Zielsetzung bestimmten partizipativen Projektmanagements überzeugte. Die Notwendigkeit, die Zusammensetzung der Projektteams genau zu thematisieren, förderte das Erlernen organisationsentwicklerischen Projektmanagements. Allerdings zeigte sich, dass das Hauptengagement bei den Personen lag, die das Projekt eingereicht hatten. Die unterschiedliche und widersprüchliche Logik eines Trainingsprogramms und eines Veränderungsprojektes lässt sich nicht eliminieren, man kann nur versuchen, die Nachteile dieser Kombination für die Veränderungsvorhaben möglichst klein zu halten. Dies kann am besten durch Investition in die Kommunikation der Steuerungsebene zwischen Krankenhausleitung und Abteilungsleitungen geschehen. Hier sind die Prioritäten zu entscheiden und die Spielregeln auszuhandeln. Zu empfehlen ist eine ausreichend konsensuelle Entscheidung dieser Führungsebenen bei der Auswahl der Projekte.

Coaching und wie viel es davon braucht

Organisationsentwicklungsprojekte haben meist unmittelbare und große Auswirkungen auf die betroffenen Führungskräfte und Mitarbeiter, und sie sind daher oft mit Konflikten verknüpft. Die oft zutreffende Annahme, dass alle Veränderungen Gewinner und Verlierer produzieren, ist für die Zusammenarbeit in Projekten eine große Hypothek. Hier kann externe Beratung in Form von Projektcoaching sehr helfen, um als „allparteiliche" Instanz Prozessautorität zu übernehmen und damit die

Projektbeteiligten zu entlasten. Dies ist aus vielen Veränderungsprojekten bekannt und man weiß, dass sich externes Coaching bezahlt macht. In einem Lehrgangsprojekt liegt der Stolperstein darin, dass man die Realprojekte mehr als einen angehängten Teil eines Lehrgangs sieht und den Anteil an Organisationsentwicklung unterschätzt und somit das Coaching nicht ausreichend einplant.

Projektinflation – Probleme werden in Lehrgangsprojekte abgeschoben, Krankenhausleitung als Team-Auftraggeber

Die Optik der Realprojekte als Lehrgangsteil birgt auch für die Auftraggeber (Krankenhausleitung) das Risiko, den Aufwand, den die Auftraggeberrolle von mehreren parallel laufenden Projekten bedeutet zu unterschätzen – ein Aufwand mit mehreren Facetten: Zeit, fachliches Engagement, Konfliktbereitschaft und Kooperation in der gemeinsamen Wahrnehmung der Auftraggeberrolle. Hier empfiehlt sich eine Art „Meta-Projektmanagement", das durch einen internen und externen Projektleiter für das Gesamtprogramm geleistet werden könnte, um die gesamte Projektlandschaft zu überblicken und zu steuern.

Ressourcenbeteiligung der Teilnehmer

Das Programm ist eine Investition in die persönliche Qualifizierung der Teilnehmer und in die Organisation. Der Abschluss des Lehrgangs erhöhte damit auch die Karrierechancen der Teilnehmer nicht nur im eigenen Haus, sondern auch anderswo. Konkret gab es unter den Führungskräften aus dem medizinischen Bereich vereinzelt „Abwanderungen", wo Teilnehmer sich um eine Abteilungsleitung (Primariat, Chefarztstelle) in einem anderen Krankenhaus erfolgreich bewarben. Aus diesem Grund waren vorweg Regelungen zwischen Krankenhausleitung und den Teilnehmern zu treffen, wie die Kosten auf Person und Organisation aufzuteilen sind. Konkret wurde vereinbart, dass der Lehrgang zu einem größeren Teil während der Dienstzeit und zu einem geringeren Teil außerhalb der Dienstzeit stattfand und dass Teilnehmer, die bald nach Abschluss des Lehrgangs das Krankenhaus verließen, einen entsprechenden Betrag der Lehrgangskosten zurückerstatteten. Für eine produktive Arbeit im Lehrgang sind diese Regelungen eine wichtige Voraussetzung, und die Verständigung darüber hilft Motivationslagen wechselseitig zu klären und das Committment zwischen Krankenhausleitung und den Teilnehmer zu festigen.

4.4   Bilanz des Projektes

Das Führungsentwicklungsprogramm hat eine kritische Masse von Führungskräften hervorgebracht, die – laut Auskunft der Krankenhausleitung – in den laufenden Veränderungsprozessen des Krankenhauses immer wieder Initiative und verantwortliche Rollen übernehmen.

Es ist gelungen, über Berufsgruppengrenzen hinweg stabile Vernetzungen zu schaffen, die sich auch als Veränderungskoalitionen bemerkbar machen. Diese Vernetzungen erfassten auch die Verbindung der medizinisch-pflegerischen Führungskräfte zu den Führungskräften der administrativen und technischen Einheiten und der Stabsstellen für Projektmanagement und Entwicklungen. Damit wurde nicht nur individuelles Know-how vermittelt, sondern Organisationsentwicklungs-Know-how der Organisation aufgebaut.

Durch die Verknüpfung von konzeptivem Lernen, Üben im Seminar und praktischer Anwendung in realen Projekten wird nicht nur Wissen vermittelt, sondern der Aufbau von Handlungskompetenz bewirkt. Diese Verknüpfung erfordert von der Krankenhausleitung als Auftraggeber ein sehr hohes Engagement – einzeln und als Kollegialorgan. Die zeitlichen und inhaltlichen Ressourcen haben dabei Grenzen erreicht.

Das praktisch wirksame Lernen der dritten Führungsebene erzeugt Veränderungsdruck auf und Widerspruch mit der ersten und zweiten Führungsebene. Das spricht für parallele Lernbewegungen auf den obersten Führungsebenen, die im konkreten Fall auch in Angriff genommen wurden. Die Abstimmung zwischen erster und zweiter Führungsebene ist eine Erfolgsvoraussetzung für einschneidende Veränderungsvorhaben.

Das individuelle Lernen und der Druck der unmittelbaren Anwendung in der Organisation geraten auch in Widerspruch was den Handlungsspielraum für das persönliche Lernen einengt. Dieser Widerspruch ist unvermeidlich. Mit Blick auf die praktische Wirksamkeit erscheint die Kosten-Nutzen-Relation – jedenfalls für die Organisation – aber günstig. Es handelt sich bei dieser Verknüpfung von Personal- und Organisationsentwicklung auch um ein kosteneffizientes Lernarrangement.

Der Status als Universitätsprogramm hat auch dem internen Projekt des Krankenhauses zusätzliche Stabilität und Verbindlichkeit gegeben und sich so durchaus bewährt. Die erworbenen Universitäts-Credits dienen auch der individuellen Karriereentwicklung.

Literatur

Argyris, C.; Schön, D.A.: Die lernende Organisation: Grundlagen, Methoden, Praxis, Stuttgart 1999
Barton, P.; Garbsch, M.; Wilhelmer D..: Zwischen allen Stühlen, Veränderungsmanagement in Gesundheitsorganisationen im Spannungsfeld unterschiedlicher Steuerungslogiken, Zeitschrift für Organisationsentwicklung 30, 2, 2011, S. 30–37
Bateson, G.: Ökologie des Geistes. Anthropologische, psychologische, biologische und epistemologische Perspektiven. 3. Auflage, Frankfurt am Main 1988
Cheung-Judge, M.Y.: The self as instrument. A cornerstone for the future of OD. OD practitioner 33, 3, 2001 p. 11–16
Garbsch, M.: Systemische Führungsentwicklung. Zur Verknüpfung von Führungskräfteentwicklung und Organisationsentwicklung am Beispiel eines Krankenhauses, Heidelberg 2012
Grossmann R.; Mayer K. (Hg.): Organisationsentwicklung konkret. 14 Praxisbeispiele für betriebliche Veränderungsprozesse. Wiesbaden 2011
Grossmann, R.; Scala, K.: Lernen von Personen zur Entwicklung von Organisationen. Das internationale Training für Projektentwicklung des IFF. In: Grossmann R. (Hrsg.) Gesundheitsförderung und Public Health, öffentliche Gesundheit durch Organisation entwickeln, Wien, WUV, 1996, S. 377–409
Grossmann, R.; Scala, K.: intelligentes Krankenhaus, Innovative Beispiele der Organisationsentwicklung in Krankenhäusern und Pflegeheimen, Wien 2001
Lewin, K.: The Field Theory in Social Science: Selected Theoretical Papers. In: Cartwright D. (Ed.) Studies in Social Power, New York 1951
Mintzberg, H.: Manager statt MBAs. Eine kritische Analyse, Frankfurt/Main 2005
Schein, E.H. Organizational Culture and Leadership. 4th edition, San Francisco 2010
Senge, P.: Die fünfte Disziplin: Kunst und Praxis der lernenden Organisation, Stuttgart 1990
Simon, F.B.: Können Organisationen lernen? Und wenn ja, warum sollten sie? Hernsteiner, 4, 10. Jahrgang, 1997, S. 10–13
Simon, F.B.: Die Kunst nicht zu lernen, Heidelberg 2002
de.wikipedia.org/wiki/Organisationales_Lernen; 23.12.2007
Willke, H.: Systemisches Wissensmanagement, Stuttgart 1998

5 Beiträge der Organisationsentwicklung beim Aufbau interorganisationaler Kooperationen in der Gesundheitsversorgung

Ralph Grossmann, Karl Prammer und Christian Neugebauer

5.1 Der Auftrag

„Führen Sie über 30 staatliche, ausgegliederte staatsnahe und zivilgesellschaftliche Organisationen des Gesundheits- und Sozialbereichs in ein Kooperationssystem zusammen. Beraten Sie dabei die beteiligten Akteure (letztlich waren es 164 Personen, die in unterschiedlichen Projektgremien aktiv mitwirkten) beim Aufbau einer raschen, lückenlosen sowie medizinisch und ökonomisch sinnvollen Behandlungskette für alle Patienten bzw. unmittelbar Betroffenen. Und entwickeln Sie eine gemeinsame Kooperationsstruktur um die Ergebnisse dieses Veränderungsprozesses nachhaltig abzusichern." So lautete der Auftrag zur Durchführung eines „Nahtstellenmanagement"-Projektes in einem österreichischen Bundesland. Um die theoretischen und praktischen Aspekte eines organisationsübergreifenden Kooperationsansatzes im Gesundheitswesen nachvollziehbar zu machen, wollen wir die organisationsentwicklungs- und kooperationsrelevanten Überlegungen anhand dieses Beispiels herausarbeiten. Alle beschriebenen Interventionen auf inhaltlicher, struktureller und prozessbezogener Ebene, die sich unmittelbar auf das Projekt beziehen, können als instruktive Studie für einen möglichen Transfer betrachtet werden, können allerdings nicht eins zu eins auf andere Kontexte übertragen werden.

5.2 Konzeptive Grundlagen zu interorganisationaler Kooperation und Ihrer Entwicklung

5.2.1 Klassischer „Planungsansatz" oder „Organisationsentwicklung" als Vorgehensansatz?

Bei der Entwicklung von interorganisationalen Kooperationen lassen sich zwei idealtypische Vorgehensvarianten unterscheiden, der „Planungsansatz" und die „Organisationsentwicklung".

Beim Planungsansatz entwickeln Experten – eventuell unter punktueller Beiziehung von Betroffenen – Lösungen für Betroffene. Ein Vorgehen nach dem heute im Regelfall meistens praktizierten „Planungsansatz" bietet einige Vorteile. Die gewohnte Projektdurchführung entlang eines Top-down-orientierten Planungszuganges gibt den Key Playern die Sicherheit aus der jahrelangen, erprobten Erfahrung mit ebenso angelegten Projekten. Zusätzlich wissen die betreibenden Protagonisten von Beginn an, was am Ende des Vorhabens an Ergebnissen herauskommen soll. Das wird zumeist durch die Einbindung von Beratung sichergestellt, die in enger Abstimmung mit den verantwortlichen Entscheidungsträgern die Diagnose erstellt, die Projektorganisation entwirft und infolge dann die Lösungen mit mehr oder weniger punktueller Beteiligung Betroffener erarbeitet. Das Risiko dieses „Planungsansatzes" liegt in der vielfach fehlenden kontextspezifischen Passgenauigkeit der gefundenen Lösungen sowie deren mangelnder Nachhaltigkeit. Häufig bleiben die Ergebnisse das Papier auf dem sie geschrieben stehen. Formal werden diese dann per Dekret von oben eingeführt. De facto werden sie jedoch im Arbeitsalltag wenig wirksam. Oder aber aus radikalen Konzeptansätzen werden schließlich leichtgewichtige Optimierungen.

Diesem Planungsansatz steht der Ansatz der Organisationsentwicklung (im Folgenden auch OE genannt) gegenüber (siehe u.a. Grossmann; Scala 2002 und 2004; Grossmann 2003; Gallos 2006; Cummings 2008; Burke 2008). Organisationsentwicklung verbindet ein Top-down- mit einem Bottom-up-Vorgehen. Konstituierendes Element dieses Ansatzes ist die Reflexion Betroffener über die Zweckmäßigkeit des „was" und „wie" ihres Tuns in deren relevantem Arbeitskontext.

Der OE-Ansatz bezieht bereits in der Konzeptionsphase weitgehend alle betroffenen Institutionen und Gruppen ein. Er versucht aktiv neben dem Wissen und den Erfahrungen der Entscheidungsträger, Führungskräfte, Führungskräfte und Spezialisten auch die Ideen und Vorstellungen der Mitarbeiter einzufangen. Er setzt sich von Beginn weg mit den Interessen und Emotionen Betroffener auseinander. Deshalb verläuft ein OE-Prozess im Regelfall nicht linear. Er formt und differenziert sich quasi am Weg aus. Vielfach werden so gefundene Lösungen parallel zu ihrer Findung und Ausdifferenzierung gleich im und für den Regelbetrieb erprobt sowie feinjustiert und damit in den betroffenen Organisationen verankert. Bei ausreichend breiter Beteiligung stellt die Implementierung dann weitgehend nur noch einen Formalakt dar. Es wird formal vollzogen, was – zumindest in den Köpfen aller – bereits wirksam ist. Die Entscheidung zugunsten eines OE-Ansatzes birgt jedoch für die Auftraggeber – wie auch im gegenständlichen Fall – das Risiko der Ungewissheit des Projektverlaufs in sich. Da der OE-Ansatz mit expliziter Offenheit gegenüber den relevanten Umwelten agiert, läuft ein Wirklichkeitsrekonstruktionsprozess mit, der mitunter auch zur Adaptierung des inhaltlichen Rahmens und der Arbeitsorganisation führen kann.

Im hier beschriebenen Fall haben sich die Auftraggeber durch das Zusammentreffen mehrerer Konstellationen für den weniger zentral, linear steuerbaren und damit vordergründig einmal unsichereren OE-Ansatz entschieden. Zum einen weil sie selbst an der Verordenbarkeit eines professionelleren Nahtstellenmanagements bei mehr als 30 involvierten Großinstitutionen und vielen hunderten Kleinorganisationen sowie tausenden Akteuren zweifelten. Da ein zentrales Ziel „mehr und bessere Kooperation der Nahtstellenpartner" lautete, schien ein Vorgehen, dass explizit auf Kooperation in der Projektarbeit setzt, erfolgswahrscheinlicher zu sein. Gleichzeitig versprach ein rasch real wirksames und wahrnehmbares Gelingen gegenüber den anderen Bundesländern Gestaltungshoheit und Prestige. Und zudem haben Aktivitäten in diesem Feld zumindest mittelfristig hohe Budgetrelevanz.

5.2.2 Balancierung von Machtasymmetrien

Eine wesentliche Herausforderung bei interorganisationalen Kooperationen besteht in einer Relativierung der jeweiligen organisationalen Interessen der großen Akteure. Es geht um deren Machtrücknahme mit dem Ziel auch mit kleineren Partnern eine Kooperation auf „Augenhöhe" zu etablieren. Das bedeutet nicht die eigene Position aufzugeben, jedoch die Vorschläge und Ideen wirklich aller beteiligten Organisationen in Erwägung zu ziehen sowie sich offen und ehrlich darauf einzulassen. Die großen mächtigen Institutionen müssen dann „leiser" werden und beginnen zuzuhören. Die kleinen, weniger mächtigen Organisationen müssen „lauter" werden, es wagen sich aktiv einzubringen.

Ein Kulturwandel ist auf beiden Seiten erforderlich: Big Player können nicht mehr wie gewohnt machtvolle „dialogarme" Interventionen setzen und umgekehrt müssen Small Player ihre neu gewonnenen Handlungsmöglichkeiten erst nutzen lernen. Die Einsicht in die nachhaltigen Vorteile dieses Ansatzes schafft die Voraussetzung, um sich wechselseitig auf die notwendige temporäre Machtteilung einzulassen und die notwendigen Ressourcen im Bereich Zeit und Geld zur Verfügung zu stellen. Bei sorgfältiger externer Begleitung gelingt letzteres – anfänglich meist von ungläubiger Skepsis begleitet – im Regelfall auch und kann energetisierend auf das gesamte System wirken.

5.2.3 Kooperation als innovativer Zugang im Gesundheitswesen – unterschiedliche organisationale Logiken überbrücken

Heute agieren in allen wichtigen gesellschaftlichen Feldern – insbesondere im Gesundheits- und Sozialbereich – eine Vielzahl von Organisationen mit unterschiedlichen Traditionen, Kulturen und Arbeitslogiken, die neben- und miteinander Aufgaben bearbeiten (müssen). Diese sind unterschiedlich groß und einflussreich, aber in wachsendem Maße aufeinander angewiesen. Sie operieren auf verschiedenen rechtlichen Grundlagen mit unterschiedlichen Kompetenzstrukturen und organisatorischem Aufbau. Die einen sind beispielsweise stärker zentralistisch und hierarchisch organisiert, die anderen mehr regional und nach dem Gruppenprinzip. Zugleich sind viele Professionen mit unterschiedlicher Ausbildung und fachlicher Tradition an der Arbeit. Diese Vielfalt kann durch Harmonisierung von Gesetzen, Verwaltungsvereinfachung und klärenden Kompetenzregelungen etwas reduziert und entlastet werden. Häufig wird beispielsweise versucht dieser Vielfalt durch Hierarchie – also Über- und Unterordnung – Herr zu werden. Im Regelfall allerdings nur mit mäßigem Erfolg.

In diesem gesellschaftlichen Kontext stellt Kooperation eine innovative und erfolgsversprechende Form dar, mit dieser Unterschiedlichkeit und Ausdifferenzierung von Organisationen produktiv umzugehen. Denn Kooperationen respektieren die Eigenleistung und Autonomie der beteiligten Organisationen. Kooperationen schaffen neue Verbindungen, ohne die Organisationen zu unterwerfen. Sie ermöglichen Ressourcen für maßgeschneiderte Lösungen zu verknüpfen.

Kooperationen sind von hoher Flexibilität gekennzeichnet. Dies zeichnet sich dadurch aus, dass Kooperationen potenzielle Partner, auch wenn sich diese nach Größe oder Organisationstyp unterscheiden, zeitlich und inhaltlich begrenzt verbinden sowie auf unterschiedliche Aufgaben und Nutzenerwartungen hin organisieren kann. Kooperationen vermögen Leistungsprozesse über Organisationsgrenzen hinweg effektiv zu verknüpfen bzw. zu optimieren, ohne dass sich die kooperierenden Organisationen formal rechtlich in irgendeiner Form verknüpfen müssen. Das heißt: Kooperationen sind mit Blick auf die Bedürfnisse der Kunden bzw. Leistungsempfänger in der Lage, Leistungen zu steuern, selbst wenn auf die einzelnen Organisationen kein direkter Einfluss genommen werden kann bzw. soll. Ihr Potenzial liegt in der Fähigkeit, die Pluralität der Organisationen zu nutzen und ihre Leistungsfähigkeit auf Problemlösungen hin zu bündeln.

Kooperation kann jedoch nicht per Appell von oben erzeugt bzw. über Dekrete von außen verordnet werden. Sie bedarf eines sensiblen Schritt für Schritt Prozesses, den die potenziellen Kooperationspartner(-Organisationen) gemeinsam durchschreiten und über den ausreichend Vertrauen und Sicherheit sowie passende Strukturen entstehen. Die Instrumente des Organisationsentwicklungsansatzes wirken dabei entlastend auf die Beteiligten und fördern die Kooperationsbildung. Kooperation aufbauen heißt ein eigenes soziales System – eben das Kooperationssystem – mit seinen eigenen Zielsetzungen, zweckmäßigen Spielregeln, seiner eigenen spezifischen inneren Logik, Sprache und Kultur einzurichten.

Umgekehrt hat die Beteiligung an einer Kooperation – sofern diese erfolgreich sein soll und nachhaltig wirksam bleiben soll – immer auch Rückwirkung auf die interne Entwicklung der beteiligten Organisation. Das Handeln einer Organisation nach außen, also ihre Kooperationsfähigkeit, muss durch interne Leistung erst hervorgebracht werden. So ist gelingende Kooperation abhängig von der Gestaltung der internen Strukturen und Ressourcen der jeweils kooperierenden Partnerorganisationen. Sie erfordert ein bewusstes kontinuierliches Mitlernen der betreffenden Systeme; – also eine mehr oder weniger explizit mitlaufende interne Organisationsentwicklung (Lobnig 2010).

Damit ist die Entwicklung von Kooperationen ohne Berücksichtigung der Ansätze der Organisationsentwicklung aber wenig wahrscheinlich. Zugleich ist Organisationsentwicklung gerade im komplexen Prozess der Erarbeitung neuer institutionsübergreifender Lösungskonzepte im Gesundheits- und Sozialbereich auf den kooperativen Ansatz angewiesen. Um Nachhaltigkeit sicher zu stellen, ist vor allem auch der komplexe Aushandlungsprozess zwischen den unterschiedlichen beteiligten Organisationen zu passenden Lösungen kooperativ anzulegen.

5.2.4 Erfolgsfaktoren für die Entwicklung von Kooperationsprojekten

In den letzten Jahren hat sich die iff Abteilung Organisationsentwicklung und Gruppendynamik (OEGD) im Rahmen eines Forschungsschwerpunktes zum Thema Kooperation zwischen Organisationen insbesondere auch auf die Beratung und Beforschung von Kooperationsprojekten im Gesundheits- und Sozialbereich spezialisiert. Ausgehend von unseren Beratungs- und Forschungsergebnissen (Grossmann et al. 2007 und 2012) und eng angekoppelt an die internationalen Entwicklungen im Bereich der Kooperationsforschung (u. a. Sydow; Manning 2006; Huxham; Vangen 2005; Cropper et al. 2008; Grossmann et al. 2011) und dem jüngeren Feld der Transorganizational Development (Clarke 2005; Cummings 2008; Cummings; Worley 2008; Motamedi 2010) wurden elf Erfolgsfaktoren für die Entwicklung von Kooperationssystemen herausgearbeitet. Nachfolgend werden die elf Erfolgsfaktoren entlang deren Nummerierung, wie in Abbildung 14 dargestellt, erläutert.

1. Kooperationen sind als eigenständige soziale Systeme von und zwischen den beteiligten Organisationen zu kreieren. Ein solches Kooperationssystem braucht eine eigenständige Identität, eine passende Organisationsform, funk-

Abb. 14   Zentrale Erfolgsfaktoren bei der Entwicklung von Kooperationssystemen (Grossmann et al. 2007, S. 112; Abdruck mit freundlicher Genehmigung des Juventa Verlages)

tionale Entscheidungs- und Arbeitsprozesse sowie eine gemeinsame Außenpolitik.
2. In Kooperationen sind die Leistungen und die Leistungsfähigkeit der Partner in den Fokus zu rücken. Eine Kooperation lebt ausschließlich vom Engagement der beteiligten Organisationen sowie von der Erarbeitung differenzierter Ergebnisse und Produkte, die auf die Kooperation zurückwirken. Insofern gilt: je kreativer und nutzenstiftender die Arbeit in der Kooperation vorankommt, desto stärker wächst die Attraktivität des Netzwerks. Es braucht daher neben einer fachlich attraktiven Aufgabenstellung auch eine erlebte Verantwortung und Wertschätzung der beteiligten Partner.
3. In Kooperationen sind die handelnden Personen und ihre Beziehungen zu berücksichtigen. Attraktive und erfolgreiche Kooperationen beruhen in starkem Maß auf dem Handeln einzelner Personen. Umso mehr bedarf es eines organisationskundigen und realistischen Blicks sowie entsprechender Arrangements in Diskussions- und Entscheidungsverfahren, um die dahinter stehenden Organisationen angemessen in Erscheinung treten zu lassen.
4. Ein gemeinsamer Business Case ist zu erarbeiten. In Kooperationen muss insbesondere auf eine Balance zwischen individuellen Interessen und gemeinsamen Zielsetzungen geachtet werden. Die Bindungskraft in Kooperationen entsteht wesentlich durch die Attraktivität eines Netzwerks für das Erreichen der eigenen Zielsetzungen, d.h. durch ihren Nutzwert. Das heißt: Die Formulierung gemeinsamer Ziele und die organisierende Kraft dieser Gemeinsamkeit braucht daher auch den Respekt für die Ziele der potenziellen Partner, die zueinander in Konflikt liegen (können). Die Kooperation hat Gemeinsamkeit und Konkurrenz gleichzeitig zu bewältigen.
5. Kooperationen müssen geführt werden und brauchen tragfähige Entscheidungen und somit ein gemeinsam eingerichtetes Steuerungssystem. Ein Entscheidungs- oder Steuerungsgremium hat die Ziele und Rahmenbedingungen der Kooperation zu setzen und die Ergebnisse der praktischen Arbeit in verbindliche Entscheidungen zu übersetzen. Wobei die Form der Entscheidungsfindung selbst kooperativ anzulegen ist. Im Rahmen von Kooperationen ist der Konsens das bevorzugte Medium der Entscheidung.
6. Kooperation muss organisiert werden. Ihre Zielsetzungen und Strukturen entstehen in einem kooperativen Entwicklungsprozess. Dieser Anspruch macht einen enormen Aufwand an Kommunikation und Koordination notwendig. Dazu brauchen Kooperationen einen „Server im Netz", also eine von allen akzeptierte und beauftragte Instanz, die diese Koordinationsleistungen erbringt – wobei es sich dabei häufig um eine quantitativ und qualitativ unterschätzte Aufgabe handelt.
7. Kooperationsbeteiligte Organisationen müssen erst die internen Voraussetzungen zur Teilnahme an einer Kooperation schaffen. Die Kooperationsfähigkeit ist zuallererst eine interne Leistung der beteiligten Systeme und die Funktionen und Rollen, die innerhalb der Kooperation wahrzunehmen sind, müssen genauso definiert werden wie die notwendigen Gremien innerhalb der beteiligten Organisationen.
8. Teams sind das Bauprinzip von Kooperation. Kooperationen leben von der Arbeit der Teams die von mehreren Kooperationspartnern beschickt werden. In der Erfahrung gelingender Arbeitsprozesse in diesen Teams liegt ein wesentlicher

Energiespender für die Kooperation. Teams sind auf unterschiedlichen Ebenen einzusetzen, auf der Ebene der unmittelbaren Leistungsprozesse, die den Gegenstand der Kooperation bearbeiten, auf der Ebene der Koordination und auf der Ebene der Entscheidungsträger. Aber auch in verschiedenen Spezialfunktionen, in der Vorbereitung von Präsentationen und Veranstaltungen, im Marketing nach Außen und nicht zuletzt in der Organisationsberatung. Diese Teams aus verschiedenen Organisationen und Professionen brauchen Unterstützung in der Entwicklung ihrer Arbeitskultur und der Strukturierung ihrer Arbeit.

9. Ein wesentlicher Erfolgsfaktor von Kooperationen ist der Aufbau von Vertrauen. Vertrauen schafft überhaupt erst die Voraussetzungen um Veränderungen (Kulturwandel; Prioritäten; etc.) herbeiführen zu können. Vertrauen kann juristische Regelungen ersetzen bzw. macht sie lebendig wirksam, erleichtert Kommunikation und ermöglicht es, auch schwierige Situationen zu meistern. Im Umkehrschluss kann Vertrauensverlust jede Kooperation rasch in die Krise führen.

10. Die Rolle der Politik ist in Kooperationen zu beachten. Wenn die Politik als Akteur in der Kooperation selbst tätig wird, sind damit besondere Rollenanforderungen verbunden. Diese spezifischen Anforderungen sind zu klären um sowohl ein partnerschaftliches Agieren innerhalb des Projekts zu ermöglichen, als auch falschen Lösungserwartungen entgegnen zu können.

11. Kooperation profitiert sehr von einer dafür qualifizierten allparteilichen Beratung. Die Kooperation braucht einen als allparteilich wahrgenommenen Dritten, der nur dem neuen System der Kooperation verpflichtet ist und als Anwalt des Neuen agieren kann. Gerade am Beginn einer Kooperation ist es für jeden der beteiligten Partner schwierig, Ziele und Vorgehensweisen zu setzen, ohne bei den anderen auf Misstrauen und Abwehr zu stoßen. Berater können Netzwerke beim Start und in Phasen der Strukturierung besonders wirkungsvoll unterstützen, da sie Optionen für Organisationsformen und Prozessschritte ohne einseitige Interessenbindung und mit Blick auf das Gesamtsystem anbieten können. Sie können auch in der Auswahl der zu beteiligenden Organisationen in einer Art „Due Diligence"-Phase Erhebungen und Vorgespräche durchführen und damit die Selektion möglicher Kooperationspartner unterstützen. Da sie keine Einzelinteressen im Netzwerk vertreten, können sie leichter als Anwälte des neu zu schaffenden Systems fungieren und die erforderlichen Brücken zwischen den beteiligten Organisationen bauen.

5.3 Das Fallbeispiel: Nahtstellenmanagement im Gesundheits- und Sozialbereich realisiert durch Kooperation und Organisationsentwicklung

5.3.1 Konzeptiver Projektzugang

Im Dialog mit den Auftraggebern wurde von uns als Beraterteam[9] ein spezifisches Vorgehenskonzept zur Professionalisierung des Nahtstellenmanagements ausgearbeitet. Wir bauten dabei explizit auf drei Erkenntnispfaden auf: einmal auf der

---

9 Ralph Grossmann, Karl Prammer, Christian Neugebauer und Hubert Lobnig

oben skizzierten Kooperationsforschung mit ihren Aussagen, was Kooperationen zur Unterstützung ihres Entstehens und zur Absicherung ihres Bestehens benötigen (Grossmann et al. 2007 und 2012); zum anderen auf dem speziellen forschungsbasierten Organisationsentwicklungswissen der iff OEGD (Grossmann 2003 und 2005) und schließlich auf den Eckpfeilern des Transformationsmanagement-Ansatzes (Prammer 2009, S. 162ff.) als eine Möglichkeit der OE, wie Veränderungsprozesse anzulegen sind, damit diese beim Vorhandensein vielfältiger Interessenslagen und wenig Zweckmäßigkeit des Einsatzes zentraler Durchsetzungsmacht ressourcenökonomisch und nachhaltig zugleich ablaufen können.

5.3.2 Die Ausgangssituation

Im Zuge der Gesundheitsreform von 2005 wurde in Österreich erstmals eine rechtliche Grundlage zur Förderung einer integrierenden und effizienzsteigernden Kooperationsstruktur zwischen dem extramuralen und intramuralen Gesundheitsbereich geschaffen. Auf der Grundlage der Vereinbarung gemäß Art. 15a Bundesverfassungsgesetz (B-VG)[10] waren die Bundesländer unter anderem dazu angehalten, kooperativ angelegte Nahtstellenmanagementprojekte zur Qualitätsverbesserung der Versorgung an den Schnittstellen zwischen den intra- und extramuralen leistungserbringenden Organisationen einzurichten.

2007 wurde im Bundesland Oberösterreich von Seiten der Landesregierung und den Krankenkassen ein Impuls gesetzt, alle relevanten Aufgabenbereiche im Gesundheitswesen einschließlich des Pflegebereichs in die Planungsdiskussionen einzubeziehen. Auf der Basis eines neuen gesetzlichen Rahmens wurde der „Oberösterreichische Gesundheitsfonds" als eigene Rechtspersönlichkeit eingerichtet. Aufgabe dieses Fonds war und ist es, Mittel für Planungen und Projekte, die der Sicherstellung und der Verbesserung der Qualität, der Effizienz und der Effektivität der Gesundheitsversorgung dienen, vorzusehen und diesbezügliche Vorhaben bzw. Projekte voranzutreiben. Oberstes Organ dieses Fonds ist die sogenannte „Gesundheitsplattform Oberösterreich"[11]. Als explizit benannte Schwerpunkte gelten unter anderem die Intensivierung der erforderlichen Strukturveränderungen im intra- und extramuralen Bereich sowie die Schaffung von Grundsätzen für ein Nahtstellenmanagement (NSM) zwischen den verschiedenen Leistungserbringern. Nahtstellenmanagement steht für die Gewährleistung einer raschen, lückenlosen sowie medizinisch und ökonomisch sinnvollen Behandlungskette für alle Patienten bzw. Klienten im medizinischen und sozialen Bereich und verfolgt das Ziel, die bestehenden Stärken zu erhalten und die vorhandenen Schwächen zu beseitigen.

Vor diesem Hintergrund wurde ein Vorhaben zum Thema Nahtstellenmanagement initiiert. In einer ersten Projektphase wurde unter der Leitung eines auf Forschungs-

---

10 Vgl. die derzeit geltende Vereinbarung zwischen dem Bund und den Ländern gemäß Art. 15a Bundesverfassungsgesetz (B-VG) über die Organisation und Finanzierung des Gesundheitswesens, Landesgesetzblatt (LGBl) für Oberösterreich (OÖ) Nr. 58/2008 bzw. Bundesgesetzblatt (BGBl) I Nr. 105/2008 sowie die zuvor in Kraft gestandene Vereinbarung gemäß Art. 15a B-VG über die Organisation und Finanzierung des Gesundheitswesens, BGBl I Nr. 73/2005.

11 Der Gesundheitsplattform gehören fünfzehn stimmberechtigte Mitglieder (je 7 Vertreter von Landesregierung und Sozialversicherungsträgern; ein Vertreter der Bundesregierung) sowie vierzehn beratende Mitglieder (jeweils Spitzenvertreter aus relevanten Institutionen wie z.B.: Ärztekammer, Krankenhausverbünde, Gemeinde- und Städtebund, etc.) an. Für die Abwicklung der laufenden Geschäfte ist eine Geschäftsführung mit drei Mitgliedern (ein Vertreter der Landesregierung, ein Vertreter der Oberösterreichischen Gebietskrankenkasse; ein externer Fachberater aus dem Gesundheitssektor) eingerichtet.

und Planungsfragen im Gesundheitswesen spezialisierten Experteninstituts eine Bestandsaufnahme der Stärken- und Schwächensituation gestartet.

Bei der Übernahme des Abschlussberichtes (Kern et al. 2007) haben sich die Mitglieder der Gesundheitsplattform zur Fortsetzung des Vorhabens ausgesprochen. Auf Initiative der Oberösterreichischen Gebietskrankenkasse wurde angeregt, für die Projektumsetzung anstatt dem üblichen „Planungsansatz" den Vorgehensansatz der „Organisationsentwicklung" in Betracht zu ziehen.

5.3.3 Die Konstituierungsphase OE-Ansätze zur Entwicklung eines ersten gemeinsamen Kooperationsverständnisses

Auf der Grundlage unserer Kenntnisse über die Ausgangssituation sowie unseren Erfahrungen mit der Etablierung überbetrieblicher Kooperationen war uns klar, dass ein ressourcenökonomischer und nachhaltiger Aufbau nur durch ein sensibles Heranführen der betroffenen Organisationen und ihrer Mitglieder im Zuge eines Annäherungs- und Lernprozesses zu verwirklichen sein würde. Erst durch den Aufbau eines Verständnisses gegenüber der Funktionsweise, dem geänderten Steuerungsmodus und dem reduzierten Kalkül der Eigeninteressen innerhalb einer Kooperation (Willke 1995: 87ff.) gelangen Organisationen in die Lage an einem Kooperationssystem erfolgreich teilzunehmen.

> **Zusammenfassung der zentralen OE Ansätze zur Entwicklung eines gemeinsamen Kooperationsverständnisses**
>
> - Einrichtung eines Vorprojekts zur gemeinsamen Beauftragung des externen Berater-Systems durch alle betroffenen Institutionen.
> - Etablierung eines Projektdesigns, über das der Ergebnistransfer von Anfang an parallel mitlaufend zur Diagnose- und Konzeptionsarbeit erfolgt
> - Aufbau eines „geschützten" kooperativen Handlungsraumes zum Ausprobieren neuer Verhaltensweisen und zum Aufarbeiten auftretender Konflikte bzw. Regelverstößen
> - Aufbau spezifischer organisatorischer Projektgefäße zur Steigerung der inhaltlichen Projekteffektivität

Mit diesen zentralen angewandten OE-Ansätze haben die Autoren während der Konstituierungsphase an der Etablierung eines gemeinsamen Kooperationsverständnisses gearbeitet und versucht, die unterschiedlichen organisationalen Logiken der beteiligten Organisationen konstruktiv einzufangen. Dadurch wurden eine gemeinsame konzeptive Grundlage und ein kooperatives Verständnis stimuliert, das in weiterer Folge die inhaltliche und strukturelle Arbeit zwischen den Kooperationspartnern sicherstellte. Eine solche strukturbildende Arbeit ist Kernaufgabe einer organisationsentwicklungsorientierten Beratung. Gerade in der Konstituierungsphase und an sensiblen Punkten der Entwicklung von Kooperationssystemen können „allparteiliche Dritte", wie das Berater sein können, immens hilfreich sein. Sie helfen bzw. ermöglichen die bei Kooperationsaufbauprozessen angelegten inhaltlichen, organisatorischen, kommunikativen und emotionalen Überforderungen ressourcenschonend – oder überhaupt – zu bewältigen.

5.3.4 Einrichtung eines Vorprojektes

Im Rahmen dieses Vorprojektes sollten sich die kooperierenden Institutionen und ihre Vertreter bereits in einem konkreten Arbeitskontext begegnen. Ziel des Vorprojekts war es daher, einen ersten Arbeitsprozess zu starten, an dessen Ende

- jeder beteiligte Akteur genau weiß, welche Rollen im Unterschied zu üblichen Projektvorhaben und Alltagsabläufen wahrzunehmen sind,
- ein gemeinsam erstellter, inhaltlicher Projektrahmen vorliegt,
- erste praktische Erfahrungen in der kooperativen Zusammenarbeit gesammelt wurden,
- das notwendige Vertrauen und Kooperationscommitment aufgebaut werden konnte und
- die Beteiligten in der Lage sind, sich mit den gemeinsam festgelegten, grundlegenden Zielen identifizieren können.

So konnte – noch bevor erste „heiße" handlungswirksame Lösungen zu entwickeln bzw. zu entscheiden waren – diese Kooperationsbeziehungen als Gesamtsystem aufgebaut und ein gemeinsamer Rahmen für das weitere Tun erarbeitet werden. Gleichzeitig konnten die Akteure die Berater bei ihrem Tun beobachten und deren Allparteilichkeitsanspruch konkret überprüfen. Dies war deswegen von großer Bedeutung, da nur die zwei Geldgeber-Institutionen die Vorverhandlungen zum Projektrahmen mit dem Beratungsteam geführt hatten.

5.3.5 Etablierung eines Projektdesigns, über das der Ergebnistransfer von Anfang an parallel mitlaufend zur Diagnose- und Konzeptionsarbeit erfolgt

Akteure von Kooperationssystemen stehen immer dem Dilemma einer „doppelten Loyalität" (Prammer; Neugebauer 2012, S. 34ff.) gegenüber: Loyalität zur eigenen Entsenderinstitution und Loyalität zum Kooperationssystem. Eine Kooperation wird nur dann nachhaltig bestehen, wenn es den Akteuren gelingt, beiden Loyalitätsansprüchen – die durchaus im Widerspruch zueinander stehen können – gerecht zu werden und diese im Wechselspiel von Erwartungsenttäuschung sowie -erfüllung auszubalancieren. Dies kann auf Dauer nicht durch die operativen Akteure eines Kooperationssystems alleine sichergestellt werden. Es ist immer auch eine Leistung jener Kollegen in den Heimatinstitutionen, die nicht unmittelbar im Rahmen der Kooperation tätig sind, diese jedoch mittelbar beeinflussen (können). Damit sich die Beteiligten dafür engagieren, braucht es die Mitwirkung der Leitenden. Indem sich die Führungskräfte – als Mitglieder des Entscheidungsfindungs-/Absicherungsgremiums (s. Abb. 15) – diesen Balanceakt antun und vorleben, steigt die Wahrscheinlichkeit, dass sich auch Operative, die später mittelbar an der Kooperation mitwirken müssen, bereit sind, am Prozess teilzuhaben. Das Verhalten der Vorgesetzten, deren wahrnehmbare Unterstützung für die kooperativ ausgearbeiteten Lösungen, hat wesentliche Auswirkungen auf die Bereitschaft der betroffenen Akteure in den Heimatorganisationen, sich auf das Projekt und deren wirksamen Lösungen einzulassen (Prammer 2010: S. 128).

5 Beiträge der Organisationsentwicklung beim Aufbau interorganisationaler Kooperationen in der Gesundheitsversorgung

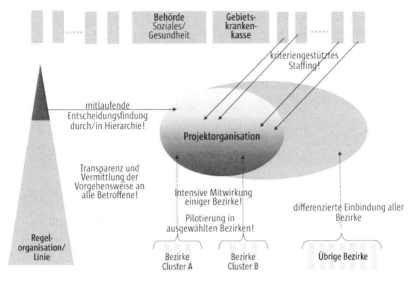

Abb. 15　Von Anfang an mitlaufender Transfer

In Abbildung 16 werden wesentliche Elemente (bspw. mitlaufende Entscheidungsfindung; Transparenz und Vermittlung der Vorgehensweise; kriteriengestützte Auswahl des Mitarbeitenden; etc.) des mitlaufenden Transfers der Projektergebnisse von Anfang an dargestellt. Dadurch wird einerseits die Wahrscheinlichkeit der Akzeptanz der gefundenen Lösungen gesteigert und andererseits können die Projektakteure und verantwortlichen Führungskräfte später bei der Implementierung auf die punktuelle Einbeziehung Betroffener und den bereits während der Konzeptionsarbeit geleisteten Transfer aufbauen.

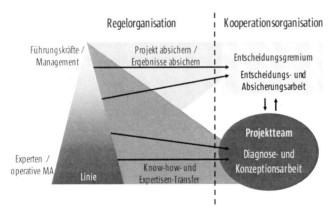

Abb. 16　Projektgremien zur Diagnose/Konzeption und Entscheidung/Absicherung

5.3.6 Aufbau eines „geschützten" kooperativen Handlungsraumes zum Ausprobieren neuer Verhaltensweisen und zum Bearbeiten auftretender Konflikte

Zu Beginn wurden die Akteure mit den Spezifika des kooperativen Ansatzes vertraut gemacht, dadurch wurde vermittelt, was denn bei diesem Vorhaben erfolgskritische Punkte sind, was stützende bzw. kontraproduktive Beiträge der handelnden Personen sind und wie diese zweckmäßig ihre Rollen anlegen und in ihren eigenen Organisationen absichern können.

Als ein wesentliches Element war die Einrichtung eines „geschützten Raums" förderlich, in dem weitgehend „straffrei" kreativ nachgedacht werden und ein Probehandeln für das zukünftige Kooperieren innerhalb der neu zu schaffenden Kooperationsstrukturen und zu entwickelnden Leitlinien erfolgen kann. Dadurch erhöht sich die Wahrscheinlichkeit, dass neue zweckmäßigere Lösungen gefunden werden und die Akteure in Zukunft auch wirklich innerhalb der im Projekt gefundenen Kooperationslösungen agieren. Gleichzeitig stellt eine solche Schließung auf Zeit gegenüber dem „Zugriff" der Entsenderorganisationen eine für viele Institutionen – insbesondere im öffentlichkeitsnahen Bereich – völlig unübliche Intervention dar, die von den Beteiligten und deren Umwelten erst einmal auszuhalten ist. Aber durch explizite und verständliche Begründung dieser Anlage und die Einführung von Spielregeln kann ein solcher geschützter Raum abgesichert werden.

So benötigt eine Kooperation aber auch offenen Umgang mit divergierenden Sichtweisen, Widersprüchen, Irrtümern und auch Regelverstößen. Das mag vielerorts im Linienalltag wenig praktiziert werden, für die Entwicklung und Aufrechterhaltung einer Kooperation stellt dies jedoch eine hochrelevante Erfolgsbedingung dar.

5.3.7 Aufbau spezifischer organisatorischer Projektgefäße zur Steigerung der inhaltlichen Projekteffektivität

Damit in der Kooperation eine möglichst effiziente und kreative Lösungsfindungsarbeit erfolgen konnte, wurde bereits im Vorprojekt darauf hingearbeitet, dass die inhaltliche und strukturelle Arbeit zwischen den Kooperationspartnern so organisiert wird, dass die Diagnose- bzw. Konzeptionsarbeit sowie die Entscheidungs- bzw. Absicherungsarbeit in zwei organisatorisch voneinander getrennten Gremien geleistet wird. In Abbildung 16 wird diese Differenzierung dargestellt.

Die Diagnose und Konzeptionsarbeit im „Projektteam" wurde durch Repräsentanten der im Kooperationsalltag operativ Tätigen durchgeführt – d.h. Stations- und Hausärzte, stationäre Krankenpflegekräfte, Hauskrankenpflegekräfte, Sozialarbeiter, Mitarbeiter psychosozialer und mobiler Dienste, etc. Diese Gruppenmitglieder waren jene Know-how-Träger, die im späteren Regelbetrieb innerhalb der gemeinsam entwickelten Lösungen miteinander kooperieren sollten. Dadurch soll sichergestellt werden, dass sich die Kooperation auch tatsächlich aus sich selbst heraus entwickelt und keine extern vorgegebenen Lösungen auf bestehende Probleme übergestülpt werden. Die operativen Akteure kommen dadurch in die Lage, ihre Problemfelder nach selbstgestrickten Maßnahmen zu lösen. Die Beobachtung hat gezeigt, dass diese Herangehensweise keineswegs selbstverständlich ist, da in solcher Art auf sich selbst bezogenen Situationen oft der Ruf nach Vorgaben von oben oder nach Lösungsvorschlägen durch die Beratung Entlastung stiftet. Diese Ausgangslage wurde zu Beginn von den Mitgliedern im Projektteam mit Misstrauen und Verwunderung aufgenommen, mit zunehmendem Projektverlauf jedoch mit immer größerer Begeisterung aufgegriffen.

Die Entscheidungs-/Projektabsicherungsarbeit im „Entscheidergremium" erfolgte durch Repräsentanten der Leitungsebene der beteiligten Organisationen. Dadurch wird zum einen das notwendige Commitment gegenüber den inhaltlichen Ergebnissen gewährleistet und zum anderen die Verankerung des Kooperationsprojektes in den beteiligten Organisationen und dessen notwendigen internen Umstrukturierungsmaßnahmen sichergestellt. Zugleich erfährt die von der operativen Basis erarbeitete inhaltliche Ausgestaltung der Kooperation und natürlich die Kooperation selbst durch die Einbindung dieser Akteure die notwendige Bestandsberechtigung und politische Absicherung, da diese Gruppe über die dazu notwendige (unternehmens-)politische Macht verfügt.

Ganz bewusst wurde demnach bei diesem Kooperationsvorhaben die Linienhierarchie des Alltags in der Projektorganisation abgebildet. Wesentlich war dabei, dass die Entscheidungsträger als Institutionenvertreter verbindliche Aussagen tätigten, durch die ihr Commitment für das Kooperationsprojekt klar ersichtlich wurde. Und zwar insofern, als sich die Projektteammitglieder auf operativer Ebene bei ihrer Arbeit später – beispielsweise im Zuge von Pilotaktivitäten – bereits verlässlich auf diese Vereinbarungen öffentlich beziehen können. Dadurch wurde für einen nachhaltigen Erfolg die Idee der Trennung von „konzipieren" und „entscheiden" deutlich gemacht. Es wurde sichtbar und gleichzeitig strukturell verankert, dass Entscheidungsmacht und Lösungsfindungskompetenz in Organisationen im Regelfall nicht am selben Ort zu Hause sind. Zudem wurden auf diese Weise die erarbeiteten Lösungen von einer größeren Anzahl an aktiv mitwirkenden Personen in deren eigenen Organisation vertreten und es konnte – was die zeitliche Ressourcenbindung betrifft – relativ ressourcenökonomisch gearbeitet werden.

5.3.8 Die Projektorganisation

Zur praktischen Durchführung des Kooperationsprojektes wurde eine Struktur gewählt, die einerseits der Komplexität dieser Aufgaben gerecht wurde und andererseits die Entwicklung der Kooperation als eigenständiges soziales System unterstützte. Im Kern fand die Lösungsfindung – wie in Abbildung 17 dargestellt – auf zwei mal zwei Ebenen statt: auf der Ebene des Bundeslandes über den Lenkungsausschuss und das Landesprojektteam und auf Bezirksebene über den Clusterkreis und das Clusterprojektteam.

Auf höchster Steuerungsebene wurde ein Lenkungsausschuss[12] eingerichtet, in dem die obersten Führungskräfte der beteiligten Organisationen und die wichtigsten Entscheidungsträger der Landespolitik vertreten waren. Dieser Ausschuss traf alle im Projekt anfallenden Entscheidungen und sicherte diese in den relevanten Projekt-

---

[12] Der Lenkungsausschuss bestand aus 42 Mitgliedern (15 Vertreter aus Politik, Verwaltung, Sozialversicherungsträger und Interessenvertretungen, 13 Vertreter aus dem Gesundheitsbereich und 14 Vertreter aus dem Sozialbereich).

umwelten ab. Die explizite Präsenz der jeweiligen Führungsspitze der beteiligten Institutionen an den Lenkungsausschuss-Meetings war ein Garant dafür, dass auf der Grundlage eines breiten Konsenses getroffene Entscheidungen auch in die einzelnen Bereiche hinein- und von den dortigen Akteuren mitgetragen wurden. Umgekehrt, da die Entscheidungsträger wussten, dass man sich öffentlich auf deren Aussagen berufen wird, wurden die Entscheidungen mit hoher Sorgfalt getroffen. Mitunter bedarf es bei einer solchen Projektanlage einer zweiten oder dritten Entscheidungsfindungsschleife bevor ein Ergebnis verabschiedet werden kann.

Zusätzlich dazu wurde auf der Landesebene ein Landesprojektteam[13] gebildet. Dieses steckte den inhaltlichen Rahmen ab, entwickelte die Eckpfeiler für die konkrete Ausarbeitung der zukünftig relevanten Kooperationsstrukturen und der inhaltlichen Leitlinien und es führte am Ende die Ergebnisse aus den zwei Clustern auf Bezirksebene zusammen. Zudem leistete dieses Landesprojektteam die Auswahl und Einrichtung der beiden Bearbeitungsteams auf operativer Bezirksebene. Im Sinne des weiter vorne bereits formulierten Projektanspruchs nach hoher Ressourcenökonomie einerseits und großer Anwendernähe andererseits, erfolgte die operative Konzeption der Kooperationsstrukturen und Leitlinien nicht in allen Bezirken, sondern nur im Rahmen zweier Bezirks-Cluster. Mehrere Bezirke, die jeweils in Hinblick auf die Gesundheits- und Sozialversorgung regional eng gekoppelt waren, wurden zu zwei „Modellregions"-Clustern zusammengefasst. Auch hier gelangte das duale System der Landesebene von „Entscheiden/Absichern" und „Diagnostizieren/Konzipieren" zur Anwendung. Im Sinne einer An- und Einbindung der übrigen Bezirke wurde zusätzlich noch ein Transfergremium mit Vertretern der potenziell kooperierenden Organisationen aus diesen Bezirken eingerichtet. Auf diese Weise wurde gewährleistet, dass letztlich jede Institution, jede Berufsgruppe und jeder Bezirk – wenn auch in unterschiedlicher Form und Intensität – im Projekt unmittelbar involviert war (s. Abb. 17).

Der Cluster-Steuerungskreis in jeder der beiden Modellregionen traf die notwendigen Entscheidungen in Bezug auf die Arbeit der operativen Teams und sicherte diese Ergebnisse innerhalb der relevanten Organisationen in der jeweiligen „Modellregion" ab.

Das Cluster-Projektteam in jeder der beiden Modellregionen trug entsprechend des Bottom-up-Prinzips den Hauptteil der inhaltlichen Arbeit. Diese Teams konzipierten mit Blick auf die real relevanten Leistungsprozesse in ihren Regionen innerhalb der Rahmenvorgaben des Landesprojektteams die konkreten Tools, Instrumente und inhaltlichen „Nahtstellenmanagement"-Vorschläge.

Zusätzlich zur Konzeptionsarbeit wurde in den Modellregionen noch die Erprobung der Lösungen im Rahmen von Pilotanwendungen vorgesehen und auch realisiert. Einerseits um die gefundenen Lösungen auf ihre Brauchbarkeit hin praktisch abzutesten, zum anderen aber um eine gut abgesicherte inhaltliche Legitimierung der Ergebnisse zu erhalten. Damit sollte bei der späteren flächendeckenden Implementierung auf die reale Bewährung der erarbeiteten Regelungen und Instrumente verwiesen werden können und akzeptanzseitig der Umstand, dass nicht alle Betroffenen

---

13 Das Landesprojektteam bestand aus 11 Mitgliedern (zwei Vertreter aus der Verwaltung, zwei Vertreter der Sozialversicherungsträger, drei Vertreter aus dem Gesundheitsbereich, drei Vertreter aus dem Sozialbereich und ein Experte aus dem Gesundheits- und Sozialbereich).

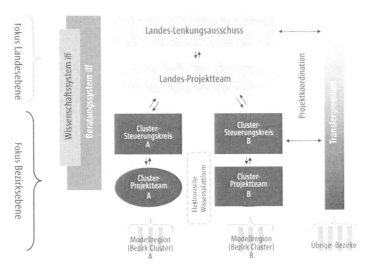

Abb. 17 Projektorganisation

aktiv in das Projekt einbezogen waren bzw. die Bezirke aus den nicht-Modellregionen nur punktuell über die Transfergremien angebunden waren, aufgefangen werden.

5.3.9 Die inhaltliche und strukturelle Lösungsarbeit

Schaffung gemeinsamer Wirklichkeiten über den Ansatz des Prozessmanagements

Auf der Basis des bereits aus der Bestandsaufnahme vorliegenden Diagnosematerials, den Überlegungen und Erfahrungen der teilnehmenden Gremienmitglieder sowie der vom Begleitungssystem angestellten Recherchen wurde in jeweils vier Arbeitstagen Workshopzeit die Ergebnisse zu den drei inhaltlichen Gestaltungsfeldern

- Zuweisungsmanagement,
- Entlassungsmanagement und
- Optimierung der Medikations- und Heilmittelpraxis

in den Cluster-Entwicklungsteams erarbeitet. Zum größten Teil wurde in ½-Tages-Workshops am Spätnachmittag gearbeitet. Einerseits um weitestgehend die Teilnahme aller Teammitglieder sicherzustellen und zum anderen um ausreichend Zeit für Reflexions- und Feinrechercheprozesse zwischen den Workshops zur Verfügung zu haben.

Über die Anwendung des Prozessmanagementansatzes (Grossmann; Prammer 1998, S. 167ff.; Prammer 2009, S. 271ff.; und 2013) wurde von Anfang an dem Umstand Rechnung getragen, dass hier Akteure zusammenarbeiten mussten, die aus völlig unterschiedlichen betrieblichen Sozialisationen kamen, dass Personen kooperieren sollten, die Problemlagen und Gestaltungskontexte aus völlig unterschiedlichen Blickwinkeln argumentierten und vertraten sowie ihren Organisationen mit deren spezifischen eigenen Kulturen, Aufgabenstellungen und Interessensansprüchen verpflichtet waren und bis zu einem bestimmten Teil auch bleiben mussten. Von Beginn der Projektarbeit weg wurde versucht ein kooperatives Verständnis aufzubauen und eine inhaltliche Fokussierung auf die Prozessschnittstellen zwischen den Akteuren vorzunehmen. Dadurch konnten schlussendlich ganz konkrete Probleme des täglichen Alltagbetriebes gemeinsam bearbeitet und in weiterer Folge optimiert werden. Der Arbeitsprozess verlief in jedem der drei inhaltlichen Gestaltungsfelder in drei Schritten (siehe auch den Beitrag von Prammer 2013, s. Kap. II.2). In einem ersten Schritt wurden Ideal-Prozesslandkarten entworfen, in denen die wesentlichen Betreuungsschritte der unterschiedlichen Patientenpfade als Teilprozesse des Gesamtprozesses herausgearbeitet wurden. Ganz bewusst wurde nicht vom realen Ist-Zustand ausgegangen. Die Entwicklungsteams gewannen dadurch eine völlig neue Perspektive und erarbeiten sich ein neues gemeinschaftliches Referenzsystem abseits ihrer organisationalen Sozialisierungen sowie tradierten und praktizierten Normen und Sichtweisen.

In einem zweiten Schritt stellten die Teammitglieder diese Ideal-Prozesslandkarten als neue Referenzsysteme den bestehenden Arbeitsabläufen des Alltages gegenüber. Sie identifizierten die zentralen Probleme und Schwächen aber auch die vorhandenen Stärken und Vorzüge der aktuellen Arbeitsroutinen. Auf der Grundlage dieser Analysen wurden im Anschluss neue verbesserte oder alternative Lösungsvorschläge angedacht.

Im dritten Schritt wurden die Prozesslösungen zunächst konkretisiert, dann bewertet und abschließend die ausgewählten Lösungen im Detail ausgearbeitet. Dabei mutierte die eingangs erarbeitete Ideal-Prozesslandkarte, angereichert mit neuen Lösungsansätzen, Instrumenten, Regelungen, Verhaltensbeschreibungen etc. zu einer verbindlichen kooperativen Prozesslandkarte, für den zukünftigen Arbeitszusammenhang in der Alltagspraxis der Akteure. In Abbildung 18 wird beispielhaft die Prozesslandkarte zum Entlassungsmanagement dargestellt.

Entgegen der vielfach praktizierten Praxis wurden dabei von den Beratern keine fertig ausgearbeiteten Lösungsvorschläge in den Lösungsfindungsprozess eingebracht. Der inhaltliche, kooperative Austausch zwischen den Akteuren wurde dadurch stimuliert, dass von Seiten der Berater entsprechend dem Transformationsmanagement-Ansatzes (Prammer 2009, S. 314ff.) zu Gestaltungspunkten – wenn überhaupt – immer mehrere, nur in Ansätzen skizzierte, unterschiedliche Lösungsvorschläge eingebracht wurden. Durch die Auseinandersetzung und Vervollständigung dieser

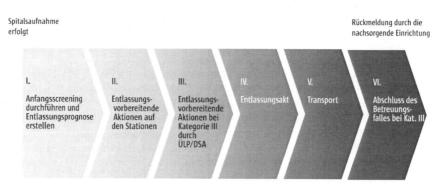

Abb. 18 Prozesslandkarte zum Entlassungsmanagement

Vorschläge wandelten sich die „Expertenskizzen" sukzessive zu spezifischen eigenen Lösungsoptionen der beteiligten Akteure.

Die einzelnen Teilprozesse der ausgearbeiteten Prozesslandkarte des Entlassungsmanagements beinhalteten immer 4 wesentliche Elemente: Die Definition des Anfangs- und Abschlussereignisses; die Festlegung der Verantwortlichkeit; die zu erbringenden Leistungen; und eine Aufschlüsselung der zu verwendenden Tools und Prozessschritte. Beispielsweise wurde der 1. Teilprozess des Entlassungsmanagements wie folgt dargestellt und festgehalten.

TP I: Anfangsscreening

Anfangsereignis: Anmeldung im Krankenhaus

Abschlussereignis: Feststellung der „Betreuungskategorie" und bei Betreuungskategorie III Übernahmebestätigung durch die „Überleitungspflege"

Verantwortlichkeit: behandelnder Stationsarzt

Leistungserbringung: Arzt und Pflegekraft führen im Zuge der Anamnese im Sinne einer abgestimmten „Teamentscheidung" ein erstes Screening zum Ausmaß der nachsorgenden Betreuung durch. Sie greifen dabei auch auf relevantes Material aus dem Zuweisungsprozess zurück.

Tool

Betreuungskategorien
- Kategorie I: ohne Begleitung
- Kategorie II: Betreuung einfacher Fälle durch Station
- Kategorie III: Betreuung komplexer Fälle durch Überleitungspflege

Die Handhabung hat in diesem Teilprozess im Sinne einer ersten „Nachsorgehypothese" zu erfolgen. Im Zuge von Teilprozess II/III kann diese erste Kategorisierung jederzeit im Dialog Station und Überleitungspflege angepasst werden.

Entlassungsboard

Zur Qualitätssicherung dieser Leistungen wird bei Bedarf bei Kat. III ein „Entlassungsmanagementboard" (EMB) eingerichtet. Dieses setzt sich aus relevanten zu beteiligenden Akteuren zusammen (Intra- und Extramural: medizinisch und pflegerisch).

Zuweisungsformular mit Sozialanamnese-Modul

Das bestehende Zuweisungsformular wird durch die Erhebung von minimalen Sozialanamnese-Aspekten ergänzt:

Nicht bekannt
Tel. nächster Angehöriger
Betreuung derzeit:
- mobiler Dienst
- Bezugsperson mit Pflegekompetenz
- 24 h Pflege
- keine Betreuung

Das in hier im Detail gezeigte Beispiel des 1. Teilprozesses der ausgearbeiteten Prozesslandkarte des Entlassungsmanagements erweckt auf den ersten Blick den Eindruck, dass die Lösungsausarbeitung relativ einfach zu bewerkstelligen war. Tatsächlich war die Ausarbeitung zu den drei Gestaltungsfeldern, gerade auch im Detail der Prozessschritte, ein höchst komplexer und anspruchsvoller Entwicklungsvorgang. Konkret in zweierlei Hinsicht: Zum einen mussten die Prozesslösungen für den operativen Arbeitsalltag ausgearbeitet werden. Das war aufgrund der qualitativ hohen Ansammlung an Know-how der beteiligten Projektakteure relativ einfach. Zum anderen – und das war die zentrale Herausforderung – galt es einen Ausgleich zwischen den unterschiedlichen Interessen der beteiligten Organisationen entlang des Lösungsprozesses auszuhandeln.

Letzteres lässt sich gut an einem typischen Beispiel verdeutlichen: Im Bereich der Heilmittel- und Medikamentenverordnung gibt es bei zu entlassenden Patienten aus einem Krankenhaus gerade im Falle der Verordnung von Medikamenten am Freitagnachmittag bzw. am Wochenende ein Problem der durchgängigen Versorgung bzw. uneinheitlichen Regelung. Teilweise wird von Seiten der Krankenhäuser eine drei-Tages Dosis zur Verfügung gestellt, teilweise jedoch auch nicht. In diesem Fall bestand eine praktizierte Vorgehensweise darin, dass der Krankentransport „kurz" – über mehr oder weniger Umweg – bei einer Apotheke Zwischenhalt macht. Oder aber die Patienten bzw. die aufnehmenden Alten- und Pflegeheime müssen selbstorganisiert Ideen entwickeln, wie eine Versorgung über das Wochenende sichergestellt werden kann. Letzteres reicht von Taxitransporten aus Apotheken bis hin zu wechselseitigem Aushelfen durch ressourcenseitig aufwändigen Rückgriff auf Bestände einer Partnerorganisation.

Im Prozess der Lösungsfindung hat sich hier ein zentrales Problem offenbart. Nämlich dass einer einheitlichen Lösung unterschiedlich tradierte und von allen mitpraktizierte „alltägliche Arbeitsabläufe" entgegenstehen. Zudem existieren gesetzliche Rahmenvorgaben, welche je nach Institution unterschiedlich „flexibel" interpretiert und gehandhabt werden. Wechselt ein betroffener Patient oder ein Akteur das Behandlungssystem, so erzeugt die Wahrnehmung dieser Unterschiede zusätzliche Irritationen. Einmal, weil plötzlich etwas nicht mehr geht, was bisher anstandslos praktiziert wurde, oder umgekehrt. Entlang der Prozesskette – so wie in diesem Fall entlang des Versorgungsprozesses der Heilmittel- und Medikamentenverordnung – haben und verfolgen die beteiligten Organisationen unterschiedliche Interessen. Insbesondere dort, wo die jeweilige Organisation ihre „Geschäfte macht". Das Krankenhaus ist auf die Durchgängigkeit des gleich bleibenden Medikaments und einen Kostenersatz bedacht; die Krankenkasse pocht auf die Kostenökonomie und die Fokussierung auf Generika; der Hausarzt möchte – zumindest am Lande – seine Medikamente aus der eigenen Hausapotheke verkaufen; die örtlichen Apotheken wollen in diesem Prozess nicht übergangen werden, sie verweisen auf ihre Expertise sowie darauf, dass es sich hier um ihr formal und inhaltlich zugeschriebenes Kerngeschäft handelt.

Koordinationsstruktur etablieren, Nachhaltigkeit absichern

Im Unterschied zu den inhaltlichen Gestaltungsfeldern wurde von uns bei der Ausgestaltung des Gestaltungsfeldes der Ableitung passender „Koordinations- und Steuerstrukturen" für das Nahtstellenmanagement eine etwas andere Vorgehenswiese gewählt. Bei der Erarbeitung der Kooperationsstruktur wurde ein großer Teil der Problemanalyse durch das externe Beratungsteam übernommen und ein von diesem ausgearbeitetes Set an Lösungsvorschlägen eingebracht.

Dieser Schritt wurde einerseits aufgrund fehlender Zeitressourcen der Bearbeitungsteams notwendig und andererseits weil die Kooperationsstrukturen für die meisten Teammitglieder ein völlig fremdes Gestaltungsfeld darstellte. Rückblickend hat sich gezeigt, dass durch die Übernahme von zum Teil vorgefertigten Lösungen, diese zu keinem Zeitpunkt jene Commitmentqualität erreichten, wie im Falle der aktiv miterarbeiteten inhaltlichen Gestaltungsfelder. Erst im Laufe der weiteren Bearbeitungsphase und nach einigen Diskussionsrunden konnte ein Commitment in ähnlicher Qualität generiert werden. Tatsächlich wurde durch diese Vorgehensweise im Endeffekt ein größerer Arbeitsaufwand notwendig, als wenn die Teams von Beginn weg eigenständige Problemanalyse betrieben und Problemlösungen entworfen hätten.

Dem Kooperationskonzept des Projektes folgend, wurde folgende Lösung vorgeschlagen (s. auch Abb. 19): Auf der Ebene der Bezirke sollte jeweils ein Koordinationsgremium institutionalisiert werden, das die Weiterentwicklung der kooperativen Lösungsansätze vorantreibt, diese nachhaltig sicherstellt und weiterführende Überlegungen aufbereitet und diese an die Führungsebene der beteiligten Organisationen heranträgt. Die Leitungskräfte haben über ihre Mitgliedschaft in einem zusätzlich einzurichtenden Steuergremium die Aufgabe, die Neuerungen aufzugreifen, abzuwägen, gegebenenfalls zu vereinbaren und dann nachhaltig in ihren Organisationen zu vertreten. Auf Landesebene sollten in einem Landeskoordinationsteam die Ergebnisse aus den Bezirken jeweils gesammelt, diskutiert und in einen landesweiten Gesamtzusammenhang gestellt werden. Auf höchster Ebene sollte in einem permanenten Lenkungsausschuss auf diese Weise gefundenen Neuerungen politisch, inhaltlich und organisatorisch beschlossen und abgesichert werden.

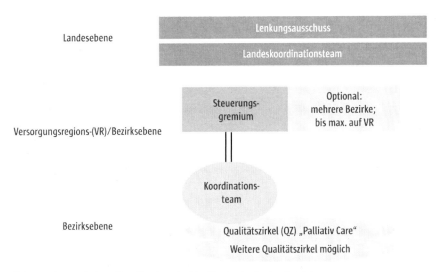

Abb. 19 Ausgearbeitete Koordinationsstruktur für den laufenden Betrieb

Auf der Basis unserer Arbeit lassen sich zusammenfassend einige Aussagen zu einer funktionierenden kooperativen Koordinations- und Steuerungsstruktur im Gesundheitswesen ableiten:

1. Interorganisationale Kooperation braucht für eine rasche und unbürokratische Arbeitsfähigkeit kleine Einheiten. Im Vordergrund steht dabei der Aufbau von langfristigen und konstanten persönlichen Arbeitsbeziehungen. Arbeitsbeziehungen im Sinne von: Man kennt sich; man weiß, was man den Partnern und ihren Organisationen zumuten kann; man ist fähig, auftretende Irritationen direkt anzusprechen und aufzuarbeiten. Erst dadurch schafft man belastbare Beziehungen, die auch dem Druck bei der Lösungsfindung komplizierter Probleme in einem Aushandlungsprozess standhalten können.

2. Innerhalb dieser kleinen Einheiten (Teams, Gremien, etc.) ist im Sinne des kooperativen Ansatzes einer Hierarchisierung vorzubeugen. Das erreicht man zum Beispiel dadurch, dass der Vorsitz nach dem Rotationsprinzip organisiert wird, dass die Leitung befristet auf Zeit und im Tandem wahrgenommen wird, oder aber dass man stattdessen nur eine explizite „Koordinationsfunktion" – ohne zusätzlicher Entscheidungskompetenz – einrichtet. Somit bekommen auch kleinere Organisationen gegenüber den Big Players eine Bedeutung und können innerhalb der Kooperation auf „Augenhöhe" partizipieren und ihre eventuell anders gelagerten Ideen und Interessen, zum Nutzen aller, gleichberechtigt einbringen. Das Rotationsprinzip hat den Vorteil, dass mit höherer Wahrscheinlich die Steuerungsstrukturen über einen gewissen Zeitraum auf mehreren Schultern verteilt werden und damit die die gesamte Gruppe der Beteiligten stärker in die Verantwortung genommen wird.

3. Innerhalb der Koordinations- und Steuerungsstruktur sollte eine bewusste Trennung zwischen „Ideenaustausch/Grundsatzprobleme aufarbeiten/Konzeptentwicklung" und „Troubleshooting" eingeführt werden. Während ersteres in einem eigenen organisatorischen Setting etabliert wird, sollte zweiteres durch die Kooperationspartner unmittelbar im Linienalltag rasch und direkt bearbeitet werden. In diesem Sinne bedeutet „Troubleshooting" kurzfristiges Lösen von akuten Problemfällen, die nicht auf einen Gremiumstermin warten können. „Ideenaustausch/Grundsatzprobleme aufarbeiten/Konzeptentwicklung" wiederum zielt auf eine längerfristig angelegte Arbeit an den bestehenden Prozessabläufen und kann nur durch abgestimmtes und wohl überlegtes Vorgehen realisiert werden.

4. Auch in der Koordinationsstruktur sollte eine klare Differenzierung zwischen inhaltlicher Konzeption und Entwicklung („Ideenaustausch/Grundsatzprobleme aufarbeiten/Konzeptentwicklung") und Entscheidung („Entscheidungsfindung zu grundsätzlichen Änderungen bzw. Neuerungen") organisatorisch verankert werden. Dadurch werden die operativen Teams von der Verantwortung allfälliger politischer und organisatorischer Entscheidungen, die über ihre Kompetenzen und Zuständigkeiten hinausreichen, entlastet, was ihnen einen größeren Freiraum für unkonventionelle und kreative Lösungen ermöglicht. Die Entscheidungsfindung sollte klar auf politische oder Führungskräfte-Ebene getragen und auch von dort in die jeweilige Organisation eingebracht werden.

5. Beim Aufbau der notwendigen Koordinationsstruktur ist auf die unterschiedlichen regionalen Spezifika Bedacht zu nehmen. Als Beispiel: Es ist darauf zu

achten, ob und welche formellen aber auch informellen Strukturen – auf denen man eventuell bereits aufbauen kann – vorhanden sind; ob beispielsweise in der Region ein strukturdominantes Krankenhaus, ein „Dorfkrankenhaus" oder gar kein Krankenhaus existiert. Durch die Beachtung solcher Vorbedingungen lässt sich dann rasch eine funktionierende Koordinationsstruktur entwickeln (Neugebauer 2012, S. 213f.)

Evaluierung als Teil der Organisationsentwicklung anlegen

Von Projektbeginn an lautete der Auftrag und Anspruch an das Projekt, dass am Ende der inhaltlichen Arbeitsphase Lösungsvorschläge präsentiert und vorgelegt werden, die weitgehend bereits erprobt, pilotiert und evaluiert wurden. Es wurde versucht, Projekteffizienz, Akzeptanz und Anwendernähe in Einklang zu bringen: Es wurden zwei Modellregionen, in denen die Lösungen in einem Zeitraum von vier Monaten umgesetzt und im Sinne einer Pilotierung evaluiert werden sollten, eingeführt. In diesen Pilotregionen wurde die Pilotierung zwischen den beteiligten Krankenhäusern, mobilen Diensten, Krankentransportunternehmen etc. und den sozialen Dienstleistern, Beratungsstellen etc. durchgeführt. Bei der Auswahl der Institutionen, die an der Pilotierung teilgenommen haben, wurde darauf geachtet, dass eine hohe strukturelle Repräsentanz sichergestellt war. Die Auswahl der Modellregionen folgte dem Prinzip sowohl städtische als auch ländliche Aspekte abzubilden bzw. auszutesten. Über die Erprobungsphase wurden die Lösungen auf ihre Brauchbarkeit hin praktisch abgeprüft und damit eine gut abgesicherte inhaltliche Legitimierung der Ergebnisse geschaffen.

Aus der Organisationsentwicklungsforschung ist bekannt, dass eine gelingende Organisationsentwicklung im Rahmen von Kooperationen auf Evaluierung und systematischen Beobachtung angewiesen ist. Dadurch kann kooperatives Lernen über Erfolge und Probleme im Umgang mit unterschiedlichen Sichtweisen erleichtert und die weitere Optimierung bzw. Veränderung der Kooperationsorganisation unterstützt werden (Chisholm 1998 und 2008).

Insbesondere werden dabei zwei Reflexionsaspekte unterstützt:

- Die Evaluierung gibt Projektmitgliedern und den Kooperationspartnern die Möglichkeit die erarbeiteten Ergebnisse in der konkreten Praxisarbeit zu erproben, zu dokumentieren und zu reflektieren.
- Durch die Evaluierung wird eine breite lernorientierte Datenbasis geschaffen, auf deren Grundlage die Projektakteure eine fundierte Rückmeldung zu den erarbeiteten Lösungen abgeben können.

Zentrales Ziel im beschriebenen Projekt war es daher Material, für eventuelle Präzisierungen und Adaptierungen der Lösungen zu erhalten. Die begleitende Evaluierung unterstützte diesen Prozess der Lern- und Datengenerierung. Sie ermöglicht den Kooperationspartnern später im Regelbetrieb – sollten Widerstände auftreten und Betroffene Aussagen wie „das kann so nie und nimmer funktionieren" machen – auf die positiven und vor allem auch praxisnahen Erfahrungen zu verweisen. Dadurch kann man in solchen Situationen entgegenhalten, dass die Neuerungen bereits im Rahmen von Pilotierungsdurchführungen erprobt wurden und sich bewährt haben.

Bei der Evaluation handelte es sich nicht um eine standardisierte validierte wissenschaftliche Erhebung im engeren Sinne. Stattdessen stand vielmehr eine qualitative entwicklungs- und lernorientierte Evaluation der erarbeiteten inhaltlichen Ergebnisse im Vordergrund (Zepke 2005). Diese verfolgte zwei Ziele:

- Material für eventuell noch notwendige Präzisierungen und Adaptierungen der gefundenen und erprobten Lösungen zu erhalten und
- Schaffung eines Lernforums für die beteiligten Akteure, um Erfahrungen für die inhaltliche Weiterentwicklung zu sammeln, zugleich aber dadurch auch einen ersten Schritt in Richtung kooperativer, nachhaltiger Verankerung der Entwicklungsaktivitäten zu setzen.

Im Rahmen der Pilotierung und begleitenden Evaluierung wurden sowohl die inhaltlichen Ergebnisse zu den „Nahtstellenmanagement"-Leitlinien als auch die organisatorische Lösung der zukünftigen Kooperationsstruktur in modularen Konstellationen pilotiert. Die daraus resultierende Mehrbelastung für die beteiligten Organisationen wurde im Sinne des kooperativen Projektansatzes unter den beteiligten Akteuren und Organisationen gleichmäßig aufgeteilt.

Die Evaluation basierte methodisch auf zwei Ansätzen. Erstens wurden vom Beratungsteam qualitative Experteninterviews zum Pilotierungsverlauf durchgeführt und anschließend den operativen Entwicklungsteam als Zusammenfassung zur Verfügung gestellt. Die Interviews selbst erfolgten Leitfaden-gestützt. Dadurch konnte sichergestellt werden, dass der Interviewablauf bei allen Akteuren gleich strukturiert war. Zugleich wurde darauf geachtet, dass zumindest mit jeweils einem Akteur jeder beteiligten Pilotierungsorganisation ein qualitatives Experteninterview durchgeführt wurde. Insgesamt wurden in der Evaluierungsphase 37 Interviews durchgeführt. Zweitens wurden Evaluierungsbögen (s. Abb. 20) an die beteiligten Organisationen (Krankenhäuser, Alten- und Pflegeheime, Sozialen- und Mobilen Dienste, niedergelassene Ärzte, etc.) ausgegeben, die von den Zuständigen für die Patientenbetreuung ausgefüllt wurden.

Pro Patientenfall galt es pro beteiligte Organisation einen Fragebogen auszufüllen. Diese Fragebögen, wie beispielhaft in Abbildung 20 dargestellt, wurden den Patientenunterlagen beigefügt und begleiteten den Patienten über die gesamte Behandlungskette. Schlussendlich konnten auf diese Weise 886 Patientenfälle dokumentiert und aufgezeichnet werden.

Nach Abschluss des Erhebungszeitraums wurden die von den Beratern ausgewerteten Experteninterviews und die aufbereiteten Ergebnisse der Fragebögen den Entwicklungsteams der Modellregionen zur Verfügung gestellt. Diese haben dann unter Nutzung diesen Materials die Anwendung der Richtlinien und Vorgangsweisen analysiert und darauf aufbauend gegebenenfalls neue Lösungen entwickelt oder bestehende weiter präzisiert.

Die Evaluierung hat ergeben, dass die inhaltlichen und strukturellen Projektlösungen – gerade weil sie nach dem Bottom-up-Prinzip von Akteuren auf der konkreten operativen Ebene erarbeitet wurden – bereits sehr fundierten Charakter hatten. Das verdeutlichte sich gerade auch dadurch, dass letztendlich aufgrund der Pilotierung keine einzige der erarbeiteten Lösungen gekippt oder verworfen wurde. Das spricht zum einen für die vorhandene fundierte und umfassende Problemdiagnoseperspektive der operativen Teams – ihnen sind die ganz konkreten Probleme bewusst – und

5 Beiträge der Organisationsentwicklung beim Aufbau interorganisationaler Kooperationen in der Gesundheitsversorgung

Evaluationsbogen zum Entlassungsmanagement im KH
Muster Krankenhaus

1. Aufnahmezeitpunkt:		Datum _____	Uhrzeit _____	
Entlassungszeitpunkt:		Datum _____	Uhrzeit _____	
2. Statistische Daten:		Alter _____	Geschlecht ❏ weiblich	❏ männlich
3. Zuweiser:		❏ Pilot-Ärzte	❏ andere Ärzte	❏ keine Zuweisung
		❏ Pilot-APH	❏ andere APH	
4. Zuweisungsdiagnose/Zuweisungsgrund:		❏ verständlich	❏ nicht verständlich	
5. Befundübermittlung:		Befunde wurden vollständig mitgeliefert ❏ Ja		❏ Nein
6. Sozialanamnese:		❏ nicht erhoben	❏ teilweise	❏ vollständig
7. Sozialanamnese wurde von Station ergänzt:		❏ Ja	❏ Nein	
8. ÜLP/DSA Grad (Kategorisierung):		❏ Pat. braucht keine Betreuung		
		❏ Pat. braucht Informationen/ Betreuung durch Station		
		❏ Zuweisung zur ÜLP/DSA		
9. Rechtzeitigkeit der ÜLP/DSA Einbeziehung:		❏ Ja	❏ Nein	
10. ÜLP/DSA Zuweiser:		❏ nur Arzt	❏ nur Pflege	❏ beide
11. Dialogqualität mit Station		❏ ausgezeichnet	❏ weitgehend	❏ befriedigend
(Kategorieänderung, Entlassungszeitpunkt, usw.)			❏ schlecht	❏ keine
12. Kontaktaufnahme mit Nachsorgeeinrichtung		❏ Ja		
frühzeitig möglich?		❏ Nein, weil:	❏ nicht erreichbar	
			❏ Infoaustausch ungenügend	
			❏ selbst überlastet	
			❏ sonstige Gründe:_____	
13. Abholungsqualität (laut Vereinbarung)		❏ Angehörige	❏ Taxi	❏ KTW
		❏ zeitgerecht	❏ nicht zeitgerecht	
14. Entlassungsbewertung: Konnte aus Sicht des		❏ Ja	❏ Nein, weil:	
KH zum geplanten Zeitpunkt entlassen werden				
15. Evaluation:	Rückmeldung von Nachsorgeeinrichtung		❏ Ja	❏ Nein
	Geplante Nachbetreuung angelaufen		❏ Ja	❏ Nein
16. EM Spezialfälle:	❏ Kontakt zu 24h Betreuung konnte hergestellt werden		❏ Koordinator/-in nach ChG einbezogen	
	❏ Dolmetscher/-in wurde beigestellt		❏ Kontakt zu Reha wurde hergestellt	
	❏ Andere Maßnahmen, nämlich: _____			

Abb. 20 Fragebogen für die Evaluation des Entlassungsmanagements im Krankenhaus

zum anderen spricht dieses Ergebnisse für den gewählten Projektansatz, die Lösungen von der operativen Ebene ausarbeiten zu lassen.

1. Die Erhebungen haben gezeigt, dass es vor allem in den großen Gesundheitsorganisationen schwierig ist, alle Mitarbeiter ausreichend zu informieren und den Leitlinien entsprechend in die Kooperationsarbeit einzubeziehen. Hier kommt den Führungskräften der einzelnen Organisationen eine Schlüsselrolle zu. Die Leitlinien müssen formell und durch das eindeutige Auftreten „pro" dieser Neuerungen durch die jeweiligen Key Player in den Institutionen in Kraft gesetzt und in die Alltagsarbeit integriert werden.
2. Der kooperative Ansatz, der im Projekt angewandt wurde, hat sich bewährt. Die Kooperation fußt auf einer gleichrangigen Zusammenarbeit aller beteiligten Organisationen. Die Prozesssteuerung und Unterstützung zur inhaltlichen Lösungsausarbeitung durch externe Berater mit einer Allparteilichkeitszuschreibung in der jeweiligen Anfangsphase der Zusammenarbeit ist eine wesentliche Erleichterung für die involvierten Akteure.
3. Hinzukommt, dass die fachliche Unterstützung (Dokumentation, Evaluation, Koordination) bisher sehr stark durch das externe Beraterteam sichergestellt wurde. Im Regelbetrieb sind diese Funktionen auf jeden Fall von einer eigenen Fachstelle wahrzunehmen. Auf diese Weise kann die für den Betrieb eines umfassenderen Kooperationssystems zentrale „Server im Netz"-Funktion (Gross-

mann et al. 2007, S. 123ff. und 2012, S. 82ff.) vom externen Begleitungssystem nach innen ins Kooperationssystem verlagert werden.
4. Die lernorientierte Evaluierung konnte schlussendlich dazu beitragen, dass die Lösungsansätze im Detail nachgeschärft und weiter präzisiert werden konnten, vor allem aber konnten die beteiligten Partner durch die konkrete Erprobung und gemeinsame Evaluierung „erleben" worauf es im konkreten Kooperationshandeln im Arbeitsalltag tatsächlich ankommt.
5. Eine solide Datengrundlage stärkt das Ergebnis des Projektes, weil die Schlussfolgerungen nicht auf individuellen Betrachtungen beruhen, sondern auf allgemeinen objektiven Grundlagen.

5.4 Schlussfolgerungen für die Gestaltung und Entwicklung von Kooperationen im Gesundheitswesen

Wir möchten unseren Beitrag mit einigen Aspekten, welche wir in Zusammenhang mit dem Aufbau gelingender überinstitutioneller Kooperation im Gesundheitswesen für wesentlich erachten, abschließen:

1. Für nachhaltige Kooperation sind zum einen transparente, berechenbare und belastbare persönliche Beziehungen unverzichtbar. Kooperieren setzt voraus, dass die Akteure ihre Handlungsbedingungen offen legen und Verständnis für die Sichtweisen der jeweils anderen aufbringen. Vertrauensvolle Zusammenarbeit erfordert Verzicht auf die unmittelbare Durchsetzung von Interessen in der Erwartung, daraus längerfristig einen Nutzen zu ziehen. Hier hat sich gezeigt, dass je enger die Lösungsarbeit in der Kooperation an die alltäglichen Arbeitszusammenhänge angekoppelt war (beispielsweise zwischen zuweisendem Hausarzt und Mitarbeitern eines Krankenhauses oder zwischen Mitarbeitern des Entlassungsmanagements und den Mitarbeitern des aufnehmenden Alten- und Pflegeheims) und in einem sinnvollen Zusammenhang stand, desto größer war die individuelle Bereitschaft zur produktiven Mitarbeit. Für die Beteiligten konnte dadurch leichter ein konkreter Nutzen für den eigenen Wirkungsbereich antizipiert werden. Im Alltag müssen die Professionen kooperieren und tun es in der Regel auch ohne große Konflikte. Gleichzeitig zeigte sich, dass je weiter man sich in der Organisation von den Leistungsprozessen entfernt, also auf die Leitungsebene geht, desto abgrenzender werden die Handlungen und umso mehr muss in die Entwicklung einer kooperativen Beziehung investiert werden.
2. Allerdings können persönliche Beziehungen alleine im Regelfall keine Kooperation auf Dauer tragen und sicherstellen. Zur nachhaltigen Sicherstellung braucht es immer auch eine strukturelle Verankerung. Entscheidend sind hier zum Beispiel von den Kooperationspartnern gemeinsam eingerichtete Teams zur medizinischen bzw. pflegerischen Koordination und Kooperation in der betreffenden Region, die durch eine zeitweise „Schließung" gegenüber den entsendenden Organisationen geprägt sind. „Schließung" meint hier, dass die Mitglieder dieser Teams auf Zeit in einem „geschützten Raum" und „straffrei" – also frei von Rechenschaftslegung gegenüber ihren Heimatorganisationen – ihre internen Abstimmungsdialoge führen können.

3. Gelingende Kooperation erfordert eine Entsendung und Beauftragung fachlich zuständiger und kompetenter Mitarbeiter (wie beispielsweise Entlassungsmanager, Mitarbeiter der Überleitungspflege etc., die direkt an der Gestaltung von Schnittstellen beteiligt sind) mit deklarierten Handlungsspielräumen. Das bedeutet, dass in gewissem Umfang die Akteure mit ihren Kooperationspartnern Vereinbarungen ohne Rücksprache mit ihrer Heimatorganisation treffen können, die dann auch halten. Deshalb ist eine solide Auftragsklärung und eine permanente Reflexion der Handhabung in der Alltagspraxis mit den entsendenden Führungskräften Voraussetzung.
4. Zusätzlich braucht es gemeinsam festgelegte Spielregeln für die Zusammenarbeit im Kontext der Kooperation – insbesondere im Unterschied zur tradierten Begegnung im Alltag zuvor. Spielregeln die von allen Akteuren akzeptiert werden, sind entscheidend für die Absicherung der Arbeit. Diese helfen die Kontinuität und Verlässlichkeit des persönlichen Engagements zu sichern und tragen zu einer produktiven Arbeitssituation und dem Aufbau von notwendigem Vertrauen in die Kooperation und deren Akteure bei. Sinnvolle Spielregeln bei Kooperationsprojekten können konkret lauten
    - Anwesenheitsverpflichtung bei Meetings;
    - personale Konstanz bei der Wahrnehmung der Aufgaben, also explizit keine Stellvertretungslösungen;
    - Konsensprinzip, insbesondere wenn es um Projektrahmensetzungen geht;
    - gemeinsam gestaltete Informations- bzw. Außenpolitik.
5. Ein weiterer zweckmäßiger Zugang ist die bereits angeführte strukturelle Trennung in inhaltliche Arbeitsgremien, in denen brauchbare Lösungen entwickelt werden, und in Entscheidungsgremien, die die Implementierung der gefundenen Lösungen in den Organisationsalltag absichern. Dadurch wird gewährleistet, dass die personale Konstanz ressourcenseitig realistisch bleibt; dass die Arbeit der operativ tätigen Mitarbeitern an die Führungsebene rückgebunden wird und dass zwischen operativer und leitender Ebene abgestimmte gemeinsame Entscheidungen getroffen werden und die Fachkräfte in ihren Organisationen nicht alleine für Änderungen bzw. Neuerungen einstehen müssen.

Aber Achtung: Keiner dieser genannten Aspekte wird ohne einer internen Weiter- und Mitentwicklung der Entsenderorganisationen – parallel zur Kooperationsentwicklung – wirklich funktionieren. Die Entwicklung interorganisationaler Kooperationen erfordert auch Entwicklungsprozesse an der Innenseite der Organisation (Lobnig 2010, S. 15). Erst durch ein aktives Einlassen auf die Kooperation durch die Schaffung entsprechender interner Strukturen, Gremien, etc. kann eine produktive Teilhabe an der Kooperation gelingen. Die interne Bereitstellung der notwendigen Strukturen ist Voraussetzung für die Kooperation und wird zugleich in Wechselwirkung durch die Kooperation stimuliert. Durch das aktive Engagement der entscheidungsbefähigten Akteure der jeweiligen Kooperationspartner kann sich ein Prozess entwickeln, der die notwendigen Funktionen, Rollen, Positionen und Gremien definiert und klärt (Grossmann et al. 2007, S. 126ff. und 2012, S. 84ff.). Das Handeln einer Organisation nach außen, also ihre Kooperationsfähigkeit, ist daher immer eine interne Leistung, die abhängig ist von der Gestaltung interner Strukturen und Ressourcen und erfordert ein bewusstes kontinuierliches Mitlernen der betreffenden Systeme durch interne Organisations-entwicklung. Um diesem Anspruch zu entsprechen, haben sich vor der eigentlichen Entwicklungsarbeit von Kooperationen Kick-off-Veranstaltungen bzw. Vorprojekte – wie im vorliegenden Fallbeispiel beschrieben – als erste Klärung von Kooperationsanforderungen bewährt (Neugebauer 2012, S. 116).

Da die Realisierung derartiger Zugänge, aber auch weiterer Regelungen und insbesondere das Praktizieren der kooperationsfördernden Verhaltensweisen keine Selbstverständlichkeit darstellen, ist in einem OE-Prozess – mit seinem mehr oder weniger gewissem Ausgang – professionelle Unterstützung insbesondere in der Anfangsphase nützlich, entlastend und trägt zur Erfolgssicherung bei. Externe mit Allparteilichkeitszuschreibung, die den Arbeitsprozess strukturieren und moderieren sowie auf die Einhaltung von Spielregeln achten, gewährleisten die für Kooperationen existenzielle gleichrangige und gleichgewichtige Beteiligung aller Organisationen und deren Vertreter. Sie halten der Tendenz entgegen, dass Kooperationsakteure immer wieder in die sozialisierte Alltagskultur ihrer Heimorganisationen bzw. derer eingeübten Kommunikationsmodi nach Außen zurück fallen. Externe allparteiliche Berater können hier eine entlastende und unterstützende Funktion leisten, bis das Kooperationssystem ausreichend Stabilität erlangt hat, ein wechselseitiges Vertrauen bei den Akteuren der Kooperation vorliegt, und sich zweckmäßige, effiziente interne Arbeitsteilungen in akzeptierter Weise ausbilden können. Daneben erhöht Beratung natürlich auch auf einer inhaltlichen Ebene die Wahrscheinlichkeit, dass neue, alternative Lösungsideen ins Entwicklungsspiel der Kooperationsvertreter Eingang finden.

Literatur

Burke, W.: Organization Change: Theory and Practice, 2nd Edition, Thousand Oaks 2008
Chisholm, R.: Developing Network Organizations. Learning from Practice and Theory, Reading, Mass 1998
Chisholm, R.: Developing Interorganizational Networks, in: Cummings T. (Ed): Handbook of Organization Development, Los Angeles 2008, S. 629–650
Clarke, N.: Transorganization Development for Network Building, Journal of Applied Behavioral Sciences, 2005, Vol 41, 1, S. 30–46
Cummings T. (Ed.): Handbook of Organization Development, Los Angeles 2008
Cummings T.; Worley C. (Eds.): Organization Development and Change, Mason 2008
Cropper S.; Ebers M.; Huxham Ch.; Ring P.S. (Eds.): The Oxford Handbook of Inter-Organizational Relations, New York 2008
Gallos V. (Ed.): Organization Development, San Francisco 2006
Grossmann R.; Lobnig H.; Scala K.: Kooperationen im Public Management. Theorie und Praxis erfolgreicher Organisationsentwicklung in Leistungsverbünden, Netzwerken und Fusionen, Weinheim und München 2007
Grossmann R.; Lobnig H.; Scala K.: Facilitating Collaboration in Public Management, Charlotte, NC 2012
Grossmann R.; Prammer K.: Die Qualität der Arbeit sichern und die Organisation entwickeln – Optimierung zentraler Leistungsprozesse im Krankenhaus am Beispiel eines „OP-Betriebs", in: Dalheimer V.; Krainz E.E.; Oswald M. (Hrsg.): Change Management auf Biegen und Brechen? Revolutionäre und evolutionäre Strategien der Organisationsveränderung, Wiesbaden 1998, S. 161–184
Grossmann R.; Scala K.: Intelligentes Krankenhaus. Innovative Beispiele der Organisationsentwicklung in Krankenhäusern und Pflegeheimen, Wien 2002
Grossmann R.; Scala K.: Das Öffentliche organisieren, iff-Texte 8, Wien 2004
Grossmann R.: Das Öffentliche organisieren. Die Beziehung zwischen gesellschaftlichen Sektoren und Organisationen managen, in: Lobnig H.; Schwendenwein J.; Zvacek L. Beratung der Veränderung – Veränderung der Beratung. Neue Wege in Organisationsberatung, Training und der Gestaltung sozialer Systeme, Wiesbaden 2003, S. 13–34

5 Beiträge der Organisationsentwicklung beim Aufbau interorganisationaler Kooperationen in der Gesundheitsversorgung

Grossmann R.: Nachhaltige Entwicklung und die Entwicklung von Organisationen. Beitrag zum Forschungstag der IFF Fakultät „Wissenschaft und Nachhaltigkeit", Klagenfurt 21.–22.11.2005

Grossmann R.; Prammer K.; Neugebauer Ch.: Consulting Interorganizational Relations: Collaboration, Organization Development and Effectiveness in the Public Sector, in: Buono A.; Grossmann R.; Lobnig H.; Mayer K. (Eds.): The Changing Paradigm of Consulting: Adjusting to the Fast-Paced World, Charlotte, NC 2011

Huxham C.; Vangen S. (Eds.): Managing to Collaborate: The Theory and Practice of Collaborative Advantage, New York 2005

Kern D.; Pochobradsky E.; Schütz R.: Nahtstellenmanagement in den Versorgungsregionen OÖ. Abschlussbericht Konzeptionsphase I, unveröffentlicht 2007

Lobnig H.: Organisationsentwicklung von Netzwerken und Kooperationen – Herausforderungen an der Innenseite. Kolloquium zur Habilitationsschrift, 15.01.2010, Klagenfurt

Motamedi K.: Über Branchen, Kulturen und Organisationen hinweg. Die Stärke transorganisationaler Beratung, Zeitschrift für Organisationsentwicklung 2010, Heft 2, S. 45–52

Neugebauer Ch.: Organisationsentwicklung im Schatten der Hierarchie? Kooperation als Steuerungsmodell politischer Leistungen, Heidelberg 2012.

Prammer K.: TransformationsManagement – Theorie und Werkzeugset für betriebliche Veränderungsprozess, Heidelberg 2009

Prammer K.: Wie Sie Entwicklung in Organisationen nachhaltig sicherstellen, in: Conecta (Hrsg.): Führung leben; Praktische Beispiele – praktische Tipps – praktische Theorie, Heidelberg 2010, S. 121–144

Prammer, K.: Organisationsentwicklung und Leistungsprozessmanagement – konzeptionelle Grundlagen, in: Lobnig, H.; Grossmann, R. (Hrsg.): Organisationsentwicklung im Krankenhaus, Berlin 2013

Prammer K.; Neugebauer Ch.: Consulting Organizational Change in Cooperation. Challenges, Issues and Solutions in Theory and Practice, Journal of Management and Change 2012, Vol 29, S. 24–45

Sydow J.; Manning S. (Hrsg.): Netzwerke beraten, Wiesbaden 2006

Vereinbarung gemäß Art. 15a B-VG über die Organisation und Finanzierung des Gesundheitswesens, BGBl I Nr. 105/2008

Vereinbarung gemäß Art. 15a B-VG über die Organisation und Finanzierung des Gesundheitswesens, BGBl I Nr. 73/2005.

Willke H.: Systemtheorie III: Steuerungstheorie. Grundzüge einer Theorie der Steuerung komplexer Sozialsysteme, Stuttgart 1995

Zepke G.: Reflexionsarchitekturen. Evaluierung als Beitrag zum Organisationslernen, Heidelberg 2005

6 Rollen und Aufgaben interner Organisationsentwicklung im Krankenhaus

Dagmar Untermarzoner

6.1 Einleitung

Interne Organisationsentwicklung wird ein zunehmend bedeutendes Thema für Krankenhäuser. Dabei geht es sowohl um die Frage, wie interne Organisationsentwicklung in der Organisationsstruktur des Krankenhauses verankert wird, wie auch um die Frage, was denn die Aufgabenfelder zukünftig sein sollen. Dass interne Organisationsentwicklung immer mehr in Krankenhäuser eingerichtet wird, dürfte der Erfahrung vieler Akteure entspringen, dass der permanente externe Veränderungsdruck auf das Krankenhaus auch interne Veränderungsprozesse nach sich zieht, die durch das Management allein nicht mehr ausreichend und professionell gestaltet werden können. Der Ausbau interner organisatorischer Rollen und Strukturen für die Bearbeitung der anstehenden Veränderungen stellt daher eine Antwort auf diese Erfahrungen dar. Während allerdings die bereits etablierten Stabsstellen wie Qualitätsmanagement, Personalentwicklung oder Controlling über ein gut eingeführtes Set an Leistungsbeschreibungen und Methoden verfügen, bleibt das, was Organisationsentwicklung leisten kann, diffus und nicht so recht fassbar. Auch gesetzlich nicht verankert, bleibt der Grad externer Bestimmtheit eher gering und die Möglichkeiten das Leistungsspektrum selbst zu definieren und zu entwickeln ist vergleichsweise groß.

Dieser Beitrag beschäftigt sich mit vier Aspekten interner Organisationsentwicklung. Im ersten Abschnitt geht es um unterschiedliche Formen organisatorischer Verankerung interner Organisationsentwicklung in Krankenhäusern und auf Krankenhausträger-Ebene. Mit den unterschiedlichen Rollenanforderungen beschäftigt sich der zweite Abschnitt, denn interne Organisationsentwicklung hat einerseits

Beratungsfunktionen im Krankenhaus, andererseits nimmt sie wichtige Führungsleistungen für das System wahr. Eine zentrale Aussage dieses Abschnitts ist es, dass es sich bei der Rolle der internen Organisationsentwicklung weniger um ein festdefiniertes Set von Aufgabenstellungen geht, sondern um eine situationsangemessene Gestaltungskompetenz von Aufgaben und der eigenen Rolle sowie einem maßgeschneiderten Kombinieren von Interventionsebenen. Der dritte Abschnitt gibt einen Überblick über die möglichen Ansatzpunkte für Interventionen einer internen Organisationsentwicklung mit den jeweils gängigen Methoden. Er beleuchtet insbesondere die Ebenen Organisation und bereichsübergreifender Kooperation als erfolgskritisches Arbeitsfeld. Für den Kontext Krankenhaus gilt, dass sich interne Organisationsentwicklung sowohl mit der Lösung konkreter Problemlagen beschäftigen muss, jedoch ganz besonders mit innovativen Entwicklungen und das Zusammenwirken von Medizin, Technik und Organisation, wie abschließend in diesem Kapitel argumentiert wird.

6.2 Organisatorische Verankerung interner Organisationsentwicklung

Wenn man den Forschungsstand zur internen Organisationsentwicklung zusammenträgt, zeigen sich folgende Möglichkeiten, wie und wo diese in Organisationen verankert ist. W. Burke (2004) hat fünf typische Organisationsformen für die interne Organisationsentwicklung vor allem in Organisationen der Wirtschaft und öffentlichen Verwaltung systematisch aufbereitet. Diese Ansätze werden beschrieben und ergänzt mit den aktuellen Beispielen für den Kontext Krankenhaus. Die Erfahrungen von Vor- und Nachteilen der jeweiligen Strukturmodelle werden reflektiert. Alle fünf Modelle finden sich in Krankenhäusern wieder und werden praktiziert.

6.2.1 Das traditionelle Modell – Organisationsentwicklung als Suborganisationseinheit innerhalb der Personalabteilung

In diesem sehr verbreiteten Organisationsmodell wird das Thema in die Personalabteilung mit aufgenommen. Die Personalexperten sind zusätzlich für Themen der Organisationsentwicklung zuständig, ohne eine eigene umfassende Professionalisierung als Organisationsentwicklungsexperten. Die Bearbeitung von organisationsentwicklerischen Themen wird deswegen auch immer wieder an externe Berater ausgelagert, und die internen Experten agieren als Auftraggeber. Auf Krankenhausträger-Ebene gibt es manchmal ein eigenes Team mit Spezialisten für Organisationsentwicklung, welche dem Personalleiter zugeordnet sind.

Die Eingliederung der Organisationsentwicklung in die Personalabteilung bringt vor allem Vorteile für die Positionierung der Personalarbeit, da sie damit die Human Ressource-Aktivitäten stärker an der Entwicklung der Organisation ausrichten kann (Ulrich 1998). Die Nachteile sind jedoch, dass durch die dominierende Logik auf die Ebene der Personen zu achten, die Aktivitäten sich vor allem mit Personen- und Teamentwicklung beschäftigen sowie der Herstellung konstruktiver Kommunikationsprozesse zwischen Abteilungen und Funktionen. Die Arbeitsteilung zwischen der Krankenhausleitung und Personalabteilung besteht darin, dass das erstere Richtung und Ziele vorgibt und die Personalabteilung entsprechende Lernprozesse auf Personenebene und konstruktive Kommunikationssettings auf durchführen sollen. Auch wenn dazu vermehrt in den letzten Jahren Großgruppenveranstaltungen als klassische Organisationsentwicklungsmethoden eingesetzt werden, bleiben sie meist Events, die nicht in die strukturelle Ausgestaltung der Organisation eingreifen sollen. Dies bedeutet, dass zwar zunehmend Organisationsentwicklungsmethoden für die Gestaltung von kommunikativen Situationen angewandt werden, diese allerdings nicht Hand in Hand mit realen Veränderungen an Strukturen, Prozessen oder Strategien gehen. Sollte die Personalabteilung tatsächlich mit dem Auftrag der Organisationsentwicklung ausgestattet werden, muss sich dies in der Bezeichnung und den Aufgaben- und Kompetenzprofilen der Abteilung selbst abbilden. Ist dies nicht der Fall, bleibt die Primärleistung von Personalabteilungen, die Organisationsentwicklungsagenden mitübernehmen, immer auf der Ebene von Personalfragen.

6.2.2 Das Stand-alone-Modell – Die eigene Organisationsentwicklungsabteilung

Solche eigenständigen Einheiten für Organisationsentwicklung verstehen sich häufig als „Beratungsunternehmen" im Unternehmen, die Services und Expertise auf Anfrage anbieten. Sie sind eine von mehreren Stabsstellen auf gleicher Ebene mit Personal, Qualitätsmanagement, Kommunikation, strategischer Unternehmensentwicklung und Controlling, haben aber meist keine festgelegten gestalterischen Aufgaben, die sie von sich aus in Angriff nehmen. Vorteil dieser Struktur ist ein im Prinzip breites Wirkungsfeld, das erhebliche Spielräume eröffnet, da die Stabstelle, wenn sie einen Auftrag erhält, eigenständig agieren kann. Während die Mitarbeiter einer solchen Organisationsentwicklungsabteilung sich ihrer gemeinsamen Professionalität versichern und stärken können, werden sie in Organisationen aber auch stärker kritisch geprüft, was denn nun ihr Beitrag zum Leistungsprozess oder anders ausgedrückt zum Erfolg des Krankenhauses ist.

Der Nachteil dieser organisatorischen Verankerung hängt mit mehreren Faktoren zusammen. Organisationsentwicklung selbst wird nicht als permanente Leistung verstanden wird, sondern als temporäre Leistung, wenn Veränderungen angesagt sind, oder Probleme auftauchen. Diese Besonderheit macht den Leistungsnachweis nicht einfach. Andere Stabsstellen bieten in der Regel kontinuierliche Leistungen an, die regelmäßig abgefragt und verwendet werden: Personalabteilungen bieten Ausbildungsprogramme oder Personalplanungsprozesse an, Controllingabteilungen liefern regelmäßig Daten, Qualitätsmanagementabteilungen müssen regelmäßig die Einhaltung von Qualitätsstandards überprüfen und Mängel beheben. Organisationsentwicklung selbst als Feld hat keinen regelmäßigen Leistungsprozess, der von sich aus angestoßen werden kann. Und insgesamt ist in den kommenden Jahren zu erwarten, dass die Leistungen von internen Stabsstellen durch den wirtschaftlichen Druck noch stärker unter die Lupe genommen werden, wie dies auch schon an der Entwicklung von Personalabteilungen in der Wirtschaft zu beobachten ist (Kesler; Kates 2011).

Der wertstiftende Beitrag der internen Organisationsentwicklung kann ferner auch isoliert schwer gemessen werden, da diese in der Regel Kooperationsprozesse zwischen vielen Akteuren anstößt und selbst auf Kooperation angewiesen ist, um Projekte erfolgreich durchzuführen. Vielmehr wird der Erfolg von Veränderungsprozessen primär den Abteilungen und Führungskräften zugeschrieben, also den Klienten und nicht den Organisationsentwicklern. Ein entscheidender Nachteil ist letztlich, wenn interne Organisationsentwicklungsabteilungen als eigene Serviceeinheit angelegt werden: Sie können angefragt werden oder eben auch nicht. Das macht die Organisationsentwicklung zu einer unter mehreren Optionen für die Umsetzung von Veränderungen und die eigene Kapazitätsplanung schwankend. Die Gefahr der Unterauslastung führt manchmal zum Modell des Profitcenters, das die Leistungen auch am Markt anbietet, um Kapazitäten besser auszulasten. Eine besondere Ausprägung dieses Modells ist die Ausgliederung der Organisationsentwicklung in ein eigenständiges Tochterunternehmen.

> **Praxisbeispiel: Organisationsentwicklung als eigenständiges Unternehmen im Netzwerk der Vinzenz Gruppe, Österreich**
>
> Die Vinzenz Gruppe ist ein ist eine gemeinnützige Privatstiftung der Barmherzigen Schwestern mit 5500 Mitarbeiter und 2300 Betten in sieben Krankenhäusern in Österreich. Die Einheit für Organisationsentwicklung wurde als eigenständiges Tochterunternehmen ausgegliedert, der Homacon Hospital Management Consulting, welche die Strategieentwicklung, Controlling-Beratung, Organisations- und Personalentwicklung sowie Projektberatung und Projektmanagement für Veränderungsprozesse anbietet. Die Kunden sind neben den Einrichtungen der Vinzenz Gruppe auch andere Einrichtungen des Gesundheitswesens.

Zudem handelt es sich bei der Organisationsentwicklung eben nicht um eine Profession mit einheitlichen Standards, sondern um ein Praxisfeld mit unterschiedlichen theoretischen Backgrounds, so sind auch die Leistungen als solche nicht als bekannt und anerkannt vorauszusetzen. Dieser Umstand wird sich erst dann in positiver Richtung verändern, wenn die Entwicklung der Organisation als dauerhafte Aufgabe der Krankenhausleitung selbst verstanden wird, und wenn die Organisationsentwicklung als strategische Funktion im Krankenhaus etabliert wird. In jenen Krankenhäusern, in denen dies bereits der Fall ist, ist deutlich zu beobachten, dass die Organisationsentwicklungseinheiten in enger Kooperation und auf Augenhöhe mit den Krankenhausleitungen Programme und Projekte initiieren und durchführen und damit von einer reaktiven Auftragnehmerrolle zu einer proaktiven Treiberfunktion werden.

6.2.3 Das dezentralisierte Modell in Trägerstrukturen – jedes Krankenhaus einen Organisationsentwickler vor Ort

Dieses Modell wird dann gerne angewandt, wenn Träger mehrere große Krankenhäuser betreiben. Der Vorteil dieser Aufstellung ist die Nähe der Organisationsentwicklung zum lokalen Krankenhaus. Sie kennt die besonderen Situationen vor Ort, sie kennt die Akteure und hat durch die Erfahrung gemeinsamer Projekte auch meist eine solide Kooperationsbasis mit den Akteuren aufgebaut. Dies macht rasche und von den Krankenhäusern auch akzeptierte Veränderungen möglich, und die Organisationsentwickler werden als „eigene Leute" wahrgenommen, die nicht nur in der Veränderungsphase anwesend sind, sondern die langfristigen Wirkungen von Projekten selbst erleben. Als Personal vor Ort können sich Organisationsentwickler auch deutlicher mit den medizinischen Leistungen auseinandersetzen und ihr Know-how so verbreitern, dass die Integration von medizinischen Aspekten und Organisationsaspekten leichter gelingt. Ein Nachteil ist jedoch, dass diese Experten an die jeweilige lokale Krankenhausleitung und nicht an den Organisationsentwicklungsleiter auf Trägerebene berichten und das bedeutet, dass ihre Arbeit von Nicht-Organisationsentwicklungsexperten evaluiert wird. So werden Leistungen, die die bestehenden Sichtweisen des Managements notwendigerweise irritieren müssen, von den gleichen Auftraggebern als häufig kritisch und nicht loyal wahrgenommen. Diese irritierende Funktion der Organisationsentwicklung wird als persönliche Störung und nicht als wertschöpfende Leistung der Organisationsentwicklung verstanden wird im Sinne von Feedbacks wie „Beim nächsten Mal könnten Sie sich schon etwas mehr an unseren Sichtweisen orientieren." Ein anderer Nachteil ist die lokale Gebundenheit, die auch zu einer Anpassung an die lokale Kultur führt und so blinde Flecken erzeugt. Eine Rotation der Experten wäre für die Einführung innovativer Lösungen manchmal hilfreicher auch im Sinne des standortübergreifenden Lernens. In großen Trägern werden diese lokalen Organisationsentwickler von einer zentralen Stabstelle auf der Holding-Ebene gesteuert, das später dargestellte Chicagoer Modell illustriert diese Kombination.

6.2.4 Das integrierte Modell – Human Resource Experten sind gleichzeitig Organisationsentwicklungsexperten

Hierbei handelt es sich um eine Personal- und Organisationsentwicklungsabteilung, in der es nicht auf der einen Seite Personalexperten und dort Organisationsentwicklungsexperten gibt, sondern jeder Mitarbeiter eine doppelte Ausbildung und Erfahrung hat. Dies ermöglicht, dass Personalthemen auf ihre impliziten Organisationsthemen hin verstanden werden und Strukturthemen leichter identifiziert und bearbeitet werden können. Jemand, der sowohl die Personalentwicklung wie auch die Organisationsentwicklung in der Analyse von Problemen anwenden kann, kann in der Regel leichter auf beiden Ebenen gleichzeitig und miteinander abgestimmt intervenieren. Damit entsteht eine Integration von Person und Organisation, die für eine gelingende Organisationsentwicklung notwendig ist. Diese integrierten Rollen orientieren sich verstärkt an der Stärkung der Organisation in ihrem Geschäftsmodell, ihrer strategischen Positionierung und Effizienz.

Dieses Modell wurde vor allem von Ulrich (1998) als die Weiterentwicklung einer zukunftsorientierte Human-Resource-Arbeit hin zu einer Organisationsentwicklungs- und Strategiefunktion beschrieben. Als einziger Nachteil zeigt sich in der Praxis, dass die doppelten Qualifizierungen meist schwer am Markt zu finden sind und die organisationsentwicklerische Kompetenz der Akteure meist hinter der personalentwicklerischen Kompetenz zurückliegt. Dies hängt damit zusammen, dass der Aufbau einer organisationsentwicklerischen Kompetenz ein längerfristiger und anders gestalteter Lernprozess ist, als er üblicherweise in akademischen oder anderen fachlichen Ausbildungen angeboten wird (Grossmann et al. 2012). Zudem ist eine mehrjährige Projektarbeit in unterschiedlichen Organisationstypen für die Entwicklung eines praktischen Interventionswissens erforderlich. Dieses Praxislernen fehlt Personalexperten, die sich in Organisationsentwicklung zusatzqualifizieren meist, denn sie können das handwerkliche Können nicht ausreichend in der eigenen Organisation erproben, austesten und ausbauen.

6.2.5 Das strategische Modell – Organisationsentwicklung integriert in das Führungsteam des Krankenhausträgers

Der Vorteil dieser Verankerung ist, dass strategische Änderungen gleich als Organisationsentwicklungsprozesse mitgedacht werden. So wird die Trennung von Strategieplanung und Strategieumsetzung überwunden und damit die Qualität und Geschwindigkeit von strategischen Umsetzungsprojekten verbessert.

> **Praxisbeispiel[14]:** Der Krankenhausträger Advocate Health Care, Chicago, USA und die Umsetzung der strategischen Initiative „Service Excellence" durch die interne Organisationsentwicklungsabteilung
>
> Advocate Health Care ist der größte private Krankenhausträger in der Region Chicago, beschäftigt 33000 Mitarbeiter und betreibt 13 Krankenhäuser. Die Abteilung Organisationsentwicklung beschäftigt 17 Organisationsentwickler im „Headquarter" und je einen Organisationsentwickler in jedem der Krankenhäuser. Die Abteilung ist im Bereich Human Resources angesiedelt, der Leiter des Bereichs Human Ressource ist „Vice-President" im Führungsteam des Krankenhausträgers.
>
> Im Jahr 2009 startete die Abteilung Organisationsentwicklung die Umsetzung einer strategischen Initiative des Krankenhausträgers, das „Service Excellence Programme". Ziel des Programmes war und ist es, auf der Ebene aller Krankenhausmitarbeiter ein Bewusstsein für „Service Excellence" zu schaffen. Damit ist gemeint, dass jeder Patient die bestmögliche Erfahrung mit dem Krankenhaus macht. Die Patientenerfahrung als Kriterium für Patientenzufriedenheit beinhaltet die erfahrene medizinische Leistung aber auch alle anderen Erlebnisse, die ein Patient und seine Angehörigen während eines stationären Aufenthalts machen (vgl. den Beitrag von Wolf, Kap. II.7, Lobnig; Grossmann 2013). Das Konzept geht davon aus, dass das positive Erleben der Patienten im Krankenhaus umfassend ist und auf den Gesundungsprozess bzw. den Verarbeitungsprozess einer Krankheit positiven Einfluss hat.
>
> Aufgabe der Organisationsentwicklung war und ist dieses Programm mit hoher Involvierung aller Mitarbeiter zu entwickeln, zu implementieren und zu führen. Unter Führung ist hier die Projektführung im Sinne der Projektziele zu verstehen, die am Beginn mit dem Auftraggeber vereinbart werden. Die Krankenhausleitung delegiert die Führungsverantwortung für dieses Thema an die Organisationsentwicklung. Diese themenbezogene Delegation von Führungsverantwortung bei gleichzeitiger Aufrechterhaltung der disziplinären Verantwortung entspricht einem Führungsverständnis, wie es in projektorientierten Unternehmen in der Wirtschaft üblich ist (siehe ausführlich zu Beratungs- und Führungsrollen der internen Organisationsentwicklung Kapitel II.6.3.1). Die interne Organisationsentwicklung ist in diesem Fall nicht ausschließlich als Berater, sondern als Projektleiter tätig, die in der Entwicklung von Maßnahmen den Krankenhäusern beratend und führend gleichzeitig zur Seite stehen. Das Programm wird von einem vierköpfigen „Advocate Experience Coaching Team" der Head-

---

14 Die Beschreibung des Beispiels basiert auf einem Interview von Hubert Lobnig mit Angela Covey Keister, Organisationsentwicklerin und Leadership Expertin, bis 2011 Managerin für Organisationsentwicklung bei Advocate Health Care sowie auf der Analyse von Materialien des Krankenhausträgers.

quarter-Abteilung Organisationsentwicklung geleitet, dies sind vier Organisationsentwickler aus dem Headquarter. Dieses Team setzt die Projektarchitektur für das Gesamtprogramm auf und vereinbart die Ziele und Rahmenbedingungen mit den Direktoren auf Trägerebene. Gegenüber den Krankenhäusern ist das Team Rahmengeber, Auftraggeber und Berater. Dieses Team unterstützt die Krankenhausleitungen vor Ort und die Vor-Ort-Organisationsentwickler in den Krankenhäusern in der Strukturierung und Implementierung der einzelnen Programme der Häuser und unterstützt den Know-how-Transfer zwischen den Häusern. Die Maßnahmen auf der Ebene der einzelnen Häuser dürfen unterschiedlich sein, die Koordination und Einhaltung der Qualitätsstandards obliegt dem Headquarter Team („Advocate Experience Coaching Team").

Folgende Aktivitäten wurden in diesem Programm gesetzt:

1. Entwicklung eines gemeinsamen Verständnisses von „Service Excellence" mit der kollegialen Krankenhausleitung im Träger und Organisationsentwicklungsexperten auf Krankenhausträger-Ebene. Dabei werden die „Service excellence" Standards für möglichst positive Patientenerfahrungen erarbeitet, die bis heute als Richtlinien für Mitarbeiter und Leistungsprozesse fungieren.

2. In vierteljährlichen Großgruppenworkshops mit ausgewählten Führungskräften aus den Krankenhäusern und der Zentrale werden regelmäßig neue Instrumente und Richtlinien von „Service excellence" vorgestellt und diskutiert.

3. Auf der lokalen Krankenhausebene werden die „Service Excellence" – Richtlinien in konkrete Projekte und Vorhaben übersetzt. Diese Vorhaben werden in jedem Krankenhaus maßgeschneidert entwickelt und dürfen in jedem Krankenhaus unterschiedlich sein. Alle Ideen werden von der regionalen Krankenhausleitung bewilligt und dann von den Mitarbeitern mit Unterstützung der Organisationsentwicklung umgesetzt.

4. Die Implementierung wird von den lokalen Organisationsentwicklungs-Experten vorangetrieben, diese agieren als Projektleiter und Berater und koordinieren alle Aktivitäten:

4.1. **Schulungen:** Zur Veränderung der Kultur wird ganz besonders auf Schulungen in jedem Krankenhaus Wert gelegt. Die Führungskräfte aus Pflege und Medizin erhalten ein eintägiges Training pro Quartal, in dem die neuen Instrumente vorgestellt werden und geplant wird, wie diese eingeführt werden können. Ärzte und Pflegekräfte erhalten Schulungen in Kommunikationstechniken (Arzt-Patient-Kommunikation, Patientenorientierung in der Kommunikation, schwierige Kommunikationssituationen bewältigen).

4.2. **Meetings in den Krankenhäusern:**
- In den Krankenhäusern werden „Patienten-Runden" durchgeführt, in denen Patienten gemeinsam mit Mitarbeitern über erlebte Service Excellence berichten. Ganz nach amerikanischer Kultur werden manchmal auch besonders hervorzuhebende Mitarbeiterleistungen gewürdigt.
- Führungskräftemeetings zur Reflexion des Stands der Implementierung von „Service Excellence" (Praxisreflexionen) und zur Reflexion der Patientenzufriedenheitsdaten werden regelmäßig veranstaltet und herausragende Leistungen gewürdigt.

Die Erfahrungen zeigen, dass das Programm eine gute Akzeptanz bei den medizinischen Berufen findet, weil es stark an den medizinischen Kernleistungen ansetzt. Der Fokus auf Lernen vor Ort, auf kleinräumige und machbare Projekte in den lokalen Krankenhäusern und Würdigung von Best Practice hilft schrittweise, eine „Service Excellence-Kultur" aufzubauen, in der auch ein Verständnis aufgebaut wird, wie Patientenerfahrungen systematisch in die Leistungen des Krankenhauses können und ein zunehmendes Wissen der Organisation, wie man diese Anforderungen der Patienten organisatorisch umsetzen kann.

6.2.6 Hybride Rollen – Mitarbeiter der Organisation als temporäre Organisationsentwickler

Ergänzend zu den beschriebenen fünf Arten der organisatorischen Verankerung von interner Organisationsentwicklung lässt sich eine Entwicklung beobachten, die ihren Ursprung auch in der Wirtschaft hat. Es werden nämlich im Zuge von umfassenden Führungskräfteausbildungen vermehrt auch Führungskräfte und Mitarbeiter für Organisationsentwicklung ausgebildet. Diese Ausbildungen sind natürlich eher als Fortbildungen zu sehen und sind mit der professionellen Ausbildung zum Organisationsentwickler nicht zu vergleichen. In der Praxis werden diese Personen mit Zusatzausbildungen dann aus unterschiedlichen Funktionen in temporäre Projektleitungs- oder Projektberatungsfunktionen für Veränderungsprozesse geholt.

Diesem Modell liegen zwei Annahmen zugrunde: Die eine Annahme ist, dass es bei vielen Mitarbeitern eine breitere Basiskompetenz für das Gestalten von Organisationen braucht, und diese Ausbildungen werden diesem Bedarf gerecht. Eine zweite Annahme ist, dass Führungskräfte und Experten die Organisation besser kennen und von daher auch aus „eigener Hand" besser verändern können. In der Praxis nehmen so ausgebildete Mitarbeiter für einen bestimmten zeitlichen Umgang zusätzlich zu ihrer Stammrolle solche Organisationsentwicklungsaufgaben wahr. Es handelt sich dabei aus der Organisationsperspektive um sogenannte hybride Rollen, in denen Mitarbeiter nicht nur ein Aufgabengebiet, sondern mehrere unterschiedliche Aufgaben wahrnehmen können (Galbraith 2002). Unterstützt werden diese Rollen meist von einer zentralen Organisationsentwicklungs-Abteilung, die im Hintergrund die Projektarbeit mit begleitet.

> **Praxisbeispiel: Verbreitung der Organisationsentwicklungskompetenz im Krankenhaus – Qualifizierung und Verankerung von internen Beratern für Organisationsentwicklung in den Krankenhäusern der GESPAG**
>
> Die Oberösterreichische Gesundheits- und Spitals-AG (GESPAG) betreibt als ausgegliedertes Unternehmen der Landesregierung 10 Spitäler mit rund 10.000 Mitarbeitern im Land Oberösterreich. Im Jahr 2010 startete die GESPAG ein Programm zur Qualifizierung von Fachkräften zum Thema „Interne Organisationsberatung" und zur Implementierung der Rolle der internen Organisationsberatung. Auf Krankenhausträger-Ebene gibt es bereits eine Abteilung für Organisationsentwicklung, die Veränderungsprozesse seit Jahren erfolgreich unterstützt. Mit dem Programm beabsichtigt der Träger, eine breitere Know-how Basis in den Häusern aufzubauen, um Veränderungsprozesse, die mit der landesweiten Krankenhausreform einhergehen, zeitnah und lokal verankert unterstützen zu können. Diese internen Organisationsberater sind nicht als Vollzeitstellen konzipiert, sondern als „Zusatzfunktionen" von Fachkräften in anderen Kernfunktionen, wie Qualitätsmanagement, Controlling, Pflege und Medizin, technischer Bereich. Ein Beraterteam (unter der Leitung von Ralph Grossmann), an dem mehrere Autoren dieses Bandes (Garbsch, Grossmann, Lobnig, Prammer) beteiligt waren, wurde mit der Durchführung dieses Projekts beauftragt.

Es wurde auf Krankenhausträger-Ebene eine Steuerungsgruppe eingerichtet, um die Führungsgremien der Spitäler und der Holding an der Gestaltung des Programms zu beteiligen. In der Steuerungsgruppe waren je zwei Direktoren aus dem Bereich der Medizin, Pflege und kaufmännischen Direktion (also sechs Top-Führungskräfte aus den Spitälern), der Personaldirektor, der Leiter des Qualitätsmanagements, die Direktorin der Gesundheitsakademie als Verantwortliche für das Qualifizierungsprogramm sowie der Leiter der Abteilung Organisationsentwicklungsabteilung vertreten.

Von der Steuerungsgruppe wurden in einem ersten Schritt die Programmziele und die unterschiedlichen Erwartungen an die Rolle der internen Organisationsentwickler formuliert, in einem zweiten Schritt der Auswahlprozess gesteuert und in einem dritten Schritt die Qualifizierung selbst aktiv begleitet und ausgewertet.

Die Teilnehmer für das Programm wurden in einem mehrstufigen Prozess ausgewählt. Erster Schritt war die Formulierung von Anforderungen an die Rolle und die Einholung von personellen Vorschlägen der kollegialen Führungen der Spitäler oder von den Bereichsdirektoren der Zentrale. Die Kandidaten wurden zu Assessmentworkshops und Einzelinterviews eingeladen und die Teilnehmer anschließend auf Basis dieser Ergebnisse ausgewählt. Die Steuerungsgruppe achtete darauf, dass insgesamt eine ausgewogene Beteiligung der Berufsgruppen ermöglicht wurde. Im Rahmen einer Kick-off- und Informationsveranstaltung wurden schließlich 22 Personen in die Qualifizierung für die neue „Zusatzrolle" aufgenommen: leitende Pflegekräfte, erfahrene Ärzte, Führungskräfte und Fachleute aus Verwaltung und Technik, Qualitätsmanager und Personalentwickler.

Die Qualifizierung umfasste drei dreitägige Seminare zu Grundlagen, Instrumenten und Haltungen der Organisationsentwicklung und -beratung sowie drei Beratungstage mit Untergruppen zur persönlichen Entwicklung der Rolle und zur Supervision von ersten Projekterfahrungen in dieser neuen Rolle.

In Kamingesprächen mit Vertretern des Managements wurden offene Fragen des Verständnisses der Rolle und der Implementierung diskutiert. Mit der Übergabe eines Zertifikats durch den Personalvorstand wurde die Qualifizierung abgeschlossen und die neue Rolle zusätzlich legitimiert.

Das Rollen- und Aufgabenprofil der internen Berater umfasst folgende Aufgabenfelder:

Die internen Berater für Organisationsentwicklung sind Berater der Kollegialen Führungen und anderer Führungskräfte in der Gestaltung von Veränderungen, derzeit insbesondere im Rahmen der Projekte der Spitalsreform. Sie sind im Auftrag der Kollegialen Führung tätig und werden für diese Aufgaben projektbezogen zeitlich entsprechend des Aufgabenumfangs eines Projekts freigestellt.

Sie sollen folgende Leistungen in Abstimmung mit den beteiligten und beauftragenden Führungskräften und Stabsstellen erbringen: die Gestaltung und Moderation von Meetings, das Anbieten von Methoden der Organisationsentwicklung, um bestimmte Problemstellungen zu bearbeiten, das Einbringen von Wissen zu Organisationsgestaltung und Veränderungsmanagement sowie von Fragen und Beobachtungen zu sensiblen Punkten in Veränderungsprozessen. Die internen Berater sollen aktiv den Kontakt und den Aufbau von Verbindungen zwischen allen beteiligten Berufsgruppen und Organisationseinheiten fördern. Bei komplexeren Projekten können sie damit beauftragt werden, den Aufbau der notwendigen Veränderungsarchitektur zu gestalten und einen längerfristigen Prozess zur Implementierung, der Evaluierung und Weiterführung der Veränderungsprozesse zu koordinieren. Besonderes

Augenmerk wird darauf gelegt, dass die internen Berater sich mit der Spitalsreform aktiv auseinandersetzen und ihre gewonnenen Erfahrungen auch an die Linienfunktionen rückgespiegelt werden. Damit soll ein kooperativer Prozess der Organisationsentwicklung im Sinne des organisationalen Lernens unterstützt werden.

Neben der Qualifizierung ist die Ausgestaltung und Implementierung dieser neuen Rolle als eigener Organisationsentwicklungsprozess erfolgskritisch. Die GESPAG hat dazu in einem Organisationsentwicklungs-Workshop für die kollegialen Führungen der GESPAG-Häuser und einem vergleichbaren Workshop für die Betriebsratsvorsitzenden das Verständnis für die Aufgaben und Rollen in der Organisationsentwicklung diskutiert und ein gemeinsames Bild dazu erarbeitet. In einem ersten Vernetzungstreffen der Absolventen wurden bisher gemachte Erfahrungen mit der Implementierung und ersten Aufträgen bearbeitet. In einem großen Führungstag, an dem mehr als 350 Führungskräfte teilnehmen werden, kommen die Absolventen als Moderatoren zum Einsatz, damit werden sie auch sichtbar und in der Unternehmensentwicklung wirksam. Es ist geplant, dass die Professionalisierung weiterhin entlang der aktuellen Bedarfe verstärkt wird durch weitere Qualifizierung und Adaptierungen des Rollenkonzepts und seiner Einbettung in die Organisationsstrukturen.

Autor des Praxisbeispiels: Ralph Grossmann

6.2.7 Investition in die Arbeitsbeziehung zwischen Krankenhausleitung und Organisationsentwicklung

Aktuelle Forschungsergebnisse zeigen, dass Stabsstellen mit direkten Beziehungen zur Führungsebene bessere Ergebnisse erzielen, weil sie mit dieser Managementnähe eine gewisse Durchsetzungsstärke erhalten (Richter; Wendtlandt 2010). Für die interne Organisationsentwicklung bedeutet dies, dass es erfolgskritisch ist, Arbeitsbeziehungen und Vertrauensbeziehungen zu Krankenhausleitungen und Krankenhausträgern gezielt aufzubauen. Ein zentraler Erfolgsfaktor für eine gelingende Zusammenarbeit ist die kontinuierliche eigene Beschäftigung mit strategischen, wirtschaftlichen und gesundheitspolitischen Fragestellungen und die Mitarbeit an strategischen, wirtschaftlichen und gesundheitspolitischen Themen und Projekten. Dafür ist es wichtig, sich nicht ausschließlich als Berater, der auf einen Auftrag reagiert, sondern als Managementfunktion wahrzunehmen. Dazu gehört auch die Haltung und Bereitschaft, Risiken einzugehen durch unkonventionelle Vorschläge und auch Managemententscheidungen und -strategien kritisch in all ihren Wirkungen und Risiken zu diskutieren (Weiss 2006). Eine besondere Aufgabe besteht darin, die Perspektiven aus anderen Krankenhäusern mit ähnlichen Entwicklungen, die Perspektiven von extramuralen Einrichtungen und Patienten bzw. Angehörigen in die Diskussion einzubringen. In ihrer Expertenfunktion bringt die interne Organisationsentwicklung als Sparringpartner entweder entsprechendes Wissen ein oder richtet eine Arbeitsstruktur ein, wo Repräsentanten dieser externen Perspektiven involviert werden.

Ferner muss man eine zentrale Besonderheit in der Auftragslage interner Stabsstellen wie Organisationsentwicklung beachten (Boos et al. 2006). Wenn interne Stabsstellen aktiv werden, dann nicht immer, weil sie von den betroffenen Bereichen geholt werden. Die Kooperation wird häufig zwischen dem Krankenhausträger oder der oberen Leitungsebene eines Krankenhauses und dem Bereich beauftragt. Der interne

Organisationsentwickler muss sich daher immer auch erst eine Kooperationsbasis mit den betroffenen Akteuren in den Bereichen erarbeiten und die Akteure müssen sich mit der „Einmischung" in ihren Bereich auch zurechtfinden. Dies hat Konsequenzen für beide Teile, denn die Zusammenarbeit ist weniger freiwillig als gestiftet. Dennoch muss sich für gelingende Organisationsentwicklung eine tragfähige und vertrauensvolle Basis entwickelt, damit Veränderungen erwirkt werden können. Die Akteure müssen sich in ihre „Karten" schauen lassen und über Mängel und Probleme bereit werden zu sprechen. Eine tragfähige Arbeitsbeziehung mit den wichtigen Playern fördert eine persönliche Glaubwürdigkeit der internen Organisationsentwickler und hilft in heiklen Situationen mit multiplen Interessenslagen. Viele Projekte verlangen ein gleichzeitiges Agieren für unterschiedliche Auftraggeber, die oft zueinander in strukturell wichtigen Konflikten stehen. Im Krankenhaus bedeutet dies z.B., Aufträge seitens einer Abteilungsleitung mit jener einer übergeordneten Fachabteilung (z.B. Controlling) zu koordinieren. Ein professioneller Umgang mit den daraus resultierenden Spannungen und das Bereitstellen von sozialen Situationen, in denen diese Spannungen sachlich und emotional ausgetragen werden können, ist eine zentrale Aufgabe für interne Organisationsentwicklung.

6.3 Rollenanforderungen an interne Organisationsentwicklung

Die Rolle der internen Organisationsentwicklung – unabhängig von ihrer organisatorischen Verankerung – umfasst sowohl Beratungsleistungen wie auch Führungsleistungen. Einmal tritt die interne Organisationsentwicklung als helfende Instanz bei der Lösung aktueller organisationaler Probleme auf, ein andermal tritt sie in einer Führungsrolle mit einer spezifischen Zielvorstellung, wie und in welche Richtung ein Thema bearbeitet werden soll, auf. Dieses Spannungsfeld erzeugt nach außen hin häufig Verwirrung bei den Mitarbeitern des Krankenhauses, die sich fragen ob die internen „OEler" („Organisationsentwickler") nun Gesandte des Managements sind oder Berater, die ihnen beim Lösen IHRER Probleme helfen. Beides ist je nach Anforderung in der Praxis manchmal der Fall. Für das professionelle Handeln ist dies anspruchsvoll, denn für die Übernahme von Führungsaufgaben einerseits und die Beratung eines Systems andererseits sind doch ziemliche unterschiedliche Rollenverständnisse und Interventionsdesigns erforderlich.

6.3.1 Die Rolle der internen Organisationsentwicklung zwischen Beratungs- und Führungsfunktion – Facetten des professionellen Selbstverständnisses interner Organisationsentwickler

In der deutschsprachigen Aufarbeitung des professionellen Handlungsfeldes interner Organisationsentwicklung wird primär die Beratungsfunktion hervorgehoben (Krizanits 2011). Interne Organisationsentwicklung wird als Beratungsfunktion im Unterschied zur Entscheidungsfunktion von Führungskräften konzeptioniert, die beobachtet und berät, damit die Führungskräfte bessere Entscheidungen treffen können. Der Vorteil dieser Konzeption liegt in einer klaren Arbeitsteilung zwischen interner Organisationsentwicklung und der Führung einer Organisation. Nach Krizanits umfasst das Rollenset interner Organisationsentwicklung neben der Bereitstellung von Expertise, der direkten operativen Beratung, der Bereitstellung von Arbeitsmethoden und dem Managen von Prozessen quer zur Linie auch eine edukative Funktion für Entscheidungsträger. Organisationsentwicklung hat die Funktion des organisationalen Gedächtnisses und im besten Falle ein Mandat für die Beziehungsgestaltung zu relevanten Umwelten der Organisation.

Die Realität zeigt allerdings im Krankenhaus – aber auch zunehmend in der Wirtschaft und öffentlichen Verwaltung – oft ein anderes Bild. Interne Organisationsentwickler sind gefragt, unterschiedliche Managementaufgaben zu integrieren, so zum Beispiel strategische Ziele in konkrete Organisationsleistungen zu übersetzen, insbesondere in Fragen bereichs- und funktionsübergreifender Prozesse. Sobald nämlich mehrere Subsysteme an einem Organisationsentwicklungsthema beteiligt sind, braucht es eine richtungsweisende Steuerung und ein operatives Management, dass dieses Ziel konsequent verfolgen kann. Gerade die be-reichsübergreifenden Prozesse brauchen eine integrierende Führung und Beratung gleichzeitig, die eben der internen Organisationsentwicklung zukommt. Hier reicht es nicht, sich als Berater im klassischen Sinne aufzustellen, denn die Unterscheidung zwischen beraten und umsetzen ist in einer Organisation eine Frage, die ihre Wurzeln in den frühen Ausprägungen externer Beratung hatte.

Auf der anderen Seite des Spektrums von Selbstverständnissen interner Organisationsentwickler schlagen aus genau diesen organisationalen Anforderungen Peter Senge und Kollegen (1999) vor, dass interne Experten wie etwa auch Organisationsentwickler als Führungskräfte bezeichnet werden sollten, denn sie führen tatsächlich Prozesse organisationaler Veränderung und Innovation. Sie sind nicht fix einer Struktur zugerechnet sondern haben eine Art „Schmetterlingsfunktion" zwischen den unterschiedlichen Bereichen und Logiken (s. Tab. 13). Daher ist es für die interne Organisationsentwicklung wichtig, dass sie in ihrem Selbstverständnis diese Führungsverantwortung erkennt und wahrnimmt. Dies bedeutet nicht, dass sie ihre beratende und prozessunterstützende Haltung aufgibt, sondern ihre beratenden und entwick-

Tab. 13 Drei Typen von Führungskräften und ihr Einfluss auf Veränderungsinitiativen (in Anlehnung an Senge et al., 1999)

Linienmanager	Stabsstellen und interne Netzwerker	Top Management
Abteilungsleitungen, Stationsleitungen, Teamleitungen	Qualitätsmanagement, Controlling, Organisationsentwicklung, Person, EDV	Krankenhausleitungen, Leitungen größerer Departemente
Sind ergebnisverantwortlich, haben Autorität vor Ort, ihre Aktivität ist entscheidend für die Umsetzung jeder Veränderung, bleiben meist auf ihren Verantwortungsbereich begrenzt;	Sind nicht auf eine Einheit beschränkt, haben Systemblick, können zwischen Einheiten vermitteln, können Linienmanagement unterstützen, gute Beziehung zum Top-Management hilft Veränderungsinitiativen zu stärken und bei Bedarf Ressourcen zuzuführen	Sind für Gesamtergebnis verantwortlich, sehen „big picture", müssen „breite Aktivitäten" initiieren, einzelne Einheiten und deren Schnittstellengestaltung optimieren, sind aber nicht direkt in Leistungsprozess eingebunden;
Sinnstiftung und Zielvermittlung von Veränderungen, Motivation erzeugen, Lernprozesse an der Basis ermöglichen	Netzwerker, Förderer, Umsetzungsbegleiter; Lernermöglicher im Sinne des Vermittelns von Prozesskompetenz	Initiator, Mentoren, Coaches, Ressourcen zur Verfügung stellen für Veränderung und Lernen

lerischen Leistungen als Führungsleistungen wahrnimmt und um operative Führungsfunktionen ergänzt. Dabei konkurrieren sie nicht mit den anderen Führungskräften um den „Lead", sondern orientieren sich an einem kooperationsorientierten Verständnis von Führung auf die Zusammenarbeit mit den Führungskräften in den medizinischen Kernleistungen und die systematische Involvierung vieler Perspektiven. Damit fördern sie Verantwortungsübernahme von vielen Stellen der Organisation aus und zeigen, dass Führen als gemeinsame Leistung unterschiedlicher Akteure zu einer erfolgreichen multiprofessionellen Organisation beitragen kann. Dies erfordert auch seitens des Top-Managements die Haltung, dass Entwicklung – von Personen, Teams, Prozessen und Strukturen – zentrale Führungsleistungen sind (s. den Beitrag von Grossmann; Greulich 2013, s. Kap. II.1). Interne Organisationsentwickler sind hier auch auf entsprechend ausgebildete Krankenhausmanager angewiesen.

Diese integrierende Sicht von Peter Senge und Kollegen wird durch aktuelle Ansätze der Führungsforschung unterstützt, die Führung nicht nur als formale Funktion einer Person mit Entscheidungsbefugnis betrachtet. Das unter dem Begriff „Distributed Leadership" im englischsprachigen Raum diskutierte Führungsverständnis, begreift Führung als einen sozialen Prozess zwischen unterschiedlichen Akteuren einer Organisation zur gemeinsamen Erreichung von Zielen der Organisation (Bolden et al. 2011). Führungsleistung kann nicht mehr ausreichend Einzelpersonen oder Einzelfunktionen zugeteilt werden, sondern ist eine gemeinsame Leistung in der Organisation durch Personen, Prozesse und Strukturen. Dies bedeutet, dass Führung auf eine Kooperation zwischen Akteuren einwirkt, also sich daher auch an „Gleichrangige" richtet und Führung selbst auf diese Kooperation angewiesen ist. Dieses Führungsverständnis kann jedoch nicht nur von einerw internen Organisationsentwicklung wahrgenommen werden, im Sinne einer strategieorientierten und proaktiven Gestaltung von Organisationsentwicklungsprozessen. Es braucht dazu eine strategische Entscheidung beim Krankenhausträger sowie auf der Ebene des Krankenhauses, um entsprechende Haltungen und Leitprinzipien zu realisieren. International zeigt sich inzwischen deutlich, dass die Führungsrolle der internen Organisationsentwicklung Eingang in die Rollenbeschreibungen finden.

Praxisbeispiel: Ausschreibung einer internen Organisationsentwicklungsfunktion für einen Experten im Krankenhaus (Advocate Health Care, Chicago 2012)

„The purpose of this position is to directly drive the implementation, hardwiring and sustainability of the Advocate Experience throughout the organization. Associates in this role will build and maintain direct partnerships with senior leadership across Advocate in the integration and oversight of organizational change. Using an evidence-based model, the person in this position utilizes a detailed framework and practical how-to's to hardwire a culture of service and operational excellence that leads to improvements in all Key Result Areas. All aspects of the role should be achieved through continuous demonstration of Advocate's Mission, Values, and Philosophy.

Accountabilities

- Serve as an expert resource for site leadership on organizational change, performance and development and all components of the Advocate Experience model.
- Partner with site executive teams and champions to develop and effectively execute a site implementation plan to hardwire and sustain the Advocate Experience.

- Ensure Advocate Experience project deliverables are completed on time, according to the pre-determined specifications, and with the achievement of expected outcomes.
- Provide coaching and direction to site service teams to ensure team effectiveness and achievement of outlined objectives.
- Assume responsibility for the management of an assigned system-level project, (a component of the Advocate Experience) achieving expected deliverables/outcomes within the timeframes pre-determined in the project/implementation plan."

Aufschlussreich ist an diese Ausschreibung, dass in der Stellenbeschreibung neben den Beratungsleistungen auch ausformuliert wird, wofür der interne Organisationsentwickler verantwortlich ist („Accountabilities"). Es ist anzunehmen, dass diese Tendenz sich zunehmend auch im deutschen Sprachraum durchsetzen wird, wenn der Managementanteil an der internen Organisationsentwicklung gestärkt wird.

Die Ausrichtung von interner Organisationsentwicklung als strategische Führungsfunktion hat auch Konsequenzen für die Management-Ausbildung von Führungskräften. So gesehen sind jene Praxisansätze, die das Thema Organisationsentwicklung in die Rollenprofile und Personalentwicklungsmaßnahmen von Führungskräften integrieren, zukunftsweisend, weil damit die gemeinsam zu erbringende Führungsleistung mit kompetenten Akteuren betrieben werden kann.

Dies bedeutet, dass interne Organisationsentwicklungsabteilungen in Krankenhäusern sich auch selbst strategisch positionieren können und sollen. Sie können eigenständig planen, wie viele Ressourcen sie in beratende/managementunterstützende Projekte investieren, und wie viele Ressourcen sie in strategische und gesamtorganisationelle Projekte investieren. Die Verteilung dieser Ressourcen entscheidet letztlich auch darüber, wie die interne Abteilung langfristig in der Organisation wahrgenommen wird und welche Aufgaben ihr auch zugetraut werden.

Praxisbeispiel: Herausforderungen interner Organisationsentwicklung – am Beispiel des Wiener Krankenanstaltenverbundes. Ein Interview mit Oberin Margit Ernst, Leiterin der Stabstelle Organisations- und Projektmanagement

Der Wiener Krankenanstaltenverbund betreibt Krankenhäuser, Pflegewohnhäuser und Schulen für Gesundheits- und Krankenpflege in Wien. Er ist mit 32.000 Mitarbeitern der größte Krankenhausbetrieb Europas. Die interne Organisationsentwicklung des Wiener Krankenanstaltenverbundes weist über eine zwanzigjährige Erfahrung in der Gestaltung von internen Organisationsentwicklungsprozessen auf und gehört damit zu den Pionieren in der Erfahrung mit interner Organisationsentwicklung. Die interne Organisationsentwicklung ist eine Stabstelle der Medizinischen Direktion und besteht aus einer Abteilungsleitung und acht internen Organisationsentwicklern. Dagmar Untermarzoner interviewte Oberin Margit Ernst, die Leiterin der Stabstelle Organisations- und Projektmanagement, die nach einer langjährigen Tätigkeit als leitende Pflegekraft die Gründung und Entwicklung der internen Organisationsentwicklung führend gestaltet und sie zu einem attraktiven Rollenmodell für viele europäische Krankenhäuser gemacht hat.

Dieses Beispiel zeigt die Entwicklung einer Organisationsentwicklungs-Abteilung über 20 Jahre von der projektförmigen Unterstützung kleinräumiger Pilotprojekte zum Akteur für flächendeckende Organisationsentwicklungsprozesse. In diesem Beispiel bildet sich gewissermaßen die historische Entwicklung der fachlichen Disziplin der internen Organisationsentwicklung exemplarisch ab. Es zeigt auch die komplexe Rollenvielfalt der Organisationsentwicklung als eine Einheit, die einerseits reaktiv auf Aufträge tätig werden muss, andererseits sich aber auch verstärkt als interner Themenführer positioniert und damit zum Sparringspartner für das Top-Management in der Entwicklung der Organisation geworden ist.

Dagmar Untermarzoner (D.U.): Frau Ernst, wo sehen Sie heute die Hauptaufgaben für die interne Organisationsentwicklung im Wiener Krankenanstaltenverbund?

Margit Ernst (M.E.): Es sind vor allem zwei Aufgaben der internen Organisationsentwicklung: auf der einen Seite ganz konkrete Aufträge der Leitung abzuwickeln und anderen Seite selbst Ideen entwickeln für die Entwicklung der Organisation als Ganzes zu entwickeln und anzustoßen. Dabei dürfen wir nicht vergessen, dass es die Führungskräfte sind, die in der Leitung und Entscheidungsfunktion sind und nicht wir, die Entwickler. Wenn die Organisation etwas macht, weil es die Organisationsentwicklung vorschlägt und sie es selbst nicht trägt, dann ist es zum Scheitern verurteilt, weil man die notwendigen Beiträge und Leistungen der Organisation nicht abrufen kann. Dies ist für uns nicht immer leicht zu balancieren, denn interne Organisationsentwickler sind sehr begeisterungsfähige Menschen und wollen die Organisation für ihre Visionen gewinnen. Da müssen wir uns dann vergegenwärtigen, dass nicht wir das Unternehmen führen. Es gibt da eine Grenze in unserer Verantwortung, wohl Ideen zu geben, aber die Entscheidung den Entscheidern zu überlassen.

D.U.: Wo sehen Sie die wesentlichen zukünftigen Herausforderungen für die interne Organisationsentwicklung?

M.E.: Um unsere Zukunft zu verstehen, ist es aus meiner Sicht wichtig, in unsere Geschichte zurückzublicken. Ein Großteil der Erfolgsgeschichte der internen Organisationsentwicklung im Krankenanstaltenverbund war die Initiierung und Begleitung von bereichsbezogenen Organisationsentwicklungs-Prozessen, also innerhalb konkreter Abteilungen in unseren Einrichtungen. Die Grundidee bei unseren Begleitungsprozessen war der projektmanagementorientierte Zugang, der besagte, dass Innovationen nicht in der normalen Linienorganisation eines Krankenhauses, sondern durch eine bereichsübergreifende Projektstruktur besser entwickelt werden können. Wirkt ein solches Pilotprojekt erfolgreich, so kann es von der Organisation gesamt übernommen werden.

Die Erfahrung hat uns jedoch in vielen Fällen gezeigt, dass die Pilotprojekte zwar sehr erfolgreich waren und auch von der Organisation als Ganzes als erfolgreich evaluiert wurden, dass die Organisation aber nicht bereit war, die Vorgangsweisen aus Pilotprojekten zu übernehmen. Das Hauptargument war immer wieder, dass die Bedingungen und konkreten Umstände in anderen Abteilungen andere wären und somit eine Übernahme der neuen Vorgangsweisen nicht möglich sei. Diese wiederholten Erfahrungen im Scheitern mit der organisationsweiten Verbreiterung, haben in der Stabstelle Organisationsentwicklung zu einem radikalen Umdenkprozess geführt. Die Herausforderung ist für uns aktuell, Organisationsentwicklungs-Maßnahmen so zu planen, dass gleich inhaltlich und in der Prozessanlage mitgeplant wird, wie das Ergebnis für die gesamte Fläche der Organisation künftig aussehen soll. Das bedeutet solche Methoden zu wählen, die es erlauben, mehrere hundert Mitarbeiter gleichzeitig einzubinden und die Stimme von allen Betroffenen zu hören, was zu einer verstärkten Nutzung von Whole-System-Ansätzen führt. Darunter verstehen wir Methoden und Prozesse aus der Großgruppenintervention. Wir arbeiten mit sehr großen Gruppen und dazwischen mit Projektgruppen und -strukturen, deren Ergebnisse wieder in Großgruppenprozesse einfließen und dort weiterbearbeitet werden. Gleichzeitig planen wir nicht nur das konkrete Vorhaben, sondern von Beginn an einen gesamten Entwicklungs- und Umsetzungsprozess in der Gesamtorganisation. Das bedeutet, dass eine Kernaufgabe der internen Organisationsentwicklung die Planung eines Prozesses bis zur flächendeckenden Implementation der gewünschten Ziele schon von Beginn an aktiv in Angriff nimmt.

D.U.: Welche Beispiele könnte den eben beschriebenen Zugang gut illustrieren?

M.E.: Ein Erfolgsprojekt ist mit Sicherheit unser organisationsweites Vorhaben zur Verbesserung der Ausbildungsqualität für Turnusärzte gewesen. Die interne Organisationsentwicklung hat in der Tat alle im Krankenanstaltenverbund tätigen Turnusärzte in Veranstaltungen eingeladen, und sie gebeten, ihre Sicht der Dinge darzustellen. Gemeinsam mit den anwesenden Ausbildungsverantwortlichen wurden dann die wesentlichen Problembereiche erarbeitet, aus denen dann in der Folge Arbeitspakete und Projektgruppen geschnürt wurden. Dieses Projekt ist durch die Beteiligung aller Turnusärzte auf sehr große Akzeptanz gestoßen und die Erfolge konnten flächendeckend erarbeitet werden.

Ein zweites Erfolgsbeispiel ist die laufende Planung des Krankenhaus Nord, wo die Stabstelle Organisationsentwicklung alle Mitarbeiter, die in das neue Haus übersiedeln, von der ersten Stunde an aktiv mit einbezogen hat, ganz nach dem Grundsatz der Organisationsentwicklung, Betroffene zu Beteiligten zu machen. Der Krankenanstaltenverbund hat aufgrund der Stadtentwicklung entschieden ein neues Krankenhaus zu bauen, das nicht nur zusätzliche Leistungen für die Wiener Patienten anbieten kann, sondern auch ermöglicht, dass jene kleinen Standorte, die alleinstehend zukünftig nicht mehr aus Ressourcengründen nach State of Art betrieben werden können, durch die Konzentration auf einen Standort mit vielen zentralen Dienstleistungen weiterhin erfolgreich arbeiten können. Noch bevor ein Planungsauftrag erteilt wurde, haben wir Mitarbeiter, Patienten und auch Kinder in die Planungsarbeiten eingebunden, in dem wir sie danach gefragt haben, wie das Krankenhaus der Zukunft sein soll.

Diese Anregungen wurden zusammengefasst und allen an der Planung beteiligten Gruppen übergeben. Bereits jetzt kann man sagen, dass viele der Ideen realisiert werden können.

Beispiele sind die Gestaltung heller und freundlicher Räume, transparenter Abläufe sowie der Einsatz der Professionen nach deren Kernkompetenzen, damit meinen wir das Vermeiden von berufsfremden Tätigkeiten. Ebenfalls ist es uns gelungen verstärkt Einrichtungen zu etablieren, die multiprofessionell und interdisziplinär genutzt werden, wie ein interdisziplinäres Erstversorgungszentrum.

In der Folge wurde von Beginn der Planung weg Nutzergruppen definiert und sowohl die Betriebsorganisation als auch die Raumplanung mit diesen Gruppen erarbeitet. Die Zusammensetzung der Nutzergruppen orientierte sich an den Themen der Betriebsorganisation und an der Gestaltung der Abläufe. Insgesamt waren rund 500 Mitarbeiter unterschiedlicher Professionen und hierarchischer Ebenen in den Planungsprozess eingebunden. Das war sehr anspruchsvoll im Zeitmanagement, aber die Beteiligung war hoch und extrem konstruktiv. Ecken und Kanten des Spitalsalltags wurden von Beginn an thematisiert und Lösungen für das neue Krankenhaus gesucht und gefunden. So entstand z.B. ein „mobiler Schrank", der den Patienten von der Aufnahme bis zur Entlassung begleitet. Damit konnte das langjährige Problem der „Depositengebahrung" so gelöst werden, dass die Patienten in Zukunft nicht mehr ihr Hab und Gut zum Versperren abgeben. Die persönlichen Dinge bleiben bei ihnen und bei Verlegungen sind keine lästigen Umpackmaßnahmen mehr erforderlich. Mit solchen und vielen anderen Veränderungen planen derzeit ca. 400 Mitarbeiter aktiv ein neues Krankenhaus mit, das in Kürze auch bereits bauliche Konturen annehmen wird. Wir haben auch gelernt, dass sich Architekten und Planer miteinander eine Verständnisbasis erarbeiten müssen ebenso wie mit den Nutzern. Die gegenseitige Skepsis war anfangs groß, wir haben aber die Erfahrung gemacht, dass das Planungsergebnis ungleich besser ist. Auch bei diesem Projekt wie auch bei anderen gab es die Befürchtung von Außenstehenden, dass die Ärzte nicht mitarbeiten würden, was sich als vollkommen falsch herausgestellt hat. Die Ärzte haben gerne und aktiv in der Hausplanung mitgearbeitet, weil sie die Chance sahen, die Dinge, die jetzt nicht funktionieren, im neuen Haus zu verbessern. Das hat die Architekten und Planer sehr gefordert, aber zu letztlich besseren Ergebnissen geführt.

D.U.: Was erachten Sie als besonders wichtig in der Involvierung von Ärzten in Organisationsentwicklungsprozesse?

M.E.: Eine besondere Herausforderung in der Involvierung von Ärzten ist, dass Ärzte sehr ergebnis- und nutzenorientiert agieren, was für Organisationsentwicklungsprozesse bedeutet, dass Sinn, Nutzen und Ergebnis von Beginn allen Beteiligten klar sein muss. Während andere Berufsgruppen, wie die Pflege von sich aus eher begeisterungsfähig für organisationelle Veränderungsprozesse ist, verlangen Ärzte nach mehr Daten. Diese Haltung ist aus Sicht der Stabstelle besonders erfolgsträchtig für die zukünftige Organisationsentwicklung, denn so ist sie somit besonders gefordert ergebnisorientiert zu arbeiten, was für alle Beteiligten von Vorteil sein wird. Die Qualität des ärztlichen Zugangs ist das kritische Fragen stellen. Das bedeutet, dass sich die interne Organisationsentwicklung eben einen Prozess designen muss, der Daten produziert und diese auch verarbeitet und sichtbar macht.

D.U.: Welche Qualifikationen sind für interne Organisationsentwickler besonders wichtig?

M.E.: Die Grundlage der Qualifikation der internen Organisationsentwicklung ist das Qualitäts- und Projektmanagement als gemeinsame Basis. Die acht Mitarbeiter haben dann jeweils differenzierte Schwerpunktausbildungen in Risikomanagement, Organisationsentwicklung, Großgruppen-Ansätze, Personalentwicklung oder Coaching. Organisationsentwickler müssen zukünftig insgesamt eine stark gewinnende Fähigkeit haben, sie müssen Menschen gern haben und sich gerne mit ihnen umgeben.

D.U.: Was sind aus Ihrer Sicht die wichtigen Themen für die Zukunft der internen Organisationsentwicklung?

M.E.: Für die Zukunft sehen wir drei Themen. Erstens die effiziente Gestaltung der internen Leistungsprozesse, ausgehend vom gesamten Patientenaufenthalt, zweitens die Gestaltung der Prozesse zwischen Krankenhaus und ambulanten Einrichtungen sowie drittens den internen Wissensaustausch, von dem alle lernen können. Die Straffung der Leistungsprozesse, ausgehend von der Planung des gesamten Patientenaufenthalt und die damit verbundenen interprofessionellen Aushandlungsprozesse haben zur Folge, dass nicht mehr ausschließlich die Teilprozesse wie Aufnahme, OP, etc. geplant werden, sondern eben die Übergänge und die Schnittstellen dazwischen gesteuert werden müssen. Dies findet aktuell im Wiener Krankenanstaltenverbund über die Einführung des EFQM-Modells statt, das eben neben einer prozessorientierten Unternehmensführung effiziente Prozesse verlangt. Dabei wird die Förderung der interprofessionellen Zusammenarbeit eine zentrale Aufgabe für die interne Organisationsentwicklung sein. Traditionell auf Kompetenzabgrenzung angelegte Rollenbilder müssen neu im Sinne eines patientenorientierten Prozessmanagements entwickelt werden. Es gibt über die gesetzliche Regelung hinaus Leistungen, die gemeinschaftlich geregelt und erbracht werden müssen auch von den beteiligten Berufsgruppen gemeinsam entwickelt und realisiert werden sollten.

Ein zweites Thema wird die Prozessgestaltung über das Krankenhaus hinaus sein, wofür es allerdings noch einige gesetzliche und gesundheitspolitische Weichenstellungen braucht.

Grundsätzlich geht es auch hier um eine Vereinfachung und Sinngebung für alle Prozesse und das Bearbeiten von Alltagsproblemen, die allen Beteiligten das Arbeiten und Zusammenarbeiten leichter machen.

Der Wissensaustausch zwischen erfolgreichen Organisationsentwicklungs-Prozessen im Krankenhaus ist das dritte Thema, das die interne Organisationsentwicklung gerade in Angriff nimmt. Dabei gilt es, die Balance zwischen Spezialwissen und gemeinsam geteilten Wissen neu zu überdenken bzw. festzulegen wer was in der Organisation wissen muss. Denn eine Herausforderung aus der Entwicklung der Krankenhausorganisation ist, dass die Arbeitszeit durch Straffung und komplexere medizinische Herausforderungen immer kostbarer wird und von der internen Organisationsentwicklung angeleitete Diskussionen und Erfahrungsaustausch zukünftig sorgfältiger auf ihren Nutzen hin überlegt werden müssen.

6.3.2 Beratungsfunktionen differenziert wahrnehmen und die Rolle dynamisch gestalten

Organisationsentwicklung ist eine Querschnittsfunktion und kann nicht mehr mit stabilen Aufgabenbeschreibungen ausgestattet werden; sie wird vielmehr als „dynamische Rolle" angelegt (Untermarzoner 2011). Die Funktion der internen Organisationsentwicklung weist durch die unterschiedlichen Anforderungen kein geschlossenes Aufgabenfeld auf. Dies ist nicht, wie man denken könnte, mit der relativen kurzen historischen Entwicklung und noch nicht ausgeprägten professionellen Standards verbunden, sondern hat seinen Ursprung im komplexen Aufgabengebiet selbst und in den rasant sich ändernden externen Anforderungen an die Krankenhäuser aus demografischen Entwicklungen, technischen Möglichkeiten und gesundheitspolitischen Vorgaben.

Interne Organisationsentwickler nehmen typischerweise mehrere Rollengrundtypen wahr, manchmal gleichzeitig, manchmal aufeinander folgend – je nach Anforderung und Situation vor Ort. Sie sind Experten, Berater, Integratoren, Führungskräfte und sogar „Lehrer". Je nach Anforderung der Situation agieren sie als:

- Fachexperten für die Gestaltung von Organisationsentwicklungsprozessen (Prozessgestaltung), sowie für inhaltliche Besonderheiten ihres Krankenhauses (Dienstleistungen, aktuelle medizinische Entwicklungen);
- Berater im klassischen Sinne des Prozessberaters, die anderen durch ihre Haltung und Methoden helfen, ihre eigenen Probleme zu lösen ohne selbst in die inhaltliche Lösung einzugreifen (vgl. Grossmann; Lobnig 2013, s. Kap. I.4.1, Tab. 1)
- Integratoren, die bereichsübergreifende Prozesse zwischen Organisationsteilen managen, sie richten interdisziplinäre Teams ein, entwickeln Projektstrukturen und managen die Projekte;
- Führungskräfte, die nicht in der Linie führen, sondern in verschiedenen Aufgabenfeldern (Prozessmanagement, Projektmanagement, strategische Arbeit, Strukturgestaltung, Personalführung von temporären Arbeitsgruppen);
- Lehrer/Ausbildner für andere Funktionsgruppen; sie geben Wissen weiter, befähigen Kollegen in der gemeinsamen Projektarbeit zur künftig eigenständigen Prozessgestaltung.

6 Rollen und Aufgaben interner Organisationsentwicklung im Krankenhaus

Auch innerhalb einer Beraterrolle selbst, gibt es Abstufungen im Grad der eigenen Involvierung und im Grad der Verantwortlichkeit für die zu erreichenden Ergebnisse einer Beratung, wie Abbildung 21 zeigt. Interne Berater haben die Möglichkeit, sich je nach Projekt und unterschiedlichen Anforderungen der Kollegen und Auftraggeber zu positionieren. Sie können dabei von einer rein prozessbegleitenden Rolle bis hin relativ hohen Projektmitverantwortung gehen. Sie können entweder nur als Reflexionspartner tätig sein („Du machst es – mit mir kannst du es diskutieren") bis hin zum Hands-on-Experten, der führend ein Projekt anleitet. Typischerweise hängt die Wahl der Beratungsrolle auch vom Entwicklungsstand und Erfahrungshintergrund der beteiligten Akteure ab. Je unerfahrener die Akteure im Krankenhaus, desto mehr aktive Anleitung in der Beratung wird wichtig sein, und erst bei einiger Übung kann der Berater sich auf die Reflexion zu einzelnen Fragen zurückziehen. Entscheidend dabei ist das Abschätzen der Anforderungen der Situation und der jeweiligen Zielsetzungen.

Wichtig ist, dass sich interne Organisationsentwickler über die unterschiedlichen Möglichkeiten ihrer Rollengestaltung und deren Wirkungen auf die Prozesse klar sind und dass sie diese Rollen explizit mit den Projektpartnern von Beginn an besprechen und aushandeln. Dabei geht es weniger um die Wahl der eigenen präferierten Rolle als um die Ausgestaltung einer Anforderung und den Möglichkeiten der Akteure. Besonders in Projektkonflikten oder bei schleppendem Vorankommen ist es für interne Organisationsentwickler hilfreich, sich selbst als Instrument zu sehen, und die eigene Rolle mit zu reflektieren. In vielen Praxisfällen zeigt sich, dass unklare Rollen seitens interner Organisationsentwickler zu kollektiven Blockaden führen, weil unklar ist, wer wofür verantwortlich ist und sein soll. Gleichzeitig hat das Aushandeln von Rollen durch die interne Organisationsentwicklung eine Vorbild- und Entwicklungsfunktion für Führungskräfte im Krankenhaus, denn auch sie selbst müssen vermehrt in unterschiedlichen Rollen tätig werden und diese expliziter mit ihren Kollegen und Mitarbeitern aushandeln.

Abb. 21 Unterschiedliche Beraterrollen entlang der Dimensionen Lernen und Ergebnisverantwortung (in Anlehung an McGee o.J.)

Während interne Organisationsentwickler durch die bewusste Reflexion ihrer Rollen mit einiger Übung sich gut darin zurechtfinden, bleibt der häufige Rollenwechsel für Mitarbeiter im Krankenhaus oft nicht so leicht nachvollziehbar. Da die internen Organisationsentwicklungskollegen nicht so leicht einzuordnen sind, wo sie dazu gehören und für wen sie arbeiten, lösen sie Verunsicherung aus und werden daher oft skeptisch betrachtet. Diese Skepsis hat Folgen für die Erfolge von Projekten, denn ohne Vertrauen und Glaubwürdigkeit können interne Organisationsentwickler nicht wirksam werden. Dies bedeutet, dass interne Organisationsentwicklung auch explizit über ihre Leistungen und Rollen in Projekten und mit den Mitarbeitern sprechen müssen und dies explizit erklären müssen, denn nur so haben die Kollegen die Möglichkeiten solche Rollenvielfalten zu verstehen. Dies bedeutet einen erhöhten Kommunikationsaufwand nicht nur für die konkreten Projekte, sondern auch für das Verstehbarmachen der Rollen und Haltungen der Organisationsentwicklung. Die eigene Position als interner Organisationsentwickler und was dies konkret in einem Projekt nun bedeutet, muss in vielen Fällen öfter und wiederholt zur Diskussion gestellt werden, als es für andere Rollen im Krankenhaus notwendig ist.

6.4 Zentrale Aufgabenfelder in der Zukunft interner Organisationsentwicklung

6.4.1 Das Organisationsdesign gestalten – den Zusammenhang zwischen den Elementen einer Organisation im Blick haben und für Interventionen nutzen

Mit der Geschwindigkeit von Veränderungsprozessen und der Gleichzeitigkeit unterschiedlicher Projekte und Veränderungsvorhaben in Krankenhäusern steigt der Justierungsbedarf in der Organisationsgestaltung enorm. Dabei braucht es eine Haltung und ein Konzept um die Anpassung der Organisation gesamthaft angreifen zu können. „Organization Design" umfasst jene Wissensansätze innerhalb und rund um die Organisationsentwicklung, die sich mit der Organisationsgestaltung, also wie eine Organisation aufgebaut, strukturiert und gesteuert werden kann, im engeren befassen. Im Kern geht es dabei um die Frage, wie Organisationen leistungsfähig und veränderungsfähig gleichzeitig gemacht werden können. „Organization Design" weist dabei auf den Zusammenhang zwischen Strategiearbeit, Organisationsstrukturen, Management von Prozessen, Personalmanagement und „Reward Systems" hin.

> **Exkurs**
>
> „Reward Systems" sollen die Zielsetzungen der Organisation mit den Zielen der Person verbinden. Unter diesem Begriff werden Anerkennungen subsumiert, die sowohl materieller als auch nicht-materieller Art sind (Galbraith 2002; 12f.). Daher ist der im deutschen Sprachraum gängige Begriff der Entlohnungs- oder Kompensationssysteme nicht ausreichend. Reward Systeme beinhalten über diese hinausgehend z.B. interne Karrierepfade und attraktive Aufgabenverteilungen, Einbindung in karrierefördernde Netzwerke, ausgewählte Zugänge zu hochwertigen Fortbildungen (fachlich aber auch Führungsausbildungen), Zugang zu renommierten Ausbildnern, Anbindung an renommierte Abteilungen, ausgewählte Forschungsmitarbeit etc.

Hauptaufgabe für die Gestaltung von Organisationen ist die Verschränkung und die aufeinander bezogene Ausrichtung in all diesen fünf Dimensionen in Richtung eines „stimmigen" Miteinanders (Galbraith 2002) (s. Abb. 22). Eine einseitige Fokussierung in der Management- oder Organisationsentwicklungsarbeit auf nur eine Dimension bringt unbalancierte Ergebnisse und Widersprüche hervor. Die koordinierte und zeitnahe Bearbeitung aller Elemente ergibt ein Handlungsschema, das zu einem integrierten Design führt.

Während ein interner Organisationsentwickler sich in seiner Rollengestaltung damit auseinandersetzt, WIE man in eine Organisation eingreift, muss er sich in der konkreten Organisationsgestaltung damit beschäftigen, WAS in einer Organisation zu gestalten ist. Eine zentrale Aufgabe am Beginn jedes Organisationsentwicklungsprozesses ist die Problemdiagnose. Interne Organisationsentwicklungs-Experten brauchen das Know-how, Probleme in mehreren Dimensionen erheben zu können:

- auf der Organisationsebene,
- auf der Prozessebene,
- auf der Teamebene und
- der Personenebene.

Meistens sind Organisationsprobleme komplexe Probleme auf mehreren Ebenen gleichzeitig und brauchen Interventionen auf allen Ebenen. Dazu kann sich die interne Organisationsentwicklung all jener Instrumentarien bedienen, die eine komplexe Problemdiagnose ermöglichen, wie den situationsangemessenen Einsatz von Befragungen, Fokusgruppen, Großgruppen, teilnehmender Beobachtung, Benchmarking.

Für die Organisation Krankenhaus konkret bedeutet Organization-Design-Arbeit immer die Berücksichtigung unterschiedlicher externer und interner Anforderungen. Externe Anforderungen sind exemplarisch gesundheitspolitische Rahmenbedingun-

Abb. 22 Das Star-Model nach Galbraith (2002)

gen, Vorgaben der Krankenhausträger, Bedarfe und Bedürfnisse von Patienten und Angehörigen oder Schnittstellenerwartungen von extramuralen Gesundheitseinrichtungen. Interne Anforderungen sind beispielsweise das Bearbeiten von internen Schnittstellen und Leistungsprozessen, das Umgehen mit der fachlichen Funktionsgliederung und der Kooperation zwischen den Fachbereichen, die Anforderungen aus Qualitätsmanagementsystemen, die Bedürfnisse von Mitarbeitern, das Anpassen von Arbeitszeiten und Arbeitsrhythmen. Wenn Veränderungen geplant werden, ist eine Gesamtbetrachtung der Auswirkungen neuer Lösungen auf die externen und internen Anforderungen besonders wichtig

Es ist heute davon auszugehen, dass die spezifische Beschaffenheit der Organisation Krankenhaus spezielle Steuerungsleistungen auf den unterschiedlichen Ebenen braucht, die nicht einfach durch die Einführung von guten Managern geleistet werden kann. Die Steuerung der Leistungen in einem Krankenhaus bleibt auch bei guten Führungskräften komplex und aufwendig und permanent störungsanfällig. Organisationsentwicklung ist in diesem Sinne zwar einerseits eine Leistung, die internen Organisationsentwicklungsexperten erbringen, andererseits auch eine kollektive Aufgabe aller verantwortlichen Führungskräfte. Das folgende Beispiel der Organisation einer Ethikberatung in einem Krankenhaus zeigt, wie interne Organisationsentwicklung einerseits eine Arbeitsstruktur für Problemlösungen entwickelt und einen Rahmen anbietet, in welchem die beteiligten Akteure dann eigenständig die Problemlösungen ausarbeiten. Illustriert wird in diesem Beispiel auch die Kombination von Organisations- und Personalentwicklung um eine entsprechende Kultur gleichzeitig zu entwickeln.

Praxisbeispiel: Ethikberatung bei den Barmherzigen Brüdern in Österreich. Ein Interview mit Jürgen Wallner, Leiter des Bereichs Personalmanagement, Organisationsentwicklung und Ethikberatung, Mitglied der Kollegialen Leitung des Krankenhauses der Barmherzigen Brüder Wien und Koordinator der Ethikberatung der Barmherzigen Brüder Österreich.[15]

Die Barmherzigen Brüder sind ein katholischer Krankenhausträger in Österreich, der mit über 6.000 Mitarbeitern sieben Krankenhäuser, vier Pflegeeinrichtungen und ein Kurhaus betreibt. Die institutionalisierte Ethikberatung wird derzeit in allen Krankenhäusern angeboten und soll mittelfristig auf die weiteren Einrichtungen ausgedehnt werden. Dieses Beispiel zeigt rund um das Thema Ethik die interprofessionelle Koordination, die systematische Einbeziehung von Patienten und Angehörigen, sowie die Verknüpfung mit Personalentwicklung und Organisationsentwicklungsmaßnahmen. Dieser Prozess wird abgesichert durch die Entwicklung und Kommunikation von entsprechenden Organisationsrichtlinien, die ein Rahmensystem zur Orientierung für Mitarbeiter und Patienten darstellen. All diese Ansätze werden als kulturbildende Maßnahmen verstanden, die eine lernende Organisation unterstützen soll. In diesem Beispiel wird die Verknüpfung von Beratung und Führung durch die interne Organisationsentwicklung besonders praktisch deutlich.

Dagmar Untermarzoner (D.U.): Wie kam es zur Einrichtung einer Ethikberatung in Ihrem Krankenhaus?

Jürgen Wallner (J.W.): Diese Einrichtung ist in Österreich neu und bisher einzigartig. Ich habe einige Jahre in den USA studiert und gearbeitet, dort ist klinische Ethik seit 20 Jahren im-

---

15 Eine ausführliche Darstellung des Ansatzes hat Jürgen Wallner (2004) veröffentlicht.

plementiert. Nachdem es in dortigen Krankenhäusern Vorfälle mit rechtlichen Folgen gab, haben die meisten Krankenhäuser solche Ethikberatung eingerichtet. Die Ethikberatung wird für alle unsere Einrichtungen angeboten. Dabei sind Themen wie die Therapiezieländerung, Umgang mit interkulturellen Ethikkonflikten, Fragen zur Kommunikation im Team, mit dem Patienten, den Angehörigen, sowie die Operationalisierung von Patientenverfügungen und Vertretungsvollmachten Gegenstand solcher Ethikberatungen. Wir haben drei Arbeitsschwerpunkte ausgearbeitet: Erstens die praktische Ethikberatung, das ist direkte Beratung mit dem interprofessionellen Behandlungsteam, dem Patienten und Angehörigen; meist kann der Patient aufgrund seiner gesundheitlichen Situation nicht selbst teilnehmen. Zweitens die Formulierung und Weiterentwicklung unserer Ethik-Policy. Wir haben einen Ethik-Kodex verfasst und entwickeln laufend Richtlinien und Regelwerke, die allen Mitarbeitern, Patienten und Angehörigen Orientierung geben sollen. Der dritte Schwerpunkt ist die Ausbildung unserer Mitarbeiter zum Umgang mit ethischen Fragen.

D.U.: Wie organisieren Sie diese Ausbildung?

J.W.: Dazu veranstalten wir beispielsweise eine interne Konferenz mit 500 Mitarbeitern, wo es einen Vortrag eines Jesuiten über das Thema gibt, warum wir eine achtsame Organisation im Sinne von Karl Weick[16] werden sollten, und am zweiten Tag einen Fachvortrag über „Moralischen Stress und Empathiemüdigkeit". Anschließend gibt es in Kleingruppen Workshops, die von Coaches begleitet werden, in denen die Mitarbeiter sich über eigene Erfahrungen mit diesen Themen und konstruktiven Bewältigungsformen auseinandersetzen können. Für uns ist es besonders wichtig, dass auch die Mitarbeiter mit ihren eigenen ethischen Nöten, wie sie im Alltag zum Beispiel in Entscheidungssituationen eine gute Entscheidung im Spannungsfeld unterschiedlicher Anforderungen und Erwartungen treffen können, sehr ernst genommen werden und Möglichkeiten der Vergemeinschaftung und professionelle Unterstützung erhalten. Erst wer sich selbst mit seinen eigenen ethischen Nöten auseinandersetzen kann, kann für andere ethische Entscheidungen treffen. Dazu üben die Teilnehmer auch den Umgang mit Kollegen, Patienten und Angehörigen in angeleiteten Rollenspielen.

D.U.: Wie sind die Barmherzigen Brüder zu diesen Schwerpunkten gekommen?

J.W.: Wir orientieren uns an drei ethischen Prinzipien, der moralischen Ethik, das Richtige zu tun, der antiken Ethik, die sich mit der Frage beschäftigt, wie kann ich ein gutes Leben für mich gestalten, und der Charakter-Ethik, also der Frage, was machen ethische Probleme mit mir als Person. Wir gehen davon aus, dass Persönlichkeit sich anders entwickelt, wenn sie durch eine Organisation unterstützt wird. Das versuchen wir, in konkreten Organisationsprozessen umzusetzen, in dem wir Unterstützung für ethische Entscheidungen bieten, Mitarbeiter unterstützen, für sich ein gutes Arbeitsleben zu gestalten und sie in ihrer Persönlichkeitsentwicklung durch Weiterbildung fördern.

D.U.: Was sind Anlassfälle für eine solche Ethikberatung?

---

16 Das Konzept der „achtsamen Organisation" (Weick; Sutcliffe 2003) hat in der Organisationsforschung und in der Organisationsentwicklung in den letzten Jahren eine hohe Aufmerksamkeit erlangt. Es basiert auf Forschungsarbeiten mit Hochsicherheits-Organisationen wie Flugzeugträgern, Atomkraftwerken, Bohrinseln, Intensivstationen und dem Betrieb von Eisenbahnlinien also mit Organisationen bei denen Fehler zu fatalen Konsequenzen führen. In diesem Kontext erfolgreich agierende – das heißt hoch zuverlässige Organisationen („High Reliable Organizations") zeichnen sich durch eine Kultur der Achtsamkeit aus, die sich auf fünf Dimensionen bezieht: a) eine Konzentration auf Fehler, b) eine Abneigung gegenüber Vereinfachungen in der Analyse und Interpretation von Problemen, c) eine hohe Sensibilität gegenüber betrieblichen Abläufen, d) ein Streben nach Flexibilität und Veränderung, e) einem Respekt vor fachlichem Wissen der Mitarbeiter in den Basis-Prozessen.

J.W.: Angefragt werden wir meistens von den behandelnden Ärzten. Typische Anlassfälle sind Themen des Lebensendes, wie nach Schlaganfällen, onkologische oder neonatologische Erkrankungen, Geriatrie-Fragen, Demenz und künstliche Ernährung. Es ist inzwischen so, dass es bei einem Großteil der schwerkranken Menschen einer bewussten Entscheidung bedarf, wie weit man weiter medizinisch intervenieren soll bzw. wo man Eskalationsgrenzen ziehen oder sich mit Interventionen zurückziehen soll. Da solche Entscheidungen in der Regel komplexe Abwägungsfragen beinhalten, empfiehlt es sich, hierbei im Kreis des Behandlungsteams, unter Umständen mit dem Patienten oder seinen Stellvertretern (Angehörige u.a.) zu beraten. Die Beratung findet nach einem von uns entwickeltem Gesprächsleitfaden statt, von dem auch eine Dokumentation angefertigt wird. Ich moderiere den Entscheidungsprozess, wie mit der Behandlung fortgesetzt werden soll, stelle durch meine Frage Klärung her und bringe meine eigene Fachmeinung nur bei rechtlichen Fragen oder solchen Themen ein, wo es eine klare Policy bei uns gibt. Die Entscheidung soll strukturiert, konsequent und praxisorientiert sein. Ein anderes Feld für unsere Beratung ist der Umgang mit sogenannten schwierigen Patienten bzw. Patienten, die unsere Mitarbeiter als aggressiv erleben; das ist ein Phänomen, das in den letzten Jahren zugenommen hat. Hier bieten wir die Unterstützung durch externe Konfliktcoaches an, die möglichst zeitnah in moderierten Gesprächen helfen zu deeskalieren und Lösungen für alle Beteiligten zu finden.

D.U.: Wo sehen Sie die Verbindung zwischen Ethikberatung und Organisationsentwicklung?

J.W.: Ziel der Ethikberatung und der Idee der Verbindung mit der Organisation ist es, eine systemweite Gesprächskultur bei uns zu etablieren. Mit jeder praktischen Beratung lernen die Teilnehmer dazu und wir zielen darauf ab, dass in einigen Jahren die meisten Fälle von den Beteiligten selbst moderiert werden können und wir nur mehr in besonders schwierigen Fällen dazu geholt werden.

D.U.: Wie wird dieses Thema von den Mitarbeitern aufgenommen?

J.W.: Es gibt schon Hindernisse aus Sicht der Teilnehmer. Sie sagen, da müssen wir uns eine halbe Stunde Zeit nehmen, die wir nicht haben. Wenn wir aber dann miteinander arbeiten, erkennen die Kollegen oft, wie viele „10-Minuten-Gespräche" sie oft zwischendurch führen, wo sie dann aber auch zu keinen Entscheidungen und für alle guten Lösungen kommen. Insgesamt haben Evaluationen ergeben, dass unsere Leistungen die Belastung der Mitarbeiter gut regulieren, was aus Sicht der Ärzte und Pflege für alle Beteiligten als nützlich erlebt wird.

6.4.2 Die interne Organisationsentwicklung als Integrationsfunktion

Interne Organisationsentwickler haben die Funktion, Integrationsprozesse zu unterstützen und sie stellen wie oben dargestellt Verständigungsprozesse zwischen Professionen, Hierarchieebenen und Arbeitsbereichen her. Anders ausgedrückt: Sie wirken auf die zunehmende Ausdifferenzierung von Leistungen integrativ ein, sind also „Integratoren". Auf diese Weise werden Mitarbeitende in solchen Stabsfunktionen zu wesentlichen Treibern der Entwicklung im Krankenhaus im Sinne einer lernenden Organisation. Mit jedem erfolgreichen Projekt lernt die Organisation auf kommende Problemlagen besser zu reagieren.

Organisationstheoretisch betrachtet erfordert ein Krankenhaus einen besonders hohen Aufwand in der Koordination zwischen unterschiedlichen fachlichen Bereichen, die nicht nur über die Hierarchie geleistet werden kann, sondern eigene Akteure braucht, die ganz konkret Koordination für bestimmte Themen quer über die Funktionseinheiten organisieren. Es sind die Krankheitssituationen sehr unterschiedlich, die Patienten und Angehörigen sehr unterschiedlich, es wechseln die Akteure je nach Tageszeit die Behandlung und die immer besser werdenden medizinischen Leistungen produzieren neue, zumeist ethische Problemlagen, für die es keine standardisierten Entscheidungsprozesse geben kann, sondern Arbeitsstrukturen braucht, innerhalb derer maßgeschneiderte individuelle Lösungen erarbeitet werden. Das bedeutet, dass Abstimmungsprozesse zwischen den involvierten funktionalen Einheiten, Gruppen und Personen informell und formell, bewusst und aktiv koordiniert werden müssen. Galbraith (2002) bezeichnet diese Abstimmungsleistung zwischen funktionalen Einheiten als laterale Koordination. Es braucht unterschiedliche Steuerungsformen mit weniger oder mehr Aufwand, von der informellen Abstimmung, wie den „Tür-und Angelgesprächen", der elektronischen Koordination von Daten, speziellen internen Ansprechpartnern z.B. für Diabetes und Ernährung, zum Einsatz von Teams, wie interdisziplinären Behandlungsteams, bis hin zur Einrichtung von „Integrationsrollen" wie Case Managern. Während es einerseits um die Einrichtung von solchen institutionellen Rollen und Arbeitsstrukturen geht, ist es eine der zentralen Aufgaben für die interne Organisationsentwicklung, solche neuen Koordinationsbedarfe zu erkennen und geeignete einfache oder komplexere Arbeitsstrukturen gemeinsam mit dem Krankenhausmanagement anzuregen und einzurichten oder auch selbst zu managen, bis sich geeignete qualifizierte Rollen entwickeln, die diese Aufgaben dann übernehmen können (siehe das Beispiel Ethikberatung, wo die interne Organisationsentwicklung mit einer breiten Qualifizierungsmaßnahme am Aufbau einer breiten Qualifikation für Ethikberatung arbeitet). Für den Aufbau einer breiten Qualifizierung, die mit einer Entwicklung einer entsprechend sensiblen Organisationskultur einhergehen soll, sind besonders Methoden der Großgruppenarbeit sinnvoll. Sie bringen ganze Systeme an einem Ort und mit einer Fragestellungen miteinander ins Gespräch. Zukünftig wird verstärkt auch der Einsatz von IT-Tools helfen, die im Intranet einer Organisation Chat-Rooms ermöglichen, in denen unterschiedliche Sichtweisen zu wichtigen Themen ausgetauscht und gemeinsame Sichtweisen erarbeitet werden können.

6.5 Ausblick: Interne Organisationsentwicklung als Gestalter systemweiter Innovationen

Aktuelle Diskussionen zur Positionierung der Organisationsentwicklung weisen auf die Möglichkeiten einer gestalterischen strategischen Rolle (interner) Organisationsentwicklung hin. Die Wirkung interner Organisationsentwicklung bleibt limitiert, wenn sie sich mit der Lösung von an sie herangetragenen Problemen beschäftigt und erst dann aktiv wird, wenn sie geholt wird bzw. wenn es in der Organisation ein Problem gibt, das als Organisationsentwicklungs-Problem definiert wird. Die tägliche Bearbeitung von „Alltagsproblemen" wird als nicht ausreichend wertschöpfend verstanden, weil sie Performance im Wesentlichen wiederherstellt und nicht strategisch verbessert (Weiss 2006).

Aktuelle Überlegungen greifen daher verstärkt die Perspektive auf, dass sich interne Organisationsentwicklung zukünftig vorrangig um die „großen Themen" einer Organisation, wie vorausschauende Entwicklung der Organisation, Verbesserung der Gesamtleistung und Innovation kümmern soll (vgl. den Beitrag von Wolf 2013,

Kap. II.7). Die wertschöpfende Funktion zeigt sich nämlich erst dann, wenn die Stabstelle für Organisationsentwicklung tragfähige Vorschläge machen und Aktivitäten zur systemweiten Veränderungen einer Organisation gestalten kann. Es geht also um die Weiterentwicklung der internen Organisationsentwicklung von einer reaktiven Funktion, die auf Anfrage hin aktiv wird, zu einer proaktiven Funktion, die eine eigenständige Position einnimmt, auf Chancen und Risiken hinweist und Interventionen setzt. Das bedeutet verstärkt eine Auseinandersetzung mit den Themen Strategie und Innovation. Das folgende Praxisbeispiel illustriert, wie dieser Anspruch realisiert werden kann.

Praxisbeispiel: Das Innnovationsteam von Kaiser Permanente, Kalifornien (USA)[17]

Kaiser Permanente ist mit 8,6 Millionen Versicherten und 136.000 Mitarbeitern eines der größten Unternehmen der Gesundheitsversorgung in den USA. Seit 2003 beschäftigt sich ein Team der Abteilung für Organisationsentwicklung mit der Einführung von Innovationen. Innovation wird dabei ganz praktisch verstanden. Das Krankenhausmanagement hat fünf strategische Kernbereiche für Innovation definiert:
1. Verbesserung klinischer Prozesse,
2. Einsparen von Zeiten und Verbesserung von Kommunikation,
3. Management und Prävention chronischer Erkrankungen,
4. Neue Formen von Pflege unter Nutzung von IT und Technik (Robotersysteme) und
5. Tele-Gesundheit.

Der „human-centered design" Ansatz geht davon aus, dass wirkungsvolle Innovation kontextbezogen ist und betrachtet deshalb Mitarbeitende und Patienten als Kooperationspartner. Dies unterscheidet service-orientierte von forschungsbasierten Innovationen.

Führungskräfte aller Organisationseinheiten (Patientenversorgung aber auch Labors, Technik, Administration) können Innovationensberater anfragen, sie können aber auch selbst tätig werden, wenn Kommunikations- oder Qualitätsprobleme auftreten. Die Innovationsberater versuchen sich zunächst ein umfassendes Bild eines Problems zu machen. Sie besuchen Stationen, beobachten Arbeitsabläufe, führen Interviews mit Ärzten und Pflegenden aber auch mit Patienten und Angehörigen durch. Nach dieser Diagnostik entwickeln sie gemeinsam mit ausgewählten „Co-designern" (nominierte Personen aus allen Bereichen des Krankenhauses) mögliche Lösungsansätze in „Brainstorming Workshops". Ein Beispiel: Analysen bei der Verteilung von Medikamenten zeigten, dass die Fehleranfälligkeit beim richtigen Einsortieren durch das Pflegepersonal mit der Häufigkeit von Unterbrechungen durch externe Quellen zusammenfielen. Im Brainstorming Workshop gemeinsam mit den Co-designern wurden dafür mehrere Lösungen entwickelt, wie etwa die Einführungen von Prozessen, denen die Medikation IT-gesteuert automatisch zugeordnet wird.

Dabei wird in diesen Workshops gezielt versucht, nicht nur in der Medizin bzw. Pflege zu bleiben sondern Lösungen oder Modelle auch aus anderen Branchen zu nutzen. Bei der Medikamentenverteilung wurden in Summe etwa 130 Ideen entwickelt. Die Bewertung und Realisierung wird gemeinsam mit den Endnutzern, das heißt mit den Betroffenen am Arbeitsplatz durchgeführt. Durchgesetzt haben sich in diesem Fall pragmatische Maßnahmen wie eine sichtbare grell-gelbe Binde, die signalisiert, dass man auf keinen Fall gestört werde soll, die ebenfalls farbliche Kennzeichnung eines Bereiches der Nicht-Störung (Ort

---

17   Basiert auf einem Bericht von McCreary (2010)

wo die Medikamente sortiert werden) und ein fünfstufiger Prozess für eine korrekte Medikamentenverteilung. Die entwickelten Lösungen werden dann in Form von Prototypen pilotiert, also zeitlich und organisatorisch begrenzt umgesetzt und erst dann im Alltag eingeführt, wenn sie sich bewährt haben. Die Innovationsberater tragen das Projekt durch die Phase der Diagnose, der Lösungsentwicklung, der Pilotierung und der Implementierung.

Damit Innovationsprozesse in die richtige Richtung gehen, ist es in Krankenhäusern besonders wichtig, aussagekräftige Daten zu Problemlagen und Zielen zu produzieren. Hier kann die interne Organisationsentwicklung auch als Initiator solcher Erhebungsprozesse fungieren und das Krankenhausmanagement in der Produktion von relevanten Daten unterstützen. Dabei kann man heute immer häufiger auf Daten aus dem Qualitätsmanagement zurückgreifen, die beispielsweise Auskunft über die unterschiedlichen Bedürfnisse von Patienten, unter Berücksichtigung kultureller, religiöser, generationsbezogener und genderdifferenzierter Merkmale geben. Dazu gehören auch demografische Daten über Patienten oder das Einzugsgebiet eines Krankenhauses, denn so können Angebote auf die realen Problemlagen unterschiedlicher Patientengruppen ausgerichtet werden. Damit findet eine Verschiebung der allgemeinen Patientenorientierung hin zu einer differenzierten Zielgruppenorientierung statt, was die Treffgenauigkeit von Maßnahmen deutlich steigert. Innovation bedeutet, sich auf die unterschiedlichen Problemlagen unterschiedlicher Zielgruppen einzustellen mit dem Ziel, neue und noch bessere Leistungen und Services, eingebettet in Rahmenbedingungen und Ressourcen, zu entwickeln.

Andererseits sind Daten zu Behandlungsergebnissen zukünftig besonders relevant. Diese Daten sind insbesondere für die Behandlung im Krankenhaus nicht so leicht zu generieren, da ein längerfristiger Behandlungserfolg oft erst im Kombination mit extramuralen Angeboten und der aktiven Mitarbeit von Patienten und Angehörigen identifiziert werden kann. Dazu sind das Einrichten von Kooperationen mit Forschungseinrichtungen und Sozialversicherungsträgern zukünftig besonders wichtig, um entsprechende Daten zur Wirksamkeit von Krankenhausbehandlungen zu produzieren und Impulse für innovative Entwicklungen zu generieren.

Literatur

Advocate Health Care: Job Announcement „Organization Develepment Expert", Chicago 2012
Bolden, R.; Hawkins, B.; Gosling, J.; Taylor, S.: Exploring Leadership. Individual, Organizational & Societ al Perspectives, Oxford 2011
Boos, F.; Heitger, B.; Hummer, C.: Systemische Beratung im Vergleich. Anforderungen und Zukunft, in: Tomaschek, N. (Hrsg.): Systemische Organisationsentwicklung und Beratung bei Veränderungsprozessen. Ein Handbuch, Heidelberg 2006, S. 196–211
Burke, W.: Internal Organization Development Practioners. Where Do They Belong?, in: Journal of Applied Behavioral Science, 2004, Vol 40, 4, S. 423-431
Galbraith, J.R.: Designing Organizations: An Executive Guide to Strategy, Structure and Process, San Francisco 2002
Greiner, L.: Integrating Organization Development with Strategic Planning, in: Cummings T.G. Ed.: Handbook of Organization Development, Thousand Oaks 2008, S. 385–404
Grossmann, R.; Greulich. A: Führung und Organisationsentwicklung im Krankenhaus, in: Lobnig, H.; Grossmann, R. (Hrsg.): Organisationsentwicklung im Krankenhaus, Berlin 2013
Grossmann, R.; Scala, K.; Mayer, K.: The IFF-M/O/T Masterprogramme in Organization Development, in: Adams, S.; Zanzi, A. (Eds.).: Preparing Better Consultants. The Role of Academia, Charlotte – NC 2012, S. 51–74

Isaacs, W.: Dialogue and the Art of Thinking Together, New York 1999
Kesler, G.; Kates, A: Leading Organization Design, San Francisco 2011
Krizanits, J.: Professionsfeld Inhouse Consulting, Heidelberg 2011
McCreary, L.: Kaiser Permanente's Innovation on the Front Lines, in: Harvard Business Review, September 2010, S. 92–97
McGee, C.: Unterschiedliche Rollen von Beratern. Arbeitsmaterial, Washington o.J.
Richter, A.; Wendlandt, V.: Inhouse Consulting als Motor des Wandels, in: Zeitschrift für Organisationsentwicklung 2010, Heft 2, S. 14–19
Senge, P.; Kleiner, A.; Roberts, C.;Roth, G.; Ross, R.; Smith, B.: The Dance of Change, New York 1999
Ulrich, D.: A new mandate for human resources, in: Harvard Business Review, 1998, 76(1), S. 124–134
Untermarzoner, D.: Organisationsentwicklungsorientierte Potenzialeinschätzung – Prämissen und Gestaltungsprinzipien, in: Zeitschrift für Gruppendynamik und Organisationsberatung, 2011, Heft 1, S. 65–84
Wallner, J: Ethik im Gesundheitssystem, Wien 2004
Weick, K.E.; Sutcliffe, K.M.: Das Unerwartete Managen. Wie Unternehmen aus Extremsituationen lernen, Stuttgart 2003
Weiss, A.: What Constitutes an Effective Internal Consultant?, in: Gallos, J.V. Ed.: Organization Development. San Francisco 2006, S. 470–484
Wolf, J.D.: Organisationsentwicklung und Patientenerfahrung verbinden – eine innovative Perspektive für Gesundheitsorganisationen, in: Lobnig, H.; Grossmann, R. (Hrsg.): Organisationsentwicklung im Krankenhaus, Berlin 2013

7 Organisationsentwicklung und Patientenerfahrung verbinden – eine innovative Perspektive für Gesundheitsorganisationen

Jason A. Wolf[18]

7.1 Eine integrierte Sicht auf Veränderungen im Krankenhaus

Als Organisationsentwickler, der lange Jahre insbesondere im Gesundheitswesen tätig war, hatte der Autor die Gelegenheit, das breite Spektrum an Themenfeldern zu bearbeiten, wie sie in den einzelnen Kapiteln des vorliegenden Bandes vorgestellt werden. Die Palette meiner Praxis reichte dabei vom Veränderungsmanagement im eigenen Verantwortungsbereich zur Entwicklung und Umsetzung großflächiger Veränderungsprozesse, vom Design von Prozessen und deren Redesign bis zur Strategiearbeit. Diese Breite stellt für die Organisationsentwicklung eine Chance dar, sie birgt allerdings auch Herausforderungen, wenn es um Frage geht, an welchen Themenfeldern konkret und mit Priorität angesetzt werden sollte.

Als Leiter der Organisationsentwicklung eines großen Krankenhausverbundes stellte sich vor diesem Hintergrund dann die Frage, welche Ansätze der Organisationsentwicklung die größten Auswirkungen auf die Qualität der Behandlung im Gesundheitswesen, auf die Gesundheit der Organisation Krankenhaus[19] und letztlich auf das Wohlbefinden von Patienten und deren Familien sowie der Gemeinden, für die wir Leistungen erbringen, haben. Als erste Schritte setzten wir auf die Erbringung von Spitzenleistungen („High Performance"), die Entwicklung der Führungskräfte und den Aufbau einer positiven Servicekultur. Die Erfahrungen, die wir dabei gemacht haben zeigten allerdings, dass eine noch umfassendere Perspektive erforderlich ist,

---

18 Übersetzung und redaktionelle Bearbeitung: Hubert Lobnig
19 Die Übertragung des Begriffes der Gesundheit auf das soziale System Organisation impliziert sowohl ein Funktionieren als auch ein nachhaltiges Entwickeln von Organisationen und ihrer Mitglieder. Mit dem Konzept des Gesundheitsfördernden Krankenhauses wird dieser Ansatz in das Gesundheitswesen übertragen (Pelikan; Wolff, 1999)(H.L.)

um systemweite Wirkungen zu erzielen – „Patient Experience" die Berücksichtigung der Erfahrung von Patienten.

Das vorliegende Kapitel geht davon aus, dass der Organisationsentwicklung eine zentrale Rolle in der Veränderung des Krankenhauses zukommt – sei es durch Experten der Organisationsentwicklung oder durch Führungskräfte, die Ansätze der Organisationsentwicklung in ihre Managementpraxis integrieren. Weiters wird argumentiert, dass der Ansatz der Organisationsentwicklung insbesondere dann von Bedeutung ist, wenn es um umfassende und systemweite Entwicklungsprozesse geht, die auf eine Veränderung der Kultur der Behandlung und Betreuung abzielen um positivere Erfahrungen für die Patienten und deren Angehörige aber auch für die Mitarbeiter im Gesundheitssystem zu ermöglichen. Eine Erweiterung der Organisationsentwicklung um eine Fokussierung auf die Patientenerfahrung bietet eine große Chance, um einen zukunftsorientierten Beitrag zur Veränderung des Gesundheitssystems zu leisten.

Wenn hier für eine zentrale Rolle der Organisationsentwicklung im Gesundheitssystem – insbesondere wenn sie sich verstärkt an der Patientenerfahrung orientiert – argumentiert wird, so ist zunächst der konzeptionelle Rahmen zu erläutern. Daher wird als erster Schritt die Organisationsentwicklung als ein wirksames strategisches Instrument für die Neugestaltung des Gesundheitswesens in Richtung einer Orientierung an der „Erfahrung" herausgearbeitet.

Organisationsentwicklung hat besonderes Potenzial, wenn Entwicklungsprozesse über kleinräumige Veränderungen oder segmentierte, auf einzelne Funktionen oder Prozesse begrenzte Veränderungsvorhaben hinausreichen. Experten der Organisationsentwicklung sind in der Lage, wirksame Beiträge zu einer auf das gesamte System bezogene und integrierte Veränderung zu leisten. Voraussetzung ist allerdings, dass sie sich in der Praxis an übergeordneten Konzepten zum Beispiel eines umfassenden organisationalen Wohlbefindens orientieren (Wolf et al., 2011; siehe im deutschen Sprachraum Pelikan; Wolff 1999, H.L). In der dynamischen und komplexen Umwelt, in der Gesundheitseinrichtungen heute tätig sind, haben Experten der Organisationsentwicklung die Aufgabe, die einzelnen funktionalen Komponenten der Organisation kritisch zu betrachten, insbesondere was ihr zusammenwirken betrifft. Der Charakter der stark integrativ zu erbringenden Leistungen erfordert einen Blick auf das Gesamte, der es ermöglicht, die Teilfunktionen nicht nur jeweils für sich selbst, sondern in ihrem Zusammenspiel zu erkennen. Isolierte Aktivitäten oder einzelne Interventionen können zwar positive Ergebnisse erzielen, aber letztlich bleiben die Ergebnisse segmentiert und in ihrer Wirkung begrenzt. Die Organisationsentwicklung ist daher gefordert, sich besonders stark auf das Gesamtsystem zu beziehen, ein breites und funktionsübergreifendes Engagement der Mitarbeiter zu entwickeln und für bessere Ergebnisse der Organisation einzutreten. Dieser Herausforderung sieht sich nicht nur die Organisationsentwicklung gegenüber, sondern sie betrifft alle, die in Gesundheitsbetrieben tätig sind, sei es in den primären Leistungsprozessen, in Management- oder in Supportfunktionen.

Während man durchaus Prozessverbesserungen zur Priorität machen oder Qualitätsthemen oder Aspekte der Sicherheit in isolierter Form bearbeiten kann, kommt die größte Wirkung aus meiner Sicht allerdings erst dann zustande, wenn der Fokus umfassender angelegt wird. Ein Ansatz dies zu tun ist, die Perspektive, das System so auszurichten, dass es die besten Erfahrungen für alle, die damit zu tun haben, ermöglicht. Genau hier liegt aus meiner Sicht eine entscheidende Chance für die Organisationsentwicklung. Um diesen Zusammenhang besser zu verstehen, wird im Folgenden deutlicher herausgearbeitet, was mit dem Begriff der „Erfahrung" gemeint ist.

7.2 Die Orientierung an der Patientenerfahrung: eine neue Betrachtung der Leistungserbringung im Gesundheitswesen

Das Konzept der Patientenerfahrung hat in den letzten Jahren an Bedeutung zugenommen[20] und ist zu einer zentralen Komponente organisationsbezogener Reformen im Gesundheitswesen in den USA, in Europa und jüngst auch in Australien, Asien und Afrika geworden. Dabei ist zu beobachten, das die Fokussierung auf klinische Ergebnisse als alleiniges Bestimmungsmerkmal der Effektivität im Gesundheitswesen zunehmend durch eine Perspektive ergänzt wurde, die den Patienten umfassender in den Fokus nimmt. Einen ersten Schritt in diese Richtung stellte die Stärkung der Patientenrechte dar. Ausgehend von der Erkenntnis, dass Patienten nicht nur passive Empfänger von Leistungen sind, sondern aktive Teilnehmer in einem Prozess, wurden Maßnahmen wie die advokatorische Unterstützung (z.B. in Form von Ombudsstellen), das Management von Beschwerden und das Lösen von kritischen Einzelfällen und Konflikten eingeführt und organisatorisch und rechtlich etabliert.

In der Folge wurden Fragen der Neudefinition der Beziehung zwischen Anbietern und „Klienten" im Gesundheitswesen diskutiert. In einem viel beachteten Diskussionspapier des Institutes of Medicine (2001) wurde vorgeschlagen, ein Modell der Partnerschaft zwischen den Praktikern, Patienten und Familien zu etablieren. Eine solche Partnerschaft soll sicher stellen, dass die Entscheidungen im Behandlungsprozess tatsächlich den Bedürfnisse und Möglichkeiten der Patienten entsprechen und dass diese auch die erforderlichen Schulungen und Unterstützungen bekommen, die sie brauchen, um ihre eigene Behandlung miteinscheiden und an dieser auch aktiv mitwirken zu können. Die Idee der advokatorischen Unterstützung veränderte sich damit zu einer Patientenzentrierung, die davon ausgeht, dass den Patienten eine aktive Rolle im Prozess der Gesundheitsversorgung zukommt. Dieser Schritt von der Unterstützung für den Patienten zu einer Orientierung am Patienten war insofern auch bedeutend, da er einen Dialog zwischen Patienten und Anbietern möglich und auch erforderlich machte. „Service Excellence" in Verbindung mit der Patientenzentrierung in Behandlung wurden zu zwei parallelen Entwicklungspfaden, die Organisationen einschlagen konnten. um diese Dialoge mit Patienten aufzunehmen.

Aktuell beobachten wir bereits eine weitere Veränderung in der Perspektive und der damit einhergehenden Begrifflichkeit. Patienten werden nicht nur als aktive Teilnehmer im Behandlungs- und Pflegeprozess betrachtet, sondern als Konsumenten von Leistungen des Gesundheitssystems. Damit impliziert ist prinzipiell die Wahl von Patienten in Bezug auf Anbieter, direktes Feedback z.B. über Patientenbefragungen und auch die Entscheidung über die Behandlung. Diese Veränderung führt zur Bedeutung der Patientenerfahrung, also der Berücksichtigung aller vom Patienten

---

20 Im deutschen Sprachraum wird weniger von Patientenerfahrung sondern von Patientenorientierung oder Patientenperspektive gesprochen (z.B. Holzer et.al 2012) (H.L.)

erlebten, verstandenen und erinnerten Ereignisse in Bezug auf die Gesundheitsversorgung. Die Determinanten der Patientenerfahrung umfassen alle im Zusammenhang mit der Patientenrolle verbundenen Erfahrungen der Patienten, Angehörigen und dem beteiligten sozialen Umfeld und gehen über die klinische Interaktion zwischen Behandelnden und Behandelten hinaus. Organisationen des Gesundheitswesens sind daher aufgefordert, ihren Fokus nicht nur auf den Behandlungs- und Betreuungsprozess zu legen sondern auf das gesamte Spektrum der Erfahrungen von Patienten.

Diese Fokussierung auf Erfahrung hat Implikationen für Veränderungsprozesse in jenen Organisationen des Gesundheitswesens, die diese Perspektive in der Ausrichtung des Managements aufgreifen. Fragen der Organisationskultur in den Krankenhäusern, auf den Stationen und in den leistungserbringenden Einheiten werden zunehmend relevant, die Form der Kommunikation zwischen Patienten und dem Behandlungssystem wird wichtig und es stellt sich die Frage nach der Gestaltung organisationsübergreifender Versorgungs- und Betreuungsleistungen und der Patientenkarriere. Gleichzeitig ist zu beobachten, dass Finanziers von Gesundheitsleistungen, Krankenhausträger, Forscher und Praktikern im Gesundheitswesen zunehmend Messinstrumente entwickelt und eingeführt werden, die auf eine Erhebung der erlebten Patientenerfahrung abstellen. Ein Beispiel dafür ist die jüngst veröffentlichte Studie von Boulding et al. (2011), die zeigt, dass die Messung real erlebter Patientenerfahrung bessere Vorhersagen im Hinblick auf die Behandlungsergebnisse leistet, als die Erhebung von Indikatoren der Behandlungsqualität. Die Ergebnisse legen den Schluss nahe, dass die Patientenerfahrung als ein zusätzlicher und ergänzender Indikator für Ergebnisqualität im Gesundheitswesen aufgenommen werden sollten.

Als ein weiterer Treiber des Konzeptes sind die zunehmenden gesundheitspolitischen Bestrebungen zu nennen, die darauf abzielen, die Patientenperspektive als einen zentralen Indikator für den Behandlungserfolg zu betrachten. Ein Beispiel dafür findet sich in den USA in den regelmäßig öffentlich publizierten Umfragen des „Hospital Consumer Assessment of Health Care Providers and Systems"[21] (HCAHPS), das die Leistungen von Gesundheitseinrichtungen anhand von Dimensionen wie Kommunikation, Responsivität, Sauberkeit und Entlassungsinformationen bewertet. Die Ergebnisse dieser Befragungen werden auch als Bemessungsgrundlage für finanzielle Unterstützungen der Gesundheitseinrichtungen verwendet. Diese direkte Verbindung zwischen finanziellen Zuschüssen und an der Patientenerfahrung orientierten Leistungsmessungen wird auch in Ontario, Canada, im Rahmen des „Excellence Care for All Acts" praktiziert. Die Ergebnisse entsprechender Befragungen haben finanzielle Implikationen für die Organisationen als auch die Führungskräfte im kanadischen System. In Großbritannien bemühen sich Organisationen wie der King's Fund und das Picker Institute Europe um Messungen der Ergebnisqualität anhand von Patientenerfahrungen.

Während die gesundheitspolitische Aufmerksamkeit auf das Konzept der „Erfahrung" wächst und entsprechende Incentive-Programme in vielen Ländern der Welt etabliert werden, stellt sich allerdings immer noch die Frage, wie Patientenerfahrung

---

21 Könnte wie folgt übersetzt werden: „Krankenhaus-Konsumenten Befragung von Anbietern und Trägern von Gesundheitsdiensten" (H.L.).

7 Organisationsentwicklung und Patientenerfahrung verbinden – eine innovative Perspektive für Gesundheitsorganisationen

eigentlich zu definieren ist und was genau darunter in der Praxis des Gesundheitswesens zu verstehen ist.

Bei der Beantwortung dieser Fragestellung gelangt man zu den Verbindungslinien von Organisationsentwicklung und dem Konzept der Patientenerfahrung: In der Praxis der Organisationsentwicklung wird großer Wert auf Visionen und Strategien gelegt, auf die Planung von Programmen der Veränderung und Verbesserung und auf Ergebnisorientierung und Erfolg. Eine Orientierung an der Patientenerfahrung sollte einen ebensolchen Fokus einnehmen.

Aktuelle Studien des Beryl Instituts (Wolf 2011) zeigen, dass nur 27 % der Krankenhäuser in den USA über eine für sie gültige Definition von Patientenerfahrung verfügen. Eine Übertragung dieser Befragung auf andere Länder dürfte zu durchaus ähnlichen Ergebnissen führen. Damit ergeben sich eine Reihe wichtiger Themen: Während die Aufmerksamkeit auf die Erfahrung von Patienten und Angehörigen weltweit steigt, haben sich Gesundheitsorganisationen noch relativ wenig damit beschäftigt, was sie mit der Orientierung an Patientenerfahrung im Grunde eigentlich erreichen möchten, wie sie das Konzept zu operationalisieren gedenken. Zweitens wird damit die wichtige Frage gestellt, die der Autor mit Führungskräften im Gesundheitssystem immer wieder erörterte, nämlich dass ohne eine Definition von Patientenorientierung keine ausreichende und vor allem keine orientierende Handlungsperspektive zu gewinnen ist (dies entspricht auch dem Vorgehen in der Organisationsentwicklung). Man kann sich selbst fragen: Wenn man nicht weiß wohin man möchte, wie lässt sich da ein Plan entwickeln und woran könnte man einen Erfolg erkennen?

Um dieser Herausforderung zu begegnen und gleichzeitig einen breiten Diskussionsprozess in Gang zu setzen, hat das Beryl Institut[22] eine Gruppe von führenden Experten zusammengebracht mit dem Ziel, eine Arbeitsdefinition von Patientenerfahrung zu entwickeln. Dieser Prozess wurde unter Nutzung virtueller Arbeitsgruppen durchgeführt, an denen Führungskräfte aus dem Gesundheitswesen, Verantwortliche und Experten aus dem Qualitäts- und Servicebereich in Gesundheitsorganisationen, Pflegekräfte, Mediziner und auf das Gesundheitswesen spezialisierte Berater und Forscher, gemeinsam mit dem Beryl Institut Arbeitsdefinitionen entworfen und mehrfach überarbeitet haben. Als Ergebnis wurde folgende Definition verabschiedet:[23]

> **Patientenerfahrung** – die Summe aller Interaktionen, geprägt von der Kultur der Organisation, die die Wahrnehmung des Patienten entlang des gesamten Behandlungskontinuums beeinflussen (The Beryl Institute 2010).

Was ist damit konkret gemeint? Eine handlungsorientierte Definition bedarf einer differenzierten Beschreibung der zentralen Begriffe:

- Unter Interaktionen werden die Kontaktpunkte von Personen, Prozessen, Richtlinien, Kommunikationen und der Umwelt verstanden. Jeder Kontakt

---

[22] Das Beryl Institut ist eine weltweite Praxisgemeinschaft und führende Institution im Bereich der Patientenerfahrung. Das Institut agiert als Koordinationszentrum für Informationsaustausch und Praxisreflexion, als Inkubator für Forschung und Innovation und als Transferorganisation für Führungskräfte, Praktiker und Forscher. Das Institut ist Vorreiter in der Erarbeitung, Veröffentlichung und Diskussion von Konzepten zum Thema der Patientenerfahrung und steht mit 9.000 Mitgliedern und Gästen aus 25 Nationen in Verbindung (www.theberylinstitute.org).

[23] Im Original: Patient Experience – the sum of all interactions, shaped by an organization's culture, that influence patient perceptions across the continuum of care.

- einer Person mit dem Gesundheitswesen wird zu einem prägenden Element für eine konkrete Patientenerfahrung und dies geht weit über die Erfahrung am klinischen Krankenbett hinaus.
- Die Kultur der Organisation spielt in dieser Definition von Patientenerfahrung eine große Rolle. Kultur beinhaltet die Visionen, die Werte, die konkreten Verhaltenserwartungen an Personen (auf allen Ebenen und in allen Bereichen der Organisation), weist aber auch über das Krankenhaus hinaus auf die Community, die eine Gesundheitsorganisation umgibt. Während die Erfahrungen durch konkrete Interaktionen erzeugt werden, stellt die Kultur einer Organisation die Grundlagen für die spezielle Ausgestaltung der Interaktionen dar.
- Unter Wahrnehmungen wird all das verstanden, was von Patienten beobachtet, verstanden und erinnert wird. Wahrnehmungen unterscheiden sich zwischen Personen in Abhängigkeit persönlicher Erfahrungen, Glaubensgrundsätze, Wertesysteme, kultureller Hintergründe und anderer Unterschiede. Für Gesundheitsorganisationen mit ihrer Orientierung an wissenschaftlichen Methoden und Prozessen ist es oft eine große Herausforderung, die Realität anzuerkennen, dass es letztlich die Wahrnehmungen der Patienten sind, die die Patientenerfahrung generieren. Es geht darum, Systeme, Prozesse und Bedingungen zu schaffen, die zu konsistenten positiven Wahrnehmungen führen, und nicht nur darum, das Verhalten einzelner Personen zu verändern. In der Planung und Umsetzungen entsprechender Programme und Aktivitäten in den Krankenhäusern kann die Organisationsentwicklung eine tragende Rolle spielen.

Die letzte Komponente dieser Definition betont, dass die Patientenerfahrung nicht einfach eine Krankenbetterfahrung ist, sondern sich vielmehr entlang des gesamten Spektrums der Behandlung und Betreuung ereignet. Die Patientenerfahrung beginnt bereits vor der ersten klinischen Begegnung, wird während der Behandlung fortgeführt und spielt auch nach der Behandlung noch eine Rolle. So kommt beispielsweise im Rahmen einer tagesklinischen Operation ein Patient zu Kontakten mit Personen aus mehr als 30 Abteilungen einer Klinik. Inmitten dieser Transporte, Aufnahmegespräche, Übergaben, Behandlungsschritte etc. bleibt dem Patienten jedoch eine Patientenerfahrung. Diese Erkenntnis bestärkt unsere Argumentation, dass eine konsequente Orientierung an der Patientenerfahrung über einzelne Bereiche hinausweisen muss, um letztlich effektiv zu sein. Wird eine solche systemübergreifende Perspektive nicht eingenommen, so steigt die Gefahr, dass Lücken zurückbleiben, in denen ansonsten positive Erfahrungen ins Wanken geraten können. Um genau diesem entgegenzuwirken, kann ein am System orientierter Ansatz von Organisationsentwicklung eine wichtige Ressource darstellen.

7.3 Patientenerfahrung: Eine neue Perspektive für die Ausrichtung der Organisationsentwicklung im Gesundheitswesen

7.3.1 Die Orientierung an der Patientenerfahrung als strategischer Rahmen für den Erfolg

Das Gesundheitswesen ist seit seinen Anfängen eine Expertenorganisation. Das grundlegende Modell besteht in der Vereinbarung, dass Heilung „angeboten" wird und der Patient „passiver Leistungsempfänger" ist. Dieser Ansatz, nämlich das die Gesundheitsversorgung von „uns" erbracht und von „ihnen" empfangen wird, ändert

7 Organisationsentwicklung und Patientenerfahrung verbinden – eine innovative Perspektive für Gesundheitsorganisationen

sich derzeit umfassend. Diese Veränderung hat auch Implikationen für die eher traditionellen Ansätze, wie Qualität und Sicherheit. Diese erfolgskritischen Aspekte für das Behandlungssystem sollen an dieser Stelle nicht Geringschätzung erfahren, dennoch wird für die Notwendigkeit einer breiteren Perspektive und eines umfassenderen Blicks auf die Leistungserbringung in unseren Gesundheitsorganisationen heute argumentiert. Patienten sind zu aktiven Konsumenten von Gesundheitsleistungen geworden. Daher ist die Tatsache, dass es eine Wahl im „Marktplatz Gesundheit" gibt und dies nicht nur bei direkt bezahlten Leistungen, sondern auch in staatlichen Versorgungssystemen, verstärkt zu berücksichtigen. In dieser Situation hat das Konzept der Patientenerfahrung einige Implikationen.

Eine kürzlich in den USA durchgeführte Studie in der Daten von über 4000 Krankenhäusern ausgewertet wurden (Boulding et al. 2011) zeigt, dass Messungen von Patientenerfahrung bessere Indikatoren zur Erhebung der Qualität von Gesundheitsleistungen abgeben als eher klassische Formen der Qualitätsmessung. Die Ergebnisqualität wurde in dieser Studie als Wiederaufnahme in die Behandlung innerhalb von 30 Tagen gemessen. Patienten mit höheren Werten bei den Fragen „Gesamteindruck der Behandlungserfahrung" (gemessen auf einer Skala zwischen 0 und 10) und „Bereitschaft zur Weiterempfehlung", hatten eine signifikant geringere Wiederaufnahmerate (Boulding et al. 2011, S. 45). In dieser Studie wird die Patientenerfahrung aber auch mit Qualitätsmesszahlen klinischer Prozesse[24] verglichen. Die Autoren finden dabei, dass die Patientenerfahrung stärker mit der Ergebnisqualität korreliert, als die Qualitätsmesszahlen der klinischen Prozesse. Die Studie macht deutlich, dass Patientenerfahrung und Ergebnisqualität enger zusammenhängen als bisher angenommen und dass eine Behandlung mit hoher Qualität auch eine patientenzentrierte Behandlung ist (Boulding et al. 2011, S. 45). Die Autoren schlagen vor, dass die Patientenerfahrung daher die objektiveren klinischen Daten als Qualitätsindikator ergänzen sollten.

Dabei ist zu bedenken, dass die tatsächlich erlebte und berichtete Erfahrung nicht primär ein Merkmal eines Beobachters ist, sondern vielmehr durch die Organisationen und die im organisationalen Kontext handelnden Personen hervorgebracht wird. Diese Tatsache wird durch die Definition von Erfahrung unterstützt, die die Aussage beinhaltet, „alles was wahrgenommen und erinnert wird". Daher können Organisationen wählen, welche Erfahrungen sie ermöglichen wollen und sie können sich danach ausrichten, wie sie diese Erfahrung in jeder Handlung und an jedem Tag realisieren wollen.

Dabei ist zu berücksichtigen, dass die Erfahrung keine isolierte Aktivität ist, sondern verschiedene Elemente integriert: Die erlebte Begegnung mit den Mitarbeitern in der direkten Leistungserbringung, die Sicherheit und die Qualität der Behandlung. In der Praxis werden die einzelnen Bereiche (z.B. das Aufnahme- und Entlassungsmanagement, die Arzt-Patienten-Interaktion, das Qualitätsmanagement, das Risikomanagement etc.) jedoch oft als unterschiedliche „Initiativen" betrachtet und

---

[24] Diese in den USA weit verbreiteten und von den großen beiden großen staatlichen Gesundheitsversorger Medicare und Medicaid zur Qualitätsmessung verwendeten Kennzahlen beziehen sich darauf, wie oft oder wie häufig Patienten in Krankenhäusern die empfohlenen Behandlungen (Standards) in den jeweiligen Krankheitsgruppen bekommen. Die Studie bezieht sich dabei auf die ausgewählten Krankheitsgruppen Myokard Infarkt, Herzfehler (kongestive Herzinsuffizienz), Lungenentzündung und Infektionsrate nach Operationen.

realisiert, was zu Konkurrenz im Hinblick auf den Ressourceneinsatz und auch bei den Ergebnissen führt, nicht jedoch zu abgestimmten Konzepten und Vorgangsweisen. Hier wird keineswegs vorgeschlagen, dass die Entwicklung von Qualität und Sicherheit nicht wichtig sind, sondern vielmehr, dass diese unter dem Blickwinkel der Patientenerfahrung zu bedeutsamen strategischen Komponenten einer gesamthaften Ausrichtung des Gesundheitswesens werden und dabei selbst an Relevanz gewinnen können. Wenn man die Patientenerfahrung konkret verbessern möchte, so sind Sicherheit und Qualität strategische Imperative, ein fixer Bestandteil von Gesundheitsorganisationen. Sie sind mehr als Initiativen, die zu bearbeiten sind. Wenn man unterschiedliche Zielsetzungen und Arbeitsformen für Sicherheit, Qualität und Serviceleistungen einrichtet, erzeugt man das Risiko der Diffusion und Fragmentierung und wirkt einer Abstimmung und Integration der einzelnen Vorgangsweisen entgegen.

Meine Beobachtungen von Einrichtungen des Gesundheitswesens in allen Teilen der Welt zeigen, dass sich mittlerweile ein konsistenter strategischer Ansatz in der erfolgreichen Umsetzung einer Orientierung an Patientenerfahrung herausgebildet hat. Betrachtet man die „Erfahrung" als ein umfassendes Konzept und die Patientenerfahrung im Besonderen als eine strategische Orientierung für Gesundheitseinrichtungen, dann kommt der Organisationsentwicklung eine bedeutende Aufgabe zu. Fünf strategische Themen sind dabei wichtig.

1. Eine konkretisierte Definition für das Krankenhaus

Handlungsansatz: Sicherstellung einer definierten Richtung und eines klaren Zwecks

Ohne ein passendes und maßgeschneidertes Verständnis darüber, was mit einer Orientierung an Patientenerfahrung konkret gemeint ist, finden Organisationen keine ausreichende Basis für Handlungen. Die meisten Gesundheitsorganisationen sind noch immer damit beschäftigt, ihre Definition zu konkretisieren. Als ersten Schritt für in der Orientierung an der Patientenerfahrung wird hier empfohlen, mit der Arbeit an einer Definition zu beginnen. Dabei ist es erforderlich eine systemweite Perspektive einzunehmen. Aber man sollte auch nicht übersehen, wenn es schnelle Ergebnisse zu ernten gibt, um Fahrt aufzunehmen und ein breites „buy-in" zu ermöglichen. Es ist in diesem Zusammenhang, wie bereits erwähnt, wichtig zu berücksichtigen, dass die Patientenerfahrung über die klinischen Interaktionen hinausgeht. Durch eine attraktive Definition und ein gemeinsam getragenes Verständnis, was unter Patientenerfahrung verstanden wird, wird es Organisationen möglich, konkrete und messbare Ansatzpunkte zu finden, für diese das nötige Commitment herzustellen und abgestimmte und integrierte Umsetzungsmaßnahmen zu entwickeln.

2. Führung

Handlungsansatz: Sicherstellung von klarer Führung und Unterstützung

Eine jüngst durchgeführte Benchmarking-Studie des Beryl Instituts (Wolf, 2012) zeigt, dass die Unterstützung durch das Top Management den wesentlichen Treiber für den Erfolg in der wirkungsvollen Umsetzung von Patientenorientierung darstellt. Die Ergebnisse dieser Studie weisen ferner darauf hin, dass eine tatsächliche Orientierung an der Patientenerfahrung an der Spitze selbst zu finden sein muss. Eine weitere Studie, die erfolgreiche mit nicht so erfolgreichen Gesundheitseinrichtungen im Hinblick auf die Orientierung an Patientenerfahrung vergleicht (gemessen anhand von Patientenbefragungen), kommt ebenfalls zu dem Ergebnis, dass Organisationen, in denen das Konzept und die Praxis der Patientenerfahrung klar von der Führung gelebt wird, den anderen überlegen sind (Baird & Wolf, 2010). Die Benchmarking-Forschung unterstützt die grundlegende Bedeutung einer klaren Fokussierung seitens der Führung. Umgekehrt stellt eine unklare Richtungsgebung seitens der für die Patientenerfahrung verantwortlichen Führungskräfte ein großes Hindernis dar, das diese in zu viele Richtungen gleichzeitig drängt. Eine solcherart diffuse Führung führt zu einer verringerten Leistungsfähigkeit. Es ist ferner auch erforderlich, dass das Commitment der Führung auf allen Ebenen sichergestellt wird. In unserer Benchmarking-Studie (Wolf, 2012) fanden wir, dass die Führungskräfte an der Basis entscheidend für den Erfolg sind, da sie das Verhalten der Mitarbeiter modellieren und in ihrer täglichen Arbeit durch Feedback und Unterstützung die Richtung vorgeben. Zusammengefasst: Eine Führung, die der Patientenerfahrung verpflichtet ist und die sich die Zeit nimmt, die Leistungen der Mitarbeiter entsprechend zu beobachten und zu stützen, hat messbar positive Auswirkungen auf die Ergebnisse.

3. Engagement

Handlungsansatz: Sicherstellen, dass sich Mitarbeiter, Führungskräfte, Patienten und die Community für Patientenerfahrung engagieren

Das Engagement von Personen auf allen Ebenen der Organisation führt zu einem rascheren und effektiveren Vorankommen auf dem Weg zu einer erfolgreichen Patientenorientierung. Dabei ist es besonders erfolgskritisch, dass die Mitarbeiter aller Ebenen ein ausreichend gemeinsames Verständnis der konkreten Ziele und Ansätze haben (Definition) und dass sie die strategischen Prioritäten in der Umsetzung kennen, um dann danach handeln zu können. Ferner zeigt sich, dass Mitarbeiter sehr erfolgreicher Organisationen in ihrem Verhalten eine ausgeprägte Dienstleistungsorientierung (service behaviour) übernehmen. Eine solche Dienstleistungsorientierung im Verhalten ist ein wesentlicher Faktor für die Auswahl der Mitarbeiter. Es ist Bestandteil von Schulungen und wird im Arbeitsalltag durch Unterstützung und Coaching verstärkt. Sehr erfolgreiche Organisationen finden Wege, die sicherzustellen, dass sich Mitarbeiter für Service-Ergebnisse persönlich verantwortlich fühlen. Für ein umfassendes Engagement im Sinne der Patientenerfahrung ist es aber auch erforderlich, über die Mitarbeiter der eigenen Organisation hinauszudenken und die „Kunden" – Patienten, Angehörige oder die Community – direkt einzubeziehen. Auf diese Weise erlangt man ein besseres Verständnis der Bedürfnisse der „Kunden", und es wird möglich, Beziehungen aufzubauen und zu stärken und Verantwortung zu teilen und gemeinsam zu tragen.

4. Kultur

Handlungsansatz: Kulturelle Abgestimmtheit und Verantwortung sicherstellen

Der Begriff der Organisationskultur wie ihn Edgar Schein (1990) eingeführt hat, betrachtet Kultur als Muster geteilter Grundannahmen (Glaubenssysteme, Werte, Normen), die den Kontext für die konkreten Operationen einer Organisation darstellen. So verstanden wird die Organisationskultur zu einem bedeutenden Konzept für eine an der Patientenerfahrung orientierte Praxis. Wenn sich eine Gesundheitsorganisation entscheidet, den Ansatz der Patientenerfahrung umzusetzen, dann braucht es letztlich einer Kultur, die ein entsprechendes Verhalten aller Mitglieder der Organisation stärkt und fördert. Ein zentraler Ansatzpunkt dabei ist die Einführung von Zuständigkeiten und Verantwortlichkeiten auf allen Ebenen der Organisation. Dabei geht es häufig weniger um ein Entwickeln neuer Verhaltensweisen, sondern vielmehr um die Bearbeitung von Hürden und die Ermöglichung von Veränderungen. Die Benchmarking-Studien des Beryl Instituts (s.o.) zeigen, dass die größten Hürden in der Einführung von Patientenerfahrung im Widerstand gegenüber neuen Verhaltensweisen liegen. Wenn die Realisierung einer Patientenerfahrungs-Perspektive von der Organisationskultur geprägt wird, dann wird die Entwicklung, Stärkung und Verbreitung einer Kultur, die die besten Erfahrungen für Patienten und Angehörigen ermöglicht, zur zentralen Aufgabenstellung. Hier ist die Organisationsentwicklung besonders gefordert.

5. Entwicklung

Handlungsorientierung: dauerhaftes Engagement und kontinuierliches Handeln sicherstellen

Die Orientierung an der Patientenerfahrung ist keine Initiative oder ein Ziel, das man erreicht. Sie ist vielmehr Ausdruck eines kontinuierlichen Bemühens, das Beste in Qualität, Sicherheit und Service für Patienten und Angehörige anzubieten. Das Konzept der Patientenerfahrung ist daher in das Selbstverständnis der Organisation einzubetten und wird auf diese Weises zu einer zentralen Bestimmung dessen, was man macht und anbietet und vor allem auch der Art und Weise, wie das geschieht. Erfolgreiche Organisationen zeichnen sich nicht dadurch aus, etwas erreicht zu haben, sondern vielmehr durch die Prozesse, wie man zu Ergebnissen kommt und diese verbreitern kann.

Übertragen auf das Konzept der Patientenerfahrung im Gesundheitswesen bedeutet das, es kommt nicht darauf an, mit den erbrachten Dienstleistungen einmal gute Erfahrungen ermöglicht zu haben. Es bedarf der permanenten Arbeit an der Patientenerfahrung, eines kontinuierlichen Engagements und Lernens aller Beteiligten. Die internen und externen Dynamiken, denen sich das Gesundheitswesen gegenüber sieht, erfordern diese ständige Aufmerksamkeit und Weiterentwicklung.

7.3.2 Ein Aktionsplan für die Einführung von Patientenerfahrung in die Organisation Krankenhaus

Die beschriebenen fünf strategischen Felder zeigen, wie stark Organisationsentwicklung und Patientenorientierung aufeinander bezogen sind. Um die besten Ergebnisse zu erreichen, braucht es eine breite strategische Perspektive. Kurzfristige Ergebnisse können aber auch durch kleinräumige, taktische Initiativen erzeugt werden und sind besonders dann sinnvoll, wenn sie zeigen können, dass Veränderungen auch im Kleinen möglich und erfolgversprechend sind (Wolf 2010, Wolf 2012). Wenn Patientenerfahrung jedoch überzeugend und mit nachhaltigen Ergebnissen für eine Organisation umgesetzt werden soll, dann braucht es breiter angelegter organisationsentwicklerischer Konzepte und Kompetenzen. Für die Einfüh-

rung einer Orientierung an Patientenerfahrungen kann folgenden Aktionsplan empfohlen werden:
1. Organisationen müssen zuerst erarbeiten, was sie im Detail erreichen wollen und damit dem gesamten Vorgehen eine integrierte und schlüssige Ausrichtung geben.
2. Wenn diese Definition erarbeitet und im Führungsteam entschieden wurde, dann braucht es als zweiten Schritt die Unterstützung der Führungskräfte in den Abteilungen, auf den Stationen und Instituten und in allen anderen Bereichen, um die Zielsetzungen mit dem entsprechenden Commitment zur Realisierung auszustatten.
3. Nachdem die Führung des Krankenhauses und die der Leistungseinheiten die neue Ausrichtung verstehen und unterstützen, besteht der dritte Schritt in der Involvierung der Mitarbeiter aller Ebenen sowie der Patienten, Angehörigen und auch der „Community" in entsprechende Programme und Vorhaben.
4. Die nächste Komponente besteht darin, die Organisationskultur dahingehend zu entwickeln, dass sie eine Optimierung der Patientenerfahrung fördert. Dies inkludiert Maßnahmen wie die Bearbeitung der Organisationsziele (z.B. des Leitbildes), die Auswahl und Entwicklung des Personals, die Einrichtung entsprechender Feedback-, Anerkennungs- und Belohnungssysteme („reward systems"; zu diesem Begriff Untermarzoner 2013, s. Kap. II.6.4.1). Alle meine bisherigen Forschungsergebnisse zeigen, dass die Arbeit an einer passenden Organisationskultur das zentrale Fundament für eine wirksame Orientierung an der Patientenerfahrung darstellt.

Diese vier Schritte können als Landkarte für die Implementierung von Patientenerfahrung dienen. Es ist jedoch davon auszugehen, dass die Orientierung an der Patientenerfahrung ein Prozess ist, der als solcher nicht wie ein Projekt zu einem bestimmten Zeitpunkt erfolgreich abgeschlossen werden kann, sondern vielmehr permanent im Fokus zu halten ist.

> **Praxisbeispiel: Organisationsentwicklung und Patientenerfahrung in Aktion**[25]
>
> Haley McCraney, Direktorin für „Patient and Guest Relations" am Irvine Health Medical Centre der University of California (UC) (USA) berichtet, dass ihr Ansatz der Etablierung von Patientenerfahrung mit der Unterstützung des Top-Management-Teams begann, indem dieses Ressourcen in die Hand nahm und ein professionelles Team für „Patient Experience" einrichtete. Diesem Team wurde ein „Patient Experience"-Beirat zur Seite gestellt, dem von Beginn an auch Patienten angehörten. Diese beiden Gruppen begannen in der Folge mit der Etablierung von „Patient Experience" im Krankenhaus. Der Schlüssel war dabei eine stark pragmatische, am konkreten Tun orientierte Herangehensweise.
>
> Der Prozess begann mit der Etablierung einer konsistenten service-orientierten Sprache, die jeder mittragen konnte. Unter dem Schlagwort: „Wie wir zeigen, dass wir uns kümmern"[26] wurden fünf Schritte zur Gewährleistung einer konsistenten Patientenorientierung definiert:

---

25 Dieses Beispiel basiert auf der „on the road series" des Beryl Instituts. In dieser Serie besuchen Mitarbeiter des Instituts Gesundheitsorganisationen und berichten über interessante Praxiszugänge und Programme. Weitere Beispiele finden sich unter: http://www.theberylinstitute.org/?ONTHEROAD
26 „How we show we care"

1. Wir halten Augenkontakt und lächeln.
2. Wir stellen uns vor.
3. Wir helfen Gästen sich bei uns zu orientieren.
4. Wir behandeln unsere Patienten, Gäste und auch uns selbst, als wären wir Mitglieder eine Familie.
5. Wir fragen: „Gibt es noch etwas, womit ich Ihnen helfen kann?"

Absicht dieses Prozesses war, ihn einfach, fokussiert und klar auf das Ziel bezogen zu gestalten, aber auch zu gewährleisten, dass Mitarbeiter aller Ebenen ihn als den ihren betrachten können.

Wie wurde dieser Prozess umgesetzt?

Statt auf klassische Trainings zu setzen, wurden interprofessionelle und bereichsübergreifende Teams (Pflege, Medizin, Technik, Administration, Reinigung etc.) aufgesetzt. In diesen Meetings arbeiteten die verschiedenen Berufsgruppen zusammen und konnten ein Verständnis für die unterschiedlichen Beiträge erlangen, die sie jeweils für die Patientenerfahrung erbringen. Auf diese Weise wurde in diesen Trainings deutlich, dass eine überzeugende Patientenerfahrung nur durch eine gute Kooperation zwischen den Mitarbeitern unterschiedlicher Bereiche erbracht werden kann.

Das Programm – ins Leben gerufen vom CEO Terry Belmont – erzeugte ein breites Engagement, indem es zu umfassenden Dialogen darüber einlud, was im UC Irvine Health Medical Centre unter Service-Orientierung verstanden werden soll. Es setzte dabei auf Gespräche miteinander und nicht auf die Vermittlung von Standards oder Verhaltensvorschriften. Der Erfolg des Programms lässt sich auch daran ablesen, dass diese Trainings von den Mitarbeitern nach ersten Einführungen weiterhin stark nachgefragt werden.

Haley McCraney: „Wir müssen sicherstellen, dass unser Programm beides ist: einfach und klar, sodass sich die Mitarbeiter aktiv an den Lernforen engagieren, aber auch – was viel wichtiger ist – entsprechende Maßnahmen an ihren Arbeitsplätzen generieren und umsetzen"

Ein weiterer Schlüssel zum Erfolg in der nachhaltigen Einführung von Patientenerfahrung im Irvine Medical Center liegt in der Etablierung eines follow-up zum Lernprozess in Form eines „täglichen Rates". In kurzen täglichen Besprechungen kommt jedes Behandlungsteam zusammen, um anhand aktueller Ereignisse zu reflektieren, inwiefern die sechs UC Irvine Health Medical Centre Werte gelebt werden: Verantwortung, Respekt, Integrität, Innovation, Serviceorientierung und Excellence. Diese Meetings erlauben es den Teams zeitnah und direkt an den Orten des Geschehens mögliche Probleme zu identifizieren und Verbesserungen zu initiieren.

Obwohl diese relativ einfachen Prozesse keine extensiven Zeitressourcen benötigen, werden solche Maßnahmen gerade in Gesundheitsorganisationen oft als Ablenkung von den eigentlichen Tätigkeiten im Kernprozess betrachtet. Die Ergebnisse im UC Irvine Health Medical Center zeigen aber das Gegenteil: Wenn man sich in den Teams die Zeit für einen kurzen Stopp nimmt und die Themen, die auftauchen, durcharbeitet und löst, kann man deutlich bessere Ergebnisse im Hinblick auf eine gesamthafte Patientenerfahrung erreichen. Diese Verbesserungen finden ihren Niederschlag auch in den regelmäßig durchgeführten Messungen der Ergebnisqualität (HCAHPS) und in den Ergebnissen der Patientenbefragungen.

7.4 Patientenerfahrung organisieren – Implikationen für Führung und Organisationsentwicklung

Das Wissen um Konzepte der Patientenerfahrung wurde in den letzten Jahren von einer Gruppe von 400 Experten aus zehn Ländern erarbeitet. Institutionell wird dieser Prozess vom Beryl Institut begleitet und geführt. Ziel ist es, einen Bestand an Wissen zu entwickeln, das verantwortliche Personen und Führungskräfte im Gesundheitswesen dabei unterstützt, praxiserprobte Ansätze der Patientenerfahrung in ihren Organisationen einzuführen. In den USA wurden in diesem Zusammenhang in vielen Gesundheitsorganisationen speziell definierte Führungs- oder Expertenrollen („patient experience leaders") eingeführt. Das Entwicklungsprojekt des Beryl Instituts versucht, ein Rollenmodell herauszuarbeiten, das die erforderlichen Kompetenzen für diese neue professionelle Rolle beschreibt. Darüberhinausgehend soll in diesem Projekt aber auch ganz grundsätzlich die Entwicklung des Konzeptes der Patientenerfahrung und seiner zentralen Elemente vorangetrieben werden, um in der Zukunft Organisationen und deren Führungskräften zu helfen, entsprechende Ansätze zu realisieren.

In zahlreichen Foren, virtuellen Arbeitsgruppen und Meetings wurden mittlerweile fünfzehn Kernfelder definiert, in denen Führungskräfte und Experten Wissen und Fertigkeiten brauchen, um ihre Aufgabe wirkungsvoll umsetzen zu können (s. Tab. 14). Obwohl die Vertreter in den Arbeitsgruppen kaum über professionelle Berührungspunkte mit der Organisationsentwicklung verfügen, zeigt das Ergebnis, das wesentliche Wissensbereiche sich auf Fragen des Organisierens beziehen. Organisationsbezogene Kompetenzen sind daher besonders zentral für die Implementierung und das wirkungsvolle Funktionieren einer professionellen Verankerung der Orientierung an Patientenerfahrungen. Dimensionen wie Führung, Veränderung, Verbesserungen von Prozessen, Kultur, Engagement, Coaching und Diversity sind die Bestandteile für ein wirkungsvolles Bemühen um Patientenerfahrungen und sind gleichzeitig auch die wesentlichen Bestandteile einer Organisationsentwicklungspraxis. Die explizite Integration von Organisationsentwicklung in die Aufgaben von Experten und Verantwortlichen für die Patientenerfahrung wird ein bedeutender nächster Schritt in der Entwicklung eines zukunftsfähigen Professionalisierungskonzeptes sein.[27]

Als langjährig tätige Führungskraft in der Organisationsentwicklung einer großen Gesundheitseinrichtung und als Leiter eines Instituts, das sich um eine verbesserte Verankerung von Patientenerfahrung bemüht, erstaunt mich diese enge Verflechtung von Organisationsentwicklung und Patientenerfahrung nicht. Wenn man die Patientenerfahrung als etwas betrachtet, das maßgeblich von der Kultur einer Organisation beeinflusst wird – also im Wesentlichen von der Art und Weise, wie die Mitglieder einer Organisation ihre Leistungen erbringen – dann ist eine enge Verbindung dieser beiden Konzepte naheliegend. Wenn Organisationsentwicklung und Patientenerfahrung als aufeinander bezogene Ansätze realisiert werden sollen, dann hat das sowohl Implikationen für die Umsetzung von Programmen als auch für das Design dafür geeigneter Organisationsstrukturen.

---

[27] Dieser Entwicklungsprozess kann verfolgt werden unter: http://www.theberylinstitute.org/?page=PEKNOWLEDGE

Tab. 14 Patientenerfahrung – erforderliche Wissensbestandteile für Experten und Verantwortliche

Bereich	Zielsetzung
Geschichte: von der Kundenorientierung zur „Service Excellence", von der advokatorischen Unterstützung zur Patientenerfahrung	Verstehen der Kernkonzepte „Service Excellence" und Patientenerfahrung, ihrer Grundlagen, Geschichte und kontextuellen Einbindung.
Führung und Management im Gesundheitswesen	Verstehen der Prinzipien von Führung und Management in Organisationen des Gesundheitswesens – von der finanziellen Steuerung bis zur strategischen Planung.
Kommunikation	Entwicklung interpersonaler Kommunikationsfähigkeit, Verständnis von patientenorientierten Kommunikationsprozessen
Leistungsfähigkeit von Organisationen, kontinuierliche Verbesserung & Veränderung	Verstehen von Prozessen in Organisationen, Herstellen von Leistungsfähigkeit, Verstehen von Change Management und kontinuierlichen Verbesserungsprozessen.
Mitarbeiter-Engagement	Verstehen der Grundlagen und Prozesse, die ein Engagement der Mitarbeiter aller Ebenen für die Erbringung einer positiven Patientenerfahrung fördern.
Coaching & Gestaltung von Lern- und Entwicklungsprozessen	Verstehen von passenden Designs und Angeboten für Lernen und Entwicklung sowie von themenfokussierten Coaching-Maßnahmen.
Interkulturelle Kompetenz & Diversity	Verstehen der Bedeutung kultureller Diversität und anderer Unterschiede für die Gestaltung von Angeboten im Sinne einer Orientierung an Patientenerfahrung.
Patienten- & Familienorientierung	Verstehen von Konzepten und Modellen einer umfassenden Patienten- und Familienorientierung in der Praxis des Gesundheitswesens.
Design von Erfahrungen	Verstehen, wie man Organisationen „designen" kann, damit sie gesamthafte Patientenerfahrungen ermöglichen, inklusive Maßnahmen der direkten Einbeziehung von Kunden („voice of the customer") und Marketing.
Klinische Partnerschaften	Verstehen, wie man wirksame und nachhaltige klinische Partnerschaften (Medizin, Pflege, niedergelassene Ärzte) gestalten und diese mit einer Orientierung an der Patientenerfahrung verbinden kann.
Verbesserung von Dienstleistungen & Feedback-Management	Verstehen der Modelle und Prozesse eines wirksamen Dienstleistungsmanagements und dessen permanenter Erweiterung.
Funktionieren des „Hotelbetriebs" im Kontext der Behandlung	Verstehen der Ausrichtung, der erforderlichen Strukturierung und des Einflusses des Hotelbetriebs und seiner Wechselwirkung mit dem Behandlungsprozess auf die Patientenerfahrung.
Anwendung von Technologien	Verstehen, wie und auf welche Weise moderne Technologien die Patientenerfahrung beeinflussen und wie man diese in die Bemühungen um Patientenerfahrung integrieren kann.
Maßzahlen & Messverfahren	Verstehen der Grundlagen wirksamer Messprozesse, inklusive der Identifikation zentraler Parameter und der Nutzung von Daten.
Politik & Vorschriften	Verstehen, welche politischen Rahmenbedingungen und gesetzlichen Regelungen in welcher Form die Bemühungen um eine Patientenerfahrung beeinflussen.

In den letzten Jahren zeigt sich die Tendenz, dass Organisationen, in denen Patientenerfahrungs-Funktionen etabliert wurden, diese mehr und mehr nicht an die Klinischen Führungskräfte, sondern an Human Ressource(HR)- und Organisationsentwicklungsfunktionen berichten lassen. In besonders weit fortgeschrittenen Organisationen ist zu beobachten, dass Leiter von Human Ressource- oder Organisationsentwicklungsfunktionen entweder diesen Bereich mit verantworten oder aber als Ideenbringer und Förderer entsprechender Programme in der Rolle von „Champions" fungieren. Diese Formen organisatorischer Verankerung unterstützen die These, dass ein wirkungsvolles Bemühen um Patientenerfahrung auch strukturell in einer Integrationsfunktion angesiedelt sein sollte und nicht in einem funktionalen Bereich. Von daher ist es eine durchaus interessante und konsequente Überlegung, dass die Funktionen Organisationsentwicklung und Patientenerfahrung im selben Team zusammenarbeiten oder – wie es einige Trends bereits zeigen – sogar in einer professionellen Rolle integriert werden.

Eine solcher organisatorischer Integrationsprozess ist für beide Funktionen – Organisationsentwicklung und Patientenerfahrung – nützlich: Beide Bereiche basieren auf ähnlichen professionellen Wertsystemen, die auf Integration, kollektiver Handlung, strategischer Orientierung und klaren und gemeinsam getragenen Zielvorstellungen beruhen. Und sie sind, sowohl was ihren Aufgabenbereich als auch ihre organisatorische Verankerung betrifft, häufig in enger Nachbarschaft zu finden. Vor diesem Hintergrund könnte in Zukunft nicht nur eine Kooperation sinnvoll sein, sondern eine stärkere Konvergenz und Koproduktion, um die besten Ergebnisse für Patienten und Familien zu erbringen.

7.5 Implikationen einer verstärkten Fokussierung auf Patientenerfahrung

Erfahrungen der Organisationsentwicklung zeigen, dass es nicht nur auf die angewandten Instrumente, Prozesse und zur Verfügung stehenden Ressourcen ankommt, sondern jeder Prozess der Organisationsentwicklung ist darüber hinaus abhängig von der konkreten Organisation, in der dieser stattfindet und von den dabei interagierenden Personen und relevanten Umwelten. Es ist daher nicht angebracht, ein einziges konsistentes Modell von Organisationsentwicklung für alle Gesundheitseinrichtungen vorzuschlagen. Dies gilt auch für die Verbesserung von Patientenerfahrungen.

Wenn man nach brauchbaren Modellen für die Praxis sucht, so empfiehlt es sich, daher nicht einzelne Methoden oder Instrumente vorzuschlagen, sondern vielmehr auf eine Prozessorientierung zu verweisen. Dabei scheinen drei Elemente besonders wichtig, die die Organisationsentwicklung zur Orientierung an der Patientenerfahrung beitragen kann:

1. Es empfiehlt sich mit einer Diagnose des Bedarfs und möglicher Zugänge für die Verbesserung von Patientenerfahrungen zu beginnen. Eine solche Diagnose bezieht sich auf die konkrete Situation, relevante Umweltbedingungen, organisationale Strukturen, Prozesse, Führung, Personen in der Organisation etc.
2. Sicherstellung einer breiten Beteiligung aller Mitglieder der Organisation an der Verbesserung von Patientenerfahrungen (Engagement). Dies betrifft nicht

nur die Umsetzung von Maßnahmen, die auf ein breites Spektrum setzen, sondern auch die Erarbeitung eines gemeinsamen Verständnisses.
3. Fokussierung auf die Durchführung klarer, verständlicher und messbarer Aktionen und Programme, um eine breite Mitwirkung und ein umfassendes Interesse am Erfolg zu erreichen.

Die praktische Umsetzung dieser Ausrichtung erfordert einen Ansatz der Organisationsentwicklung und diese ist daher gut beraten, das Konzept der Patientenerfahrung in ihr professionelles Selbstverständnis aufzunehmen. Es ist der nützlichste Weg, um zu Erfolg zu gelangen.

7.6 Die Integration von Organisationsentwicklung und Patientenerfahrung stärken

Mein Anspruch mit diesem Beitrag ist es, den Leser auf eine erweiterte Perspektive von Organisationsentwicklung aufmerksam zu machen. Wenn es darum geht, die Verbindungslinien von Organisationsentwicklung und Patientenerfahrung praxisrelevant herauszuarbeiten, dann müssen vor allem die strategischen Implikationen dieser beiden Ansätze und ihre Auswirkung auf Gesundheitsorganisationen bedacht werden.

Für Führungskräfte von Gesundheitsorganisationen liegt die primäre Herausforderung für eine erfolgversprechende Orientierung an der Patientenerfahrung darin, diese zu einer strategischen Prämisse in der Organisation zu machen. Dann stellt sich die Frage, wie man diese Orientierung in die Prozesse, Arbeitsformen und Kommunikationen der Organisation einfädelt, in den „Rhythmus, nach dem die Organisation atmet".

Für interne Organisationsentwickler stellt sich die Frage, wie man den Fokus auf die Patientenerfahrung in der Definition von Zielsetzung von Organisationsveränderungen integrieren und wie man eine Orientierung an der Verbesserung von „Erfahrungen" insgesamt in die Gestaltung eigener Interventionsziele einbauen kann.

Und es stellt sich für Experten im Bereich der Patientenorientierung die Frage, wie sie ihre Organisationskompetenz verbessern und den Organisationsbezug ihrer Initiativen und Ansätze optimieren können, um nachhaltige Erfolge zu erzielen.

Auch wenn hier diese Fragen gestellt werden, bleibt eines der größten Probleme des Gesundheitswesens bestehen, nämlich dass sich Experten überlegen, welche Leistungen in welcher Form anzubieten sind. In der konsequenten Übernahme einer Patientenorientierung geht es allerdings um mehr: um eine konsequente Fokussierung auf das, was Patienten erleben und auf die Ausrichtung aller Aktivitäten im Dienste einer positiven Patientenerfahrung. Wenn Gesundheitsorganisationen ihre Aktivitäten zur Patientenerfahrung als Organisationsentwicklung betreiben und wenn Organisationsentwicklung selbst ihre Aktivitäten unter dem Blickwinkel von „Erfahrung" reflektiert, dann können die besten Ergebnisse erwartet werden – und das entlang der gesamten Behandlungskette.

Literatur

Baird, K.; Wolf, J.: The four cornerstones of an exceptional patient experience, Dallas and Washington 2010

Boulding, W.; Glickman, S.; Manary, M.P.; Schulman, K.A., Staelin, R.: Relationship Between Patient Satisfaction With Inpatient Care and Hospital, Readmission within 30 Days. The American Journal of Managed Care. 17.1 (2011): 41–48.

Holzer, E.; Offermanns, G.; Hauke, G. (Hrsg.): Patientenperspektive. Ein neuer Ansatz für die Weiterentwicklung des Gesundheitswesens, Wien 2012

Institute of Medicine: Envisioning the National Healthcare Quality Report, Washington 2001

Pelikan, J.; Wolff, S. (Hrsg.): Das gesundheitsfördernde Krankenhaus. Konzepte und Beispiele einer lernenden Organisation, Weinheim und München 1999

Schein, E.H.: Organizational culture. American Psychologist, Vol. 45(2). (1990): 109–119

The Beryl Institute: Defining Patient Experience. Retrieved from http://www.theberylinstitute.org/?page=DefiningPatientExp (2010)

Untermarzoner, D.: Interne Organisationsentwicklung im Krankenhaus. In: Lobnig, H., Grossmann, R. (Hrsg.): Organisationsentwicklung im Krankenhaus, Berlin 2013

Wolf, J.: Transcending Paradox: Movement as a Means for Sustaining High Performance. In: R. Woodman, R.; Pasmore, W.; Rami Shani, A.B. (Eds.): Research in Organizational Change and Development, Volume 18, Bingley, (2010), pp. 77–107

Wolf, J.: The State of the Patient Experience in American Hospitals, Dallas and Washington 2011

Wolf, J.: Benchmarking the Patient Experience: Five Priorities for Improvement, Dallas and Washington 2012

Wolf, J.; Hanson, H.; Moir, M.; Savage, G.; Friedman, L. (Eds.): Organization Development in Healthcare: Conversations on Research and Strategy, Bingley 2011

Sachwortverzeichnis

Symbole

(CEO)-Modell, Führungsstruktur 114
(Joint Commission for Accredition of Health Care Organizations 147

A

Ablaufdiagramm 128
Abschlussereignis 131
Aktionsforschung 26
Arzt-Patienten-Interaktion 253
Auftraggeber 111
Auftragsgestaltung 159
Auftragsklärung 81, 215
Auslöseereignis 131
Auswahl 181, 201
Auswahlentscheidung 186
Autopoiesis 33

B

Balanced Scorecard 109
Behandlungsleitlinien 146
Benchmarking 118, 147, 148, 255
Berater, allparteiliche 216
Beratung, allparteiliche 197
Bereich
- extramuraler 198
- intramuraler 198

Besprechungen, bereichsübergreifende 11
Besprechungskultur 56
Besprechungsstrukturen 107
Betriebswirtschaft 38
Bottom-up 204, 212
Brainstorming 66, 129, 244
Business Case 196

C

Case for Action 110
Coaching 50, 185, 188, 225
Coaching und Organisationsentwicklung 52
Contracting 159
Cultural Islands 176
Curriculum 182

D

Designgestaltung
- Klausuren 69
- Veranstaltungen 69
- Workshops 69

Design-Prinzipien
- Workshops 72

Dienstleistungsdifferenzierung 134
Dienstleistungsorientierung 255
Distributed Leadership 231
Double Loop Learning 173, 185
dynamische Rolle 236

E

EFQM-Modell 151, 235
Emotionen 104, 112
Entlassungsmanagement 205
Entscheidung 99
Entscheidungsgremien 90
Entwicklung, nachhaltige 36
Ergebnisqualität 143, 250, 259
Ergebnisqualitätsmessung 145
Ethikberatung 240
Evaluation 154
Evaluierung 211, 214
Expertenbetrieb 7, 98, 103, 150, 173
Experteninterviews 212
Expertenorganisation 8

F

Fachkräftemangel 22
Familienorientierung 260
Feedback-Management 260
Fokusgruppen 155
Führung als Dienstleistung 99
Führungsbeziehung 54
Führungsentwicklung 170
- Projekte 182

Führungsentwicklungsprogramme 179
Führungsfunktionen 106
Führungskräfte 44
Führungskräfteentwicklungsprogramme 169
Führungskreis, erweiterter 21
Führungslernen 174
Führungsseminare 28
Führungsstruktur 20
- CEO-Modell 17, 114

Führungsstruktur, kollegiale Formen 115
Führungssystem 20

G

Geschäftsprozess-Leistungskennzahlen 135
Großgruppe 60, 74, 185, 234
Großgruppenworkshops 225

Sachwortverzeichnis

Gruppendynamik 25, 27, 32
Gruppenvorteil 59

H

Hierarchie 13
Hospital Consumer Assessment of Health Care Providers and Systems 250
Human Ressource(HR)- und Organisationsentwicklungsfunktionen 261
hybride Rollen 226
Hypothesenbildung 85

I

Idealprozesse 128
- organisationsneutrale 127
Ideal-Prozesslandkarte 130, 137, 206
Informationstechnologie 19, 39
inhouse program 170
Innovation 244
Innovationsprojekt 65
Innovationsprozess 245
Inpatient Quality Indicators (IQI) 145
Instrumente, strategische 109
Interesse, organisationales 193
Interkulturelle Kompetenz 260
Interne Berater für Organisationsentwicklung 226
interne Organisationsentwickler 262
- Qualifikationen 235
interne Organisationsentwicklung
- Innovationsgestalter 243
- Integrationsfunktion 242
- Rollenanforderungen 229
- Selbstverständnisses 229
interner Wissensaustausch 235
Interventionsrepertoire 166
Involvierung von Ärzten 235

J

Job Design 53
Jobdesign von Projektmitarbeitern 88
Jobprofil 18
Joint Commission for Accreditation of Health Care, JCAHO Modell 147

K

Kennzahlen 109
Key Performance Indicators (KPI) 135
Kick-off-Veranstaltung 174, 184
Kick-off-Workshop 181
Klinische Partnerschaften 260
Kommunikation 37, 107
Kompetenzzentren, medizinische 100
Konzeptionsarbeit 204
Konzeptionsphase 192

Kooperation 19, 194
Kooperationen, interorganisationale 192
Kooperation für Transparenz und Qualität im Gesundheitswesen, KTQ Modell 147
Kooperation, interprofessionelle 179
Kooperationsfähigkeit, Organisation 4
Kooperationsfähigkeit, organisationale 194, 215
Kooperationspartner 118
Kooperationsprojekte, Spielregeln 215
Kooperationsstrukturen 209
Kooperationssystem 191, 196
Koordinationsfunktion 138
Koordinationsrollen 10
Koproduzent 138
Krankenhausträger 4
Kulturbrüche 123
Kultur der Organisation 252
Kulturveränderung 248
Kulturwandel 193
Kunden 125, 255
Kundenbedürfnis 123, 129
Kundenlogik 122

L

Leistungsempfänger 124, 252
Leistungserbringung 117, 253
Leistungserbringungsprozesse 118
Leistungserbringungsqualität 126
Leistungserbringungstiefe 131
Leistungserbringungsumfang 131
Leistungsfähigkeitsmerkmale 127, 135
Leistungsprozessabgrenzung 131
Leistungsprozesse 9, 18, 131
- organisatorische und personelle Verankerung 127
Leistungsprozessmanagement 120
Leitdifferenz 99
Leitlinien 204, 213
Lenkungsausschuss 179, 203
Lernarchitektur 170
Lernen 47, 171
Lernende Organisation 32, 173
Lernen, organisationales 172
Lernfähigkeit von Organisationen 47
Lernprozess 258
Loyalität, doppelte 200

M

Mentoren 175, 180
Mini-Theorien 33
Mitarbeiterengpass 22
Modellregion 204, 211
Multi-Projektmanagement 88
Musterwechsel 45, 120, 133

Sachwortverzeichnis

N

Nachhalten 137
Nachhaltigkeit 208
Nahtstellenmanagement 191, 193, 198
Netzwerke 175
Nominierung 181
Nutzergruppen 234

O

Operationssaal-Organisation 19
Optimierung 45, 120, 133
Organisation, achtsame 241
Organisationen, effektive 36
Organisationsberatung 32, 43, 90
Organisationsentwicklung
- dezentralisiertes Modell 222
- Formen der Verankerung 220
- integriertes Modell 223
- interne 219
- Interventionsrepertoire 49
- Stand-alone-Modell 221
- systemische 32, 33, 34, 43

Organisationsgestaltung 5
Organisationskompetenz 97
Organisationskultur 255
Organisationsstruktur 17, 18
Organisationsstruktur, funktionale 158
Organisationsverständnis, instrumentell-technisches 41
Organisationsverständnis, systemtheoretisches 41
organizational capability 3
Organization Design 31, 238
Orientierung an Fehlern 162

P

Partizipation 11, 13, 44, 80
Patientenbefragung 23, 249, 255, 259
Patientenbefragung, Pflegeheim 163
Patientenerfahrung 224, 248, 249, 251
Patientenerfahrung als strategischer Rahmen 252
patientenorientierte OP-Vorbereitung 118
Patientenorientierung 22
- Definition 251
Patientenrechte 249
Patient Experience 248, 257
patient experience leaders 259
PDCA-Zyklus 147
Personalabteilung 220
Personalexperten 223
Perspektive, systemtheoretische 171
Pflegestandard 146
Planung
- rollierende in der Workshopgestaltung 75
Planungsansatz 192

Praxisphasen 175
Privatisierung 4
Professionalisierung der Leitungsarbeit 98
Professionalisierung, doppelte 8
Professionsgemeinschaft 32
Projekte
- deterministische 80
- selbstreferenzielle 80, 89
- standardisierte Vorgangsweisen 82
- Vorteil von 78
Projektgruppenzusammensetzung 188
Projektinflation 189
Projektleitung 90, 179
Projektmanagement 77
Projektorganisation 67, 89
Projektteam 83, 127
Prozessberater 236
Prozessberatung 29, 43
Prozesse, abteilungsübergreifende 9
Prozesslandkarte 206
Prozessmanagementansatz 205
Prozessorganisation 121
Prozessqualität 143
Public Health 20

Q

Qualifizierungsprogramme für Organisationsentwicklung 168
Qualitätsmanagement 21
- bewertungsorientierte Verfahren 157
- in österreichischen Krankenhäusern 142
- ISO 9001 147
- JCAHO Modell 147
- KTQ-Modell 147
- Leistungsvereinbarungen 154
- Organisationsmodelle 156
- professionelle Rollen 143
Qualitätsmesszahlen 253
Qualitätssicherung 142, 157
Qualitätssicherung, klinische 145

R

Raum, geschützter 127, 202, 214
relevante Umwelten 120
Restrukturierung 17, 38
Reward System 238, 257
Risikomanagement 163
Rolle, dynamische 236
Rotationsprinzip im Vorsitz 210

S

Scheiterrezepte 136
Schmetterlingsfunktion 230
Schnittstellenprobleme 19

Sachwortverzeichnis

Server im Netz 196, 214
Service Excellence 224, 249, 260
Single Loop Learning 173
Sinn als Steuerungsmedium 103
Sounding Board 67, 90, 180
Stabsstelle 21, 141, 219, 223, 228
Stakeholder 16, 36
Stakeholder-Analyse 111
Steuergruppe 187
Steuerkreise 112
Steuerung, hierarchische 103
Strategie 15
Strategieentwicklung 108, 109
Strukturqualität 143
Systeme, triviale 101
systemischen Schleife 84
Systemtheorie 33
Systemtheorie, soziologische 99
System und Umwelt als Überlebenseinheit 104

T

Tavistock-Modell 32
Team 11, 28, 54, 138, 196
Teamarbeit 11, 55
Teambesprechungen
　▪ berufsgruppenübergreifende 57
Teamentwicklung 28, 55, 58, 100
Teamgespräche 102
Teamsupervision 105
Teilprozesse 129
Teilprozessgliederung 134
Theorie X 28
Theorie Y 28

The self as instrument 176
Top-down-Ansatz 192
Total Quality Management (TQM) 142, 150, 157
Trainingsprogramme, innerbetriebliche 27
Transfergremien 205
Transformationsenergie 131
triviale Systeme 101

U

Umsetzungsprozesse, strategische 16

V

Veränderungsfähigkeit der Organisation 3
Verbesserung, kontinuierliche 142, 151, 159
Vertrauen 197
Visualisierung 74
Vorprojekt 200

W

Wirklichkeiten 122
Wohlbefinden, organisationales 248
Workshops 69, 166
Workshops, Designgestaltung 69

Z

Zeitdruck 13
Zielentwicklung
　▪ Workshops 70
Zusammenarbeit, interprofessionelle 12
Zuständigkeitslücke 19, 127, 134
Zuweisungsmanagement 205

Die Autoren

Priv.-Doz. Mag. Dr. Hubert Lobnig

studierte Psychologie und Soziologie an der Universität Wien. Danach arbeitete er als Projektleiter am Ludwig-Boltzmann Institut für Gesundheitssoziologie in den Bereichen Organisationsentwicklung im Krankenhaus und Gesundheitsförderungsforschung. Er ist Geschäftsführer von Lemon Consulting und als Organisationsberater, Trainer und Coach in den Feldern Strategie, Veränderungsmanagement und Organization Design tätig. 2010 habilitierte er in „Organisationsentwicklung und Gruppendynamik" an der IFF Fakultät der Alpen-Adria-Universität Klagenfurt (Abteilung Gruppendynamik und Organisationsentwicklung), dessen Programm „Master of Science in Organization Development (MSc)" er als Mitglied des Leitungsteams angehört. Weitere Funktionen: Scientific Coordinator des Professional MBA-Programms „Strategy and Change" (Donau Universität Krems), Lehrberater der Österreichischen Gesellschaft für Gruppendynamik und Organisationsentwicklung (ÖGGO), Mitglied der University of Exeter Business School und der Academy of Management.

Univ. Prof. Dr. Ralph Grossmann

Dr. jur. Professor für Organisationsentwicklung an der Alpen-Adria-Universität Klagenfurt. Er leitet das Institut für Organisationsentwicklung und Gruppendynamik an der Fakultät für Interdisziplinäre Forschung und Fortbildung (IFF) der Alpen-Adria-Universität Klagenfurt. Er beschäftigt sich seit 25 Jahren in Forschung und Weiterbildung mit Organisationen des Gesundheitswesens. Gesundheitsschutz im Betrieb, Gesundheitsförderung in verschiedenen Settings, Spitalsentwicklung, Qualitätsmanagement und Benchmarking, Netzwerkentwicklung und Kooperation zwischen den Einrichtungen des Gesundheitssektors, Qualifizierung und Coaching von Führungskräften sind die Schwerpunkte. Ralph Grossmann ist Mitbegründer, Lehrtrainer und Lehrberater der Österreichischen Gesellschaft für Gruppendynamik und Organisationsentwicklung (ÖGGO) und Mitglied internationaler Fachgesellschaften wie der Academy of Management. Das Institut bietet ein Masterprogramm und ein Doktoratsprogramm Organisationsentwicklung für Praktiker an und entwickelt bedarfsbezogene Inhouse-Programme zur Qualifizierung von Führungskräften und internen Berater/-innen.

Margit Ernst

Sie erwarb die Diplome für Kinderkrankenpflege und Allgemeine Krankenpflege und war mehrere Jahre in diesem Beruf tätig. Als Pflegedirektorin eines Kinderkrankenhauses absolvierte sie die Ausbildung zur akademisch geprüften Krankenhausmanagerin. 1990 erfolgt der Wechsel in die Generaldirektion des Wiener Krankenanstaltenverbundes (KAV), wo sie von Beginn an maßgeblich an der Konzeption und Realisierung des Qualitätsmanagements und der Organisationsentwicklung beteiligt war. Seit rund 15 Jahren leitet sie die Stabsstelle Organisations- und Projektmanagement des KAV und ist für unternehmensweite Organisationsentwicklungsprojekte verantwortlich. Zu diesen Themen referiert und publiziert sie im In- und Ausland.

Die Autoren

Mag. Dr. Marlies Garbsch

Studium der Handelswissenschaften an der Wirtschaftuniversität Wien, Doktorat im Fach Organisationsentwicklung an der Universität Klagenfurt. Sie war über 10 Jahre im Personalbereich unterschiedlicher Organisationen tätig, davon 4 Jahre als Leiterin der Abteilung Personal im Wiener Krankenanstaltenverbund. Seit 1999 ist sie als Organisationsberaterin, Trainerin und Coach in der Wirtschaft, der öffentlichen Verwaltung und im Gesundheitsbereich tätig; 2004 bis 2009 wissenschaftliche Mitarbeiterin an der Abteilung Organisationsentwicklung und Gruppendynamik. Sie ist Lehrtrainerin und -beraterin der Österreichischen Gesellschaft für Gruppendynamik und Organisationsberatung. Ausbildungen: Gruppendynamik und Organisationsberatung (ÖGGO), systemische Beratung (Fritz Simon), Psychotherapie und Psychoanalyse (WAP); Autorin zahlreicher Artikel und Fachpublikationen, zuletzt erschien ihr Buch „Systemische Führungsentwicklung: Verknüpfung von Führungskräfte- und Organisationsentwicklung am Beispiel eines Krankenhauses".

Dipl. Betriebswirt Andreas Greulich, M.Sc.

studierte Krankenhausbetriebswirtschaft an der Akademie für Krankenhausmanagement in Ingolstadt und absolvierte im Jahre 2004 den Master of Science in Organization Development an der IFF Fakultät der Uni Klagenfurt. Ferner hat er die Ausbildung zum Akademischen Supervisor am Institut Sympaideia in Wien abgeschlossen und befindet sich im Ausbildungsprogramm der ÖGGO zum Gruppendynamiker. Er arbeitet seit knapp 30 Jahren im Krankenhausbereich, aktuell als Leiter der zwei Medizinbereiche Herz-Gefäß-Thorax und Anästhesiologie-OP-Management-Intensivmedizin am UniversitätsSpital Zürich. Er hat zahlreiche Bücher, Buchbeiträge und Artikel zu den Themen Organisation, Strategie, Balanced Scorecard, Prozessmanagement und Wissensmanagement verfasst und ist Lehrbeauftragter an der Donau-Universität Krems und der Fachhochschule Bern zum Thema Organisationsentwicklung.

Mag. Dr. Christian Neugebauer

Absolvent der Politikwissenschaft und Philosophie an der Universität Wien und promovierter Organisationswissenschaftler an der Fakultät für interdisziplinäre Forschung und Fortbildung der Alpen-Adria-Universität Klagenfurt. Seit 2007 arbeitet er in Forschung, Lehre und Beratung als wissenschaftlicher Mitarbeiter am Institut für Organisationsentwicklung und Gruppendynamik. Seine Forschungsschwerpunkte liegen im Bereich von Netzwerken und Kooperationen zwischen Organisationen und bei Fragen zur Steuerung, Entwicklung und Evaluation von komplexen Organisationen im „Public Goods"-Bereich unter spezieller Berücksichtigung der Politik. Vor kurzem erschien seine Dissertation unter dem Titel „Organisationsentwicklung im Schatten der Hierarchie? Kooperation als Steuerungsmodell politischer Leistungen" im Carl Auer Verlag.

Die Autoren

Priv.-Doz. DI Dr. Karl Prammer

studierte Maschinenbau mit Betriebswirtschaft an der TU Wien, wo er auch als Assistent für Arbeitswissenschaften tätig war; zuvor arbeitete er in einer Forschungsgesellschaft; mehrjährige Projektarbeit für einen internationalen EDV-Konzern/USA sowie fünf Jahre Kadermitglied in einer Schweizer Versicherung; später Doktoratsstudium in Organisationsentwicklung und Gruppendynamik; Habilitation in Organisationsentwicklung an der Uni Klagenfurt; Ausbildungen in systemischer Organisationsberatung und in systemischer Strukturaufstellung; ist aktuell Mitglied des ecm-Beirats an der Uni für Angewandte Kunst in Wien, Dozent und Leitungsteammitglied des Lehrgangs „MSc in Organization Development" sowie Forscher an der Uni Klagenfurt, ferner Dozent für Projekt- und Veränderungsmanagement an der Uni Krems und Lehrtrainer für CMC-Berater-Zertifizierung bei incite der WKO; seit 20 Jahren Geschäftsführender Gesellschafter und Berater bei CONECTA, Wiener Schule der Organisationsberatung; (Co-)Autor mehrerer Bücher, z.B. „Transformationsmanagement – Theorie und Werkzeugset für betriebliche Veränderungsprozesse".

Univ. Prof. Mag. Dr. Klaus Scala

Universitätsprofessor für Gruppendynamik und Supervision, Organisationsberater und Lehrtrainer der Österreichischen Gesellschaft für Gruppendynamik und Organisationsberatung, 11 Jahre Leitung des Zentrums für Soziale Kompetenz an der Universität Graz; Schwerpunkte von Beratung und Führungsentwicklung: Organisationsentwicklung von „Public Goods" (Gesundheit, Bildung, Verkehrsmanagement), Autor von Büchern u.a. zur OE des Krankenhauses und Gesundheitsförderung; Lehrender im Doktoratsstudium für Organisationsentwicklung an der Universität Klagenfurt. Lehrender im Programm „Interpersonal Dynamics" an der Stanford University, USA.

Mag. Dagmar Untermarzoner

studierte Arbeits- und Organisationspsychologie an der Universität Wien und arbeitet seit 20 Jahren als Strategie- und Organisationsberaterin, Trainerin und Coach in der Wirtschaft, in Organisationen der öffentlichen Verwaltung, in Krankenhäusern und im Sozialbereich. Sie ist Geschäftsführerin von Lemon Consulting, Wien und unterrichtet im „Master of Science in Organization Development" an der IFF Fakultät der Uni Klagenfurt und in verschiedenen MBA-Programmen an der Donau-Universität Krems. Ausbildungen: Gestalttherapie (GTA), Gruppendynamik und Organisationsberatung (ÖGGO), Systemische Beratung (Fritz Simon), Dialogue (Paul Isaacs), Process Consultation (Ed Schein). Sie ist Autorin von Publikationen zu den Themen Organization Design, Organisationskultur, Change Management und Potenzialentwicklung. Für den Beitrag „Acting as a Long Term Consultant – Challenges for the Professional Practice" bekam sie 2009 einen „Best Paper Award" im Rahmen einer Konferenz der Academy of Management.

Die Autoren

Jason A. Wolf, Ph.D.
passionierter Vordenker und international anerkannter Experte in den Bereichen Organizational Effectiveness, Service Excellence und High Performance im Gesundheitswesen. Er ist Geschäftsführer des Beryl-Instituts in Washington, DC und Dallas, Texas, das er zu einem weltweit führenden Institut und Netzwerk von Professionellen für die Verbesserung der Patientenerfahrung im Gesundheitswesen aufgebaut hat. Davor leitete er den Bereich Organisationsentwicklung und Service-Strategien für über 45 Gesundheitseinrichtungen in der Hospital Corporation of America (HCA), einem der größten Anbieter von Gesundheitsleistungen in den USA. Herr Wolf hat eine Vielzahl von Publikationen zu den Themen Organisationskultur, Führung, Organisationsentwicklung und Veränderungsmanagement und Ergebnisorientierung im Gesundheitswesen verfasst. Vor Kurzem erschienen zwei Bücher: „Organization Development in Healthcare: A Guide for Leaders" und „Organization Development in Healthcare: Conversations on Research and Strategies".

Interviewpartner und Autoren von Fallbeispielen

Angela Covey-Keister

bis 2011 Managerin für Organisationsentwicklung, Talentmanagement und Personalauswahl bei Advocate Health Care, Chicago, USA; seit 2012 ist sie als interne Beraterin für Veränderungsmanagement und Organisationsentwicklung bei der Allstate Insurance Company tätig. Gründerin von Cairn Coaching and Consulting.

Marianne von Dach Nicolay, M.Sc.

Pflegefachfrau, Managerin und Qualitätsbeauftragte (MSc in Organisationsentwicklung Iff Wien 2007); seit 1990 ist sie in der Qualitäts- und Führungsarbeit aktiv. Sie war von 2001 bis 2009 Leiterin der Pflege an der Klinik Bethesda in Tschugg. Seit 2009 arbeitet sie als Pflegedirektorin und Qualitätsverantwortliche in der Privatklinik Meiringen AG.

Dr. med. Heinz Ebner

Studium der Medizin an der Universität Wien, Psychotherapieausbildung, von 1991–1995 Qualitätsmanagement und Organisationsentwicklung im Wiener Krankenanstaltenverbund; seit 1995 Geschäftsführender Gesellschafter bei Ebner Hohenauer HC Consult GmbH.

Mag. Dr. Johannes Hohenauer

Studium der Handlungswissenschaft an der Wirtschaftsuniversität Wien, 1997–1998 Fachreferent für Gesundheit und Kontrolle im Wiener Landtag; 1998–2002 Seniorberater der HUMANOMED Krankenhaus Management GmbH; seit 2002 Geschäftsführer bei Ebner Hohenauer HC Consult GmbH.

Mag. Birgit Kaliner

Mitarbeiterin der Stabsstelle Organisations- und Projektmanagement im Wiener Krankenanstaltenverbund. Sie studierte Betriebswirtschaft an der FU Berlin und der WU Wien und ist zertifizierte Risikomanagerin und EFQM-Assessorin. Sie entwickelte und realisierte eine Methodik zur Ermittlung der Zufriedenheit von Bewohner/-innen und Bezugspersonen in Pflegeeinrichtungen. Ferner berät sie Einrichtungen des Wiener Krankenanstaltenverbundes bei der Umsetzung des EFQM und führt Risikoanalysen durch.

Ph Dr. Hildegard Menner, MAS

Pflegedirektorin und leitende Direktorin im Geriatriezentrum Klosterneuburg des Wiener Krankenanstaltenverbundes. Mitarbeiterin der Bundes ARGE Pflegedienstleitungen Heime, Mitglied im Beirat des Dachverbandes von Palliativ- und Hospizeinrichtungen von Hospiz Österreich.

Priv. Doz. Mag.Dr. Jürgen Wallner, MBA

Leiter Personalmanagement, Organisationsentwicklung, Ethikberatung im Krankenhaus der Barmherzigen Brüder Wien, Mitglied der Kollegialen Leitung; Koordinator der Ethikberatung der Barmherzigen Brüder Österreich, Mitglied der Provinzethikkommission sowie der Generalkommission für Bioethik des Hospitalordens des Heiligen Johannes von Gott, Rom. Zuvor wissenschaftliche Tätigkeit an der Rechtswissenschaftlichen Fakultät der Universität Wien und am Institut für Ethik und Recht in der Medizin der Universität Wien/Medizinischen Universität Wien.

Der Herausgeber der Schriftenreihe *Health Care Management*

Prof. Dr. Heinz Naegler,
Studium der Betriebswirtschaftslehre in Frankfurt/M. und Berlin. Er war mehr als 25 Jahre im Krankenhausmanagement tätig, zuletzt als Generaldirektor des Wiener Krankenanstaltenverbundes (dieser betreibt im Auftrag der Gemeinde Wien mit etwa 32.000 Mitarbeitern eine Universitätsklinik sowie 25 Krankenhäuser und Pflegeheime), und ist seit 2001 Honorarprofessor an der Fachhochschule für Wirtschaft Berlin.

Er war dort für die Entwicklung und Einführung des MBA-Studiengangs Health Care Management verantwortlich. In diesem Studiengang unterrichtete er das Fach „Personalmanagement". Er ist Autor zahlreicher Publikationen zu den Themen Personalmanagement, Strategisches Management und Controlling.